EMPRESAS E IMPLEMENTAÇÃO DA LGPD – Lei Geral de Proteção de Dados Pessoais

CONFORME:
Lei 14.010/2020
Dispõe sobre o Regime Jurídico Emergencial e Transitório das relações jurídicas de Direito Privado no período da pandemia de Covid-19

Coordenação:
Tarcisio Teixeira
Organização:
André Pedroso Kasemirski
Rodolfo Ignácio Aliceda

EMPRESAS E IMPLEMENTAÇÃO DA LGPD

– Lei Geral de Proteção de Dados Pessoais

2ª EDIÇÃO
Revista, ampliada e atualizada

2022

EDITORA *Jus*PODIVM
www.editorajuspodivm.com.br

EDITORA
*Jus*PODIVM
www.editorajuspodivm.com.br

Rua Canuto Saraiva, 131 – Mooca – CEP: 03113-010 – São Paulo – São Paulo
Tel: (11) 3582.5757
• Contato: https://www.editorajuspodivm.com.br/sac

Copyright: Edições *Jus*PODIVM

Diagramação: Equipe *Jus*PODIVM

Capa: Maitê Coelho *(maitescoelho@yahoo.com.br)*

T264e Teixeira, Tarcísio
Empresas e a Implementação da Lei Geral de Proteção de Dados / Tarcísio Teixeira – 2. ed. rev., ampl. e atual. – São Paulo: Editora Juspodivm, 2022.

496 p.

ISBN 978-85-442-3876-9

1. Direito Digital. 2. Leis Geral de Proteção e Dados. 3. Novas tecnologias. I Teixeira, Tarcísio. II. Título.

CDD 340.0285

Uma obra científica e/ou técnica nunca estará totalmente acabada e revisada, de modo que deixamos aberta ao leitor a possibilidade de nos comunicar quaisquer imperfeições, dúvidas e/ou sugestões pelo e-mail tarcisio@privacidadegarantida.com.br.

APRESENTAÇÃO

A temática da obra envolve tanto o ambiente empresarial quanto os aspectos teóricos e práticos da LGPD – Lei Geral de Proteção de Dados Pessoais (Lei n. 13.709/2018). Assim, a proteção de dados pessoais é um tema relevante no atual cenário do *big data*, em que as informações pessoais são ativos para as empresas, as quais utilizam os dados coletados para fins comerciais, de modo a identificar o perfil do indivíduo, suas preferências e direcionar publicidade.

No primeiro capítulo, Tarcisio Teixeira e André Pedroso Kasemirski discorrem sobre quais são as etapas para se efetivar um programa de *compliance* de dados para as empresas enquadradas na Lei Complementar n. 123/2006, a fim de assegurar as garantias ao titular de dados e mitigar os riscos inerentes às sanções da LGPD.

Na sequência, Tatiana Kolly Wasilewski Rodrigues retrata os desafios, perspectivas e como se adequar à LGPD, destacando-se, entre os métodos e as técnicas, o mapeamento de dados ou *data mapping*.

Claudia da Rocha analisa a importância das boas práticas e da governança corporativa sob a ótica da Lei Geral de Proteção de Dados, com vistas a apontar os principais elementos a serem observados pelas corporações para se ajustarem a essa lei.

Outro tema de suma importância é o gerenciamento de riscos para a tutela dos dados pessoais, indicando Robson Fernando Sebold quatro vertentes que levam as empresas à obrigatoriedade de adequação.

Larissa Leandro Lara explora e analisa a importância da implementação de um plano emergencial de vazamento de dados, o qual possui raízes na responsabilidade social empresarial, que valoriza a eticidade e a transparência, independentemente de a ordenação jurídica determinar.

Em uma análise das arquiteturas de controle, Rodolfo Ignácio Aliceda discorre sobre o uso de dados pessoais pelas Inteligências Artificiais, especialmente aquelas aplicadas à Internet das Coisas que podem pautar-se no consentimento do titular e no legítimo interesse.

No capítulo seguinte, Tarcisio Teixeira e Rodolfo Ignácio Aliceda, analisam os pontos de convergência da LGPD e da Lei nº 13.874/2019, denominada Declaração de Direito de Liberdade Econômica.

Rennan Herbert Mustafá analisa a LGPD em conjunto com a Lei n. 13.966/2019 (nova Lei de Franquias), com o intuito de apontar eventuais divergências teleológicas entre as disposições dessas leis. Discorre ainda o autor acerca da (in)aplicação da LGPD ao compartilhamento de dados pessoais entre os franqueados e o franqueador.

No decorrer da obra, Francisco Luís Hipólito Galli investiga em quais hipóteses a LGPD poderá ultrapassar os limites territoriais do Brasil (e qual a importância disso), analisando como a legislação brasileira se relaciona com a empresa, as informações pessoais e a privacidade.

André Pedroso Kasemirski, no capítulo seguinte, discorre sobre a tutela dos dados pessoais, investigando aspectos atinentes à transferência internacional, soberania, direitos humanos e à possibilidade de uma Carta de Direitos da Internet.

Ainda na temática da transferência internacional de dados, Eduardo Bueno Rodrigues verifica os desafios da troca de dados na cooperação internacional do Brasil com os EUA. O autor ainda tece ponderáveis considerações sobre o sistema de proteção de dados estadunidense, confrontando-o com as exigências dispostas na LGPD para a transferência internacional de dados.

Fernando Ono Martins explora questões atinentes ao tratamento de dados pessoais pelo Poder Público, indicando a necessidade de uma releitura de diversos conceitos, princípios e institutos jurídicos, sejam de direito público, sejam de privado, especialmente no que diz respeito ao dever de publicidade.

Na sequência, Fujie Kawasaki analisa os conceitos e normas trazidos pela LGPD, e investiga sua aplicabilidade e compatibilidade com relação ao regime jurídico aplicável aos partidos políticos, buscando sintetizar um diálogo com normas específicas já afetas ao Direito Eleitoral.

Por fim, Patrícia Gasparro Sevilha Greco investiga a disciplina jurídica da responsabilidade civil e administrativa, prevista na LGPD – se objetivas ou subjetivas, e se o caso fortuito teria o condão de afastar tais responsabilidades. A autora, a fim de responder a tais indagações, faz penetrante análise da lógica do GDPR – *General Data Protection Regulation* (Regulamento Geral sobre a Proteção de Dados, n. 2016/679), assim como das correntes doutrinárias que têm enfrentado a temática.

O conjunto da obra conduz o leitor por diferentes temáticas em que a LGPD se insere e se intersecciona, implicando reflexões teóricas e uma análise quanto à eficácia da nova legislação e seus impactos no setor empresarial.

Newton De Lucca

Mestre, Doutor, Livre-Docente, Adjunto e
Titular pela Faculdade de Direito da Universidade de São Paulo.
Professor Permanente do Programa de pós-graduação *stricto sensu* da UNINOVE.
Desembargador Federal Presidente do TRF da 3ª. Região (biênio 2012/2014).
Membro da Academia Paulista dos Magistrados.
Membro da Academia Paulista de Direito.
Membro da Academia Paulista de Letras Jurídicas.
Vice-Presidente do Instituto Avançado de Proteção de Dados – IAPD.

SUMÁRIO

11

14

1

COMPLIANCE (CONFORMIDADE) DE DADOS PESSOAIS PARA MICROEMPRESAS: AUTORREGULAÇÃO REGULADA E REQUISITOS PARA EFETIVIDADE

Tarcisio Teixeira[1]

André Pedroso Kasemirski[2]

INTRODUÇÃO

A implementação de um programa de *compliance* de dados para as microempresas e empresas de pequeno porte, além de uma obrigatoriedade, a partir da vigência da LGPD, é também um sinal de boa-fé, grau de

1 Advogado especializado em Proteção de Dados e Direito Digital. Autor de diversas obras jurídicas, como: *Lei Geral da Proteção de Dados Pessoais – comentada artigo por artigo*, Juspodivm; *Direito digital e processo eletrônico, 5. ed.* Saraiva. tarcisio@privacidadegarantida.com.br.

2 Pós-graduado em Direito Empresarial. Advogado. andrekasemirski@gmail.com.

responsabilidade e amadurecimento da empresa. Nesse sentido é comum que as empresas optem a aprimorar seus processos para alavancar seus resultados e se impor de forma competitiva no mercado, de modo a preservar uma boa imagem e reputação empresarial.

Dessa forma, a Lei Geral de Proteção de Dados Pessoais n. 13.709/18 projeta-se como um novo marco legal no que diz respeito à tutela dos interesses do titular, compreendido com a pessoa natural, seja ela consumidor ou qualquer outro stakeholder.

Logo, indispensável que as empresas, inclusive aquelas enquadradas na Lei Complementar 123/06 estejam em *compliance* com as novas normas, implementando inclusive medidas técnicas e administrativas aptas à proteção dos dados pessoais dos envolvidos.

Nesse sentido, a implementação de um programa de *compliance* de dados se mostra medida indispensável para a proteção dos titulares e mitigação de riscos, bem como à preservação da imagem e reputação empresa, de modo que se investiga quais são as etapas para se efetivar um programa de *compliance* de dados para as empresas enquadradas na Lei Complementar 123/2006.

Para isso, investiga-se no primeiro item qual a definição clássica de *compliance* e o contexto histórico de seu surgimento, especialmente no que diz respeito ao caso Eron. Em seguida, discorre sobre o conceito atual de *compliance* e seus efeitos no Brasil, perpassando sobre temas atinentes ao *due diligence*. Após, ao adentrar à temática do *compliance* de dados, busca compreender em que consiste a autorregulação regulada e o programa de *compliance* frente à plasticidade da LGPD e seus conceitos abertos. Ainda neste aspecto, analisa-se a importância para o desenvolvimento de regras de *compliance* por meio de associações de setores específicos, de modo a apontar as vantagens para a implementação do *compliance* de dados.

No segundo item, busca-se elencar os requisitos para a implementação e efetividade do programa de *compliance* de dados demonstrando os pontos centrais, dentre eles: a) o comprometimento da gestão do empreendimento;

b) a necessidade ou não de um setor específico ou ainda a contratação de prestadores especializados quanto ao tema; c) uma avaliação específica, contínua dos riscos; d) organização e implementação compatível com os riscos da atividade econômica; e) elaboração de um código de ética e conduta; f) desenvolvimento de treinamentos periódicos; g) monitoramento constante de processos; i) abertura de canais de comunicação seguros; j) apuração de condutas de desconformidade e aplicação de sanções.

Por conseguinte, utilizando-se do método dedutivo, corresponde à extração discursiva do conhecimento a partir de premissas gerais aplicáveis a hipóteses concretas e das técnicas de levantamento de bibliografias e legislações, toma-se como hipótese a que a necessidade de um tratamento diferenciado e favorecido às microempresas e empresas de pequeno porte, especialmente no que concerne ao desenvolvimento de um programa de *compliance* de dados, de modo a considerar prescindível a criação de um setor próprio dentro da empresa.

1. EMPRESA E COMPLIANCE: DO CONCEITO CLÁSSICO À AUTOREGULAMENTAÇÃO REGULADA

Antes de se investigar as origens do *compliance* do ambiente empresarial é medida que se impõe traçar algumas considerações sobre o conceito de empresa e empresário, haja vista que se criou muito uma desorientação sobre a temática.

Muito se usa como sinônimo empresa e empresário, porém trata-se de metonímia justificada pelas considerações de que o empresário não somente está na empresa (em sentido econômico), como dela é a cabeça e alma. Nesse sentido não impede na linguagem jurídica o uso da palavra empresa por empresário, porém é um translado que pode ser evitado[3].

3 ASQUINI, Alberto. **Perfis da Empresa.** Tradução Fábio Konder Comparato. Revista de Direito Mercantil, v. 104, 1996. 18 p. Título original: Profili dell'empresa. p. 109.

1.1. Conceito e Perfis da Empresa

Destarte, a empresa, sob determinado aspecto, pode ser compreendida como atividade econômica exercida pelo empresário, de modo que se entende por atividade o conjunto de atos coordenados. Logo, não há que se confundir a empresa com o empresário, na medida em que, conforme art. 966 do CC, "considera-se empresário quem exerce profissionalmente atividade econômica organizada para a produção ou a circulação de bens ou de serviços".

O jurista italiano Alberto Asquini[4], por sua vez, compreende a empresa como um fenômeno econômico poliédrico, o qual tem o aspecto jurídico, porém não apenas um, mas diversos perfis em relação aos elementos que o integram. Outrossim, a compreensão do conceito econômico de empresa deve ser o ponto partida, e não o de chegada.

Nesse sentido, Asquini elenca quatro perfis para a empresa, sendo eles o subjetivo, objetivo (ou patrimonial), funcional e o corporativo.

O perfil subjetivo está atrelado à empresa como um sujeito de direitos e obrigações, enquanto o perfil funcional ou dinâmico identifica a empresa como uma organização produtiva, coordenada pelo empresário e atrelada aos fatores de produção (capital, trabalho, matéria prima e tecnologia). Assim, no perfil funcional a empresa aparece como a atividade empresarial dirigida para um determinado escopo produtivo, de modo que tem notável relevância na teoria jurídica, porque para se chegar à noção de empresário é necessário partir do conceito de atividade empresarial[5].

4 Ibid., p. 110.

5 ASQUINI, 1996, p. 116.

Já no perfil objetivo, Asquini[6] compreende a empresa como um patrimônio ou ainda como estabelecimento. Outrossim, trata-se de fenômeno extremamente relevante para o direito haja vista os efeitos das particulares obrigações legais que incumbem ao empresário, sobretudo às relações aos efeitos das múltiplas relações que possam ter em mira tal patrimônio na sua unidade orgânica (administração jurídica, venda, doação, legado, usufruto, locação). Logo, trata-se de um patrimônio resultante de um complexo de relações jurídicas heterogêneas (reais, obrigacionais, ativas ou passivas), tendo objetos heterogêneos (bens materiais, imóveis, móveis, imateriais, serviços).

A característica eminente desse patrimônio é de ser resultante de um complexo de relações organizadas por uma força em movimento – a atividade do empresário – que tem o poder de desmembrar-se da pessoa do empresário e adquirir por si mesma um valor econômico (organização, aviamento), assim tal patrimônio surge como uma entidade dinâmica e não estática. A esse patrimônio é dado o nome de estabelecimento[7].

Por fim, Asquini[8] elenca que o perfil coorporativo consiste na visão de que a empresa é formada pelo empresário e pelos empregados, seus co laboradores. Outrossim, o empresário e os seus colaboradores dirigentes, funcionários, operários, não são de fato, simplesmente, uma pluralidade de pessoas ligadas entre si por uma soma de relações individuais de trabalho, com fim individual; mas formam um núcleo social organizado, em função de um fim econômico comum, no qual se fundem os fins individuais do empresário e dos singulares colaboradores: a obtenção do melhor resultado econômico, na produção.

6 Ibid., p. 118.

7 Ibid., p. 119.

8 Ibid., p. 122.

Somente, sob este perfil, explica-se enfim a orientação da legislação corporativa em considerar os empregados, na empresa, como "associados" do empresário para um fim comum, donde a tendência a favorecer a participação dos empregados nos lucros da "empresa" e a criar adequados órgãos corporativos, mesmo no interior da empresa, que permitam aos trabalhadores participar no exame dos interesses comuns da empresa[9].

Dito isso, as sociedades empresárias, como espécie do gênero empresário[10], podem enquadrar-se nas condições de microempresas e empresas de pequeno porte. Não se trata, porém de modalidades/espécies de sociedades empresárias, como a sociedade anônima ou a limitada, mas um sistema tributário e contábil simplificado.

É verdade que o Código Civil não distingue as microempresas das empresas de pequeno porte, porém tal distinção se encontra na Lei Complementar 123/2006, tendo como principal ponto o faturamento, art. 3º, inciso I.

1.2. Conceito e Evolução Histórica do *Compliance*

De forma literal, o termo *compliance* tem origem no verbo inglês, *to comply*, que significa agir de acordo com a lei, ou seja, consiste em uma instrução interna, um comendo ou uma conduta ética. Logo, estar em *compliance* é estar em conformidade com as regras da empresa, de acordo com procedimentos éticos e normas jurídicas vigentes. No entanto, o sentido da expressão *compliance* não pode ser resumido apenas ao seu significado literal.

---

9 Ibid., p. 123.

10 TEIXEIRA, Tarcisio. **Direito empresarial sistematizado**: doutrina, jurisprudência e prática. 8. ed. São Paulo: Saraiva Educação. 2019, p. 65.

A ideia de um programa de *compliance* tem origens nos Estados Unidos, de modo a tomar como marco teórico a virada do século XX, quando as agências reguladoras começaram a emergir. Assim, em 1906, com a promulgação do *Food and Drug Act*[11] e a criação do FDA, o governo norte-americano criou um modelo de fiscalização centralizado, como forma de regular determinadas atividades relacionadas à saúde alimentar e ao comércio de medicamentos.

Posteriormente, foi implementada a Lei Americana *Foreing Corrupt Practices Act*[12], mais conhecida como FCPA, a qual completou 40 anos de 2017. Esta lei teve como motor propulsor a necessidade de não se punir a corrupção apenas dentro do Estado norte americano, mas também no exterior, de modo a se evitar a concorrência desleal, ao mesmo tempo em que se protegia os negócios americanos e se preservava os mercados de capitais.

Igualmente, o FCPA decorreu também de uma série de grandes e notórios escândalos, dos quais se destacam o *Watergate* e outro envolvendo a *Lockheed Martin Aircraft Corporation*. Como aponta o relatório de justificativa do projeto de lei que resultou no FCPA, investigações promovidas pela *U.S. Securities and Exchange Comission (SEC)* na década de 1970 revelaram que centenas de companhias norte-americanas haviam efetuado pagamentos ilegais a políticos, partidos e agentes públicos estrangeiros,

---

11 BARKAN, Ilyse D. **Industry invites regulation: the passage of the Pure Food and Drug Act of 1906**. American Journal of Public Health, v. 75, n. 1, p. 18-26, 1985. Disponível em: https://ajph.aphapublications.org/doi/abs/10.2105/AJPH.75.1.18. Acesso em: 09 jul. 2020.

12 HANCZ, Patrik. **The Global Corruption and the Anti-corruption Documents–Few Minds about the OECD's Anti-bribery Convention and the US Foreign Corrupt Practices Act and Their Impact on the Hungarian Legal System**. Universitas-Győr Nonprofit Ltd. Hungary, 2014, p. 184.

em montante superior a 300 milhões de dólares[13]. Foi nesse compasso, portanto, que surgiu o FCPA, uma lei pioneira em escala mundial ao tornar ilegal e punir empresas domésticas por relações mantidas com agentes públicos estrangeiras em mercados estrangeiros.

A *Sarbanes-Oxley Act,* foi considerada a mais importante e abrangente legislação de títulos desde a promulgação desde a *Securities Act* de 1933 e do *Securities Exchance Act* de 1934, ambos aprovados após a queda do mercado de ações em 1929. Assim, a lei *Sarbanes-Oxley* é um verdadeiro marco legal na legislação norte-americana, atuando justamente na tentativa de evitar mais fraudes empresariais.

Outrossim, promulgada em 30 de julho de 2002 nos Estados Unidos, foi elaborada pelo deputado republicano Michael Oxley e senador democrata Paul Sarbanes e visou aperfeiçoar os princípios de *compliance* e governança corporativa das empresas para manter a confiança dos *stakeholders* e evitar episódios de fraudes corporativas.

Dessa forma, a lei *Sarbanes-Oxley* surgiu em razão de escândalos financeiros que culminaram na falência da Enron Corporation e da WorldCom. Frente à clara necessidade de promulgação de uma legislação de responsabilidade corporativa, a lei *Sarbanes-Oxley* rapidamente foi sancionada e todas as empresas com ações na *SEC (Securities and Exchange Commission)* passaram a seguir as suas definições.

A *Sarbanes-Oxley* estabeleceu significativas mudanças no tocante a empresas de capital aberto, instituindo um novo Conselho de Supervisão de Contabilidade de Companhias Abertas, o qual deve ser supervisionado pela Comissão de Valores Mobiliários. A lei também proibiu que

13 BIEGELMAN, Martin T.; BIEGELMAN, Daniel R. **Foreign Corrupt Practices Act compliance guidebook: protecting your organization from bribery and corruption**. John Wiley & Sons, 2010. Disponível em: http://www.alacra.com/acm/2134_sample.pdf. Acesso em: 09 jul. 2020.

empresas de contabilidade prestassem uma série de outros serviços para as empresas que auditam, além de exigir novas divulgações para empresas públicas, bem como para os executivos e diretores de tais empresas. Entre outras questões afetadas pela legislação estão os valores mobiliários, fraude, penalidades criminais e civis[14] por violar as leis de valores mobiliários e proteções para denunciantes corporativos.

Dentre os casos emblemáticos que norteiam o contexto histórico do *compliance*, ressalta-se o caso Eron, pois fundada em 1985 a empresa se dedicava a exploração de gás natural e produção de energia de diversos tipos, mas ao longo dos anos também começou a diversificar a sua carteira de investimentos, passando a incluir áreas como frequência de internet, gerenciamento de risco e derivativo climático (um tipo de seguro climático para negócios sazonais). Seu crescimento chegou a ser tão assombroso que se converteram na sétima maior companhia norte-americana[15], de modo que em 2000 alcançou um valor de 68 bilhões de dólares.

Por sua vez, o mundo de negócios foi surpreendido com o destino da empresa, até então considerada um caso de sucesso e apontada por muitos estudiosos da administração (incluindo Gary Hamel) como modelo de negócios da nova economia. A Harvard Business School chegou a produzir estudos de caso sobre a empresa. Cortejada pela imprensa especializada, a Enron acabou sendo escolhida pela Fortune, por seis anos seguidos, como a empresa mais inovadora[16] dos Estados Unidos.

---

14 BORGERTH, V. M. C. **A lei Sarbanes-Oxley**: Um caminho para a informação transparente. Rio de Janeiro: BNDES, 2005. Disponível em: https://web.bndes.gov.br/bib/jspui/handle/1408/10055. Acesso em: 09 jul. 2020.

15 ASSIS, Marcos. **Grandes fraudes da história**. Disponível em: https://www.marcosassi.com.br/grandes-fraudes-da-historia-o-caso-enron. Acesso em: 09 jul. 2020.

16 CYRINO, Álvaro. **Enron:** As lições do fracasso**.** Disponível em: https://exame.com/negocios/artigo-enron as-licoes-do-fracasso-m0058989/. Acesso em: 09 jul. 2020.

Ocorre que, apesar de ser considerada uma potência empresarial, em 02 de dezembro de 2001, divulgou pedido de concordata e dez dias após, o Congresso Americano começou a analisar a falência do grupo, o qual possuía uma dívida aproximada de 22 bilhões de dólares.

Para muitos foi considerada a falência mais importante da história empresarial americana, tratando-se de uma verdadeira fraude contábil, a qual foi ocultada na medida em que a empresa varria débitos para entidades especiais, das quais detinha participação majoritária, e em razão das normas da época conseguia ocultar as respectivas informações dos bancos da empresa. Se não bastasse, em que pese à existência de autoria na empresa, tratava-se de empresa do mesmo grupo econômico quem realiza tais serviços, o que ocorreu por cerca dez anos[17].

No mais, cumpre também discorrer sobre a *Foreign Account Tax Compliance Act* – FATCA, uma lei de cumprimento fiscal para contas no estrangeiro, tratando-se de uma legislação americana que visa combater a evasão fiscal de sujeitos passivos americanos ou *U.S. Persons*. A etapa final do FATCA, outrossim, entrou em vigor a nível mundial no dia 01.07.2014, com uma implementação faseada das etapas subsequentes, de modo a prever a obrigatoriedade de instituições bancárias estrangeiras a fornecerem dados de correntistas norte-americanos às autoridades estadunidenses[18].

Contextualizados os caminhos percorridos ao combate à corrupção, em agosto de 2013 o Brasil aprovou o Projeto de Lei n. 6.826/ 2010, que se converteria na Lei n. 12.846/13, mais conhecida como "Lei Brasileira Anticorrupção" (como denominaremos no presente estudo), ou "Lei da Empresa Limpa"

17 ASSIS, op. cit.

18 CYRINO, op. cit.

Outrossim, a Lei Brasileira Anticorrupção instituiu, no país, a responsabilidade objetiva administrativa e civil de pessoas jurídicas pela prática de atos contra a Administração Pública, nacional ou estrangeira[19], bem como conferiu ao Estado mecanismos administrativos para responsabilizar, educar e obter o ressarcimento ao erário, em face de atos de corrupção e fraudes praticadas por pessoas jurídicas e seus agentes, sobretudo nas licitações públicas e na execução dos contratos administrativos.

É verdade que, embora desde o tempo do império o Brasil já viesse editando normas para combater a corrupção, não havia qualquer lei brasileira que tornasse possível a aplicação de penalidades às pessoas jurídicas envolvidas especificamente em suborno estrangeiro, em manifesta ofensa ao artigo 2º da Convenção da OCDE[20].

Isto posto, referida Lei ingressou no chamado "sistema legal de defesa da moralidade", composto pela Lei de Crimes de Responsabilidade (Lei n. 1.079/ 1950), pela Lei da Ação Popular (Lei n. 4.717/ 1965), pelo Decreto que dispõe sobre a responsabilidade de Prefeitos e Vereadores (Decreto-lei n. 201/ 1967), pela Lei de combate à improbidade administrativa (Lei n. 8.429/ 1992); pela parte penal da Lei de Licitações e Contratos Administrativos (artigos 89 e seguintes da Lei n. 8.666/ 1993); pela Lei de Defesa da Concorrência (Lei n. 12.529/ 2011); pela Lei da Ficha Limpa (Lei Complementar n. 135/ 2010), dentre outras[21].

---

19 BERTOCCELLI, R. P. *Compliance*. In: VENTURINI, Otavio; CARVALHO, André Castro; BERTOCCELLI, Rodrigo de Pinho; ALVIM, Tiago Cripa (org.). **Manual de Compliance**. Rio de Janeiro: Forense, 2019. E-book. [Kindle]. n.p. L.1260.

20 GABARDO, Emerson; CASTELLA, Gabriel Morettini. A nova lei anticorrupção e a importância do *compliance* para as empresas que se relacionam com a Administração Pública. **Revista de Direito Administrativo & Constitucional**, ano 15, n. 60. Belo Horizonte, abr./ jun. 2015, p. 131.

21 MOREIRA NETO, Diogo de Figueiredo; FREITAS, Rafael Verás de. A juridicidade da Lei Anticorrupção: reflexões e interpretações prospectivas. **Fórum Administrativo**, ano 14, n. 156, fev. 2014, p. 9-20.

1.3. *Compliance* de dados: Autorregulação regulada e plasticidade da LGPD

Dentre os autores que adotam um conceito contemporâneo de *compliance*, Luiz Eduardo de Almeida[22] aponta que pode ser entendida como exigência de conformidade com as normas aplicáveis, com as políticas internas de cada companhia e com as exigências da ética empresarial, é uma decisão de gestão.

Ademais, ser *compliance* é conhecer as normas da organização, bem como seguir os procedimentos recomendados, agindo em conformidade e sentir quanto é fundamental a ética e a idoneidade em todas as nossas atitudes. Igualmente, estar em *compliance* é estar em conformidade com leis e regulamentos internos e externos[23].

Por sua vez, Renato de Mello Silveira e Eduardo Saad assim se referem ao termo *compliance*:

> Orienta-se, em verdade, pela finalidade preventiva, por meio da programação de uma série de condutas (condução de cumprimento) que estimulam a diminuição dos riscos da atividade. Sua estrutura é pensada para incrementar a capacidade comunicativa da pena nas relações econômicas ao combinar estratégia de defesa da concorrência leal e justa com as estratégias de prevenção de perigos futuros[24].

---

22 Doutor em Direito do Estado pela USP. Mestre em Direito. Coordenador do curso de pós-graduação lato sensu em Direito Corporativo e *Compliance* da EPD. Coordenador Acadêmico da pós-graduação lato sensu em Direito Constitucional e Administrativo da EPD.

23 PIMENTEL, Hélio. **Código de Conduta**. 2017. E-book. [Kindle]. n.p. L. 437.

24 SILVEIRA, Renato de Mello Jorge; SAAD-DINIZ, Eduardo. **Compliance, direito penal e Lei Anticorrupção**. 1. ed. São Paulo: Saraiva, 2015, p. 255. Disponível em: https:// integrada.minhabiblioteca.com.br/#/ books/ 9788502622098/ cfi/ 0. Acesso em: 09 jul. 2020.

Já, Ana Frazão, Milena Donato Oliva e Vivianne da Silveira Abilio conceituam *compliance* como:

> [...] conjunto de ações a serem adotadas no âmbito corporativo para que se reforce anuência da empresa à legislação vigente, de modo a prevenir a ocorrência de infrações, ou, já tendo ocorrido o ilícito, propiciar o imediato retorno ao contexto de normalidade e legalidade[25].

Ora, não há dúvida que *compliance* e governança são dois conceitos intimamente ligados, ganhando, o primeiro, maior significância com o advento da lei anticorrupção. Nesse sentido, pode ser compreendido como o sistema pelo qual as empresas e demais organizações são dirigidas, monitoradas e incentivadas, envolvendo os relacionamentos entre sócios, conselho de administração, diretoria, órgãos de fiscalização e controle, e demais partes interessadas[26].

Expressão utilizada dentro dos procedimentos de *compliance* a *due diligence* consiste em um processo que envolve estudo, análise e avaliação detalhada de informações de uma determinada sociedade empresária[27].

Outrossim, trata-se de um processo exigente de auditoria, feito para investigar e diagnosticar a gestão financeira, contábil e fiscal, trabalhista,

25 FRAZÃO, A.; DONATO OLIVA, M. ABILIO, V. S. Compliance de dados pessoais. In: TEPEDINO, Gustavo; FRAZÃO, Ana; OLIVA, Milena Donato (Coord.). **Lei Geral de Proteção de Dados Pessoais e suas repercussões no Direito Brasileiro**. São Paulo: Thomson Reuters Brasil, 2019, p. 693.

26 INSTITUTO BRASILEIRO DE GOVERNANÇA CORPORATIVA. **Código das melhores práticas de governança corporativa.** 13. ed. São Paulo: IBGC, 2018, p. 219.

27 SANTOS, Thiago Carvalho. A importância da" due diligence" no universo empresarial. **Revista Jus Vigilantibus**, Sexta-feira, v. 17, 2006. Disponível em: http://jusvi.com/artigos/20514. Acesso em 09 jul. 2020.

previdenciária, ambiental, jurídica, imobiliária, de propriedade intelectual e até mesmo tecnológica da empresa em que envolva dados pessoais.

Já o programa de integridade, trata-se de um conjunto de normas de condutas, procedimentos e ações empreendidas por uma pessoa jurídica para cumprir com os desígnios do *compliance*. Prefere-se a expressão programa de integridade ao invés de política de integridade para se manter a harmonia com a nomenclatura positiva no Decreto Federal n. 8.420/2015, que regulamenta a Lei n. 12.846/ 2013.

Isto posto, o *compliance* digital é uma derivação que surge em razão da necessidade de se adequar à legislação atinente ao direito digital. Logo, se há uma série de leis e normas que constituem matéria de estudo do Direito Digital, nada mais natural do que as isolar e estudar as formas e métodos de conformidades necessárias. Essa conduta toma especial relevo nos casos em que os aspectos éticos e comportamentais associados às leis de "fundo digital" sejam acentuados[28].

Outrossim, o Brasil conta com uma série de leis que, de algum modo, envolvem a temática do direito digital. Há normas específicas, sendo a mais célebre o Marco Civil da Internet, ou Lei nº 12.965, de 23 de abril de 2014, bem como a recente Lei Geral de Proteção de Dados. Há, igualmente, leis gerais que contêm pontos afeitos à matéria digital. Exemplo mais recente é a regulamentação do *home office*, ou teletrabalho, feita pela reforma trabalhista.

Quando se pensa especificamente no compliance de dados pessoais, há de se reconhecer a insuficiência da regulação clássica fornecida pelo Estado, pois não detém o conhecimento técnico necessário dos setores econômicos, bem como sob risco de tornar eventuais regras e parâmetros obsoletos em razão da evolução tecnológica.

28 ARTESE, G. Governança coorporativa. In: VENTURINI, Otavio; CARVALHO, André Castro; BERTOCCELLI, Rodrigo de Pinho; ALVIM, Tiago Cripa (org.). **Manual de Compliance.** Rio de Janeiro: Forense, 2019. E-book. [Kindle]. n.p. L.15150.

Nesse sentido, se mostra como alternativa a autorregulação regulada, consistindo como aquela em que as empresas de forma individualizada ou ainda agrupadas em setores, conforme art. 50 da LGPD, elaborem suas regras e processos, de acordo com o risco e atividade econômica que desenvolvem, e levam até chancela estatal para homologação ou ratificação[29], o que promove maior segurança jurídica e legitimidade aos procedimentos desenvolvidos.

Dito isso, muito tem sido ventilado sobre os prejuízos ocasionados pela ausência de estruturação necessária da Autoridade Nacional de Dados, órgão responsável inclusive para homologação de eventuais programas de governança e compliance. Por outro lado, como exposto por Alberto Asquini quando dos primeiros contatos com o novo Código Civil, é preciso superar o estado de ânimos aflorados e insatisfações para verificar as coisas como de fato são:

> [...] nos primeiros contatos com o novo código civil sobre o tema da empresa, criou-se uma certa desorientação. Não agradou a muitos que o código não tenha dado uma definição jurídica da empresa. Menos encorajante pareceu a posição discordante tomada pelos comentaristas do código, a qual prestou-se às mesmas ironias sobre a obra dos juristas. É preciso superar este estado de ânimo de insatisfação, verificando as coisas como são[30].

Nesse compasso, se por um lado ainda a Autoridade Nacional de Proteção de Dados ainda caminha a passos curtos, com emissão dos chamados "Guias Orientativos", por outro não é lúdico aguardar que a ANPD recém estabelecida se imponha e regulamente todos os setores da economia. Ora, trata-se de ônus das próprias empresas e setores.

29 FRAZÃO; DONATO OLIVA; M. ABILIO, 2019, p. 683.

30 ASQUINI, 1996, p. 109.

Isto posto, a diferença entre dever e ônus consiste em que no primeiro o comportamento do agente é necessário para satisfazer o interesse do titular do direito subjetivo, enquanto no caso do ônus o interesse é do próprio agente. Dessa forma, no primeiro há uma alternativa de comportamento, um lícito e outro ilícito (pagar ou não pagar), no caso do ônus, também uma alternativa de conduta, ambas lícitas, mas de resultados diversos (registro da propriedade)[31].

Igualmente, são as palavras do jurista italiano Pietro Perlingieri ao diferenciar dever e ônus:

> [...] o ônus pode ser definido – com expressão de conveniência – como uma obrigação potestativa, no sentido de que o seu titular pode realizá-lo ou não. Poder-se-ia, justamente, objetar que não é possível falar de obrigação ou de dever deixado à discricionariedade do sujeito obrigado, de maneira que falte a um outro sujeito o direito de exigir o adimplemento. A configuração utilizada ajuda a evidenciar que existem situações passivas que não vinculam o sujeito titular o qual, com base numa própria avaliação discricional, poderá exercê-las, ou não.[32]

Nesse sentido, se por um lado é dever das empresas se adequarem às regras impostas pela LGPD, por outro lado também se mostra como ônus adotar um programa de compliance e implementar medidas técnicas e administrativas aptas à tutela de dados pessoais do titular, haja vista que também estará mitigando riscos inerentes à própria atividade que desempenha e por consequência se beneficiará da nova legislação, caso venha sofrer eventuais sanções.

31 AMARAL, Francisco. **Direito Civil**. Introdução. 6. ed. Rio de Janeiro: Forense, 2006, p. 250.

32 PERLINGIERI, Pietro. **Perfis do direito civil**: introdução ao direito civil constitucional. Trad. Maria Cristina de Cicco. Rio de Janeiro: Renovar, 1999, p. 128.

Outrossim, quando se pensa na autorregulação regulada por setores, possibilidade esta conferida por lei, conforme art. 50 da LGPD, há de considerar a redução de custos que beneficiará as empresas, caso optem não por implementar sozinhas determinado programa, arcando exclusivamente com todas as despesas e custos.

Há também de se considerar que a plasticidade das normas dispostas na LGPD, na medida em que em que possibilita a modificação de interpretação ou ainda de procedimentos do programa de compliance por vias diversas de um processo legislativo. Assim, se a implementação de normas específicas para adoção do programa de compliance pelo legislador dá maior segurança jurídica, por outro lado engessa todo o sistema e não acompanha as transformações, assim como não acompanha as necessidades póstumas dos setores específicos.

Por outro lado, é preciso repensar o sistema de concorrência, haja vista que para somar será preciso também dividir, motivo pelo qual deve se fazer presente a teoria da cooperação, que tem por pressuposto organizar interesses de modo a eliminar os conflitos, sendo três seus requisitos: continuidade na relação, pequenos números, boa quantidade de informação[33].

Nesse sentido quando se reflete sobre os benefícios da teoria da cooperação:

> [...] a reputação do agente é fundamental, uma vez que, se individualista o comportamento coletivo, sofrerá também influência desta característica, o tipo de integração versa sobre ao resultado das interações, se são de soma igual a zero, onde um ganha na mesma proporção que o outro perde, trazendo assim benefícios apenas a uma

33 COMPARATO, Fabio Konder; SALOMÃO FILHO, Calixto. **O Poder de Controle na Sociedade Anônima**. 6. ed. Rio de Janeiro: Forense. 2014. p. 329.

> pessoa, como ocorre no xadrez, ou se podem ser diferentes de zero, onde pode haver benefícios a mais de um indivíduo sem prejuízo dos demais, como ocorre no dilema do prisioneiro[34].

Ademais, diante da necessidade de se repensar o sistema de concorrência no atual cenário capitalista, frente à teoria da cooperação, percebe-se que as empresas ainda não estão preparadas para isso, no entanto, não se deve abandonar tal pretensão, pois é tarefa da doutrina a mudança do status quo e a transformação social. Em razão do exposto, é medida que se impõe a superação do estado de comodidade e insatisfação, para a efetivação de condutas ativas e colaborativas.

2. REQUISITOS PARA EFETIVIDADE DO COMPLIANCE DE DADOS

Quando se pretende adotar um programa de compliance, este não deve se limitar a realização de mero compliance de papel, como aquele que passa apenas a sensação aparente de conformidade. Logo, não se pode admitir programas de fachada ou ainda uma mera carta de boas intenções elaborada pela empresa.

Assim, quando se pensa nas vantagens da implementação de um programa de compliance, pode-se pensar no aperfeiçoamento daquelas elencadas por Ana Frazão, Milena Donato Oliva e Vivianne da Silveira Abilio[35], consistindo o modelo em: a) permitir uma adequada gestão dos riscos da atividade, identificando pontos sensíveis que há exposição ao descumprimento, auxiliando na prevenção e mitigação de riscos; b) viabilizar a pronta identificação de eventuais descumprimentos, apontando alternativas de

34 Ibid., p. 335.

35 FRAZÃO; DONATO OLIVA; M. ABILIO, 2019, p. 686.

remediação de dados e auxiliando na mitigação de prejuízos à empresa e ao titular; c) fomentar a criação de uma cultura coorporativa de observância às normas legais e pautadas na transparência; d) servir como atenuante nos casos em que forem impostas sanções administrativas.

Nesse sentido, cumpre elencar alguns requisitos para a efetivaçao de um programa de compliance de dados: a) comprometimento da alta gestão; b) imparcialidade do setor/profissional; c) avaliação contínua de riscos e atualização do programa; d) organização compatível com o risco da atividade; e) Implementação de um código de ética e conduta; f) Treinamentos períodos; g) Desenvolvimento de cultura coorporativa pautada em comportamentos éticos; h) Monitoramento constante dos controles e processos, inclusive atualização do programa; i) Canais de comunicação e mecanismos de proteção; j) Detecção de condutas, apuração e aplicação de sanções.

2.1. Comprometimento, Imparcialidade e Avaliação

Entre os requisitos para efetivação de um programa de compliance apto, o primeiro detalhe a ser observado está estritamente ligado ao comportamento dos sócios e da alta gestão do empreendimento.

Destarte, um dos principais pontos em um programa de compliance é conhecido como *tone from the top,* ou seja, o comprometimento da alta gestão e o alinhamento estratégico que é dado entre o direcionamento estratégico definido pela alta gestão e a convergência com as ações dos colaboradores no dia a dia da empresa[36].

36 LAMBOY, N. R. F. C; MORENO, A. S. R. F. P. Uso de softwares para o compliance. In: VENTURINI, Otavio; CARVALHO, André Castro; BERTOCCELLI, Rodrigo de Pinho; ALVIM, Tiago Cripa (org.). **Manual de Compliance**. Rio de Janeiro: Forense, 2019. E-book. [Kindle]. n.p. L.3291.

Outrossim, isto pode ser obtido por meio de estabelecimento de um vínculo entre os valores, missão, proposta de valor, fatores críticos de sucesso e objetivos estratégicos com os seus principais riscos que afetam qualquer um destes itens.

Logo, se a alta gestão exige o comprometimento e exemplos de boas condutas de seus empregados, que então a alta gestão seja o exemplo a ser dado. Assim, não se pode admitir o comprometimento cínico dos gestores dentro do negócio, motivo pelo qual o compromisso deve iniciar-se do topo da pirâmide[37].

Isto posto, o exemplo da liderança gera, mais do que sentimento de cuidado, mas um sentimento de pertencimento, principalmente naqueles empregados com os cargos mais baixos dentro do organograma da empresa.

Por essa razão, falar de *tone at the top* não pode ser um discurso no deserto, atitudes condizentes com o discurso da empresa devem ser tomadas de forma concreta.

Assim, sobre os administradores, especialmente aqueles indicados pela i n. 6.404/ 1976, conforme artigos 153, 154 e 157, resta os deveres de diligência, lealdade e informação, os quais foram criados com o propósito de fixar limites principiológicos à atuação administrativa, na tentativa de minorar custos de agência. A Lei das S.A. propõe, no mesmo sentido, regime de responsabilização pessoal objetiva dos administradores pelos atos praticados contra a legislação ou estatuto social, e subjetiva pelos realizados com culpa ou dolo, conforme art. 158.

---

37 FREIRE, R. Compliance e uso de terceiro intermediário. In: VENTURINI, Otavio; CARVALHO, André Castro; BERTOCCELLI, Rodrigo de Pinho; ALVIM, Tiago Cripa (org.). **Manual de Compliance**. Rio de Janeiro: Forense, 2019. E-book. [Kindle]. n.p. L.15150.

No que diz respeito ao item "b" elenca a "imparcialidade do setor/profissional", alguns autores utilizam a expressão autonomia e independência, porém aparenta-se mais adequada a expressão imparcialidade.

A expressão autonomia[38] consiste na: a) liberdade para usar leis próprias; b) independência em relação a um poder central; c) liberdade moral ou intelectual. Já a expressão independência[39] consiste no: a) estado de não se achar sob domínio ou influência estranha; b) autonomia.

Ora, a autonomia do setor/profissional não se trata de uma faculdade de liberdade, seja moral ou intelectual, para usar leis próprias, sob risco de se implementar regras contrárias à ética da empresa. De igual forma, não se trata de uma mera independência em relação ao poder central, na medida em que não se estaria garantindo um comportamento ético e leal.

Por sua vez, também não opta pela expressão independência do setor/profissional, compreendida como não estar sob domínio ou influência estranha, haja vista a indeterminação do conceito estranho. Ademais, não é porque se trata de uma influência estranha que está será necessariamente contrária à ética da empresa.

Outrossim, opta pela expressão imparcialidade, a qual pode ser compreendida de forma cumulativa como: a) qualidade daquilo que é imparcial; b) que não favorece um em detrimento de terceiro; c) que não tem partido.

Logo, o setor ao não tomar partido por favorecer x ou y, mas em agir conforme o dever aparenta expressão mais adequada.

Ainda sob este aspecto, quando se discute a autonomia, independência ou imparcialidade do setor/profissional, não se pode presumir má-fé,

38 PRIBERAM. Disponível em: https://dicionario.priberam.org/. Acesso em: 09. Jul. 2020.

39 Idem.

abuso ou desvio de poder, do gestor, controlador ou sócio, quando for também a mesma pessoa encarregada de implementar e gerir o programa de compliance.

Nesse sentido, ainda que seja recomendado, não há obrigatoriedade na contratação de uma empresa terceira ou ainda na contratação de um empregado específico para gerir as atividades do programa de compliance, motivo pelo qual não pode ser imputado como um dever da empresa.

Deste modo, a boa-fé se presume, conforme art. 164 do CC, enquanto a má-fé deve ser provada, motivo pelo qual deve-se analisar cada caso em concreto, conforme aponta o jurista italiano Emilio Betti:

> [...] nas relações entre as partes, a boa-fé refere-se ao estilo moral da pessoa, que não a deixa esquecer a palavra dada e a torna fiel aos compromissos assumidos, e consiste naquele espírito de coerente lealdade e de ativo respeito pelo interesse alheio, que é costume observar e que é legítimo esperar-se nas relações entre homens honestos. Sendo seu dever comportar-se de acordo com essas limitações, as partes precisam de, nas suas relações, respeitar os limites e as obrigações negativas, reciprocamente estabelecidas e assumidas, no sentido de excluir ou restringir ou modificar o valor vinculativo irrevogável do regulamento de interesses adotado[40].

Logo, equivocado presumir-se desvios de finalidade, abuso de direito ou excesso de poder, conforme leciona o jurista Pietro Perlingieri:

> [...] o não-exercício e o exercício segundo modalidades diversas daquelas que derivam da função da situação subjetiva devem ser considerados abusos". A verificação se dá em face

40 BETTI, Emílio. **Teoria Geral do Negócio Jurídico**. Campinas: Servanda, 2008, p. 579.

> do caso específico, tornando a atividade complexa, razão pela qual o autor defende que a configuração do abuso se dá na correlação (collegamento) à mais ampla função da situação global da qual o poder é expressão: "A sua avaliação é complexa porque postula a verificação da existência de interesses contrários juridicamente relevantes que devem ser considerados segundo uma equânime harmonização, isto é, segundo critérios de proporcionalidade individual e social[41].

Logo, a esse respeito, deve ser levado em considerado inclusive que a contratação de profissional para implementar um programa de compliance de dados, seja um empregado específico ou uma empresa terceirizada, pode inviabilizar a atividade econômica de muitas empresas, especialmente aquelas enquadras como microempresas e empresas de pequeno porte, conforme LC 123/2006.

A esse respeito não se pode esquecer que a LC 123/06 conferiu no art. 1º tratamento diferenciado e favorecido às microempresas e empresas de pequeno porte, de modo que toda obrigação que recaia a estas deverá apresentar, no instrumento que a instituiu, especificação do tratamento diferenciado, simplificado e favorecido para cumprimento, conforme § 3º.

Outrossim, conforme § 4º do art. 1º, a ausência de especificação do tratamento diferenciado, simplificado e favorecido, tornará a nova obrigação inexigível. Nesse sentido, inclusive foi a LGPD, ao dispor sobre a dispensa de obrigatoriedade de indicação de encarregado, conforme a natureza e o porte da entidade, conforme § 3º do art. 41.

Ademais, dispõe ainda o art. 55-J da LGPD que ficará a cargo da ANPD editar normas, orientações e procedimentos simplificados e diferenciados, inclusive quanto aos prazos, para as microempresas e empresas de pequeno porte. Assim, observa que a expressão "inclusive" aponta para

41 PERLINGIERI, 1999, p. 122.

o sentido de que o tratamento simplificado e favorecido não será apenas no que concerne somente aos prazos, mas em todos os procedimentos, conforme art. 1º, § 3º da LC 123/06.

Quanto ao item "c", dos requisitos elencados para a efetividade do programa de compliance de dados, verifica-se que indispensável à avaliação contínua de riscos e atualização do programa, de modo que seja realizada em todos os setores da empresa, seja análise de documentos físicos ou digitais.

Destarte, em que pese a indispensabilidade de se identificar os riscos, esta atividade só será possível após compreender todos os processos da empresa, quais dados estão sendo tratados, por quem, qual o volume e como esses dados se relacionam com a atividade da empresa e suas respectivas bases legais.

Outrossim, é medida fundamental a elaboração um Sistema de Gestão do Programa de Privacidade e Proteção de Dados, (DPMS), o qual tem por objetivo entender efetivamente o cenário atual da empresa, de modo a estabelecer governança, responsabilidades e um plano de ação para endereçamento dos riscos identificados[42].

2.2. Riscos da Atividade, Código de Ética e Treinamentos

Os riscos da atividade, compreendido no item "d" para a efetividade de um programa de compliance, pode ser compreendido como estabelecer uma organização empresarial compatível com a avaliação dos riscos, o que pode ser obtido através da fase de preparação DPMS, ao elaborar um diagnóstico detalhado, executar um inventário de dados pessoais e estabelecer a governança do programa de privacidade e proteção de dados.

42 VIEIRA, C. Fase 1: Preparação: In: MALDONADO, Viviane Nóbrega (cood.). **LGPD:** Lei Geral de Proteção de Dados pessoais: Manual de implementação. São Paulo: Thomson Reuters Brasil, 2019, p. 36.

Ainda quanto ao tema:

> [...] cuida-se de implementar as reestruturações necessárias ao atendimento dos riscos identificados, inclusive estabelecendo um setor independente e com recursos para exercer a função de vigilância e assegurar o respeito ao programa, além de representar importante padrão de conduta dos próprios administradores[43].

Destarte, apesar do respeito ao posicionamento, há de se reiterar as considerações quando a não obrigatoriedade de se criar um setor independente dentro da sociedade, na medida em que a prática poderá acarretar aumento de despesas. É verdade que o aumento de despesas por si só não é justificativa plausível para a dispensa na criação de um setor próprio de compliance, porém a criação de um setor independente sem recursos resultará na aparente independência, porém irá compor efetivo compliance de papel. Ademais, dependendo da situação em concreto, pode não parecer adequada a estratégia empresarial de sacrificar o pouco capital da empresa para a criação de um setor com recursos específicos, sob pena de inviabilizar parcialmente a atividade econômica da empresa. Por fim, quanto ao item "d", devem ser observados às peculiaridades apresentadas no tocante às microempresas e empresas de pequeno porte, as quais exigem um tratamento diferenciado, simplificado e favorecido, conforme § 3º da LC 123/2006.

Quanto ao item "e", implementação de um código de ética e conduta, há de considerar que nestes o compliance e a governança corporativa são duas constantes, já que seria um contrassenso defender a ética desrespeitando as leis ou agindo com pouca transparência.

43 FRAZÃO; DONATO OLIVA; M. ABILIO, 2019, p. 689.

A título de exemplo, o código de conduta da Microsoft é tipicamente kantiano. Nele, a ética é tratada como princípio, e não como oportunidade de lucro ou risco administrável do negócio, constando no documento que "preferimos perder um negócio a comprometer nossa integridade"[44].

Já o código de conduta da IBM não é nem kantiano, nem utilitarista, haja vista que deixa de ser kantiano porque subordina a ética a outros valores, principalmente à reputação da empresa (que é uma preocupação da Microsoft, mas de forma muito mais sutil). Não é utilitarista porque se preocupa quase que exclusivamente com a empresa, não com o bem-estar coletivo[45].

Ademais, quanto a eficácia do programa de compliance de dados não há dúvidas que este dependerá do fornecimento de treinamentos periódicos e específicos, com uma linguagem clara, acessível a fim de atingir a individualidade de cada participante, de modo a criar uma cultura corporativa.

Importante destacar que a realização de treinamentos não se confunde com aula, haja vista que nesta espera-se uma forte carga de aprendizado novo, já no treinamento corporativo, como por exemplo, sobre corrupção, muito provavelmente todos os empregados sabem o risco de exposição a corrupção e suborno. Dessa forma, o objetivo em si não é ensinar essa informação, mas treinar formas de que ela não seja esquecida em momentos críticos da tomada de decisão[46].

44 MICROSOFT, 2004, apud. PIMENTEL, Hélio. **Código de Conduta**. 2017. *E-book*. [Kindle]. n.p. L. 497.

45 Ibid.

46 CARVALHO, A. C. Criação da cultura do compliance. In: VENTURINI, Otavio; CARVALHO, André Castro; BERTOCCELLI, Rodrigo de Pinho; ALVIM, Tiago Cripa (org.). **Manual de Compliance**. Rio de Janeiro: Forense, 2019. E-book. [Kindle]. n.p. L.1923.

2.3. Monitoramento, Canais de Comunicação e Apuração de Condutas

Para se atingir o objetivo principal do programa – prevenção de ilícitos – imprescindível haver monitoramento contínuo, pois somente a partir de então será possível verifica se há falhas ou se será necessário reforçar algum ponto em determinado setor.

Nesse sentido, como já apontado no item correspondente aos riscos da atividade após a elaboração de um inventário este passará a ser um documento vivo, motivo pelo qual a partir do monitoramento será demandado ajustes e revisões periódicas a cada seis meses. Por sua vez, recomenda-se que o inventário esteja atualizado sempre que ocorrer mudanças significativas de processos, aquisições de empresas, implantação de novas tecnologias, alteração nas finalidades de tratamento de dados ou ainda campanhas de marketing utilizando dados pessoais sensíveis[47].

Apesar da previsão de atividades e ações em políticas e procedimentos internos que possam facilitar a fiscalização pela empresa sobre eventual ato ilícito ou irregularidade, deve ser considerada como modelo de ampliação do controle interno a adoção de canais de denúncias.

Outrossim, a pessoa jurídica deve avaliar, também considerando sua estrutura, qual o melhor modelo a ser adotado, se via telefone, e-mail corporativo ou outros, os quais não são necessariamente excludentes, dependendo da forma como forem estabelecidos, vez que podem ser complementares.

Destarte, para a efetividade dos canais de denúncias, a empresa deve se preocupar em preservar a integridade moral do denunciante, sobretudo preservando sua identidade perante os demais empregados. Neste sentido,

47 VIEIRA, 2019, p. 75.

a pessoa jurídica poderá, inclusive, criar prêmios e incentivos para que o empregado ou terceiro de boa-fé realize denúncia sobre a existência de determinado ato ilícito praticado por empregado ou colaborador[48]. Dito isso, também é fundamental preservar a identidade do denunciante, na medida em que não deve ser prejudicado em razão da denúncia.

Assim, ainda que de forma mais simplificada, a Lei Federal n. 13.608/2018, que dispõe sobre o serviço telefônico de recebimento de denúncias e sobre recompensa por informações que auxiliem nas investigações policiais.

Por outro lado, apesar da possibilidade de criação de prêmios, há de se tomar cautela quanto a sua implementação prática, para não se criar no ambiente empresarial uma cultura de denúncias vazias ou ainda um ambiente de perseguição e vigilância constante de todos contra todos.

Quanto ao último item, apuração de condutas e aplicações de sanções, há de se reconhecer que os riscos decorrentes da inobservância das leis, regulamentos administrativos, do código de conduta assim como das políticas de compliance de uma organização podem ser identificados de várias formas, sendo uma delas o estímulo à revelação, como já apontado.

Assim, uma vez detectadas ocorrências de ato ilícitos ou irregularidades, é importante que a empresa aplique as medidas disciplinares previstas em políticas e procedimentos, para que se demonstre a seriedade do Programa de Integridade e o comprometimento da empresa com o respectivo.

No Brasil, a Lei 12.846, de 1º de agosto de 2013, dispõe sobre a responsabilidade objetiva das corporações, tanto na esfera administrativa

48 CARVALHO, I; ALMEIDA, B. Programas de compliance: Foco no programa de integridade. In: VENTURINI, Otavio; CARVALHO, André Castro; BERTOCCELLI, Rodrigo de Pinho; ALVIM, Tiago Cripa (org.). **Manual de Compliance**. Rio de Janeiro: Forense, 2019. E-book. [Kindle]. n.p. L.1702.

quanto civil, pela prática de atos que lesem a Administração Pública nacional ou estrangeira, de modo que a punição objetiva se perfaz pela responsabilização da corporação quando atos de corrupção, como o suborno com pagamento propina a funcionário público, sejam praticados por funcionários diretos ou terceirizados, mesmo sem o conhecimento ou anuência dos representantes ou donos. Assim, a penalidade dá-se por meio de multa, que pode variar de 0,1 a 20% do faturamento bruto do exercício anterior, e que deve ser paga no intervalo de cinco a dez dias tão logo seja aplicada pela Justiça[49].

A aplicação de medidas disciplinares, quando for o caso, é de importância substancial tanto para a perenidade do Programa de Integridade como para atenuação de penalidades que a empresa possa vir a sofrer em caso de investigação estatal. Outrossim, tais medidas são mensagens que servem como mecanismos preventivos contra novos ilícitos[50].

Ademais, além da necessidade de se adotar medidas disciplinares também será fundamental para a sustentabilidade do Programa que elas sejam efetivadas com observância das regras e procedimentos de aplicação de penalidades, lembrando que há entendimento de especialistas no Brasil sobre a aplicação dos direitos e garantias fundamentais previstos na Constituição da República de 1988 sobre as relações horizontais entre os particulares.

Nesse sentido foi o acórdão do Recurso Extraordinário n. 201.819/RJ, de Relatoria da Ministra Ellen Gracie do Supremo Tribunal Federal a aplicação da referida teoria, consoante o disposto:

---

49 CAMARGO, Coriolano Almeida; SANTOS, Cleorbete. **Fundamentos do Compliance**. 2019. E-book. [Kindle]. n.p. L. 436.

50 CARVALHO; ALMEIDA, 2019. n.p. L.1706.

> SOCIEDADE CIVIL SEM FINS LUCRATIVOS. UNIÃO BRASILEIRA DE COMPOSITORES. EXCLUSÃO DE SÓCIO SEM GARANTIA DA AMPLA DEFESA E DO CONTRADITÓRIO. EFICÁCIA DOS DIREITOS FUNDAMENTAIS NAS RELAÇÕES PRIVADAS. RECURSO DESPROVIDO. I. EFICÁCIA DOS DIREITOS FUNDAMENTAIS NAS RELAÇÕES PRIVADAS. As violações a direitos fundamentais não ocorrem somente no âmbito das relações entre o cidadão e o Estado, mas igualmente nas relações travadas entre pessoas físicas e jurídicas de direito privado. Assim, os direitos fundamentais assegurados pela Constituição vinculam diretamente não apenas os poderes públicos, estando direcionados também à proteção dos particulares em face dos poderes privados[51].

Outrossim, ainda que se possa aduzir que o empregado anuiu, dentro de sua autonomia individual, com as regras impostas pela empresa, tal argumento não a isenta de cumprir não só as normas e procedimentos internos, mas também previstos no ordenamento jurídico brasileiro, sob pena de se anular as medidas disciplinares aplicadas[52].

CONSIDERAÇÕES FINAIS

Com base em todo o exposto, utilizando-se do método dedutivo, corresponde à extração discursiva do conhecimento a partir de premissas gerais aplicáveis a hipóteses concretas e das técnicas de levantamento de bibliografias e legislações, confirma-se as hipóteses levantadas. Assim, é possível a afirmar a empresa como um fenômeno poliédrico na medida

51 BRASIL. Supremo Tribunal Federal. **Recurso Extraordinário n. 201819-RJ**. Relator: Ellen Gracie. Brasília, 11 de outubro de 2005. Data de publicação: DJE n. 27 de outubro de 2006.

52 CARVALHO; ALMEIDA, op. cit.

em que possui quatro perfis que a integram, o subjetivo, atrelada à um sujeito de direitos e obrigações, o perfil funcional, na medida em que a empresa é a atividade dirigida para um determinado escopo produtivo, perfil objetivo, compreendido como um complexo de bens materiais e imateriais e o perfil corporativo, na medida em que todos que a integram buscam o melhor resultado econômico.

Nessa ótica, se insere o programa de compliance compreendido tanto como uma exigência de conformidade com as normas aplicáveis, com as políticas internas de cada companhia e com as exigências da ética empresarial, pautando-se na finalidade preventiva de ocorrências, ou, já tendo ocorrido propiciar o retorno ao contexto de legalidade e ética pretendida.

Logo, ao implementar um programa de compliance de dados, sob a ótica da LGPD, há de se reconhecer a insuficiência da regulação clássica fornecida até então pelo Estado, motivo pelo qual o legislador optou pela autorregulação regulada, como forma de não tornar obsoletos os dispositivos legais e possibilitar que os setores econômicos possam participar do desenvolvimento das regras, uma vez compreendida as especificidades de cada ramo.

Assim, conforme art. 50 da LGPD, as empresas de forma individualizada ou agrupadas por seguimento poderão elaborar suas regras e processos, de acordo com os riscos das atividades que desenvolvem, para posterior homologação do Estado, representado pela ANPD.

Por sua vez, muitas críticas têm sido dirigidas ao pouco progresso da ANPD, que apesar de instituída formalmente, tem se limitado muitas vezes a emitir "Guias Orientativos", quando se esperava maior vigor fiscal e regulatório, pois a ela compete elaborar de regras e procedimentos norteadores para os setores. No entanto, ainda que se reconheça o pouco progresso da ANPD, há sob outra ótica de se superar o estado de ânimos aflorados e insatisfações para verificar as coisas como de fato são.

Ora, não é lúdico exigir por parte do Estado a opção da autorregulação regulada, a qual privilegia às empresas a adotarem uma conduta ativa na elaboração de regras e por outro criticar a inércia do Estado, pois supostamente não toma providências na elaboração de regras próprias para cada seguimento. Até porque, não se mostra razoável que após a constituição da ANPD imediatamente será possível dar conta de atuar de forma plena e efetiva em todos os setores da economia.

Assim trata-se de ônus, e não dever, das próprias empresas e setores. Dessa forma, se o dever consiste no comportamento do agente apto para satisfazer o interesse do titular do direito subjetivo, no ônus o interesse é do próprio agente.

Nesse passo, se por um lado é dever das empresas se adequarem às regras impostas pela LGPD, por outro lado também se mostra como ônus adotar um programa de compliance e implementar medidas técnicas e administrativas aptas à tutela de dados pessoais do titular.

Ademais, quando se pensa na plasticidade das normas dispostas na LGPD e na autorregulação regulada por setores específicos, há de reconhecer a redução de custos que beneficiará as empresas. Dito isso, há de se repensar no atual sistema de concorrência capitalista, na medida em que empresas concorrentes que pretendam somar, também necessitarão de dividir.

Logo, pautada na teoria da cooperação, caberá às empresas organizar os interesses, eliminar os conflitos de modo que a conduta ao invés de individualista, em que um ganha na mesma proporção que o outro perde, seja norteada pela teoria da cooperação em que ambas as empresas possam sair satisfeitas e com bons resultados, na medida em que se aliaram para um fim específico.

Ora, ainda que a hipótese apontada de se repensar o sistema de concorrência no atual cenário capitalista, frente à teoria da cooperação, se mostre aparentemente utópica, vez que as empresas ainda não estão preparadas, tais questionamentos e ambições não pode ser deixado de lado, pois é tarefa da doutrina a mudança do status quo e a transformação social, para a superação do estado de comodidade e insatisfação.

Por fim, quanto à implementação de um programa de compliance de dados para as microempresas e empresas de pequeno porte, à luz da LGPD e da LC 123/06, há de se reconhecer a necessidade de um tratamento simplificado, favorecido e diferenciado, sob risco de tornar inexigível a obrigação, conforme art. 1º, *caput* e § 3º da LC 123/06.

Outrossim, não há que se falar em independência ou autonomia do setor ou profissional, mas em imparcialidade. Desse modo, a criação de um setor com recursos próprios, aliada a contratação de um profissional, terceiro ou empregado, pode inviabilizar a atividade econômica das microempresas, até porque muitas vezes se estará diante de uma realidade em que os próprios sócios exercem atividade profissional e não possuem empregados.

Assim, ainda que não seja o mais aconselhável, o simples fato dos sócios ou gestores exerçam o papel de responsável pelo programa de compliance, não pode ser interpretado em desfavor ou em prejuízo da empresa, para aplicações de sanções pela ANPD. Diante desse impasse há de se atentar que a boa-fé é presumida, conforme art. 164 do CC, enquanto a má-fé deve ser provada.

REFERÊNCIAS BIBLIOGRÁFICAS

AMARAL, Francisco. **Direito Civil**. Introdução. 6. ed. Rio de Janeiro: Forense, 2006.

ARTESE, G. Governança coorporativa. In: VENTURINI, Otavio; CARVALHO, André Castro; BERTOCCELLI, Rodrigo de Pinho; ALVIM, Tiago Cripa (org.). **Manual de Compliance**. Rio de Janeiro: Forense, 2019. E-book. [Kindle].

ASQUINI, Alberto. **Perfis da Empresa.** Tradução Fábio Konder Comparato. Revista de Direito Mercantil, v. 104, 1996. 18 p. Título original: Profili dell'empresa. p. 109.

ASSIS, Marcos. **Grandes fraudes da história**. Disponível em: https://www.marcosassi.com.br/grandes-fraudes-da-historia-o-caso-enron. Acesso em: 09 jul. 2020.

BARKAN, Ilyse D. **Industry invites regulation: the passage of the Pure Food and Drug Act of 1906**. American Journal of Public Health, v. 75, n. 1, p. 18-26, 1985. Disponível em: https://ajph.aphapublications.org/doi/abs/10.2105/AJPH.75.1.18. Acesso em: 09 jul. 2020.

BERTOCCELLI, R. P. Compliance. In: VENTURINI, Otavio; CARVALHO, André Castro; BERTOCCELLI, Rodrigo de Pinho; ALVIM, Tiago Cripa (org.). **Manual de Compliance**. Rio de Janeiro: Forense, 2019. E-book. [Kindle].

BETTI, Emílio. **Teoria Geral do Negócio Jurídico**. Campinas: Servanda, 2008.

BIEGELMAN, Martin T.; BIEGELMAN, Daniel R. **Foreign Corrupt Practices Act compliance guidebook: protecting your organization from bribery and corruption**. John Wiley & Sons, 2010. Disponível em: http://www.alacra.com/acm/2134_sample.pdf. Acesso em: 09 jul. 2020.

BORGERTH, V. M. C. **A lei Sarbanes-Oxley**: Um caminho para a informação transparente. Rio de Janeiro: BNDES, 2005. Disponível em: https://web.bndes.gov.br/bib/jspui/handle/1408/10055. Acesso em: 09 jul. 2020.

BRASIL. Supremo Tribunal Federal**. Recurso Extraordinário n. 201819-RJ**. Relator: Ellen Gracie. Brasília, 11 de outubro de 2005. Data de publicação: DJE n. 27 de outubro de 2006.

CAMARGO, Coriolano Almeida; SANTOS, Cleorbete. **Fundamentos do Compliance**. 2019. E-book. [Kindle].

CARVALHO, A. C. Criação da cultura do compliance. In: VENTURINI, Otavio; CARVALHO, André Castro; BERTOCCELLI, Rodrigo de Pinho; ALVIM, Tiago Cripa (org.). **Manual de Compliance**. Rio de Janeiro: Forense, 2019. E-book. [Kindle].

CARVALHO, I; ALMEIDA, B. Programas de compliance: Foco no programa de integridade. In: VENTURINI, Otavio; CARVALHO, André Castro; BERTOCCELLI, Rodrigo de Pinho; ALVIM, Tiago Cripa (org.). **Manual de Compliance**. Rio de Janeiro: Forense, 2019. E-book. [Kindle].

COMPARATO, Fabio Konder; SALOMÃO FILHO, Calixto. **O Poder de Controle na Sociedade Anônima**. 6. ed. Rio de Janeiro: Forense. 2014.

CYRINO, Álvaro. **Enron:** As lições do fracasso**.** Disponível em: https://exame.com/negocios/artigo-enron-as-licoes-do-fracasso-m0058989/. Acesso em: 09 jul. 2020.

FRAZÃO, A.; DONATO OLIVA, M. ABILIO, V. S. Compliance de dados pessoais. In: TEPEDINO, Gustavo; FRAZÃO, Ana; OLIVA, Milena Donato (Coord.). **Lei Geral de Proteção de Dados Pessoais e suas repercussões no Direito Brasileiro**. São Paulo: Thomson Reuters Brasil, 2019, p. 677-715.

FREIRE, R. Compliance e uso de terceiro intermediário. In: VENTURINI, Otavio; CARVALHO, André Castro; BERTOCCELLI, Rodrigo de Pinho; ALVIM, Tiago Cripa (org.). **Manual de Compliance**. Rio de Janeiro: Forense, 2019. E-book. [Kindle].

GABARDO, Emerson; CASTELLA, Gabriel Morettini. A nova lei anticorrupção e a importância do compliance para as empresas que se relacionam com a Administração Pública. **Revista de Direito Administrativo & Constitucional**, ano 15, n. 60. Belo Horizonte, abr./ jun. 2015.

HANCZ, Patrik. **The Global Corruption and the Anti-corruption Documents– Few Minds about the OECD's Anti-bribery Convention and the US Foreign Corrupt Practices Act and Their Impact on the Hungarian Legal System**. Universitas-Győr Nonprofit Ltd. Hungary, 2014.

INSTITUTO BRASILEIRO DE GOVERNANÇA CORPORATIVA. **Código das melhores práticas de governança corporativa.** 13. ed. São Paulo: IBGC, 2018.

LAMBOY, N. R. F. C; MORENO, A. S. R. F. P. Uso de softwares para o compliance. In: VENTURINI, Otavio; CARVALHO, André Castro; BERTOCCELLI, Rodrigo de Pinho; ALVIM, Tiago Cripa (org.). **Manual de Compliance**. Rio de Janeiro: Forense, 2019. E-book. [Kindle].

MOREIRA NETO, Diogo de Figueiredo; FREITAS, Rafael Verás de. A juridicidade da Lei Anticorrupção: reflexões e interpretações prospectivas. **Fórum Administrativo**, ano 14, n. 156, fev. 2014, p. 9-20.

PERLINGIERI, Pietro. **Perfis do direito civil**: introdução ao direito civil constitucional. Trad. Maria Cristina de Cicco. Rio de Janeiro: Renovar, 1999.

PIMENTEL, Hélio. **Código de Conduta**. 2017. E-book. [Kindle].

PRIBERAM. Disponível em: https://dicionario.priberam.org/. Acesso em: 09. Jul. 2020.

SANTOS, Thiago Carvalho. A importância da" due diligence" no universo empresarial. **Revista Jus Vigilantibus**, Sexta-feira, v. 17, 2006. Disponível em: http://jusvi.com/artigos/20514. Acesso em 09 jul. 2020.

SILVEIRA, Renato de Mello Jorge; SAAD-DINIZ, Eduardo. **Compliance, direito penal e Lei Anticorrupção**. 1. ed. São Paulo: Saraiva, 2015, p. 255. Disponível em: https:// integrada.minhabiblioteca.com.br/#/ books/ 9788502622098/ cfi/ 0. Acesso em: 09 jul. 2020.

TEIXEIRA, Tarcisio. **Direito empresarial sistematizado**: doutrina, jurisprudência e prática. 8. ed. São Paulo: Saraiva Educação. 2019.

VIEIRA, C. Fase 1: Preparação: In: MALDONADO, Viviane Nóbrega (cood.). **LGPD:** Lei Geral de Proteção de Dados pessoais: Manual de implementação. São Paulo: Thomson Reuters Brasil, 2019, p. 35-105.

2

LEI GERAL DE PROTEÇÃO DE DADOS (LGPD) E *DATA MAPPING* (MAPEAMENTO DE DADOS): DESAFIOS, PERSPECTIVAS E COMO SE ADEQUAR À NOVA LEI NA PRÁTICA

Tatiana Kolly Wasilewski Rodrigues[1]

INTRODUÇÃO

Na segunda metade do século XX a indústria tradicional passou a valorizar a informação e a tecnologia em maior escala, o que modificou o espaço geográfico global, e posteriormente culminou no advento da Terceira Revolução Industrial, também conhecida como a Era da Informação.

1 Mestre em Direito Negocial pela Universidade Estadual de Londrina. Servidora do Tribunal Regional Eleitoral do Paraná. Email: tatiwr@gmail.com.

A tecnologia da informação está produzindo profundas modificações nos espaços públicos e privados, modificando a própria ciência jurídica que tenta regulamentar e coibir os impactos tecnológicos negativos experimentados e que se tornaram grandes desafios para o Direito, o que passou a exigir respostas rápidas e eficazes no que tange este novo fenômeno.

Nessa nova etapa da sociedade industrial e da evolução histórica dos direitos humanos, a dignidade da pessoa humana perpassa pela proteção dos dados pessoais, em especial pelos dados sensíveis, o que propiciou a criação de hodiernos regimes jurídicos que passaram a tutelar de modo mais rigoroso e pedagógico a coleta, armazenamento, tratamento, processamento, proteção e o sigilo desses dados.

Além de invadir a privacidade e violar a dignidade dos titulares de dados pessoais, os problemas que decorrem da exploração indevida das informações privadas e públicas podem ocasionar danos irreversíveis à imagem e a reputação dessas corporações e instituições, podendo levar até inviabilidade da atividade econômica das empresas responsáveis pelo tratamento desses dados.

Assistiu-se nos últimos anos à promulgação de regulamentos destinados a construção de uma cultura de proteção da informação, em especial pela União Europeia, que no ano de 2016 aprovou um importante instrumento de tutela desses dados, o *General Data Protection Regulation* (GDPR).

Na "desventurosa" condição de líder em violação de dados na América Latina, o Brasil aprovou recentemente um importante aliado para resguardar tutelar a segurança da informação, que objetiva balizar as relações em um contexto de relações digitais sem fronteira. Fortemente inspirada na GDPR a Lei n. 13.709/2018, popularmente conhecida como Lei Geral de Proteção de Dados Pessoais, estabelece rígidos regramentos quanto a sua gestão.

A LGPD traz uma série de exigências e regulamentações para as empresas, o que exige grandes mudanças por parte das de todos os atores empresariais responsáveis pela gestão da informação, e ao considerar como responsáveis pelos vazamentos de informações as empresas encarregadas da gestão e proteção de dados, a LGPD prevê duras penalidades, o que leva muitas empresas a implementarem de forma equivocada medidas exclusivamente voltadas a prevenção de uma eventual responsabilização penal e administrativa, esquecendo-se de concretizar processos e técnicas adequados à proteção dos dados privados e a redução dos riscos.

A LGPD não foi criada para limitar a atuação das empresas gestoras de dados e sim para promover a inovação, bem como a expansão segura dessas atividades, tendo por missão a proteção e promoção dos direitos fundamentais, essenciais para efetiva tutela dos dados privados de seus cidadãos, de seus instituições e corporações privadas.

Nesse quadro, o direito aliado a tecnologia e a multidisciplinariedade viabilizaram o surgimento de relevantes soluções que possibilitam o fiel cumprimento da legislação que disciplina a matéria de proteção de dados, todavia estes métodos e procedimentos exigem muitas vezes uma mudança radical na forma de como a empresa lida com o tratamento de dados pessoais.

Em razão de ser uma tema recente no Brasil, os métodos que auxiliam no processo de adequação as legislações de proteção de dados são encontrados de forma limitada e superficial, com a edição de poucas doutrinas que abarcam de forma aprofundada a matéria, todavia a partir de uma interpretação analógica da LGPD, assim como da importação de métodos bem-sucedidos de países que possuem certa solidez e adaptação a legislação pertinente, dessa forma, o presente artigo abordará os principais mecanismos que auxiliam no correto gerenciamento da informação, e assim do processo de adequação a Lei Geral de Proteção de Dados (LGPD).

O *compliance*, as boas práticas de governança, o gerenciamento de riscos, o plano emergencial para incidente de vazamento de dados e de forma especial o mapeamento de dados, são indispensáveis para a garantia da segurança e a proteção das informações, e são algumas das mais variadas técnicas de adequação a LGPD.

Considerado o primeiro passo a ser dado por qualquer organização ao iniciar o processo de adequação a LGPD, será concedido o devido enfoque ao mapeamento de dados no presente artigo, essa é uma solução tecnológica que possibilita uma visão ampla e aprofundada do quadro de dados controlados pelas empresas, e que favorece a segura introdução de outros métodos essenciais ao processo de adequação a Lei Geral de Proteção de Dados.

Dessa forma, os impactos da recente base legal regulatória acabam por adequar essas corporações as novas transformações do mercado global, onde o comprometimento com a segurança e o sigilo da informação não são mais um *plus* nas ofertas de serviços, e sim requisitos integrantes e essenciais no tratamento desses dados.

Salientada a magnitude do tema proposto, cabem às ponderações colocadas no decorrer do desenvolvimento da pesquisa para promover contribuições no sentido de proporcionar respostas e soluções aos percalços e desafios a serem enfrentados pelas empresas de economia digital, face o advento da nova Lei Geral de Proteção de Dados.

1. OS DIREITOS TUTELADOS PELA LEI GERAL DE PROTEÇÃO DE DADOS

Previstos anteriormente em esparsos dispositivos legais, tais como a Constituição Federal, o Código Civil e de Defesa do Consumidor, a Lei de Acesso à Informação e do Cadastro Positivo e o Marco Civil da Internet, a tutela de dados pessoais no Brasil era na conflituosa na prática, diante das contradições encontradas nos diferentes dispositivos que disciplinaram a matéria, o que gerava uma certa insegurança jurídica[2].

2 DONEDA, Danilo. **Da privacidade à proteção de dados pessoais**. Rio de Janeiro: Renovar, 2006. p. 71-74.

Acompanhando a necessidade do mercado e da tendência mundial, a Lei Geral de Proteção de Dados criada no ano de 2018 passou a disciplinar e proteger de forma eficiente e rigorosa o tratamento de dados pessoais no Brasil, estipulando pesadas sanções para quando for constatado violações a essas regulamentações.

A LGPD pode ser vista como um obstáculo as empresas controladoras de dados pessoais que se fundam na exploração da atividade econômica de forma predatória e irresponsável ao considerarem os dados sensíveis como simples bens patrimoniais[3].

A nova Lei Geral de Proteção de Dados se baseia nos direitos fundamentais de liberdade e privacidade, tendo como missão a transformação das práticas e dos negócios digitais. Nesse sentido, é importante destacar que a lei não foi criada para limitar a atuação das empresas gestoras de dados e sim para promover a inovação e a expansão segura dessas atividades.

Nesse cenário, é fundamental destacar os conceitos de dados pessoais e sensíveis apresentados pela LGPD:

> Art. 5º Para os fins desta Lei, considera-se:
>
> I – dado pessoal: informação relacionada a pessoa natural identificada ou identificável;
>
> II – dado pessoal sensível: dado pessoal sobre origem racial ou étnica, convicção religiosa, opinião política, filiação a sindicato ou a organização de caráter religioso, filosófico ou político, dado referente à saúde ou à vida sexual, dado genético ou biométrico, quando vinculado a uma pessoa natural.

3 MENDES, Laura Schertel. **Privacidade, Proteção de dados e defesa do consumidor. Linhas gerais de um novo direito fundamental**. São Paulo: Saraiva, 2014. p. 122-123.

De forma especial, a LGPD firma seu compromisso na tutela de dados pessoais, e de forma mais específica com os dados sensíveis. Existem considerações probabilísticas de que tais dados são mais afeitos a apresentarem problemas "mais graves quando de sua má utilização – daí exatamente o fato de denominá-los como 'sensíveis' em relação aos demais, enfatizando sua peculiaridade neste sentido"[4]. Por essa razão, vez que podem ensejar alto potencial lesivo ao seu titular, a LGPD atribuiu uma elevada proteção aos dados particulares, e de modo especial as sensíveis.

Ao prever em seus artigos iniciais como escopo os direitos fundamentais, dignidade de seus titulares e de seus consumidores, a LPGPD reforça seu compromisso na tutela de dados pessoais:

> Art. 1º Esta Lei dispõe sobre o tratamento de dados pessoais, inclusive nos meios digitais, por pessoa natural ou por pessoa jurídica de direito público ou privado, com o objetivo de proteger os direitos fundamentais de liberdade e de privacidade e o livre desenvolvimento da personalidade da pessoa natural.
>
> [...]
>
> Art. 2º A disciplina da proteção de dados pessoais tem como fundamentos:
>
> I – o respeito à privacidade;
>
> II – a autodeterminação informativa;
>
> III – a liberdade de expressão, de informação, de comunicação e de opinião;
>
> IV – a inviolabilidade da intimidade, da honra e da imagem;
>
> V – o desenvolvimento econômico e tecnológico e a inovação;

4 DONEDA, Danilo. **Privacidade e transparência no acesso à informação pública**. Zaragoza: Prensas Universitarias de Zaragoza, 2010. p. 179-216.

> VI – a livre iniciativa, a livre concorrência e a defesa do consumidor; e
>
> VII – os direitos humanos, o livre desenvolvimento da personalidade, a dignidade e o exercício da cidadania pelas pessoas naturais.

Mais à frente, a LGPD elenca no artigo 6º, de modo exemplificativo, um rol de princípios a serem observados nas atividades de tratamento de dados pessoais, são eles: o princípio da boa-fé objetiva; da finalidade; da necessidade; do livre acesso; da qualidade dos dados; da transparência; da segurança; da prevenção; da não discriminação; e o princípio da responsabilização e prestação de contas.

Como se pode observar, fica clara a preocupação da LGPD em conferir proteção ao titular dos dados sensíveis, essa proteção consiste em um autêntico direito fundamental, sendo expressão dos direitos da personalidade, em especial da privacidade, do sigilo e propriamente até da estabilidade democrática, vez que esses direitos estão "intrinsecamente relacionados à impossibilidade de transformar os indivíduos em objeto de vigilância constante", em especial dos controladores de dados preocupados unicamente em colocar seus lucros acima de qualquer outro valor[5].

2. OS PRINCIPAIS RISCOS DE NÃO SE ADAPTAR À LGPD

Com o propósito de tutelar de forma eficiente os dados pessoais, visando a coleta, proteção, armazenamento, tratamento e transferência segura dos dados pessoais, a LGPD estipulou pesadas punições para aqueles que descumprirem suas determinações. De forma clara e específica, a

5 FRAZÃO, Ana; TEPEDINO, Gustavo; OLIVA, Milena Donato. **A Lei Geral de Proteção de Dados Pessoais e suas repercussões no Direito brasileiro**. São Paulo: Revista dos Tribunais, 2019, p.100.

LGPD discriminou quem são os atores envolvidos no processo de tratamento de dados, bem como suas atribuições, responsabilidades e possíveis penalidades, não restringindo sua aplicação exclusivamente as empresas de tratamento de dados.

> Ao contrário do que parece, a LGPD não se aplica apenas a empresas do segmento de tecnologia, mas a qualquer uma, tanto no setor público quanto no privado, que colete dados de seus usuários. Isso quer dizer que instituições bancárias, cadastros de condomínio e até algumas páginas do Facebook deverão se adequar à nova lei de proteção de dados caso não queiram sofrer as sanções[6].

É notório que a LGPD protege direitos individuais e nesse aspecto não faz sentido que a lei esteja vigente sem disciplinar com seriedade e poder de coerção uma matéria tão cara aos cidadãos, as corporações e as instituições brasileiras.

Segundo o regulamento da lei que dispõe sobre a proteção de dados no Brasil, os agentes de tratamento da informação que violarem as normas por ela estabelecidas, ficam sujeitos a sanções administrativas que variam de simples advertências a pesadas multas que podem levar rapidamente ao fim da atividade empresarial, de modo particular das empresas de pequeno porte que tenham a infelicidade de sofrer sucessivos vazamentos de dados pessoais[7].

---

6 SILVA, Rafael Rodrigues da Silva. **Multa de R$ 50 milhões será aplicada às empresas que não se adequarem à LGPD**. 10 de out. de 2020. Disponível em: https://canaltech.com.br/legislacao/multa-de-r-50-milhoes-sera-aplicada-as-empresas-que-nao-se-adequarem-a-lgpd-124552/. Acesso em 09 de jun. de 2020.

7 JUNIOR, Sebastião Ventura Pereira da Paixão. **Lei Geral de Proteção de Dados: sanções, pedagogia e o dilema do futuro**. 25 de dez. de 2019. Disponível em:https://www.conjur.com.br/2019-dez-25/sebastiao-ventura-lgpd-sancoes-pedagogia-dilema-futuro. Acesso em 08 de jul. de 2020.

O artigo 52 da LGPD engloba um rol de sanções que se aplicam a qualquer forma de descumprimento das regulamentações, práticas e condutas por ela assentada, sendo aplicadas somente após procedimento administrativo que possibilite a oportunidade da ampla defesa, nos termos do §1º do artigo 52, sendo igualmente observados quando da aplicação da penalidade a gravidade e a natureza das infrações e dos direitos pessoais afetados; a boa-fé do infrator; a vantagem econômica auferida pelo infrator; sua condição econômica; a reincidência; o grau do dano; a cooperação do infrator; a adoção demonstrada de mecanismos e procedimentos internos capazes de minimizar os danos, assim como a adoção de políticas de boas práticas e governança.

Os incisos do artigo 52 elencam precisamente 08 (oito) sanções administrativas a serem aplicadas em razão de infrações que violem a LGPD, sendo: advertência, com indicação acompanhada de prazo para adoção de medidas corretivas; multa simples, que pode chegar até 2% (dois por cento) do faturamento da pessoa jurídica, grupo ou conglomerado econômico, limitada no total em R$ 50 milhões (cinquenta milhões de reais) por infração; multa diária, novamente limitada a R$ 50 milhões; a publicização da infração, somente após o procedimento administrativo que tenha possibilitado a oportunidade da ampla defesa e que tenha assim restado comprovado o ilícito; o bloqueio, bem como a eliminação dos dados pessoais a que se refere a infração; a suspensão temporária por até 06 (seis) meses do funcionamento do banco de dados relacionado com a infração, com a possibilidade de ser prorrogado por igual período; e a proibição total ou parcial do exercício da atividade relacionada a tratamento de dados pessoais.

Uma novidade em relação as penalidades impostas pela Lei Geral de Proteção de Dados é a possibilidade de pactuação de acordo de conciliação entre o titular dos dados e da empresa responsável por seu tratamento, caso seja comprovada a responsabilidade do controlador na quebra da segurança e sigilo da informação. Caso não seja possível uma conciliação entre as partes envolvidas, a contratada fica sujeita as sanções previstas pelo novo Código de Defesa da Privacidade[8].

Malgrado as severas punições estipuladas, elas são indispensáveis para uma efetiva tutela de proteção de dados e até mesmo para o desenvolvimento das relações comerciais empresariais, visto que uma resposta branda do poder regulatório frente violações a norma, tornaria a LGPD inofensiva, o que evitaria a promoção da competitividade e do consequente fortalecimento da atividade econômica no setor. Nesse sentido pontua a Associação das Empresas Brasileiras de Tecnologia da Informação de São Paulo (ASSESPRO-SP):

> De acordo com a Associação [...], a LGPD é uma necessidade para o setor, pois protege usuários e cria um padrão para que todas as instituições possuam as mesmas responsabilidades e encargos quanto às informações coletadas, o que irá facilitar as trocas comerciais internacionais.
>
> [...] Um dos principais perigos para esses dados é a ação de cibercriminosos, já que, além de prejuízos à imagem da empresa, o roubo de dados em invasões pode também acarretar em multas sob a nova lei.
>
> Para eliminar esse problema [...] é necessário que as empresas tomem medidas práticas, como avaliação das estruturas de rede e aplicações de testes de intrusão, além da

8 FARIA, Wiliam. LGPD: **O que mudou na redação final da lei? Sanções da LGPD**. 14deout.de2019.Disponívelem:https://canaltech.com.br/legislacao/lgpd-o-que-mudou-na-redacao-final-da-lei-152367/#:~:text=San%C3%A7%C3%B5es%20da%20LGPD&text=Multa%20di%C3%A1ria%2C%20observado%20o%20limite,infra%C3%A7%C3%A3o%20at%C3%A9%20a%20sua%20regulariza%C3%A7%C3%A3o%3B&text=Essas%20puni%C3%A7%C3%B5es%20existentes%20na%20Lei,para%20sua%20adequa%C3%A7%C3%A3o%20%C3%A0%20LGPD. Acesso em 09 de jul. de 2020.

> renovação de políticas de segurança e modernização dos aplicativos utilizados[9].

Portanto, a promoção de técnicas e procedimentos aptos a colocar em conformidade a atividade empresarial nos ditames da LGPD é essencial para o fortalecimento da atividade econômica e da própria sobrevivência da empresa em um mercado cada vez mais competitivo.

3. IMPORTANTES FERRAMENTAS DE ADEQUAÇÃO À LGPD

A ciência tradicional do Direito já não é capaz de tutelar as relações humanas nos ambientes digitais, dessa forma surgiu uma nova ramificação entre o Direito e a tecnologia, capaz reger as relações em ambientes virtuais de forma a estabelecer leis e garantir que ninguém seja lesado nesse campo. Com a vigência das leis de proteção de dados, a gestão da informação se torna cada vez mais importante, desse modo, e de forma ampla e irrestrita a interdisciplinaridade surge como peça fundamental para a construção e a consequente solidificação dessas novas práticas[10].

A aliança entre Direito e tecnologia não se restringe a tutela Estatal, o domínio da gestão dos dados se tornou uma tarefa cada vez mais importantes para as corporações, sejam elas públicas ou privadas, e nesse contexto surgem mecanismos que auxiliam no processo de gerenciamento da informação e na correta adequação a Lei Geral de Proteção de Dados (LGPD):

---

9 SECURITY REPORT. **Multa de R$ 50 milhões por infração poderá ser paga por descumprimento à LGPD**. 11 de out. de 2018. Disponível em: https://www.securityreport.com.br/overview/multa-de-r-50-milhoes-por-infracao-podera-ser-paga-por-descumprimento-a-lgpd/#.XwdmeyhKjIU. Acesso em: 09 de jun. de 2020.

10 SOLOMON, Robert C. **Ética e excelência: cooperação e integridade nos negócios**. Tradução de Maria Luiza X. de A. Borges. Rio de Janeiro: Civilização Brasileira, 2006. p. 24.

o *compliance*, as boas práticas de governança, o gerenciamento de riscos, o plano emergencial para incidente de vazamento de dados e de forma primordial o mapeamento de dados[11], que será abordado mais à frente.

3.1. *Compliance*

Advindo do verbo em inglês *to comply*, *o compliance* é um método que vem se popularizando no Brasil, em especial com a chegada da LGPD. Amplamente conhecido e aplicado em transparentes, éticas e renomadas corporações, o *compliance* objetiva reduzir os riscos da atividade empresarial, se voltando para "concretização da missão, da visão e dos valores de uma empresa"[12].

Como bem assinala a professora e advogada Ana Paula Candeloro, o *compliance* não pode ser compreendido apenas como um mero e corriqueiro cumprimento de normas externas e internas, veja-se:

> O *compliance* se caracteriza como um conjunto de regras, padrões, procedimentos éticos e legais, que, uma vez definido e implantado, será a linha mestra que orientará o comportamento da instituição no mercado em que atua, bem como a atitude dos seus funcionários[13].

Desse modo o *compliance* se caracteriza como método responsável pela manutenção e controle dos riscos legais, com procedimentos

---

11 GONÇALVES, José Antônio Pereira. **Alinhando processos, estrutura e compliance à gestão estratégica**. São Paulo: Atlas, 2012. p. 125.

12 DINIZ, Patrícia Dittrich Ferreira; Ribeiro, Márcia Carla Pereira. ***Compliance* e Lei Anticorrupção nas empresas**. Revista de Informação Legislativa, Brasília, DF. Ano 52, Número 205, jan./mar. 2015. p. 88.

13 CANDELORO, Ana Paula; RIZZO, Maria Balbina Martins de; PINHO, Vinícius. ***Compliance* 360º: riscos, estratégias, conflitos e vaidades no mundo corporativo**. São Paulo: Trevisan Editora Universitária, 2012. p. 154.

especificamente direcionados a garantir a conformidade dos regulamentos legais nacionais e internacionais, além dos regramentos internos.

Em suma, essa prática se aplica a todos os tipos de instituições e envolve uma conduta essencial no mercado atual, visto a exigência de condutas legais cada vez mais rígidas e punitivas, dada a relevância dos direitos tutelados, em especial da LGPD[14].

Verifica-se assim a importância dada pela lei ao *compliance*, sendo sua implementação essencial para o desenvolvimento da empresa, da transparência, da ética e da sociedade, servindo assim como instrumento efetivo de construção e consolidação da LGPD.

3.2. Boas Práticas de Governança

A LGPD prevê de modo específico em seu artigo 50 e seguintes as boas práticas e condutas de governança que visam adequar as atividades das empresas controladoras de dados ao que dispõe os direitos por ela tutelados.

O referido dispositivo permite que as corporações que exercem atividades econômicas que envolvem tratamento de dados criem regras de boas práticas e de governança, desde que estabeleçam, por exemplo, condições de organização, regimes de funcionamento, procedimentos, normas de segurança e de padrões técnicos, mecanismos internos de supervisão e de mitigação de riscos, e outros aspectos relacionados ao tratamento das informações sensíveis[15].

14 ROONEY, Allan. **Effective Data Mapping and GDPR Compliance**. Disponível em: https://www.forbes.com/sites/entrepreneursorganization/2018/11/01/effective-data-mapping-and-gdpr-compliance/#6c673920421b. Acesso em 15 de jun. de 2020.

15 PLUGAR. **Conheça as boas práticas de governança e sanção da LGPD**. 30 de maio de 2019. Disponível em: https://www.plugar.com.br/conheca-as-boas-praticas-de-governanca-e-sancao-da-lgpd/. Acesso em 20 de jun. de 2020.

Segundo o manual da Associação Brasileira de Anunciantes (ABA) para adequação a LGPD, um programa de boas práticas de governança em privacidade deve:

a. demonstrar o comprometimento da empresa em adotar processos e políticas internas que assegurem o cumprimento, de forma abrangente, de normas e boas práticas relativas à proteção de dados pessoais;

b. ser aplicável a todo o conjunto de dados pessoais que estejam sob o controle da empresa, independentemente do modo como se realizou sua coleta;

c. ser adaptado à estrutura, à escala e ao volume das operações da empresa, bem como à sensibilidade dos dados tratados;

d. estabelecer políticas e salvaguardas adequadas com base em processo de avaliação sistemática de impactos e riscos à privacidade;

e. ter o objetivo de estabelecer relação de confiança com o titular, por meio de atuação transparente e que assegure mecanismos de participação do titular;

f. estar integrado a sua estrutura geral de governança de forma a estabelecer e aplicar mecanismos de supervisão internos e externos;

g. contar com planos de resposta a incidentes e remediação; e

h. ser atualizado constantemente com base em informações obtidas a partir de monitoramento contínuo e avaliações periódicas[16].

16 ASSOCIAÇÃO BRASILEIRA DE ANUNCIANTES. **Manual ABA para adequação à LGPD: Orientações e boas práticas de governança de dados para publicitários**. Disponível em: http://www.aba.com.br/wp-content/uploads/2019/06/ebook-aba-compliance-lgpd.pdf. Acesso em: 02 de jul. de 2020.

No mesmo sentido, a Autoridade Nacional de Proteção de Dados publicou em outubro de 2021 um guia orientativo sobre segurança da informação para agentes de tratamento de pequeno porte[17] com procedimentos simplificados e diferenciados para microempresas e empresas de pequeno porte, bem como para iniciativas empresariais de caráter incremental ou disruptivo que se autodeclarem startups ou empresas de inovação. O guia de boas práticas é endereçado aos agentes de tratamento de pequeno porte que, em razão de seu tamanho e eventuais limitações, muitas vezes não possuem dentre o seu corpo de funcionários, pessoas especializadas em segurança da informação e necessitam aprimorá-la em relação ao tratamento de dados pessoais, nos termos dos artigos 46, 47, 483 e 49 da LGPD. Nesse sentido, o guia apresenta algumas medidas de segurança da informação, com o fim de proteger os dados pessoais sob a guarda dos agentes de pequeno porte. Já no caso das empresas de portes maiores persiste a necessidade de uma equipe técnica altamente qualificada, investimento financeiro e adoção de medidas robustas de segurança da informação.

Nesse contexto, a aplicação das boas práticas de governança é indispensável para a efetividade da LGPD e assim da tutela dos direitos individuais, o que torna imperiosa a necessidade de mudanças com o fito de adequar as empresas aos ditames do que estabelece a legislação.

3.3. Gerenciamento de Riscos

A falha e/ou a ausência de um processo de gestão de riscos torna a empresa responsável pela gestão de dados vulnerável a graves consequências,

17 TSE, Brasília. GUIA ORIENTATIVO SOBRE SEGURANÇA DA INFORMAÇÃO PARA AGENTES DE TRATAMENTO DE PEQUENO PORTE. [s.l.: s.n.], 2021. Disponível em: < https://www.gov.br/anpd/pt-br/documentos-e-publicacoes/guia-vf.pdf >.

o que pode acarretar incertezas e prejuízos irreversíveis. Em resposta a esse problema surge o gerenciamento de riscos, processo esse que planeja, organiza, dirige e controla toda a cadeia produtiva de uma organização, objetivando reduzir ao máximo ou aproveitar as incertezas sobre essa organização[18].

Ao prever impactos e antecipar procedimentos que possam minimizar possíveis falhas capazes de inviabilizar o prosseguimento da atividade econômica, e assim como estimular novos procedimentos de proteção e segurança de dados, consoante dispõe a LGPD, o gerenciamento de riscos se estabelece como um grande aliado no cumprimento da referida legislação, e de forma especial quando da elaboração do Relatório de Impacto à Proteção dos dados pessoais, veja-se:

> [...] sua elaboração é um exercício fundamental para que a instituição tenha ampla visão de seu modelo de negócio e, assim, consiga averiguar eventual falha em seu fluxo de dados e/ou tomar decisões mais assertivas no desenvolvimento de novos produtos ou serviços. Além disso, em caso de eventual auditoria ou processo administrativo perante a Autoridade Nacional, essa documentação poderá servir como base para demonstrar a boa-fé, a diligência e o comprometimento da instituição em termos de governança, conformidade com a legislação e preocupação com a segurança e sigilo dos dados pessoais dos titulares e, por conseguinte, atenuar eventual sanção administrativa[19].

18 OLIVEIRA, WALLACE. **O que é gerenciamento de riscos? Finalidades e conceito**. 29 de nov. de 2014. Disponível em: https://www.venki.com.br/blog/o-que-e-gerenciamento-de-riscos/. Acesso em 17 de jun. de 2020.

19 DANIEL. **Conhecendo a Lei Geral de Proteção de Dados do Brasil: LGPD**. Fev. de 2019. Disponível em: https://www.daniel-ip.com/wp-content/uploads/2019/02/Daniel_Cartilha_LGPD_atual_fev2019.pdf. Acesso em 10 de jul. de 2020.

Nesse sentido, apesar de não ser obrigatória a elaboração do Relatório de Impacto à Proteção dos dados pessoais, o referido procedimento quando adotado como prática na gestão de riscos, abarcando todo esse gerenciamento, pode significar o tratamento eficaz contra as incertezas que eventualmente se concretizam em perdas e prejuízos, assim como minimizar o efeito delas caso o risco se concretize.

3.4. Plano Emergencial para Incidente de Vazamento de Dados

A LGPD revela grande preocupação com a segurança e o sigilo dos dados, de modo especial no capítulo VII, seção I, ao estabelecer a necessidade dos controladores em caso de incidente de segurança que possa acarretar potencial risco ou dano relevante aos titulares, de adotarem uma série de medidas de segurança, técnicas e administrativas aptas a proteger os dados pessoais.

Em caso de vazamento de dados, as empresas responsáveis pela segurança e gestão desses dados devem atender com velocidade os comandos da LGPD, de forma a evitar maiores prejuízos aos direitos individuais, coletivos e até mesmo da própria atividade empresarial[20]. O planejamento emergencial previamente elaborado pelo quadro técnico que abarca esse tido de situação demostra o compromisso social da empresa, sua preocupação com a defesa e proteção dos dados que manipula, o que evita maiores

20 CERQUEIRA, Saulo. **LGPD e plano de contingência no vazamento de dados**. 17 de fev. de 2020. Disponível em: https://www.anyconsulting.com.br/lgpd-e-plano-de-contingencia-no-vazamento-de-dados/. Acesso em 09 de jun. de 2020.

prejuízos aos direitos individuais, coletivos e a aplicação de sanções que possam comprometer a própria continuidade da atividade empresarial[21].

4. MAPEAMENTO DE FLUXO DE DADOS PESSOAIS E LGPD: COMO INICIAR O TRATAMENTO DE DADOS COM SEGURANÇA NA PRÁTICA

A bem-sucedida implementação da LGPD é resultado inicialmente do compromisso com a alta administração, o que engloba tecnologia e interdisciplinaridade. Nesse contexto surge um dos mais importantes métodos de adequação ao novo Código de Defesa da Privacidade, o mapeamento de dados, figura essa que permite demostrar de que forma a corporação responsável pela gestão de dados pessoais está lidando com a privacidade e segurança da informação de seus titulares[22], bem como possibilitar a aplicação e o consequente êxito de outros procedimentos direcionados a garantir a conformidade da atividade empresarial com os ditames da LGPD, a exemplo dos métodos de adequação anteriormente explanados.

> Um dos principais objetivos do mapeamento de dados é diagnosticar a forma como a empresa lida com a privacidade e a segurança da informação de seus clientes, colaboradores e parceiros terceirizados, cumprindo, desta forma, a exigência constante no art. 37 da LGPD onde estipula que o controlador e o operador devem manter

21 GONZÁLEZ, Mariana. **O que é e como organizar um plano de contingência de TI**. 1º de out. de 2019. Disponível em: https://blog.idwall.co/plano-de-contingencia-de-ti/. Acesso em 09 de jun. de 2020.

22 PINHEIRO, Patrícia Peck Garrido. **Nova lei brasileira de proteção de dados pessoais (LGPD) e o impacto nas instituições públicas e privadas**. São Paulo: Revista dos Tribunais, 2019. p. 74-76.

> registro das operações de tratamento de dados pessoais que realizarem[23].

Dessa forma, o mapeamento de dados torna-se imprescindível as empresas controladoras de dados pessoais, vez que o processo dará um panorama geral de como a empresa trata e lida com a privacidade e a segurança dos dados, cumprindo assim com o disposto no artigo 37 da LGPD.

O mapeamento de dados, também conhecido como inventário de dados, *data mapping* ou ainda *data flow*, como destacado, trata-se de um documento essencial no processo de adequação a legislação que tutela a proteção de dados no Brasil. O referido documento deve refletir o método e o processo pelo qual foi submetido os dados pessoais dentro da corporação, o que incluí os processos e procedimentos pelos quais o dado transita, desde sua origem, "a base legal que respalda, o nível de segurança da base de dados a qual o dado pertence, entre outras informações necessárias para a análise de vulnerabilidades técnicas e jurídicas".

O *data mapping* é uma solução tecnológica que possibilita a empresa responsável pelo tratamento de dados uma visão ampla e aprofundada de como ela lida com o processo de gestão, tratamento e segurança desses dados, de modo que consiga identificar de forma ágil a origem e a fonte desses dados, assim como e com quem eles são compartilhados, entendendo todos os processos e fases de seu ciclo dentro da corporação, como bem pontua Luísa Varella:

> O mapeamento dos dados pessoais é a principal ação a ser tomada na sua gestão de riscos. Ele envolve tanto os dados

23 BRANDÃO, Graziela. **O que é mapeamento de dados**. 27 de fev. de 2020. Disponível em: https://blconsultoriadigital.com.br/mapeamento-de-dados/#:~:text=O%20que%20%C3%A9%20o%20mapeamento%20de%20dados%3F&text=O%20mapeamento%20de%20dados%2C%20ou,LGPD%2C%20GDPR%2C%20CCPA). Acesso em 02 de jul. de 2020.

> de clientes quanto os de colaboradores e é o que vai garantir que a sua empresa está em conformidade com a lei.
>
> Esse processo tem como objetivo identificar quais dados estão em posse da empresa e assegurar sua privacidade dos dados, salvaguardando empresas que porventura possam vir a enfrentar problemas como vazamentos, denúncias e afins.
>
> A adequação pode ser um processo demorado, dependendo do estágio de aderência da empresa à Lei Geral de Proteção de Dados, mas é imprescindível[24].

À vista disso, é primordial conhecer o modo como a informação é recebida, criada, armazenada, processada e acessada e quais os riscos relacionados a atividade de tratamento de dados pessoais. É a partir desse diagnóstico que "controles jurídicos, processuais e de segurança da informação podem ser aplicados"[25], o que favorece uma segura adequação a Lei Geral de Proteção de Dados, e possibilita a empresa a visão da real dimensão dos dados da quais trata, possibilitando assim a geração de importantes documentos como o relatório de impacto de proteção de dados, de políticas de boas práticas de governança, de manuais controles de crises e de planos emergenciais para incidentes em caso de vazamento de dados.

4.1. Como Elaborar Um Mapeamento

É notória a dificuldade das empresas em saber como dar início ao processo de mapeamento de dados. Fazer o mapeamento de fluxo dos dados

24 VARELLA, Luísa. **Tratamento de dados: como fazer em *compliance* com a LGPD?** 17 de fev. de 2020. Disponível em: https://www.compugraf.com.br/tratamento-de-dados-como-fazer-em-compliance-com-a-lgpd/. Acesso em 06 de jul. de 2020.

25 READ TIME. **Canvas do Mapeamento de Dados Pessoais para a LGPD**. 04 de mar. de 2020. Disponível em: https://www.neotel.com.br/blog/2020/03/04/canvas-do-mapeamento-de-dados-pessoais-para-a-lgpd/. Acesso em 07 de jun. de 2020.

pessoais exige um trabalho conjunto entre os múltiplos setores corporativos, o que envolve uma equipe técnica e jurídica altamente capacitada.

O primeiro passo na elaboração do mapeamento de dados é "a identificação do inventário, o desenho de fluxos e a associação aos sistemas". Em seguida tem se iniciada a interpretação desses dados com o fito de identificar eventuais falhas na proteção e segurança dessas informações, é também nesse momento que a empresa "designa para cada dado pessoal qual é a base legal para justificar o processamento daquela informação", o que possibilita a criação de um Diagnóstico de Riscos e Conformidade[26].

Nesse contexto, a LGPD pede que as empresas responsáveis pelo tratamento de dados pessoais se atentem a alguns parâmetros antes darem início ao processo de mapeamento de dados, são eles:

> Os objetivos do processamento de dados;
>
> As categorias de dados pessoais que estão sendo processadas;
>
> Detalhes de quaisquer transferências de dados para outros países;
>
> Por quanto tempo os dados serão mantidos;
>
> As medidas de segurança técnica e organizacional em vigor (criptografia, controles de acesso, etc.)[27].

Dando continuidade a esse procedimento, o manual de implementação da LGPD elaborado pela juíza e professora em direito digital, Viviane

26 PRICACY TOOLS. **Mapeamento de Dados: o seu inventário de informações**. 09 de out. de 2019. Disponível em: https://privacytools.com.br/mapeamento-de-dados-o-seu-inventario-de-informacoes/. Acesso em 07 de jul. de 2020.

27 CRUZ, Leandro Saad. **Mapeamento de dados para LGPD**. 17 de jun. de 2019. Disponível em: https://medium.com/@leandrosaad/mapeamento-de-dados-para-lgpd-c36413d54b73. Acesso em 11 de jun. de 2020.

de Nóbrega Maldonado, elenca uma série de pontos essenciais que devem estar presentes no mapeamento de dados, são eles: a categoria de dados; o volume e o fluxo de dados; as etapas de gestão desses dados; as principais utilizadas no tratamento do fluxo de dados; os locais de onde os dados são coletados, armazenados e processados; a origem desses dados; as campanhas de *marketing* voltadas a informação do tipo e tratamento de dados; o modo de como são compartilhadas as informações pessoais com terceiros; a indicação das empresas cujos dados são compartilhados; a abrangência territorial onde a empresa exerce sua atividade; o modo de como se dá a transferência internacional de dados; a base legal a qual se submete a atividade empresarial direcionada a manipulação desses dados; se a política de privacidade interna está de acordo com os requisitos da LGPD; a identificação de dados pessoais pertencentes a menores de idade; a retenção e extinção de dados; a identificação dos principais mecanismos de controle de segurança; e por último se a gestão de dados pessoais da empresa possibilita o pleno gozo do exercício de seus direitos previstos pela legislação que regulamente a matéria de proteção de dados.[28]

Consoante o entendimento relatado, essa adequação pode ser um processo demorado, exige uma equipe técnica altamente qualificada e um certo grau de investimento financeiro, todavia o mapeamento de dados se torna fundamental, dado o advento da Lei Geral de Proteção de Dados e das novas transformações do mercado global.

CONSIDERAÇÕES FINAIS

Com o propósito de atender a necessidade de uma efetiva tutela no que tange a regulamentação do tratamento de dados pessoais no Brasil e de consolidar um mercado estável e moralmente respeitável, a nova Lei

28 MALDONADO, Viviane de Nóbrega. **Lei Geral de Proteção de Dados pessoais: manual de implementação.** São Paulo: Thomson Reuters Brasil, 2019. p. 54-57.

Geral de Proteção de Dados passou a atender à pressão internacional e a necessidade interna de um rigoroso Código de Defesa da Privacidade.

Nesse sentido, com o fito de proteger os direitos fundamentais de liberdade e de privacidade, os direitos humanos, a intimidade, a honra, o livre desenvolvimento da personalidade, a dignidade, a defesa do consumidor e o exercício da cidadania, assim como a livre iniciativa, a livre concorrência, o desenvolvimento econômico e tecnológico e a inovação, a LGPD reforça seu compromisso com a proteção dos dados pessoais sensíveis, bem como promove a inovação, e desse modo a competitividade, essencial para o fortalecimento da atividade econômica e da própria sobrevivência da empresa em um mercado cada vez mais exigente e competitivo.

Ao se comunicar com os direitos fundamentais enraizados na Constituição Cidadã de 1988 e dialogar com a proteção compreendida tanto pelo Código Civil como pelo Código de Defesa do Consumidor, esse importante e conhecido instrumento cria práticas e métodos de gestão, segurança e proteção de dados pessoais, prevendo para quem descumprir seu regramento, penalidades administrativas, multas simples e diárias altamente prejudiciais. Desse modo, sua inobservância é capaz de provocar danos irreversíveis à imagem e a reputação das corporações responsáveis pela gestão desses dados, igualmente como podem gerar perda de ativos e consequentemente até a inviabilidade da atividade econômica praticada.

É nesse cenário que surgem incertezas e temor, de modo especial nas pequenas corporações de tratamentos de dados, vez que classificam de modo limitado e superficial, complexas as diretrizes de gestão da informação, bem como severas as sanções por elas impostas, não se mostrando nesse sentido compatíveis com o panorama econômico e político atual.

Ao ser vista como mera onerosidade e empecilho para o desenvolvimento econômico, as empresas de tratamento de dados pessoais perdem sua oportunidade de crescimento. Tendo em vista a LGPD, a competitividade no mercado e os clientes cada vez mais exigentes quanto a proteção de seus dados, a corporação que não se adequar as normas de gerenciamento dos dados, não formar equipes técnicas, automatizar processos que visem a proteção desses dados, perderão espaço no mercado e estarão mais vulneráveis a vazamento de dados e consequentemente as severas penalidades da LGPD.

É nesse sentido que surgiram técnicas e procedimentos que auxiliam no processo de adequação a Lei Geral de Proteção de Dados, boa parte deles implícitos na referida lei. Considerado o primeiro passo a ser dado por qualquer organização ao iniciar o processo de adequação a LGPD, o mapeamento de dados possibilita ampla e aprofundada visão do quadro de dados controlados pela controladora, o que favorece a segura adoção de outros procedimentos também essenciais ao processo de adequação a norma, tais como o *compliance*; as boas práticas de governança; o gerenciamento de riscos, o plano emergencial para incidente de vazamento de dados, entre outros.

Em suma, a adoção das técnicas e procedimentos anteriormente abordados são fundamentais para o fortalecimento da atividade econômica e do pleno cumprimento das obrigações estabelecidas pela LGPD, não apenas com o objetivo de evitar punições, mas garantir um trabalho seguro, transparente, ético e confiável para seus clientes, o que inegavelmente consolidará a entrada do Brasil na Era da Informação e da estabilidade democrática, situada a efetiva tutela dos direitos fundamentais.

REFERÊNCIAS BIBLIOGRÁFICAS

ASSOCIAÇÃO BRASILEIRA DE ANUNCIANTES. **Manual ABA para adequação à LGPD: Orientações e boas práticas de governança de dados para publicitários**. Disponível em:<http://www.aba.com.br/wp-content/uploads/2019/06/ebook-aba-compliance-lgpd.pdf>. Acesso em: 02 de jul. de 2020.

BRANDÃO, Graziela. **O que é mapeamento de dados**. 27 de fev. de 2020. Disponível em:https://blconsultoriadigital.com.br/mapeamento-de-dados/

#:~:text=O%20que%20%C3%A9%20o%20mapeamento%20de%20dados%3F&text=O%20mapeamento%20de%20dados%2C%20ou,LGPD%2C%20GDPR%2C%20CCPA).. Acesso em 02 de jul. de 2020.

BRASIL, 2018. **Lei Geral de Proteção de Dados Pessoais (LGPD)**. Disponível em: http://www.planalto.gov.br/ccivil_03/_ato2015-2018/2018/lei/L13709.htm. Acesso em 10 de junho de 2020.

CANDELORO, Ana Paula; RIZZO, Maria Balbina Martins de; PINHO, Vinícius. ***Compliance* 360º: riscos, estratégias, conflitos e vaidades no mundo corporativo**. São Paulo: Trevisan Editora Universitária, 2012.

CERQUEIRA, Saulo. **LGPD e plano de contingência no vazamento de dados**. 17 de fev. de 2020. Disponível em: https://www.anyconsulting.com.br/lgpd-e-plano-de-contingencia-no-vazamento-de-dados/. Acesso em 09 de jun. de 2020.

CRUZ, Leandro Saad. **Mapeamento de dados para LGP**D. 17 de jun. de 2019. Disponível em: https://medium.com/@leandrosaad/mapeamento-de-dados-para-lgpd-c36413d54b73. Acesso em 11 de jun. de 2020.

DANIEL. **Conhecendo a Lei Geral de Proteção de Dados do Brasil: LGPD**. Fev. de 2019. Disponível em: https://www.daniel-ip.com/wp-content/uploads/2019/02/Daniel_Cartilha_LGPD_atual_fev2019.pdf. Acesso em 10 de jul. de 2020.

DINIZ, Patrícia Dittrich Ferreira; Ribeiro, Márcia Carla Pereira. ***Compliance* e Lei Anticorrupção nas empresas**. Revista de Informação Legislativa, Brasília, DF. Ano 52, Número 205, jan./mar. 2015.

DONEDA, Danilo. **Da privacidade à proteção de dados pessoais**. Rio de Janeiro: Renovar, 2006.

DONEDA, Danilo. **Privacidade e transparência no acesso à informação pública**. Zaragoza: Prensas Universitarias de Zaragoza, 2010.

FARIA, Wiliam. LGPD: **O que mudou na redação final da lei? Sanções da LGPD**. 14 de out. de 2019. Disponível em: https://canaltech.com.br/legislacao/lgpd-o-que-mudou-na-redacao-final-da-lei-152367/#:~:text=San%C3%A7%C3%B5es%20da%20LGPD&text=Multa%20di%C3%A1ria%2C%20observado%20o%20limite,infra%C3%A7%C3%A3o%20at%C3%A9%20a%20sua%20regulariza%C3%A7%C3%A3o%3B&text=Essas%20puni%C3%A7%C3%B5es%20existentes%20na%20Lei,para%20sua%20adequa%C3%A7%C3%A3o%20%C3%A0%20LGPD. Acesso em 09 de jul. de 2020.

FRAZÃO, Ana; TEPEDINO, Gustavo; OLIVA, Milena Donato. **A Lei Geral de Proteção de Dados Pessoais e suas repercussões no Direito brasileiro**. São Paulo: Revista dos Tribunais, 2019.

GODKE, Marcelo; SOUSA, Regiane. **LGPD, as micros e pequenas empresas e o difícil ponto de equilíbrio**. 14 de abr. de 2020. Disponível em: https://www.migalhas.com.br/depeso/324520/lgpd-as-micro-e-pequenas-empresas-e-o-dificil-ponto-de-equilibrio. Acesso em 15 de jun. de 2020.

GONÇALVES, José Antônio Pereira. **Alinhando processos, estrutura e compliance à gestão estratégica**. São Paulo: Atlas, 2012.

GONZÁLEZ, Mariana. **O que é e como organizar um plano de contingência de TI**. 1º de out. de 2019. Disponível em: https://blog.idwall.co/plano-de-contingencia-de-ti/. Acesso em 09 de jun. de 2020.

OPICE BLUM ACADEMY. **Data Mapping e LGPD: Como tratar dados com segurança na prática**. 11 de ago. de 2019. Disponível em: https://opiceblumacademy.com.br/cursos-presenciais/data-mapping-lgpd/. Acesso em 15 de jun. de 2020.

PAIXÃO JUNIOR, Sebastião Ventura Pereira da. **Lei Geral de Proteção de Dados: sanções, pedagogia e o dilema do futuro**. 25 de dez. de 2019. Disponível em: https://www.conjur.com.br/2019-dez-25/sebastiao-ventura-lgpd-sancoes-pedagogia-dilema-futuro. Acesso em 08 de jul. de 2020.

MALDONADO, Viviane de Nóbrega. **Lei Geral de Proteção de Dados pessoais: manual de implementação**. São Paulo: Thomson Reuters Brasil, 2019.

MEIRELES, Leandro. **Pequenas e médias empresas brasileiras não estão preparadas para a LGPD**. 23 de mar. de 2020. Disponível em: https://www.consumidormoderno.com.br/2020/03/23/empresas-brasileiras-nao-estao-preparadas-lgpd/. Acesso em 20 de jun. de 2020.

MENDES, Laura Schertel. **Privacidade, Proteção de dados e defesa do consumidor. Linhas gerais de um novo direito fundamental**. São Paulo: Saraiva, 2014.

NELSON CILO. **Empresas e clientes sofrem com ciberataques**. 14 de fev. de 2020. Disponível em: https://www.em.com.br/app/noticia/economia/2020/02/14/internas_economia,1121747/empresas-e-clientes-sofrem-com-ciberataques.shtml. Acesso em 09 de jun. de 2020.

OLIVEIRA, Gabriel Prado Souza. **Sigilo de Dados no Brasil: da Previsão Constitucional à Nova Lei Geral de Proteção de Dados Pessoais**. 01 de fev. de 2020. Disponível em: https://ambitojuridico.com.br/cadernos/direito-cons

titucional/sigilo-de-dados-no-brasil-da-previsao-constitucional-a-nova-lei-geral-de-protecao-de-dados-pessoais/. Acesso em 08 de jun. de 2020.

OLIVEIRA, WALLACE. **O que é gerenciamento de riscos? Finalidades e conceito. 29 de nov. de 2014**. Disponível em: https://www.venki.com.br/blog/o-que-e-gerenciamento-de-riscos/. Acesso em 17 de jun. de 2020.

OPICE BLUM ACADEMY. **Data Mapping e LGPD: Como tratar dados com segurança na prática**. 11 de ago. de 2019. Disponível em: https://opiceblumacademy.com.br/cursos-presenciais/data-mapping-lgpd/. Acesso em 15 de jun. de 2020.

PINHEIRO, Patrícia Peck Garrido. **Nova lei brasileira de proteção de dados pessoais (LGPD) e o impacto nas instituições públicas e privadas**. São Paulo: Revista dos Tribunais, 2019.

PLUGAR. **Conheça as boas práticas de governança e sanção da LGPD**. 30 de maio de 2019. Disponível em: https://www.plugar.com.br/conheca-as-boas-praticas-de-governanca-e-sancao-da-lgpd/. Acesso em 20 de jun. de 2020.

PRICACY TOOLS. **Mapeamento de Dados: o seu inventário de informações**. 09 de out. de 2019. Disponível em: https://privacytools.com.br/mapeamento-de-dados-o-seu-inventario-de-informacoes/. Acesso em 07 de Jul. de 2020.

READ TIME. **Canvas do Mapeamento de Dados Pessoais para a LGPD**. 04 de mar. de 2020. Disponível em: https://www.neotel.com.br/blog/2020/03/04/canvas-do-mapeamento-de-dados-pessoais-para-a-lgpd/. Acesso em 07 de jun. de 2020.

REST CYBER DEFENSE. **LGPD: Segurança e Sigilo de Dados**. 20 de set. de 2019. Disponível em: https://resh.com.br/blog/lgpd-seguranca-e-sigilo-de-dados. Acesso em 21 de jun. de 2020.

RODOTÀ, Stefano. **A vida na sociedade da vigilância: a privacidade hoje**. Trad. Danilo Doneda e Laura Cabral Doneda. Rio: Renovar, 2008.

ROONEY, Allan. **Effective Data Mapping and GDPR Compliance**. Disponível em:https://www.forbes.com/sites/entrepreneursorganization/2018/11/01/effective-data-mapping-and-gdpr-compliance/#6c673920421b>. Acesso em 15 de jun. de 2020.

SECURITY REPORT. **Multa de R$ 50 milhões por infração poderá ser paga por descumprimento à LGPD**. 11 de out. de 2018. Disponível em: <https://www.securityreport.com.br/overview/multa-de-r-50-milhoes-por-infracao-podera-ser-paga-por-descumprimento-a-lgpd/#.XwdmeyhKjlU>. Acesso em: 08 de jun. de 2020.

SILVA, Rafael Rodrigues da Silva. **Multa de R$ 50 milhões será aplicada às empresas que não se adequarem à LGPD.** 10 de out. de 2020. Disponível em: https://canaltech.com.br/legislacao/multa-de-r-50-milhoes-sera-aplicada-as-empresas-que-nao-se-adequarem-a-lgpd-124552/. Acesso em 09 de jun. de 2020.

SOLOMON, Robert C. **Ética e excelência: cooperação e integridade nos negócios.** Tradução de Maria Luiza X. de A. Borges. Rio de Janeiro: Civilização Brasileira, 2006.

THE HACK. **Minha empresa sofreu um vazamento de dados! E agora?** 10 de jun. de 2019. Disponível em:https://blog.axur.com/pt/minha-empresa-sofreu-um-vazamento-de-dados-e-agora>. Acesso em 13 de jun. de 2020.

TSE, Brasília. **GUIA ORIENTATIVO SOBRE SEGURANÇA DA INFORMAÇÃO PARA AGENTES DE TRATAMENTO DE PEQUENO PORTE**. [s.l.: s.n.], 2021. Disponível em: < https://www.gov.br/anpd/pt-br/documentos-e-publicacoes/guia-vf.pdf >.

VARELLA, Luísa. **Tratamento de dados: como fazer em *compliance* com a LGPD?** 17 de fev. de 2020. Disponível em: https://www.compugraf.com.br/tratamento-de-dados-como-fazer-em-compliance-com-a-lgpd/. Acesso em: 06 de jul. de 2020.

3

BOAS PRÁTICAS E GOVERNANÇA CORPORATIVA NA ÓTICA DA LEI GERAL DE PROTEÇÃO DE DADOS

Claudia da Rocha[1]

INTRODUÇÃO

A Lei Geral de Proteção de Dados (Lei n. 13.709/2018), em seu artigo 1º, expõe a sua intenção de tutelar os direitos fundamentais de

1 Advogada. Mestra em Direito Negocial pela UEL. Pós-graduada em Direito e Processo Penal pela UEL. Pós-graduada em Direito Constitucional Contemporâneo pelo IDCC. Curso de Direito Penal Econômico pela Faculdade de Direito da Universidade de Coimbra, em parceria com o IBCCRIM. Conselheira Fiscal do IBDPE. Editora Adjunta da Revista do IBDPE. Juíza Leiga no TJ-PR. Professora de Direito Penal, Processo Penal e Prática Penal e Coordenadora do Curso de Direito no Centro Universitário Unifamma. E-mail: claudia.darocha@outlook.com.

liberdade, de privacidade e o livre desenvolvimento da personalidade da pessoa natural. Para tanto, estabelece uma série de obrigações a serem observadas pelas empresas no tratamento de dados pessoais. Nesse sentido, em sua seção II, disciplina sobre as boas práticas e a governança.

Diante desse contexto, exsurge o seguinte problema: quais são os elementos que devem ser observados pelas empresas, no tocante às boas práticas e governança, para adequarem-se à LGPD?

Pretende-se demonstrar, ainda que brevemente, os pilares para a instalação de sistema que observe a governança corporativa, tendo em mente os dispositivos legais que tratam do assunto.

Para a elaboração do trabalho, empregar-se-á o método dedutivo, com pesquisa bibliográfica. Inicialmente, trar-se-ão alguns conceitos de governança corporativa, abordando o contexto de seu surgimento, com especial destaque aos conflitos de agência, agrupados em três conjuntos: o relacionamento acionistas-corporações; a atuação da direção executiva e a constituição dos conselhos de administração.

Ainda, mencionar-se-ão as razões externas às corporações, as quais podem ser listadas em três grupos: as mudanças no macroambiente; as mudanças no ambiente de negócios e as revisões institucionais.

Na sequência, destacar-se-ão os princípios básicos da governança corporativa, quais sejam: transparência (*disclosure*), equidade (*fairness*), prestação de contas (*accountability*) e responsabilidade corporativa.

No tópico seguinte, abordar-se-ão as boas práticas e a governança corporativa na perspectiva da Lei Geral de Proteção de Dados, de modo a possibilitar a compreensão dos dispositivos legais que regem o tema. Nesse passo, destacar-se-ão, especialmente, os artigos 49, 50 e 51 da LGPD, explicitando o significado dos institutos abordados nesses artigos, bem como esclarecendo sobre a autorregulação regulada na ótica dessa legislação.

Por fim, tratar-se-á a respeito dos pilares para a instalação de sistema que atenda aos parâmetros de boas práticas e governança corporativa. Nesse ponto, primeiro, apontar-se-ão cinco elementos necessários para a criação de um programa de privacidade e proteção de dados para, após, mencionar onze pilares para a definição das regras de privacidade da organização, tendo como norte a própria governança na ótica da LGPD.

Busca-se apontar possíveis parâmetros que assegurem a identificação da necessidade da empresa para ajustar-se à LGPD, de modo a possibilitar que o programa de privacidade e proteção de dados seja estruturado a partir da definição da estrutura da governança.

1. CONCEITO E ORIGEM DA GOVERNANÇA CORPORATIVA

Em primeiro lugar, quanto ao conceito de governança corporativa, essa pode ser compreendida como um sistema pelo qual as sociedades são dirigidas e monitoradas, com o envolvimento dos sócios, conselho de administração, diretoria, conselho fiscal e auditoria independente. Assim, trata-se de um conjunto de mecanismos que objetivam assegurar que o comportamento dos executivos, além de ético, seja alinhado aos interesses dos acionistas.[2]

Para a Organização para a Cooperação e Desenvolvimento Econômico (OCDE):

> [...] é o sistema segundo o qual as corporações de negócio são dirigidas e controladas. A estrutura da governança corporativa especifica a distribuição dos direitos e responsabilidades entre os diferentes participantes da corporação,

2 TEIXEIRA, Tarcisio. **Direito empresarial sistematizado**: doutrina e prática. 2. ed. São Paulo: Saraiva, 2013, p. 285.

> tais como o conselho de administração, os diretores executivos, os acionistas e outros interessados, além de definir as regras e procedimentos para a tomada de decisão em relação a questões corporativas. E oferece também bases através das quais os objetivos da empresa são estabelecidos, definindo os meios para se alcançarem tais objetivos e os instrumentos para se acompanhar o desempenho.[3]

Segundo o Instituto Brasileiro de Governança Corporativa (IBGC), a governança corporativa pode ser conceituada como:

> o sistema pelo qual as empresas e demais organizações são dirigidas, monitoradas e incentivadas, envolvendo os relacionamentos entre sócios, conselho de administração, diretoria, órgãos de fiscalização e controle e demais partes interessadas.[4]

Para a Comissão de Valores Mobiliários (CVM), a governança corporativa é "o conjunto de práticas que tem por finalidade otimizar o desempenho de uma companhia ao proteger todas as partes interessadas, tais como investidores, empregados e credores, facilitando o acesso ao capital".[5]

---

3 OCDE. Organização para a Cooperação e Desenvolvimento Econômico. **Princípios de governo das sociedades do G20 e da OCDE.** Disponível em: https://read.oecd-ilibrary.org/governance/principios-de-governo-das-sociedades-do-g20-ocde_9789264259195-pt#page1. Acesso em 31 de mai. de 2022.

4 IBCG. Instituto Brasileiro de Governança Corporativa. **Princípios que geram valor de longo prazo**. Disponível em: https://www.ibgc.org.br/conhecimento/governanca-corporativa#:~:text=Governan%C3%A7a%20corporativa%20%C3%A9%20o%20sistema,controle%20e%20demais%20partes%20interessadas.. Acesso em 31 de mai. de 2022.

5 CVM. Comissão de Valores Mobiliários. **Recomendações da CVM sobre governança corporativa** (2002). Disponível em: http://www.cvm.gov.br/decisoes/2002/20020529_R1/20020529_D07.html. Acesso em: 31 de mai. de 2022.

No que concerne ao seu desenvolvimento, como razões fundamentais do seu despertar e avanço, destacam-se os conflitos de agência, a partir dos quais podem ser listados três conjuntos: o relacionamento acionistas-corporações; a atuação da direção executiva e a constituição dos conselhos de administração[6].

Quanto ao relacionamento entre acionistas e corporações, em decorrência, principalmente, da abertura do capital e da diversificação de carteiras de investidores que trocaram combinações mais concentradas por maior dispersão, tem-se a separação entre a propriedade e a gestão. Nesse novo contexto, passa a prevalecer a opacidade ou o acesso privilegiado a informações, no qual os acionistas minoritários ou aqueles não pertencentes aos blocos controlares eram expropriados do acesso às informações[7].

Com relação aos conselhos de administração, essa prática tornou-se comum nas sociedades anônimas. A existência desses colegiados chegou a ser imposta por disposições legais e, quando não, eram estabelecidas estatutariamente para atuarem como guardiões dos interesses dos acionistas. Contudo, a maior parte dos Conselhos tornou-se *pro forma,* não havendo efetiva preocupação com o interesse dos proprietários. Ainda, não havia o controle formal dos executivos de alto nível da corporação[8].

Nesse prisma, com o surgimento da boa governança, os conselhos passaram a ser objeto de mudanças, com a adoção de critérios mais rigorosos para a composição. Além disso, os membros, cuja alternância tornou-se regra, passaram a ser cobrados e até avaliados quanto ao comprometimento com os objetivos e os resultados corporativos[9].

6 ROSSETI, José Paschoal; ANDRADE, Adriana. **Governança corporativa**: fundamentos, desenvolvimento e tendências. 7. ed. São Paulo: Atlas, 2014, p. 91.

7 Ibidem, p. 90.

8 Ibidem, p. 90.

9 Ibidem, p. 90-91.

No tocante ao terceiro elemento, isto é, a atuação da direção executiva e seus conflitos com os interesses dos acionistas, podem ser destacados quatro aspectos da gestão que se mostravam ineficazes: autobenefícios em escalas exageradas; gestão mais focada no curso prazo; diretrizes impactantes não consensadas e manipulação de resultados. Dessa forma, os modos de atuação da direção executiva passaram a gerar o desconforto dos proprietários[10].

Sobre o assunto, Tarcisio Teixeira pontua que o instituto da governança corporativa surgiu para superar o conflito de agência, verificado pela separação entre a propriedade e a gestão empresarial, em situação em que os interesses do gestor nem sempre estavam alinhados com os dos proprietários.[11]

Além das razões já apontadas, vale mencionar alguns motivos adicionais que ensejaram o desenvolvimento da governança corporativa, os quais se dividem em razões externas e internas.

Em relação às razões externas às corporações, essas podem ser agrupadas em três blocos: as mudanças no macroambiente; as mudanças no ambiente de negócios e as revisões institucionais.

No que concerne às mudanças no macroambiente, com a transição do século XX para o XXI, as uniões nacionais, as áreas de livre comércio, os acordos bilaterais e uma onda de privatizações impactaram o mundo corporativo, ampliaram o fluxo de comércio e o financeiro e aumentaram a interdependência das estratégias dos países. Nesse cenário, surgiram pressões externas por padrões diferenciados de governança das corporações.[12]

---

10 ROSSETI, José Paschoal; ANDRADE, Adriana. **Governança corporativa**: fundamentos, desenvolvimento e tendências. 7. ed. São Paulo: Atlas, 2014, p. 91-92.

11 TEIXEIRA, Tarcisio. **Direito empresarial sistematizado**: doutrina e prática. 2. ed. São Paulo: Saraiva, 2013, p. 285-286.

12 ROSSETI, José Paschoal; ANDRADE, Adriana. **Governança corporativa**: fundamentos, desenvolvimento e tendências. 7. ed. São Paulo: Atlas, 2014, p. 95-96.

As mudanças na ordem global levaram a mudanças no ambiente de negócios, o qual foi transformado. Nesse sentido, ocorreram consolidações setoriais, sendo estabelecidas novas estruturas de competições, ou seja, o ambiente de negócios se tornou mais complexo. Como consequência, os resultados dos negócios tornaram-se menos seguros e mais expostos aos impactos destas novas realidades.[13]

Ainda, destaca-se como razão externa as revisões institucionais, as quais coincidem historicamente com os conflitos de agência já mencionados. Trata-se de movimento forte de investidores somado, em anos mais recentes, às reações das autoridades reguladoras e das instituições de mercados de capitais em relação a fraudes, o que levou a uma regulação legal mais abrangente e mais severa, gerando a difusão de códigos de governança corporativa.[14]

Ao lado desse conjunto de razões externas, há as razões internas, que foram geradas dentro das empresas, que podem ser agrupadas em três blocos: as mudanças societárias, os realinhamentos estratégicos e os reordenamentos organizacionais.[15]

Ainda referente à origem da governança corporativa, Tarcisio Teixeira aponta que essa ocorreu principalmente nos Estados Unidos, na primeira metade da década de 1990, em situação na qual os acionistas perceberam a necessidade de novas regras que os tutelassem frente a abusos das diretorias executivas das empresas, da inércia de conselhos de administração e das omissões das auditorias externas.[16]

---

13 Ibidem, p. 96.

14 Ibidem, p. 96-97.

15 ROSSETI, José Paschoal; ANDRADE, Adriana. **Governança corporativa**: fundamentos, desenvolvimento e tendências. 7. ed. São Paulo: Atlas, 2014, p. 97.

16 TEIXEIRA, Tarcisio. **Direito empresarial sistematizado**: doutrina e prática. 2. ed. São Paulo: Saraiva, 2013, p. 285.

Destaca-se que a relevância da governança e da gestão estratégica alinhada às necessidades e expectativas das partes interessadas foi captada pela ISO, que propôs, por meio de seu Comitê Técnico 309, a elaboração da Norma ISO 37000 – Diretrizes para a Governança das Organizações. A referida norma procura consolidar os conceitos, princípios e práticas da governança, estando no estágio de WD – *Working Draft* (ainda no início do processo usual de aprovação das Normas ISO).[17]

Feitas essas breves considerações sobre o conceito e a origem da governança corporativa, interessa, doravante, abordar os seus princípios para, então, tratar esse instituto a partir da perspectiva da Lei Geral de Proteção de Dados.

1.1. Princípios Básicos da Governança Corporativa

A adoção dos princípios básicos de governança corporativa resulta em um contexto de confiança tanto internamente quanto nas relações com terceiros. De acordo com o Código das Melhores Práticas de Governança Corporativa, ela está baseada em quatro princípios de boas práticas: transparência (*disclosure*), equidade (*fairness*), prestação de contas (*accountability*) e responsabilidade corporativa.[18]

Nesse sentido, o princípio da transparência consiste na necessidade de disponibilizar para as partes interessadas todas as informações que

---

17 CANAL COMPLIANCE. **A Norma ISO 37000 e o alinhamento da Governança com Gestão de Riscos, Sustentabilidade e Responsabilidade Social.** Disponível em: http://www.ccompliance.com.br/2019/02/11/a-norma-iso-37000-e-o-alinhamento-da-governanca-com-gestao-de-riscos-sustentabilidade-e-responsabilidade-social/. Acesso em 31 de mai. de 2022.

18 IBGC. Instituto Brasileiro de Governança Corporativa. **Código das melhores práticas de governança corporativa**. 5.ed. / Instituto Brasileiro de Governança Corporativa. – São Paulo, SP: IBGC, 2015, p. 20-21.

sejam de seu interesse e não somente aquelas impostas por disposições de leis ou regulamentos. Portanto, as informações não devem restringir-se ao desempenho econômico-financeiro, abarcando também os demais fatores (inclusive intangíveis) que norteiam a ação gerencial e que conduzem à preservação e à otimização do valor da organização.[19]

A equidade caracteriza-se pelo tratamento justo e isonômico de todos os sócios e demais partes interessadas (*stakeholders*), levando em consideração seus direitos, deveres, necessidades, interesses e expectativas[20]. Sobre esse princípio, Tarcisio Teixeira acentua que não são admitidas atitudes ou políticas discriminatórias.[21]

Quanto à prestação de contas, os agentes de governança devem realizá-la de modo claro, compreensível e tempestivo, assumindo integralmente as consequências de seus atos e omissões, além de atuar com diligência e responsabilidade no âmbito dos seus papéis.[22]

Por fim, no que concerne à responsabilidade corporativa, deve-se tutelar a viabilidade econômico-financeira das organizações, de modo a reduzir as externalidades negativas de seus negócios e de suas operações e aumentar as positivas, levando em consideração os diversos capitais (financeiro, manufaturado, intelectual, humano, social, ambiental, reputacional, etc.), a partir da perspectiva do curto, médio e longo prazos.[23]

---

19 IBGC. Instituto Brasileiro de Governança Corporativa. **Código das melhores práticas de governança corporativa**. 5.ed. / Instituto Brasileiro de Governança Corporativa. – São Paulo, SP: IBGC, 2015, p. 20.

20 IBGC, op. cit. p. 21.

21 TEIXEIRA, Tarcisio. **Direito empresarial sistematizado**: doutrina e prática. 2. ed. São Paulo: Saraiva, 2013, p. 286.

22 IBGC, op. cit. p. 21.

23 Ibidem, p. 21.

Conforme Tarcisio Teixeira, a sociedade deve zelar pela longevidade da corporação.[24]

Desse modo, "a boa governança está calcada em princípios que inspiram e norteiam o funcionamento das empresas e outras organizações e lhes propiciam maior credibilidade e criação de valor"[25].

Ainda, a governança pressupõe algumas posturas essenciais, tais como: i) integridade ética, que deve estar presente em todos os sistemas de relações internas e externas; ii) exatidão na prestação de contas, a qual é essencial para a confiança na gestão; iii) conformidade com as legislações e com os marcos regulatórios aplicáveis às atividades da empresa; e iv) transparência, a ser exercida de modo que a posição dos objetivos estratégicos, dos projetos e das políticas observem os interesses de todos os constituintes. [26]

Assim, as boas práticas de governança corporativa fazem com que princípios se tornem recomendações objetivas, de modo a alinhar interesses com a finalidade de preservar e otimizar o valor econômico da corporação, contribuindo para a sua longevidade e o bem comum.

2. BOAS PRÁTICAS, GOVERNANÇA CORPORATIVA E A LEI GERAL DE PROTEÇÃO DE DADOS

A Lei Geral de Proteção de Dados (Lei n. 13.709/2018), em seu artigo 1º, expõe como objetivo a tutela dos direitos fundamentais de liberdade e de privacidade e o livre desenvolvimento da personalidade da pessoa natural.

---

24 TEIXEIRA, Tarcisio, op cit, p. 286.

25 ÁLVARES, Elismar; GIACOMETTI, Celso; GUSSO, Eduardo. **Governança corporativa**: um modelo brasileiro. Rio de Janeiro: Elsevier, 2008, p. 43.

26 ROSSETI, José Paschoal; ANDRADE, Adriana. **Governança corporativa**: fundamentos, desenvolvimento e tendências. 7. ed. São Paulo: Atlas, 2014, p. 114.

Ainda, em seu artigo 2º, elenca que a disciplina da proteção de dados pessoais tem como fundamentos: i) o respeito à privacidade; ii) a autodeterminação informativa; iii) a liberdade de expressão, de informação, de comunicação e de opinião; iv) a inviolabilidade da intimidade, da honra e da imagem; v) o desenvolvimento econômico e tecnológico e a inovação e vi) a livre iniciativa, a livre concorrência e a defesa do consumidor, e os direitos humanos, o livre desenvolvimento da personalidade, a dignidade e o exercício da cidadania pelas pessoas naturais.

Como se vê, essa Lei pretende conferir uma ampla proteção ao cidadão e às situações existenciais mais importantes que possam ser afetadas pelo tratamento de dados, compreendidos como toda operação realizada com dados pessoais, ou seja, com quaisquer informações relacionadas à pessoa natural identificada ou identificável.[27]

No seu artigo 3º, a Lei em análise estabelece a sua abrangência, estatuindo a sua aplicabilidade em relação a qualquer operação de tratamento realizada por pessoa natural ou por pessoa jurídica de direito público ou privado, independentemente do meio, do país de sua sede ou do país onde estejam localizados os dados, desde que: i) a operação de tratamento seja realizada no território nacional; ii) a atividade de tratamento tenha por objetivo a oferta ou o fornecimento de bens ou serviços ou o tratamento de dados de indivíduos localizados no território nacional, ou iii) os dados pessoais objeto do tratamento tenham sido coletados no território nacional.

Esclarece-se que a Lei não abrange quaisquer dados que possam ser captados, mas tão somente aqueles inerentes à pessoa: nome, endereço, e-mail, sexo, profissão ou aqueles que possam levar à identificação da

27 TEPEDINO, Gustavo; FRAZÃO, Ana; OLIVA, Milena Donato. **Lei Geral de Proteção de Dados Pessoais e suas repercussões no Direito Brasileiro**. Ed. Revista dos Tribunais, 2019, p. 9.

pessoa, tais como IP (*Internet Protocol*), dados estatísticos e quaisquer outros dados que, de alguma forma, levem à identificação de um único indivíduo.[28]

O surgimento de regulamentações de proteção de dados pessoais relaciona-se com o próprio desenvolvimento do modelo de negócios da economia digital, que, com os avanços tecnológicos e a globalização, passou a ter uma dependência muito maior dos fluxos internacionais de bases de dados.[29]

Sob o prisma da racionalidade econômica, é possível justificar-se a necessidade da intervenção legislativa no tocante à proteção dos dados como um mecanismo apto a garantir a liberdade e a autodeterminação, que são pressupostos econômicos da própria existência dos mercados.[30]

É importante mencionar que a proteção de dados pessoais não é assunto novo na legislação brasileira, na medida em que essa temática já era mencionada em várias normas, tais como na Constituição Federal (art. 5º, X, XI, XII, LV e IX), no Código Civil (arts. 20 e 21), no Código de Processo Penal (art. 201, § 6º) e do Marco Civil da Internet (Lei n. 12.965/2014, arts. 3º, II; 7º, I; 8º; 21 e 23), cujos artigos 7º, X, e 16, II, foram alterados pelo art. 60 da Lei n. 13.709/2018 (LGPD – Lei Geral de Proteção de Dados).[31]

Porém, a promulgação de uma lei específica sobre o tema tornou-se inadiável diante da eficácia plena da GDPR (*General Data Protection*

28 TEIXEIRA, Tarcisio; ARMELIN, Ruth Maria Guerreio da Fonseca. **Lei Geral de Proteção de Dados Pessoais comentada artigo por artigo**. JusPodivm, 2020, p. 30.

29 PINHEIRO, PATRICIA PECK. **Proteção de dados pessoais**: comentários à Lei n. 13.709/2018. 2. ed. São Paulo: Saraiva Educação, 2020 (Versão Kindle).

30 FRAZÃO; TEPEDINO; OLIVA, op. cit, p. 113.

31 TEIXEIRA, Tarcisio; ARMELIN, Ruth Maria Guerreio da Fonseca. op. cit. p. 27.

Regulation) da União Europeia, que unificou as leis de privacidade de dados em toda Europa, estabelecendo regras e sanções. Nesse contexto, como o regulamento europeu impôs diversas restrições para a transferência internacional de dados entre os países europeus e os demais países, a existência de uma lei específica sobre o tema possibilitou a elevação do Brasil a outro nível, propiciando operações comerciais e maiores investimentos.[32]

Percebe-se que as boas práticas e a governança foram objeto da Lei Geral de Proteção de Dados, a qual disciplina que os sistemas utilizados para o tratamento de dados pessoais devem atender a esses parâmetros, conforme se vê do seu artigo 49, *in verbis*:

> Art. 49. Os sistemas utilizados para o tratamento de dados pessoais devem ser estruturados de forma a atender aos requisitos de segurança, aos padrões de boas práticas e de governança e aos princípios gerais previstos nesta Lei e às demais normas regulamentares.

Por "requisitos de segurança", compreende-se aqueles que sejam aptos a "proteger os dados pessoais de acessos não autorizados e de situações acidentes ou ilícitas de destruição, perda, alteração, comunicação ou qualquer outra forma de tratamento inadequado ou ilícito".[33]

No que concerne aos "padrões de boas práticas e de governança", podem ser consideradas as Normas Técnicas ABNT NBR ISO/IEC 27001:2013 e 27002:2013, bem como a sua extensão Norma Técnica ISO/IEC 27701:2019, na medida em que "consistem em requisitos e

32 Ibidem. p. 28.

33 JIMENTE, Camilla do Vale. **LGPD: Lei Geral de Proteção de Dados comentada** [livro eletrônico]. Coordenadores: Viviane Nóbrega Maldonado e Renato Opice Blum. 2. Ed. São Paulo: Thomson Reuters Brasil, 2020, p. 483.

diretrizes de boas práticas para Gestão de Sistema de Segurança da Informação, inclusive sobre Privacidade", tratando-se das melhores técnicas mundialmente aceitas sobre o tema.[34]

Quanto aos "princípios gerais", destacam-se aqueles listados no artigo 6º, *caput*, e incisos da LGPD, quais sejam: boa-fé (*caput*); finalidade (inciso I); adequação (inciso II); necessidade (inciso III); livre acesso (inciso IV); qualidade dos dados (inciso V); transparência (inciso VI); segurança (inciso VII); prevenção (inciso VIII); não discriminação (inciso IX) e responsabilização e prestação de contas (inciso X).

Sobre as "demais normas regulamentares", essas consistem nas "demais normas existentes ou que serão criadas no âmbito jurídico que complementarão ou dialogarão com a LGPD, no estabelecimento de regras com orientações mais específicas sobre determinados assuntos".[35]

Ademais, em seu artigo 50, a Lei Geral de Proteção de Dados estabelece orientações voltadas aos controladores e operadores, isto é, aos agentes de tratamento, nos termos do artigo 5º, inciso IX, da LGPD, acerca das regras de boas práticas e de governança, nos seguintes termos:

> Art. 50. Os controladores e operadores, no âmbito de suas competências, pelo tratamento de dados pessoais, individualmente ou por meio de associações, poderão formular regras de boas práticas e de governança que estabeleçam as condições de organização, o regime de funcionamento, os procedimentos, incluindo reclamações e petições de titulares, as normas de segurança, os padrões técnicos, as obrigações específicas para os diversos envolvidos no tratamento, as ações educativas, os mecanismos internos de supervisão e de mitigação de riscos e outros aspectos relacionados ao tratamento de dados pessoais.

---

34 Ibidem, p. 484.

35 Ibidem, p. 484.

> [...]
>
> § 1º Ao estabelecer regras de boas práticas, o controlador e o operador levarão em consideração, em relação ao tratamento e aos dados, a natureza, o escopo, a finalidade e a probabilidade e a gravidade dos riscos e dos benefícios decorrentes de tratamento de dados do titular.

Por conseguinte, no §2º do artigo 50 da Lei em análise, restam definidas as diretrizes para o controlador implementar programa de governança em privacidade, bem como os critérios mínimos a serem atendidos:

> § 2º Na aplicação dos princípios indicados nos incisos VII e VIII do caput do art. 6º desta Lei, o controlador, observados a estrutura, a escala e o volume de suas operações, bem como a sensibilidade dos dados tratados e a probabilidade e a gravidade dos danos para os titulares dos dados, poderá:
>
> I – implementar programa de governança em privacidade que, no mínimo:
>
> a) demonstre o comprometimento do controlador em adotar processos e políticas internas que assegurem o cumprimento, de forma abrangente, de normas e boas práticas relativas à proteção de dados pessoais;
>
> b) seja aplicável a todo o conjunto de dados pessoais que estejam sob seu controle, independentemente do modo como se realizou sua coleta;
>
> c) seja adaptado à estrutura, à escala e ao volume de suas operações, bem como à sensibilidade dos dados tratados;
>
> d) estabeleça políticas e salvaguardas adequadas com base em processo de avaliação sistemática de impactos e riscos à privacidade;
>
> e) tenha o objetivo de estabelecer relação de confiança com o titular, por meio de atuação transparente e que assegure mecanismos de participação do titular;

> f) esteja integrado a sua estrutura geral de governança e estabeleça e aplique mecanismos de supervisão internos e externos;
>
> g) conte com planos de resposta a incidentes e remediação; e
>
> h) seja atualizado constantemente com base em informações obtidas a partir de monitoramento contínuo e avaliações periódicas;
>
> II – demonstrar a efetividade de seu programa de governança em privacidade quando apropriado e, em especial, a pedido da autoridade nacional ou de outra entidade responsável por promover o cumprimento de boas práticas ou códigos de conduta, os quais, de forma independente, promovam o cumprimento desta Lei.

Por sua vez, o §3º do referido dispositivo legal impõe a necessidade de as regras serem publicadas e atualizadas periodicamente, disciplinando, ainda, sobre a possibilidade de serem reconhecidas e divulgadas pela autoridade nacional.

Vislumbra-se, nesse ponto, a existência de um estímulo para que os agentes da iniciativa pública e privada formulem suas próprias regras, sendo permitido um espaço de autorregulação de acordo com as peculiaridades da organização e forma de funcionamento. Destaca-se que embora a LGPD seja soberana, a depender do setor econômico as normas de segurança e os padrões técnicos serão distintos.[36]

Sobre o tema, aponta-se que não seria razoável estabelecer para uma padaria as mesmas normas de segurança que são estabelecidas para um

36 JIMENTE, Camilla do Vale. **LGPD: Lei Geral de Proteção de Dados comentada** [livro eletrônico]. Coordenadores: Viviane Nóbrega Maldonado e Renato Opice Blum. 2. Ed. São Paulo: Thomson Reuters Brasil, 2020, p. 486.

hospital, tendo em vista a complexidade dos tipos de operações e a diferença na natureza dos dados tratados.[37]

Dessa maneira, observa-se que a LGPD possibilita a criação de associações e estabelecimento de normas autorreguladas pelo setor para normas e procedimentos. O destaque aqui é para a necessidade de ficar atento para o possível surgimento de associações que não representem verdadeiramente o setor, mas que visem apenas arrecadar recursos financeiros sem a necessária contrapartida técnica adequada, tal como já ocorrera com os conselhos de administração, conforme destacado acima.

É de se ver que a Lei em exame trata de autorregulação regulada, já que, nos termos do citado §3º do artigo 50, nem todas as regras de boas práticas e de governança instituídas por agentes de tratamento e associações serão reconhecidas e divulgadas pela ANPD, em razão do necessário exame de mérito em torno dessas disposições. Dessa forma, a possibilidade de aprovar ou não essas normas é o que qualifica a autorregulamentação como regulada.[38]

Vale esclarecer que os atos normativos formulados nos termos do referido artigo 50 podem ser submetidos à homologação da ANPD e, nessa situação, possuem efeitos vinculantes para quem os produziu ou, no caso de associações, para todos os associados.

Ressalta-se que a GDPR possui previsão semelhante, no seu artigo 40, ao estabelecer que as associações e outros organismos representantes de categorias de responsáveis pelo tratamento podem elaborar códigos de conduta, a fim de especificar a aplicação do referido regulamento.[39]

---

37 Ibidem, p. 486.

38 4S Advogados. **A nova mentalidade regulatória da LGPD**. Disponível em: https://4s.adv.br/tecnologia/nova-mentalidade-regulatoria-da-lgpd/. Acesso em 31 de mai. de 2022.

39 4S Advogados. **A nova mentalidade regulatória da LGPD**. Disponível em: https://4s.adv.br/tecnologia/nova-mentalidade-regulatoria-da-lgpd/. Acesso em 19 de jun. de 2020, p. 486.

Nessa perspectiva, esse modelo contribui para a conscientização da sociedade sobre a importância da proteção de dados pessoais e ajuda a consolidar um mercado mais maduro e ético a respeito do tema. Isso porque operadores e controladores, entre si, passarão a exigir conformidade com as regras de boas práticas e de governança que restarem estabelecidas.[40]

Outrossim, nos termos do artigo 51 da LGPD, a autoridade nacional estimulará a adoção de padrões técnicos que facilitem o controle pelos titulares dos seus dados pessoais. Em que pese não seja mencionado o "controle" no rol dos direitos dos titulares dos dados pessoais descrito no artigo 18, é de se ver que os direitos ali expostos, em verdade, decorrem do direito de autodeterminação informacional, que assegura que o indivíduo deve possuir o direito de controlar suas informações pessoais.

Nas palavras de Bruno Ricardo Bioni, o principal aspecto a ser observado para se alcançar esse objetivo é assegurar ao cidadão o controle sobre os seus dados pessoais, o que não se limita ao consentimento do titular, devendo se possibilitar também que o fluxo informacional atenda às suas expectativas e que não seja atentatório ao livre desenvolvimento da personalidade.[41]

Logo, a ANPD deve estimular que os agentes de tratamento de dados pessoais adotem soluções tecnológicas que permitam aos titulares dos dados o exercício da autodeterminação de informações, devendo isso ocorrer de maneira facilitada.

Registra-se que, consoante o artigo 52 da LGPD, os agentes de tratamento de dados, em razão das infrações cometidas às normas previstas nesta Lei, ficam sujeitos à diversas sanções administrativas aplicáveis pela

40 Ibidem, p. 486-487.

41 BIONI, Bruno Ricardo. **Proteção de dados pessoais**: a função e os limites do consentimento. Rio de Janeiro: Ed. Forense, 2019, p. 110.

autoridade nacional. As sanções vão desde advertências até a imputação de multa simples, que pode chegar a 2% do faturamento, cujo valor fica limitado a um total de R$ 50 milhões, e diária, além da suspensão das atividades relativas ao banco de dados.

Isso evidencia a importância da adoção de boas práticas e governança, tendo em vista que a adoção de boas práticas e um programa de governança em privacidade é fator considerado na aplicação das sanções. Para tanto, deverá ser compatível com o porte da organização e com o tipo e o volume dos dados tratados. Ainda, é necessária a comprovação das medidas efetivamente implementadas, de modo que todos os treinamentos e procedimentos devem ser devidamente apresentados às autoridades, investidores e outros reguladores, bem como aos próprios titulares dos dados, em conformidade com os princípios da governança.

Portanto, qualquer sistema ou equipamento utilizado durante o tratamento de dados deve seguir os mesmos requisitos de segurança mínimos exigidos pela lei, a fim de assegurar a plena eficácia das medidas adotadas.

3. PILARES PARA A INSTALAÇÃO DE SISTEMA QUE OBSERVE AS BOAS PRÁTICAS E A GOVERNANÇA CORPORATIVA

Como visto, a LGPD trouxe a necessidade de adoção de programa de governança de dados pessoais. Assim, mostra-se possível a construção de regras internas de conformidade com a LGPD, apoiada em pilares básicos de governança.

Sobre os preceitos básicos desses programas, destaca-se que eles devem assegurar que a organização esteja em conformidade com a legislação, pautando-se em princípios e valores que sustentem o propósito de sua existência. Por isso, deve ser compreendido o papel dos dados pessoais para o modelo de negócio, de modo a se assegurar a sua proteção e utilização adequada.[42]

Nesse quadro, podem ser destacados cinco elementos necessários para a criação de um programa de privacidade e proteção de dados. Primeiramente, é imprescindível a realização de diagnóstico prévio sobre a empresa e seu modelo de negócio, a fim de verificar as principais atividades desempenhadas pela organização que envolvam dados pessoais, bem como definir quais os tipos de dados são utilizados, as ferramentas etc.[43]

Em segundo lugar, mostra-se imprescindível que o programa seja aderente ao modelo de negócio, de modo a assegurar que as normas e procedimentos sejam devidamente observados.

Ademais, o programa deve ser orientado ao risco, de maneira pontual, sendo de destaque, nesse aspecto, o mapeamento de dados, pois a avaliação de risco que indique os pontos que necessitam de maior atenção, recursos e dedicação é indispensável.[44]

Em quarto lugar, destaca-se que é imperiosa a prática contínua de treinamento e comunicação assertiva, baseada em linguagem e conteúdos adequados. Por fim, o programa de governança necessita de gestão e atualização contínua e deve sempre ser revisado e reavaliado, a fim de que continue fazendo sentido para a organização.[45]

42 OPICE BLUM. **Melhores práticas de governança e conformidade com a LGPD**. Disponível em: https://opiceblumacademy.com.br/wp-content/uploads/2020/02/lgpd-governanca-melhores-praticas.pdf. p. 13. Acesso em 31 de mai. de 2022.

43 Ibidem, p. 13.

44 OPICE BLUM. **Melhores práticas de governança e conformidade com a LGPD**. Disponível em: https://opiceblumacademy.com.br/wp-content/uploads/2020/02/lgpd-governanca-melhores-praticas.pdf. p. 14. Acesso em 31 de mai. de 2022.

45 OPICE BLUM. **Melhores práticas de governança e conformidade com a LGPD**. Disponível em: https://opiceblumacademy.com.br/wp-content/uploads/2020/02/lgpd-governanca-melhores-praticas.pdf. p. 15. Acesso em 31 de mai. de 2022.

Além desses elementos, vale mencionar os onze pilares para a definição das regras de privacidade da organização, tendo como base a própria governança corporativa, a partir da perspectiva da LGPD: i) gestão e governança, o qual avalia a existência de uma estrutura que evidencie que o programa de privacidade possui medidas eficazes, bem como que o posicionamento e o engajamento da liderança são adequados; ii) coleta, uso e armazenamento, que abarca os controles que a organização possui para assegurar que os principais pontos do ciclo de vida dos dados sejam executados em conformidade com a legislação; iii) transparência, a qual deve garantir que os titulares possam saber o que é feito com seus dados, sendo avaliado se os avisos de privacidade atendem os requisitos legais; iv) consentimento, devendo ser assegurado que os titulares, de modo livre, informado e inequívoco, possam consentir e revogar o consentimento; v) exercícios de direitos do titular, o qual objetiva assegurar que os titulares sejam atendidos adequadamente em suas requisições, a exemplo de quando pretendem a revogação do consentimento; e vi) compartilhamento, no qual se avalia a existência de políticas e de procedimentos que possibilitem que o compartilhamento de dados com terceiros sejam adequados, evitando-se o seu tratamento indevido.[46]

Prosseguindo no assunto, apontam-se os pilares relativos aos comportamentos a serem adotados para que os dados sejam tratados com segurança, bem como sobre qual deve ser a postura em eventual caso de vazamento de dados, com destaque à necessidade de constante monitoramento e de periódica avaliação de riscos: vii) segurança, sendo esse pilar destinado a garantir que o tratamento de dados ocorra de forma segura, devendo ser garantia a aplicação das medidas de segurança necessárias; viii) resposta a incidentes, o qual elucida que a empresa deve

46 OPICE BLUM. **Melhores práticas de governança e conformidade com a LGPD**. Disponível em: https://opiceblumacademy.com.br/wp-content/uploads/2020/02/lgpd-governanca-melhores-praticas.pdf. p. 15. Acesso em 31 de mai. de 2022.

estar preparada no caso de um vazamento de dados; ix) monitoramento, que significa que deve ser monitorado se as políticas e procedimentos estão sendo observados na prática; x) avaliação de risco, o qual consiste na prática periódica de avaliação de riscos, a qual deve ser utilizada para orientar as prioridades do programa de privacidade; e vi) treinamento e comunicação, devendo existir um plano de treinamento e comunicação que esteja alinhado à política corporativa de privacidade e proteção de dados.[47]

Ressalta-se que a necessidade de adoção de medidas de governança de dados pessoais também se aplica aos agentes de tratamento de pequeno porte. Conforme o Guia Orientativo sobre Segurança da Informação para Agentes de Tratamento de Pequeno Porte[48], desenvolvido pela ANPD, as medidas podem ser divididas em administrativas; técnicas; relacionadas ao uso de dispositivos móveis; e relacionadas ao serviço em nuvem.

Como medidas administrativas, descritas no Guia Orientativo da ANPD, tem-se i) política de segurança da informação, consistente em um conjunto de diretrizes que tem como objetivo "o planejamento, a implementação e o controle de ações relacionadas à segurança da informação em uma organização"; ii) conscientização e treinamento, de modo que todos os funcionários da organização tenham conhecimento das obrigações legais decorrentes da LGPD e das orientações editadas pela ANPD; e iii) gerenciamento de contratos, de modo que todos os funcionários assinem termos de confidencialidade e se comprometam a não divulgar informações confidenciais que envolvam dados pessoais.

47 OPICEBLUM. **Melhores práticas de governança e conformidade com a LGPD**. Disponível em: https://opiceblumacademy.com.br/wp-content/uploads/2020/02/lgpd-governanca-melhores-praticas.pdf, p. 8. Acesso em 31 de mai. de 2022.

48 ANPD. **Guia Orientativo sobre Segurança da Informação para Agentes de Tratamento de Pequeno Porte,** versão 1.0, out. 2021. Disponível em https://www.gov.br/anpd/pt-br/documentos-e-publicacoes/guia-vf.pdf. Acesso em 31 de mai. de 2022.

As medidas técnicas são enquadradas como: i) controle de acesso, enquanto uma medida apta a assegurar que somente as pessoas autorizadas acessem os dados; ii) segurança dos dados pessoais armazenados, sendo importante destacar que todas as medidas de governança voltam-se a diminuir o risco de incidentes e aumentar a segurança durante o tratamento de dados; iii) segurança das comunicações, a fim de que não haja vulnerabilidade no processo de transmissão de dados ou informações; e iv) manutenção de programa de gerenciamento de vulnerabilidades, que consiste no monitoramento da existência de novas versões e correções disponíveis em todos os sistemas e aplicativos.

Por sua vez, as medidas relacionadas ao uso de dispositivos móveis dizem respeito ao uso de smartphones e laptops para fins institucionais, pois, nesse caso, os dispositivos devem estar sujeitos aos mesmos procedimentos de controle de acesso que os outros equipamentos da organização, além de serem guardados em local seguro.

As medidas relacionadas ao serviço em nuvem são no sentido de que o agente de tratamento de pequeno porte, antes da utilização desse serviço, realize um contrato de acordo de nível que abarque a segurança dos dados armazenados e, a partir disso, faça a avaliação se o serviço atende os requisitos estabelecidos, devendo ser especificadas as condições para o acesso de cada usuário na nuvem, com autenticação multifator.

Com efeito, esses pilares possibilitam a identificação da necessidade real da empresa para adequar-se à LGPD, permitindo que o programa de privacidade e proteção de dados seja estruturado a partir da definição da estrutura de governança.

CONSIDERAÇÕES FINAIS

Conforme apontado, a governança corporativa é caracterizada como um conjunto de práticas que tem por finalidade otimizar o desempenho de uma companhia e proteger todas as partes interessadas. Desse modo, a adoção dos princípios básicos de governança corporativa resulta em um contexto de confiança tanto interno quanto em relação a terceiros, sendo destacados os quatro princípios de boas práticas, isto é, a transparência, a equidade, a prestação de contas e a responsabilidade corporativa.

Permitindo-se dessas premissas, abordou-se a Lei Geral de Proteção de Dados (Lei n. 13.709/2018), que, como visto, tem como objetivo a tutela dos direitos fundamentais de liberdade e de privacidade e o livre desenvolvimento da personalidade da pessoa natural.

Nesse ponto, analisou-se os dispositivos legais que tratam sobre as boas práticas e a governança corporativa, no que se refere ao tratamento de dados pessoais. Tratou-se principalmente sobre o teor dos artigos 49, 50 e 51, a fim de compreender a governança corporativa na ótica da LGPD. Na ocasião, percebeu-se que essa legislação traz um modelo de autorregulação regulada, sendo possível verificar a existência de um estímulo para que os agentes da iniciativa pública e privada, em certo grau, formulem suas próprias regras, de acordo com as peculiaridades da organização.

Na sequência, foram destacados alguns elementos a serem observados quando da instalação de programa de privacidade e proteção de dados, bem como os pilares da governança, que devem ser objeto de atenção das empresas, a fim de se adequarem à LGPD, com destaque à necessidade de o programa ser aderente ao modelo de negócio.

Observou-se que, tendo como base a própria governança corporativa, a adequação à LGPD depende da consonância com onze pilares, sendo eles: i) a gestão e governança; ii) coleta, uso e armazenamento; iii) transparência; iv) consentimento; v) exercícios de direitos do titular; vi) compartilhamento; vii) segurança; viii) resposta a Incidentes; ix) monitoramento; x) avaliação de risco e xi) treinamento e comunicação.

Compreendidas as nuances da governança, seu conceito e o contexto do seu desenvolvimento, após tratá-la sob a perspectiva da Lei Geral de Proteção de Dados, conclui-se que os pilares mencionados são aptos a possibilitar que se identifique a efetiva necessidade da empresa para amoldar-se a essa legislação, de forma a permitir que o programa de privacidade e proteção de dados seja estruturado a partir da definição da estrutura de governança.

REFERÊNCIAS BIBLIOGRÁFICAS:

4S Advogados. **A nova mentalidade regulatória da LGPD**. Disponível em: https://4s.adv.br/tecnologia/nova-mentalidade-regulatoria-da-lgpd/.

ÁLVARES, Elismar; GIACOMETTI, Celso; GUSSO, Eduardo. **Governança corporativa**: um modelo brasileiro. Rio de Janeiro: Elsevier, 2008.

ANPD. **Guia Orientativo sobre Segurança da Informação para Agentes de Tratamento de Pequeno Porte,** versão 1.0, out. 2021. Disponível em https://www.gov.br/anpd/pt-br/documentos-e-publicacoes/guia-vf.pdf. Acesso em 31 de mai. de 2022.

BIONI, Bruno Ricardo. **Proteção de dados pessoais**: a função e os limites do consentimento. Rio de Janeiro: Ed. Forense, 2019.

BRASIL. **Lei n. 13709, de 14 de agosto de 2018**. Brasília, DF: Senado Federal, 1988. Disponível em: http://www.planalto.gov.br/ccivil_03/_ato2015-2018/2018/lei/L13709.htm. Acesso em 31 de mai. de 2022.

CANAL COMPLIANCE. **A Norma ISO 37000 e o alinhamento da Governança com Gestão de Riscos, Sustentabilidade e Responsabilidade Social**. Disponível em: http://www.ccompliance.com.br/2019/02/11/a-norma-iso-37000-e-o-alinhamento-da-governanca-com-gestao-de-riscos-sustentabilidade-e-responsabilidade-social/. Acesso em 31 de mai. de 2022.

CVM. Comissão de Valores Mobiliários. **Recomendações da CVM sobre governança corporativa** (2002). Disponível em: http://www.cvm.gov.br/decisoes/2002/20020529_R1/20020529_D07.html. Acesso em: 31 de mai. de 2022.

IBGC. Instituto Brasileiro de Governança Corporativa. **Código das melhores práticas de governança corporativa**. 5.ed./Instituto Brasileiro de Governança Corporativa. – São Paulo, SP: IBGC, 2015.

IBGC. Instituto Brasileiro de Governança Corporativa. **Princípios que geram valor de longo prazo**. Disponível em: https://www.ibgc.org.br/conhecimento/governanca-corporativa#:~:text=Governan%C3%A7a%20corporativa%20%C3%A9%20o%20sistema,controle%20e%20demais%20partes%20interessadas.. Acesso em 31 de mai. de 2022.

JIMENTE, Camilla do Vale. LGPD: **Lei Geral de Proteção de Dados comentada** [livro eletrônico]. Coordenadores: Viviane Nóbrega Maldonado e Renato Opice Blum. 2. Ed. São Paulo: Thomson Reuters Brasil, 2020.

OCDE. Organização para a Cooperação e Desenvolvimento Econômico. **Princípios de governo das sociedades do G20 e da OCDE.** Disponível em: https://read.oecd-ilibrary.org/governance/principios-de-governo-das-sociedades-do-g20-ocde_9789264259195-pt#page1. Acesso em 31 de mai. de 2022.

OPICE BLUM. **Melhores práticas de governança e conformidade com a LGPD**. Disponível em: https://opiceblumacademy.com.br/wp-content/uploads/2020/02/lgpd-governanca-melhores-praticas.pdf. p. 13. Acesso em 31 de mai. de 2022.

PINHEIRO, PATRICIA PECK. **Proteção de dados pessoais**: comentários à Lei n. 13.709/2018. 2. ed. São Paulo: Saraiva Educação, 2020 (Versão Kindle).

ROSSETI, José Paschoal; ANDRADE, Adriana. **Governança corporativa**: fundamentos, desenvolvimento e tendências. 7. ed. São Paulo: Atlas, 2014.

TEIXEIRA, Tarcisio. **Direito empresarial sistematizado**: doutrina e prática. 2. ed. São Paulo: Saraiva, 2013.

TEIXEIRA, Tarcisio; ARMELIN, Ruth Maria Guerreio da Fonseca. **Lei Geral de Proteção de Dados Pessoais comentada artigo por artigo**. Salvador: JusPodivm, 2020, p. 30.

TEPEDINO, Gustavo; FRAZÃO, Ana; OLIVA, Milena Donato. **Lei Geral de Proteção de Dados Pessoais e suas repercussões no Direito Brasileiro**. Ed. Revista dos Tribunais, 2019, p. 9.

4

GERENCIAR RISCOS PARA PROTEGER DADOS PESSOAIS: ANÁLISE DE ACORDO COM A LEI GERAL DE PROTEÇÃO DE DADOS

Robson Fernando Sebold[1]

INTRODUÇÃO

Ulrich Beck, sociologista alemão falecido em 2015, deixou em seu legado a *teoria da sociedade do risco*, para o qual se dedicou durante toda uma vida (Risk Society, 1992, World Risk Society, 1999, e diversas outras obras).

Ele expõe que antigamente os perigos eram vistos como fatalidades. Mas as consequências passaram a ser reconhecidas como riscos, podendo

1 MBA Executivo em Administração (FGV). Advogado. sebold@seboldcazon.com.br.

ser calculados e prevenidos, nas mais diversas áreas das ciências. Passou a se ver maior segurança diante de um futuro incerto.

Contudo, existem efeitos permanentes, novos, secundários, que são imprevisíveis. A própria modernidade e evolução, em suas vitórias e no seu desenvolvimento, gera perigos incontroláveis e desconhecidos, como é o caso do aquecimento global ou de crises financeiras mundiais. O futuro do mundo é decidido a partir da insegurança produzida por si próprio. Um dos sentidos da sociedade de risco está no fato de que são tomadas decisões cujas consequências são imprevisíveis, trazendo novos riscos.[2]

Assim, de acordo com os estudos de Beck, os riscos criam uma forma de sociedade (nova economia, nova ordem global) e moldam a vida de cada pessoa. Na modernidade, o clima e o desenvolvimento científico e industrial generalizam e trazem novos riscos, sem permitir que sejam contidos em sua totalidade. Apesar de estarem no futuro, não podendo ser todos previstos ou calculados, os riscos constroem o presente, determinando o pensamento e a ação dos indivíduos e nações, de acordo com as ameaças e as oportunidades, dentro daquilo que é definido como aceitável pela identidade de cada ser. Os riscos afetam todos, nações e classes. É democrático e não há escapatória. Essa sociedade do risco é reafirmada atualmente, dada a preocupação crescente da sociedade com a prevenção e gestão dos riscos.[3]

Essa reflexão sobre a sociedade do risco é interessante diante desse tema que se propõe tratar: riscos e proteção de dados. Novas tecnologias

---

2 BECK, Ulrich. **Sociedade de Risco Mundial**: em busca da segurança perdida. 1ª ed. Ed. 70: Lisboa, Portugal, 2015. E-book.

3 MENDES, José Manuel. Ulrich Beck: a imanência do social e a sociedade do risco. **Anál. Social**, Lisboa, n. 214, p. 211-215, mar. 2015. Disponível em: http://www.scielo.mec.pt/scielo.php?script=sci_arttext&pid= S0003-25732015000100012&lng=pt&nrm=iso. Acesso em: 10 jul. 2020.

surgem a cada momento. A velocidade na propagação de informações e da evolução do conhecimento surpreende. A evolução tecnológica transforma ambientes e muda o comportamento das pessoas. Quase ninguém vive mais sem conexão. Tudo o que puder ser automatizado, o será. Mesmo que não haja o desejo em seguir essa onda tecnológica, não há opção: ou se adapta ou será forçado a tal.

Na mesma linha, os perigos vêm e são desconhecidos, ainda que se pretenda antevê-los. Esforços para encontrar uma solução para as ameaças fazem parte do dia a dia das empresas, mas há muitas incertezas no mundo da internet de baixo custo, do *Big Data* e da *Internet of Things*. Riscos são analisados e mitigados, mas outros desconhecidos surgem a todo instante, tal como previsto por Beck. Certamente se faz necessária a gestão de riscos para proteção de dados neste mundo hiperconectado.

Neste artigo a proposta é justamente de discutir os pontos trazidos pela Lei Geral de Proteção de Dados atinentes à gestão de riscos e à segurança dos dados. Pretende-se apresentar quatro vertentes que levam à obrigatoriedade de adequação das empresas à referida Lei, ainda que diante da dificuldade delas, grandes ou pequenas, de cumprirem tal mister, para então, demonstrar que o estar conforme também envolve a criação de um programa de gerenciamento de riscos para proteger dados.

Por se pretender uma análise de acordo com a Lei Geral de Proteção de Dados, importante contextualizá-la, ou seja, brevemente mostrar as circunstâncias que levaram à sua promulgação. Em seguida, ao se adentrar no tema da gestão de riscos, parece ser fundamental iniciar o artigo com uma explicação sobre esse assunto, ainda que de forma resumida, até porque não se trata de tema afeito à área jurídica. Somente a partir daí é possível adentrar no tema principal e expor o problema a ser enfrentado: gerenciar riscos é essencial para segurança de dados e para estar conforme a Lei Geral de Proteção de Dados. Mais do que isso, como concretizar um processo de gestão de riscos de dados de acordo com a lei.

1. LEI GERAL DE PROTEÇÃO DE DADOS: CONTEXTUALIZAÇÃO

Na última década, especialmente nos anos mais recentes, quando os brasileiros amargurarам algumas crises políticas, econômicas e sociais, tornou-se crescente o anseio por reformas legislativas que pudessem levar o país a um degrau superior nestas áreas. O governo, a população e a mídia notoriamente convergem para os mesmos pontos: reforma previdenciária, reforma administrativa, reforma tributária e reforma política. Os mais incautos chegam a manifestar-se sobre a necessidade de mudança da Constituição Federal, de onde se extrairia muitos regalos e poucos deveres, ou, ainda, alguns deles, pedem o retorno do governo militar.

Paralelamente aos estudos e anseios das reformas legislativas tão difundidas e comentadas nos mais diversos meios de comunicação, objeto diário das rodas de conversa, surgem novas leis, tão importantes quanto, mas que ainda não são alvo de discussão na grande maioria dos ambientes empresariais, ainda que se quisesse e pudesse esperar o contrário.

É que novas tecnologias são desenvolvidas a todo tempo para satisfazer as necessidades de consumidores e empresas. Forma-se uma nova sociedade baseada em conhecimento e informações, apoiada na informática e em inovações tecnológicas. Um mundo totalmente digital. Investe-se em pesquisa e desenvolvimento científico; surgem incubadoras de empresas e parques tecnológicos; os recursos de computação crescem exponencialmente e em todo o globo tornam-se indispensáveis.

Natural, portanto, que surjam novas normas e regras, novas leis, em virtude dessa crescente onda de inovação tecnológica e ampliação dos rumos da internet, como são os casos, por exemplo, da Lei das Startups, da Nova Lei de Franquias, do Marco Civil da Internet e, em especial, da Lei Geral de Proteção de Dados.

Esta última, a Lei Geral de Proteção de Dados – Lei 13.709/18, que entrou em vigor em 18 de setembro de 2020 (com exceção das sanções administrativas, que passaram a ser exigíveis a partir de 1º agosto de 2021), impacta radicalmente nas empresas e órgãos públicos que tratam dados de pessoas físicas[4]. Novas tecnologias geram grandes quantidades de dados, sua coleta, seu compartilhamento e o monitoramento. Com o avanço tecnológico à passos largos, os dados passaram para um nível acima de importância, de valor, instigando o crescimento da economia e refletindo fortemente nos números das empresas e na vida das pessoas, o que exigiu um regramento legal específico sobre o tema.

A utilização de dados pessoais pelas empresas tornou-se indispensável para o seu desenvolvimento econômico e tecnológico em seus diversos setores, tais como: logística, TI, marketing, jurídico e recursos humanos. Atualmente tudo o que é feito a partir da tecnologia deixa rastros digitais acessíveis para diversas finalidades. Informações e dados não são obtidos apenas a partir do compartilhamento nas redes sociais ou dos diversos softwares e aplicativos existentes. Há uma intensa captação de dados denominada Big Data.[5]

> O compartilhamento de dados tem alcançado, corriqueiramente, patamares inimagináveis, seja de forma explícita, quando qualquer indivíduo compartilha informações ou situações de sua própria vida, em mídias sociais, ou de forma implícita, a partir do consentimento proferido em termos de uso e política de privacidade de plataformas

4 Art. 5º Para os fins desta Lei, considera-se: X – tratamento: toda operação realizada com dados pessoais, como as que se referem a coleta, produção, recepção, classificação, utilização, acesso, reprodução, transmissão, distribuição, processamento, arquivamento, armazenamento, eliminação, avaliação ou controle da informação, modificação, comunicação, transferência, difusão ou extração.

5 AGUDO, Hugo Crivilim, TEIXEIRA, Tarcísio. As limitações da utilização de mecanismos de big data à luz da lei geral de proteção de dados pessoais. In: TEIXEIRA, Tarcísio; MAGRO, Américo Ribeiro (coord.). **Proteção de Dados: Fundamentos Jurídicos**. Salvador: Juspodivm, 2020. p. 229-265.

> digitais, ou preenchimento de cadastros para criação de contas em aplicativos, e-mails, websites de comércio eletrônico (e-commerce), e até mesmo a simples utilização de conexões tecnológicas em bens móveis (Internet of Things), por exemplo.
>
> Em linhas sintetizadas, tudo o que é feito na internet deixa rastros, sendo que cada fragmento destes rastros, constitui dados dos usuários das tecnologias, que são armazenadas em determinado "local", ou plataforma, sob tutela da empresa responsável por esta, seja do âmbito público ou privado, podendo ser utilizados para as mais diversas finalidades, desde comercial, até comportamental.
>
> Evidentemente que o conjunto de informações, armazenadas em determinada plataforma, constitui um banco de dados que, posto à cruzamento com outros da mesma natureza, além de diferentes informações, faz com que elucide um novo e gigantesco banco de dados online que abarca noções e conhecimento acerca da vida de cada um dos usuários das mais diversas searas do meio digital.
>
> A este conjunto de informações, fragmentadas ou não, cruzadas ou integrais, captadas pela simples utilização de plataformas digitais, que constituem um relevante e voluptuoso [sic] banco de dados online, dá-se o nome de Big Data.[6]

Nota-se que os dados fazem parte da vida. Em todo lugar e a todo momento dados são processados. Da pequena padaria ao lado de sua casa à grandes bancos e aos governos. Isso não para; é dinâmico e cresce a todo instante. Exatamente esse tratamento de dados pessoais é disciplinado pela Lei Geral de Proteção de Dados. Ela "tem o intuito de disciplinar a gestão de dados pessoais, eliminar ou ao menos reduzir consideravelmente os vazamentos de informações pessoais e garantir um

6 Ibid. p. 234-235.

cuidado maior no tratamento dos dados por quem por algum motivo tiver autorização de acesso a elas".[7] Até porque falhas e vazamentos de dados acontecem em frequência cada vez maior.[8] E os impactos socioeconômicos são estarrecedores, tanto para os titulares dos dados, como para as empresas controladoras.[9]

---

7 MIRANDA, Marcelo Gonçalves. Lei Geral de Proteção de Dados – LGPD. ago 2019. **Academia.edu.** Disponível em: https://www.academia.edu/40367651/Lei_Geral_de_Prote%C3%A7%C3%A3o_de_Dados_-LGPD. Acesso em: 26 abr. 2020. p. 2.

8 Anualmente são registrados casos de vazamentos de dados que ultrapassam as centenas de milhões, chegando o maior caso, em 2018, no comprometimento de 1,1 bilhão de registros de dados pessoais de cidadãos indianos. E ocorre em empresas gigantes e conhecidas. Em 2019 houve o vazamento de dados de 540 milhões de registros de usuários do Facebook e que estavam armazenados em servidores da Amazon. O Banco Inter, instituição financeira que teoricamente tem alto investimento em segurança da informação, vazou em 2018 dados de 20 mil clientes e quase um ano depois dados de 1,4 milhões de clientes. Dezenas de milhares de clientes da Mastercard na Alemanha e Bélgica tiveram seus dados distribuídos na Internet. Existem, ainda, exemplos de laboratórios, hospitais e outras empresas de assistência médica que tiveram dados vazados (**MACHADO, Rodrigo; KREUTZ, Diego; PAZ, Giulliano; RODRIGUES, Gustavo. Vazamentos de Dados: Histórico, Impacto Socioeconômico e as Novas Leis de Proteção de Dados. In: Escola Regional de Redes de Computadores (ERRC), 17., 2019 Anais da XVII Escola Regional de Redes de Computadores. Porto Alegre: Sociedade Brasileira de Computação, jan. 2020. p. 154-159**).

No Brasil não é diferente. No Incra 1,4 Gb de documentos expostos com dados cadastrais de cidadãos que se cadastraram em seus programas vazaram. Municípios que usavam a plataforma Ginfes tiveram expostas as notas fiscais com todos os dados. 2,3 milhões de dados sensíveis foram vazados da rede de restaurantes McDonald´s, pela falha de um dos servidores. Chegou se ao absurdo de uma denúncia que indicava que dados de 92 milhões de brasileiros estariam sendo leiloados na *deep web*, sugerindo que teriam sido obtidos da Receita Federal (**CARNEIRO, Eduardo. Brasil registra onda de vazamentos (e até leilão) de dados na internet. São Paulo, 19 out. 2019. Disponível em:** https://blog.konduto.com/pt/2019/10/onda-de-vazamento-de-dados-no-brasil/**. Acesso em: 01 jun. 2020**.

9 Quanto ao impacto socioeconômico, estima-se que em 2018 os custos envolvendo vazamento de dados somaram, nos EUA, US$ 654 bilhões. No caso da Cambridge Analytica, de venda e uso indevido de dados na campanha de Donald Trump, a multa foi de US$ 5 bilhões. A companhia hoteleira Marriot, após a aquisição de outra rede, vazou os dados de 339 milhões de clientes e foi multada em 100 milhões de libras (MACHADO et al, op. cit).

A Lei de Proteção de Dados, portanto, normatiza a propriedade e a forma como os dados pessoais são utilizados. Veio, ainda, para regrar e garantir a privacidade das informações pessoais. Além das já notórias e abundantes transformações legislativas no Brasil e das exigidas pela população, viu-se a necessidade de "resgatar a dignidade dos titulares de dados e seus direitos básicos relacionados à autodeterminação"[10], sendo promulgado no país a Lei Geral de Proteção de Dados – LGPD, o que, aliás, já havia ocorrido na Europa com o Regulamento Geral de Proteção de Dados – RGPD.

O RGPD (Regulamento UE 2016/679), datado de 27 de abril de 2016, também diz respeito à proteção de dados das pessoas físicas e ao tratamento de dados pessoais e à livre circulação desses dados, mas, ao contrário da LGPD, aquele vem de um longo e árduo caminho. Os estudos e avanços começaram pós Segunda Guerra, mas já em 20 de janeiro de 1981 a Convenção do Conselho da Europa n. 108 trouxe temas sobre a proteção das pessoas relativamente ao tratamento automatizado de dados de caráter pessoal. Depois várias outras Diretivas do Parlamento Europeu passaram a disciplinar o assunto[11], além de existir vasta jurisprudência do Tribunal de Justiça da União Europeia[12]. Diante da globalização e da falta

10 FRAZÃO, Ana. Objetivos e alcance da Lei Geral de Proteção de Dados. In: TEPEDINO, Gustavo; FRAZÃO, Ana; OLIVA, Milena Donato (coord.). **Lei Geral de Proteção de Dados Pessoais e suas repercussões no Direito Brasileiro**. São Paulo: Thomson Reuters RT, 2019. p. 100.

11 Diretiva 95/46/CE, do Parlamento Europeu e do Conselho, de 24 de outubro de 1995 (revogada pelo RGPD, a proteção anteriormente era centrada nesta diretiva); Diretiva 97/66/CE, de 15 de dezembro de 1997; Diretiva 2002/58/CE, de 12 de julho de 2002; Diretiva 2009/136/CE, de 25 de novembro de 2009. (MASSENO, David Manuel. Regulamento Geral sobre Proteção de Dados (RGPD). **Academia.edu**. Disponível em: https://ipbeja.academia.edu/ManuelDavidMasseno. Acesso em: 26 abr. 2020.

12 Desde o acórdão de 6 de novembro de 2003, Processo C-101/01, Linqvist... até o acórdão de 29 de julho de 2019, Processo C-40/17, Fashion ID. (Ibid.)

de regras comuns, o Regulamento tornou-se a resposta e o único instrumento a ser seguido pelos Estados-membros.

A LGPD surgiu a partir da RGPD, projetando diversas de suas regras para o Brasil. Não se trata de uma cópia, existindo muitas diferenças[13], mas vários pontos são comuns e ambos objetivam a privacidade e a segurança de dados, como visto, tão importante numa sociedade totalmente conectada em que os dados, cada vez mais valiosos, acabam fugindo do controle de seu titular.

2. OBRIGATORIEDADE DE ADEQUAÇÃO À LEI GERAL DE PROTEÇÃO DE DADOS

A Lei Geral de Proteção de Dados atrai a atenção de estudiosos, como de fato deve ser. Com entusiasmo, pesquisadores e profissionais, não apenas da área jurídica, publicam diariamente diversos artigos e livros sobre o assunto. Infelizmente, contudo, como afirmado anteriormente, ainda não se vê tal preocupação e interesse em mesma proporção no meio corporativo, principalmente entre as empresas de médio e pequeno porte, até este momento mais preocupados e focados com a economia, a política e a alta carga tributária brasileira.

Acontece que todos os órgãos públicos e empresas, independentemente do tamanho, precisam se adequar às regras da Lei Geral de Proteção de Dados. Exige-se a implementação de um sistema de proteção

13 Por exemplo, o RGPD não considera a anonimização como uma técnica destinada a garantir a segurança dos dados pessoais, inversamente a LGPD. O regulamento não diz respeito ao tratamento de informações anônimas, mas se estes forem transformados em dados pessoais ou se a tecnologia assim o permitir, aplica-se a RGPD. Já a LGPD trata a anonimização como meio técnico de tratamento que faz com que um dado perca a possibilidade de associação a um indivíduo (art. 5º, XI). (Ibid.)

e gerenciamento seguro de dados pessoais. Ou seja, deve-se colocar em prática o *compliance* também no tratamento de dados.

> Atender aos requisitos da LGPD exige adequação dos processos de governança corporativa, com implementação de um programa mais consistente de *compliance* digital, o que demanda investimento, atualização de ferramentas de segurança de dados, revisão documental, melhoria de procedimentos e fluxos internos e externos de dados pessoais, com aplicação de mecanismos de controle e trilhas de auditoria e, acima de tudo, mudança de cultura.[14]

Evidente que o ajustamento trará muitas dificuldades, principalmente para as pequenas e médias empresas. De um lado as mais diversas exigências para adequação e, de outro, os problemas com custos e processos internos para implementação de um programa completo de gestão de dados. *Mas não há como fugir.*

Talvez de imediato já se pense que seja em razão das duras penas estabelecidas pela Lei da Privacidade. De fato, foram instituídas severas e variadas sanções para o descumprimento de suas regras pelas empresas e órgãos públicos que tratam dados.[15] Advertência; eliminação de

---

14 PINHEIRO, Patrícia Peck. **Proteção de Dados Pessoais:** Comentários à Lei n. 13.709/2018 -LGPD. São Paulo: Saraiva, 2020. Edição do Kindle. Posição 821.

15 De acordo com o art. 52 da LGPD, a empresa faltosa, agente de tratamento, sem prejuízo da aplicação de outras sanções administrativas, civis ou penais (§ 2º), está sujeita às graves sanções ali descritas, aplicáveis pela autoridade nacional, quais sejam: I – advertência, com indicação de prazo para adoção de medidas corretivas; II – multa simples, de até 2% (dois por cento) do faturamento da pessoa jurídica de direito privado, grupo ou conglomerado no Brasil no seu último exercício, excluídos os tributos, limitada, no total, a R$ 50.000.000,00 (cinquenta milhões de reais) por infração; III – multa diária, observado o limite total a que se refere o inciso II; IV – publicização da infração após devidamente apurada e confirmada a sua ocorrência; V – bloqueio dos dados pessoais a que se refere a infração até a sua regularização; VI – eliminação dos dados pessoais a que se refere a

dados; a própria continuidade da empresa pode restar comprometida, não só pelas elevadíssimas penas pecuniárias, mas porque há previsão de suspensão da atividade empresarial. Visam, obviamente, proteger o indivíduo. E certamente é um dos motivos que exigirão que as empresas se adequem à Lei. Mas, creiam, se fossem apenas as sanções, isto é, as pesadas multas, a Lei de Proteção de Dados seria destinada unicamente às grandes corporações.

Essa afirmação não provém de achismo, não é tendenciosa. A explicação está no sistema insuficiente, na incapacidade do Estado em fiscalizar, na limitação da Administração, o que dá a convicção de que a maioria das empresas não precisaria se adequar à LGPD porque não seria punida. As restrições administrativas, de pessoal e financeiras, acabariam estimulando uma prática de não cumprimento das normas e proteção de dados. Mais do que isso, as graves penas propostas tenderiam à criação de meios para escapar à regra. É o que já acontece hodiernamente no cenário fiscal. A ânsia de arrecadar pune os maiores porque são acompanhados de perto e os menores, muitas vezes, ficam à margem da lei, ainda que para sobreviver.

O que se percebe da proteção de dados é que não são apenas as sanções que compelirão a adoção das medidas de segurança no tratamento de dados propostas pela Lei. São quatro as vertentes que levarão todos ao imprescindível ajuste, isto é, a estarem conforme ordena a Lei: as penas, os clientes, o mercado e o valor dos dados.

---

infração; VII – suspensão parcial do funcionamento do banco de dados a que se refere a infração pelo período máximo de 6 (seis) meses, prorrogável por igual período, até a regularização da atividade de tratamento pelo controlador; (Incluído pela Lei n. 13.853, de 2019); VIII – suspensão do exercício da atividade de tratamento dos dados pessoais a que se refere a infração pelo período máximo de 6 (seis) meses, prorrogável por igual período; (Incluído pela Lei n. 13.853, de 2019); IX – proibição parcial ou total do exercício de atividades relacionadas a tratamento de dados.

Primeiro, as penas. Como visto, estão previstas pesadas punições em caso de descumprimento das regras estabelecidas e, apesar de tão só elas não obrigarem todos a seguir as regras da Lei de Privacidade, certamente é um dos motivos que determinará o caminho dos responsáveis pelo tratamento de dados.[16] Aliás, a Autoridade Nacional de Proteção de Dados (ANPD) já firmou um importante acordo de cooperação técnica com a Secretaria Nacional do Consumidor (Senacon) que certamente reforçará a fiscalização e a investigação no compartilhamento indevido de dados de consumidores, permitindo maior atuação e, consequentemente, a penalização dos infratores.

Segundo, são os clientes. Estes começaram a exigir o respeito aos seus dados e cada vez mais se preocuparão com a segurança, se perguntando, antes de qualquer medida, o que será feito com eles. Está havendo cada vez maior divulgação do direito à privacidade e a opção será por consumir das empresas que estão conforme à Lei. Sem contar que ações judiciais visando compensações por danos morais por falha no tratamento de dados já são realidade em diversos tribunais no país, possuindo respaldo do art. 42 da LGPD[17]. Aliás, a responsabilidade é solidária quando descumpridas as obrigações da legislação de proteção de dados (§1º), podendo o juiz inverter o ônus da prova a favor do titular dos dados (§2º).

---

16 A segurança das informações deveria ser prioridade das empresas, visto que um vazamento gera multas, reduz o seu valor e, ainda, prejudica a sua reputação, podendo levar ao pedido de proteção contra falência, como foi o caso da empresa AMCA nos EUA (**DE CASTRO, Ariel Góes et al. Os meus dados de fato vazaram? Uma análise de serviços que monitoram vazamentos de dados na Internet. Revista Eletrônica Argentina-Brasil de Tecnologias da Informação e da Comunicação, [S.l.], v. 3, n. 1, 07 mar. 2020. ISSN 2446-7634. Disponível em: https://revistas.setrem.com.br/index.php/reabtic/article/view/373. Acesso em: 01 jun. 2020**.

17 Art. 42. O controlador ou o operador que, em razão do exercício de atividade de tratamento de dados pessoais, causar a outrem dano patrimonial, moral, individual ou coletivo, em violação à legislação de proteção de dados pessoais, é obrigado a repará-lo.

Terceiro, o mercado. O sistema econômico e seus mecanismos naturais de equilíbrio eliminarão as empresas que não se amoldarem à Lei. Está surgindo uma espontânea preferência pelo relacionamento com partes que estão conforme a LGPD, principalmente considerando que muitas vezes se exige o compartilhamento de dados e diante da figura da responsabilidade solidária no seu tratamento. Isso significa que haverá um gradativo aumento na busca pela adequação por questões comerciais.

E, quarto, o valor. O dado é um ativo. Possui representação econômica. Em muitas organizações já é considerado um dos elementos mais valiosos e importantes, destinando-se, por exemplo, a fornecer produtos customizados, propiciar um relacionamento mais próximo com o cliente, ou mesmo para inovar. A propósito, se não tivessem valor, nem precisariam de segurança. Não precisariam de lei.[18]

Não bastasse, além desse viés obrigacional de quatro cantos, acredita-se que o estar conforme à Lei de Proteção de Dados ainda significa um diferencial competitivo no mercado. Já estão surgindo e ainda surgirão muitas nuances da adequação à Lei que serão aproveitadas pelos mais astutos para trazer valor à empresa, como é o caso de campanhas de marketing focadas na segurança de dados dos consumidores[19]. Sem

---

18 O Instituto Ponemon realiza estudos sobre o custo do vazamento de dados e determinou que o custo médio de um registro comprometido nos EUA é de US$ 225, sendo muito mais alto para setores como assistência médica (US$ 380 por arquivo) e serviços financeiros (US$ 336 por arquivo). Segundo consta, de acordo com o relatório IBM / Ponemon, em média, leva mais de seis meses (206 dias) para uma organização detectar uma invasão e outros 55 dias para conter a violação. **WEISBAUM, Herb. Data Breaches Happening at Record Pace, Report Finds. NBC News. New York, N.Y., 24 jul 2017.** Disponível em: https://www.nbcnews.com/business/consumer /data-breaches-happening-record-pace-report-finds-n785881#anchor-TheCostofaBreach. Acesso em: 01 jun 2020.

19 No final do ano de 2021, por exemplo, o Itaú Unibanco iniciou campanhas de marketing chamando a atenção para a importância de se proteger os dados pessoais e a sua preocupação em relação ao tema e à privacidade de seus clientes. Assim conscientiza as pessoas e ainda traz valor à sua marca ao dizer que respeita os dados.

dúvida, maior segurança nos dados eleva o valor da empresa; do negócio. Traz maior confiabilidade. E isso será explorado.

Nesta linha de raciocínio, de pesadas penas, de clientes mais exigentes, de um mercado em constante evolução, com dados cada vez mais valiosos, apesar das dificuldades relativas à implementação de um programa completo de proteção de dados, todos devem conhecer e se adequar à lei. Não há escapatória. Aconteceu com o Código de Defesa do Consumidor e será o caso da Lei Geral de Proteção de Dados. Deve se adotar o *compliance*.

3. GESTÃO DE RISCOS PARA PROTEÇÃO DE DADOS DE ACORDO COM A LGPD

Estar em *compliance* com a lei significa passar a segurança da privacidade, dos dados, para níveis estratégicos. Exige que a empresa planeje medidas de segurança em todos os níveis da organização. O assunto deve ser prioridade nas empresas. E aqui entra, dentre outros requisitos, a gestão de riscos para proteção dos dados. À gestão de risco empresarial moderno deve ser integrada a proteção à privacidade dos colaboradores, fornecedores e, principalmente, clientes. O gerenciamento de riscos para proteção de dados pessoais é essencial para se estar conforme ordena a Lei, evitando as duras penas e refletindo os anseios dos consumidores e demais *stakeholders*. É o que se verá nas linhas que seguem.

3.1. Gestão de Riscos

Qualquer atividade humana tem o potencial de gerar risco. A simples saída pela manhã para levar o filho à escola oferece diversos riscos: um carro em alta velocidade, um assalto ou um pneu furado. Outras atividades oferecem riscos maiores, como o de ir pescar em alto mar e surgir uma tempestade repentina ou, ainda, dirigir em altíssima velocidade e se perder numa curva. Toda vez que dados são manipulados, há riscos: perda, vazamentos.

Por estes exemplos é possível exprimir pequenos conceitos ou noções do que seria e do que envolve o risco. Deles nota-se que risco é a chance de ocorrer uma perda num futuro incerto. A chance de bater o carro dirigindo em alta velocidade e perdê-lo ou até mesmo morrer ou matar alguém. A chance de coletar dados sensíveis e vazá-los. Há perda, mas incerta.

O risco é maior ou menor de acordo com a probabilidade de ocorrer a perda e o tamanho desse prejuízo. Quanto mais rápido estiver o carro, maior a probabilidade do acidente e maior será o dano. Quanto maior o número de dados e quanto mais sensíveis e quanto menor os cuidados relativos ao seu tratamento, maior será o impacto.

Logo, risco é a combinação do tamanho de uma perda e da sua probabilidade de ocorrer. De fato, risco possui dois grandes componentes, sendo a combinação da probabilidade da ocorrência com a potencial magnitude da perda futura (impacto), dentro de um determinado período.[20]

O impacto, a perda, em determinado grau de relevância, ocorrerão uma vez concretizada uma *ameaça* que explorou alguma *vulnerabilidade* de um *ativo*. As ameaças são os eventos que podem causar as perdas, dependendo ou não da participação de um agente. Para ela se concretizar e se transformar num impacto, deve haver uma vulnerabilidade, ou seja, uma deficiência a ser explorada pelo agente. E o ativo é o componente afetado pela ocorrência da ameaça e que tem valor para a organização. Sem valor, não há perda, não há impacto. Não há risco em relação aos dados que não servem de nada.[21]

---

20 BARROS, Augusto Paes. Gestão de Risco. In: CABRAL, Carlos; CAPRINO, Willian (org.). **Trilhas em Segurança da Informação**: caminhos e ideias para a proteção de dados. Rio de Janeiro: Brasport, 2015.

21 Ibid.

O fato é que não é possível conhecer todos os riscos e isso muitas vezes traz insegurança. Essa situação foi bem ilustrada na introdução. Um risco pode ser calculado, mas dele advir outro. Assim, obviamente, não há como eliminar todos os riscos. Mas é possível gerenciá-los. No caso de levar uma criança para a aula, o gerenciamento é intuitivo. Mas em outros casos é preciso estruturar, avaliar e comparar os riscos para a tomada de decisões.

A gestão de riscos trata justamente da busca para saber dos riscos existentes, do processo de conhecê-los e lidar com eles, visando maior segurança e redução de perdas. Saber o tamanho do impacto, a probabilidade de ocorrer, eliminar esses riscos, reduzi-los ou até aceitá-los faz parte do processo de gerenciamento de riscos. Procura-se utilizar de técnicas, transparentes e estruturadas, para reduzir prejuízos.

Gerenciar os riscos contribui diretamente para o sucesso da organização. Nas empresas é uma ação estratégica para que seja possível tomar decisões alinhadas aos objetivos do negócio, com maior segurança e diminuição de danos. Por isso faz parte da rotina, agindo tanto preventivamente, como de forma corretiva, no primeiro caso antecipando uma série de situações possivelmente negativas, anulando e minimizando-as, e, no segundo, aplicando as correções que se fizerem necessárias, previamente estabelecidas, de forma rápida e certeira.

A gestão, assim, se faz pela identificação dos riscos existentes e pela concepção e aplicação de ações de prevenção e de correção. São, portanto, três fases/etapas: (i) análise dos riscos (identificação e avaliação), (ii) definição de controles para esses riscos e (iii) aplicação desses controles. Trata-se de um processo cíclico porque depois de aplicar as medidas definidas, inicia-se uma nova análise de riscos com nova avaliação dos efeitos dos controles anteriormente aplicados e o surgimento de novos riscos. Por isso, também, as revisões devem ser contínuas.

3.2. Gestão de Riscos e LGPD: *Compliance* e Segurança no Tratamento de Dados

Sem perdas ou ameaças de dano (riscos), seja para os controladores, operadores ou para os titulares de dados, sequer haveria necessidade de uma lei destinada a proteger dados.

Essas ameaças estão relacionadas à segurança dos dados pessoais tratados; às vulnerabilidades a que tais dados estão expostos. É imprescindível colocar em prática uma estratégia de mitigação de riscos; de recuperação de acidentes com dados antes mesmo que venham a ocorrer, diante do *direito à privacidade* dos titulares de dados. Deve se conhecer as ameaças e vulnerabilidades à que os dados estão expostos, as chances de impacto para a organização e proteger os dados que pertencem aos seus titulares. É necessário reduzir riscos de exposição com medidas de proteção do banco de dados, garantindo sua confidencialidade (informação restrita aos usuários autorizados), integridade (exatidão; dados não podem sofrer alterações) e disponibilidade (possibilidade de acesso pelo autorizado a todo momento).

Exige-se, assim, o gerenciamento de riscos, ou seja, a correta manutenção dos riscos de exposição de dados pessoais para conferir segurança no tratamento de dados e, também, a fim de evitar o prejuízo à credibilidade da organização, afastando graves e negativos efeitos financeiros.

Na medida em que a LGPD exige segurança no tratamento de dados, administrar os riscos da organização envolve a sua própria preparação à Lei, significa o ajuste às suas normas (*compliance*), protegendo-a de impactos financeiros negativos da não adequação. De fato, o processo de gestão de riscos é um dos elementos mais importantes de segurança para adequação da organização à Lei Geral de Proteção de Dados, pois permite a identificação de falhas de conformidade, das necessidades e prioridades exigidas pela Lei, possibilitando tomar medidas de correção e evitar danos.

Assim, conhecer os riscos existentes sobre os dados tratados e definir controles e diretrizes (gerir o risco) é uma importante medida que deve ser tomada por toda e qualquer empresa, ainda que de pequeno porte, para garantir maior segurança aos dados e se adequar à LGPD, evitando danos.

Denota-se ser possível e necessário que a gestão de riscos no tratamento de dados ocorra em harmonia com a LGPD. É possível e necessário o ajuste dos processos internos de segurança conforme a Lei de Privacidade.

Não se tem dúvidas de que o tratamento de dados precisa levar em conta os fundamentos (art. 2º) e princípios (art. 7º) da LGPD; que o tratamento deve garantir o cumprimento de todos os direitos dos titulares dos dados previstos no art. 18, e que a Lei precisa orientar os mecanismos a serem adotados pela pessoa jurídica. E isso exige identificar e mitigar riscos. Exigem, portanto, que sejam gerenciados.

Mais do que isso, há seção própria na Lei Geral de Proteção de Dados tratando da necessidade de medidas de segurança, o que vem disposto nos artigos 46 a 49. Ali se observa que compete ao controlador e ao operador adotar critérios de segurança para proteger dados pessoais, a garantir a segurança desses dados, devendo o primeiro comunicar à autoridade nacional e ao titular a ocorrência de incidente de segurança que possa *acarretar risco* ou danos.

Lembra-se, ainda, que os agentes de tratamento devem observar as normas de segurança (art. 46), dentre os quais, gestão de riscos, que, se não comprovadas, induzem à sua automática responsabilização, na forma do que dispõe o art. 44 da LGPD, em especial o inciso II e o parágrafo único:

> Art. 44. O tratamento de dados pessoais será irregular quando deixar de observar a legislação ou quando não fornecer a segurança que o titular dele pode esperar, consideradas as circunstâncias relevantes, entre as quais:

> I – o modo pelo qual é realizado;
>
> II – o resultado e os riscos que razoavelmente dele se esperam;
>
> III – as técnicas de tratamento de dados pessoais disponíveis à época em que foi realizado.
>
> Parágrafo único. Responde pelos danos decorrentes da violação da segurança dos dados o controlador ou o operador que, ao deixar de adotar as medidas de segurança previstas no art. 46 desta Lei, der causa ao dano.

Nos termos do acima exposto, denota-se que há tratamento irregular quando não se forneça a segurança esperada no tratamento e ao deixar de se adotar as medidas de segurança, dentre as quais se encaixa, como bem detalhado alhures, o gerenciamento de riscos.

A Lei Geral de Proteção de Dados, portanto, exige que seja feita a gestão dos riscos para trazer segurança à empresa, aos titulares dos dados e aos demais *stakeholders*. Essa lei demanda a estruturação de mecanismos direcionados à gestão de riscos.

Não é só. O artigo 38 da LGPD[22] trata do Relatório de Impacto à Proteção de Dados Pessoais e, ainda que não seja mandatório, é uma ferramenta de gestão de riscos porque visa garantir a segurança por meio de um documento que preveja possíveis impactos aos dados pessoais de acordo com as operações de tratamento realizadas. Vejam, pelo seu

22 Art. 38. A autoridade nacional poderá determinar ao controlador que elabore relatório de impacto à proteção de dados pessoais, inclusive de dados sensíveis, referente a suas operações de tratamento de dados, nos termos de regulamento, observados os segredos comercial e industrial.

Parágrafo único. Observado o disposto no caput deste artigo, o relatório deverá conter, no mínimo, a descrição dos tipos de dados coletados, a metodologia utilizada para a coleta e para a garantia da segurança das informações e a análise do controlador com relação a medidas, salvaguardas e mecanismos de mitigação de risco adotados.

parágrafo único, que no relatório deverá conter, além da descrição dos dados e a metodologia utilizada para coleta e segurança, *os mecanismos de mitigação de risco adotados*. Assim, no relatório de impacto conterá o ciclo de vida dos dados tratados, os procedimentos e a forma de administração dos riscos (identificação dos riscos envolvidos e as medidas que visam mitigá-los).

A Lei Geral de Proteção de Dados exige que se adote, além de padrões de segurança, regras de boas práticas e de governança corporativa (arts. 50 e 51) para redução dos riscos. Ora, o art. 50, *caput*[23], traz condições mínimas a serem observadas no estabelecimento de regras de boas práticas e governança, incluindo normas de segurança e os mecanismos de supervisão e de mitigação de riscos.

Neste contexto, o art 50. § 2º, I, *d*, dispõe que faculta ao controlador, considerando a sensibilidade dos dados tratados e a probabilidade e a gravidade dos danos para os titulares dos dados, implementar programa de governança em privacidade que estabeleça políticas e salvaguardas adequadas com base em processo de avaliação sistemática de impactos e riscos à privacidade.

A gestão de riscos ainda pode reduzir a intensidade das penas propostas pela lei. É que eventual aplicação de sanção deve ser precedida de processo administrativo (art. 52, § 1º), sob pena de afronta aos princípios do contraditório e da ampla defesa (art. 5º, inc. LIV e LV, da Constituição Federal) e, nesse processo, a ANPD é obrigada a levar em consideração

---

23 Art. 50. Os controladores e operadores, no âmbito de suas competências, pelo tratamento de dados pessoais, individualmente ou por meio de associações, poderão formular regras de boas práticas e de governança que estabeleçam as condições de organização, o regime de funcionamento, os procedimentos, incluindo reclamações e petições de titulares, as normas de segurança, os padrões técnicos, as obrigações específicas para os diversos envolvidos no tratamento, as ações educativas, os mecanismos internos de supervisão e de mitigação de riscos e outros aspectos relacionados ao tratamento de dados pessoais.

os parâmetros e critérios descritos no § 1º do art. 52 da LGPD, como a gravidade do vazamento, a condição econômica da empresa infratora, a boa-fé, a ausência de vantagem, a não reincidência, e, principalmente, a adoção de medidas corretivas, a adoção de política de boas práticas e governança e os atos para mitigar o dano, todos estes parte do processo de gestão de risco.

Denota-se, portanto, que vários são os pontos trazidos pela Lei Geral de Proteção de Dados atinentes à segurança e gestão de riscos.

3.3. Implementação da Gestão de Riscos Para Proteção de Dados

O gerenciamento de riscos tem diversas metodologias e padrões. É possível usar a ISO 27001 como guia para definição e operação do sistema de gestão de riscos, já que traz um conjunto sugestivo de requisitos, processos e controles com o objetivo de gerir o risco das organizações e zelar pela segurança da informação. Também pode se indicar o padrão da ISO 31.000 que trata especificamente dos princípios e diretrizes da gestão de riscos. Mas é possível adotar metodologia própria, desde que atenda aos requisitos da Lei Geral de Proteção de Dados.

Em todo caso se exigirá o comprometimento da alta administração; a capacidade da organização identificar e agir para minimizar os riscos e o estabelecimento de eficientes canais de comunicação (internos e externos). Deve se tornar parte integrante da gestão e ser incorporada na cultura da organização.

Como qualquer processo de gestão de riscos, será necessária a:

a. (i) correta identificação dos riscos;
b. (ii) a implementação de procedimentos que a eles respondam adequada e proporcionalmente; e

> c. (iii) a aplicação desses procedimentos, para, reiniciando-se o ciclo, fazer a reavaliação periódica dos riscos com as necessárias adaptações dos controles.[24]

A primeira etapa, como se vê, é obter informações sobre os riscos existentes. Identificá-los. O risco tem relação com as chances de ameaças atingirem vulnerabilidades dos dados pessoais tratados e causarem perdas financeiras. Logo, devem ser identificadas as ameaças e as fragilidades relativas ao tratamento de dados, de acordo com a Lei de Privacidade.

O primeiro passo para identificar os riscos de dados é documentar de forma minuciosa quais são as etapas do processo de tratamento de dados. Faz-se necessário o mapeamento completo dos dados (*data mapping*) com respaldo na LGPD, como, por exemplo, identificar os tipos de dados pessoais tratados (se são ou não sensíveis), a forma de obtenção desses dados, se são transferidos, e se respeitam os princípios delimitados no art. 6º da Lei, dentre estes, se há necessidade dos dados (se são essenciais), se estão sendo usados tal como inicialmente pretendido, se a tecnologia permite o apagamento e, ainda, se possuem livre acesso pelos titulares. Ou seja, para identificação dos riscos relacionados à atividade do agente de tratamento:

> [...] deve-se procurar ter integral ciência do fluxo de dados existente na organização, o que pode até mesmo demandar, a depender da complexidade e do tamanho da pessoa jurídica, bem como da quantidade de dados tratados, a realização de auditoria específica. O importante, assim, é mapear todo o ciclo dos dados e suas principais características, já que são inúmeros os fatores que podem influenciar no nível de risco – notadamente a característica dos dados

---

24 FRAZÃO, Ana. OLIVA, Milena Donato. ABILIO, Vivianne da Silveira. *Compliance* de Dados Pessoais. In: TEPEDINO, Gustavo; FRAZÃO, Ana; OLIVA, Milena Donato (coord.). **Lei Geral de Proteção de Dados Pessoais e suas repercussões no Direito Brasileiro**. São Paulo: Thomson Reuters RT, 2019. p. 677 – 715.

> tratados, a forma como são coletados, utilizados e armazenados, bem como a destinação que lhes é conferida.[25]

É absolutamente necessário identificar os controles de privacidade existentes. Como a empresa gerencia e resguarda os dados pessoais que trata, tanto de clientes como de funcionários. Identificar se as práticas de manipulação de dados pessoais estão em conformidade com as leis, políticas e regulamentos internos. Até mesmo um comparativo com as melhores práticas de mercado torna-se relevante.

O desconhecimento acerca da legislação e das políticas de boas práticas certamente é um dos maiores riscos sobre o tratamento de dados. A Lei Geral de Proteção de Dados ainda não é conhecida na maioria das empresas e isso implica em riscos para a segurança dos dados. Por isso também é extremamente relevante municiar os colaboradores de informações sobre a LGPD, através de treinamentos e capacitação.

A identificação dos riscos deve levar em consideração a legislação, mas também é indispensável a avaliação das tecnologias utilizadas e o comportamento das pessoas. Ora, o armazenamento de dados está sujeito a muitas ameaças que podem gerar vazamento ou perda de informações, causando impactos externos (credibilidade) e internos (interrupção de atividades ou compensação de danos), sendo importante identificar possibilidade de falhas de hardware, de sobrescrição dos arquivos, roubos, desastres naturais, vírus[26] e até erros humanos.

---

25 FRAZÃO, Ana. OLIVA, Milena Donato. ABILIO, Vivianne da Silveira. *Compliance* de Dados Pessoais. In: TEPEDINO, Gustavo; FRAZÃO, Ana; OLIVA, Milena Donato (coord.). **Lei Geral de Proteção de Dados Pessoais e suas repercussões no Direito Brasileiro**. São Paulo: Thomson Reuters RT, 2019. p. 699/700.

26 Deve fazer parte da política e dos procedimentos de segurança da informação a verificação constante dos softwares de detecção e tratamento de ameaças como vírus, cavalos-de-tróia, spywares, etc.

Sem dúvida, além da tecnologia, os riscos vinculados ao comportamento humano são muitos. E aqui existem os danos propositais, de má-fé, causados por usuários autorizados e não confiáveis e que acabam passando dados pessoais para terceiros, e danos oriundos de erros, como seria o caso de deixar uma senha gravada permitindo que terceiro não autorizado tenha acesso aos dados, se fazendo passar por outro.

Também devem ser identificados riscos na guarda de documentos físicos, já que a LGPD não se destina unicamente aos arquivos digitais. Por exemplo, no recrutamento de pessoas. O setor admissional da empresa normalmente é o maior responsável pelo tratamento dos dados coletados que se inicia antes mesmo da contratação. Assim, é um dos setores mais atingidos pela nova Lei de Proteção de Dados, principalmente pelo fato de armazenar dados sensíveis e, muitas vezes, em meios físicos. É importante verificar se o setor admissional somente solicita os dados necessários e não excessivos às finalidades para os quais se destinam (princípio da finalidade), se propicia segurança no tratamento dos dados (princípio da segurança) e se deixa tudo esclarecido de forma clara e transparente ao seu titular (princípio da transparência).

A identificação de riscos envolve sua valoração para possibilitar uma melhor definição de controles, que pode ser quantitativa ou qualitativa. No modelo quantitativo procura-se identificar o impacto financeiro causado pela concretização de uma ameaça e sua probabilidade de ocorrer em determinado período, mas é extremamente difícil obter essas informações de forma acurada. O método qualitativo é mais utilizado, por ser mais simples e mais rápido[27], substituindo dados difíceis de obter por rótulos como "alto", "médio" e "baixo" ou "verde", "vermelho" e "amarelo"

27 Existem limitações diante da subjetividade na interpretação por meio de rótulos e pela impossibilidade de comparar dois ou mais riscos classificados igualmente ou porque riscos similares podem ser identificados com rótulos diferentes, mas, ainda, assim, é o meio mais prático.

(deve-se determinar exatamente o significado de cada rótulo) e analisando a probabilidade de ocorrência e o impacto da ameaça a partir deles e de uma matriz, encontrada aos milhares em uma simples busca na internet.[28]

Identificados os riscos, de acordo com o grau do risco, com a probabilidade de o impacto ocorrer e a depender do valor desse prejuízo, devem ser definidas as condutas a serem tomadas no tratamento de dados tendo como orientação a LGPD (segunda etapa).

O objetivo na definição de condutas é comparar o ambiente atual com o que se pretende alcançar de acordo com os ditames da Lei de Proteção de Dados, definindo se os controles são necessários ou não. Por exemplo, se a empresa estiver tratando dados sensíveis, um vazamento teria repercussões maiores, sendo importante evitar esse risco com a adoção de rígidos controles.

A depender do risco, é possível que se opte por mitigá-lo, aceitá-lo ou transferi-lo para terceiros, como é o caso de seguros. Essa decisão dependerá da estratégia da organização e do risco que está disposta a sofrer. E é possível destinar a decisão dos maiores riscos para os executivos da empresa, definindo-se que sobre os menores ficará a níveis gerenciais ou de supervisão. De todo modo, a decisão deve ser, no mínimo, comunicada de forma clara em todos os níveis da empresa.

Se a opção for pela mitigação do risco, os controles devem reduzir a probabilidade e a frequência da chance de a vulnerabilidade ser atingida por qualquer ameaça ou, ainda, diminuir o seu impacto financeiro.

De acordo com a LGPD (e até mesmo pelo que consta do parecer do projeto de lei 4060/2012, que deu origem à lei), os riscos relativos à privacidade podem ser mitigados pela adoção de boas práticas e de um

28 BARROS, Augusto Paes. Gestão de Risco. In: CABRAL, Carlos; CAPRINO, Willian (org.). **Trilhas em Segurança da Informação**: caminhos e ideias para a proteção de dados. Rio de Janeiro: Brasport, 2015.

bom programa de governança (arts. 50 e 51). Extrai-se, ainda, a redução de riscos com a adoção de uma política interna de privacidade, com procedimentos escritos e públicos; com processos internos bem delineados; com definição de papéis e responsabilidades aos colaboradores; com treinamento de funcionários e prestadores de serviços (dando-lhes conhecimento da Lei e da importância para os negócios); com o monitoramento; com planos de resposta a incidentes em privacidade e com adequações tecnológicas.

A contratação e o apoio de um profissional de direito aqui são essenciais, identificando os riscos e, especialmente, definindo correções e controles para redução de riscos. A partir da identificação dos riscos, o jurídico poderá elaborar pareceres, responder a consultas e preparar documentos corporativos, como o código de conduta ou o código de boas práticas, apontando regras e procedimentos para o correto tratamento de dados.

Muitas são as tarefas a serem exigidas do jurista no controle de riscos. Lhe competirá interpretar a lei (LGPD e GDPR), suas diretrizes, os atores e as exceções; dar as orientações técnica-jurídicas corretas ao empresário, como em relação às penas, às obrigações do controlador e do operador; definir se haverá o legítimo interesse para tratar dados, se haverá necessidade do consentimento; avaliar se a empresa está tratando corretamente os dados, de acordo com informações do profissional de TI; caracterizar os dados; verificar a necessidade de adequações dos processos de acordo com a lei; elaborar pareceres e dar treinamentos sobre os conceitos existentes na lei; amoldar contratos, termos de uso e outros documentos; participar na gestão de risco e na elaboração de relatórios de impacto, dentre diversas outras atividades, como o próprio mapeamento de dados, em conjunto com o técnico da informação, para fins de classificar, por exemplo, o tipo (se sensível) e a base legal (consentimento, legal, política pública, pesquisa, contratos, direitos, vida, saúde, legítimo interesse e crédito) do dado.

Além do jurídico, o departamento de tecnologia é indispensável para criar práticas de segurança da informação. Dos mais complexos, como VPN, firewall, blockchain, criptografia – codificação da mensagem – e a anonimização[29], aos mais simples, como a temporização da inatividade de um sistema aberto ao usuário, a necessidade de confirmação com autenticação biométrica, certificado digital e bloqueio de sites na Internet.

Muitos são os profissionais alinhados ao tema da LGPD. E várias são as competências necessárias. O operador de direito atuará para proteger a empresa. Já o profissional da tecnologia terá a função de proteger os dados.

Obviamente existem ações de segurança que não se justificam pelo custo diante do potencial de perda. Não faz sentido apostar dez para ganhar dez, de modo que na gestão de risco deve se ter em conta a relação de custo-benefício das medidas de proteção de dados. Essa observação é de extrema relevância para empresas médias e pequenas, que devem priorizar opções de baixo custo.

Antes do início de qualquer nova operação de tratamento, devem, à luz dos riscos levantados, ser implementadas as medidas necessárias para a garantia da conformidade com as normas de proteção de dados.[30] Assim, identificados os riscos e definidos os controles, estes devem ser aplicados, corrigindo as falhas existentes e adotando boas práticas (terceira etapa).

29 Art. 5º, XI, LGPD: utilização de meios técnicos razoáveis e disponíveis no momento do tratamento, por meio dos quais um dado perde a possibilidade de associação, direta ou indireta, a um indivíduo.

30 FRAZÃO, Ana. OLIVA, Milena Donato. ABILIO, Vivianne da Silveira. *Compliance* de Dados Pessoais. In: TEPEDINO, Gustavo; FRAZÃO, Ana; OLIVA, Milena Donato (coord.). **Lei Geral de Proteção de Dados Pessoais e suas repercussões no Direito Brasileiro**. São Paulo: Thomson Reuters RT, 2019. p. 677 – 715.

Um bom exemplo num programa de gestão de riscos de tratamento de dados é prever a imediata tentativa de conciliação entre a empresa e o titular dos dados casa haja vazamento individual, pois pode evitar a aplicação das penalidades da LGPD. Eis o teor do § 7º do art. 52 da LGPD: "Os vazamentos individuais ou os acessos não autorizados de que trata o caput do art. 46 desta Lei poderão ser objeto de conciliação direta entre controlador e titular e, caso não haja acordo, o controlador estará sujeito à aplicação das penalidades de que trata este artigo".

A previsão da adoção da conciliação direta como medida corretiva no gerenciamento de riscos possibilita que os agentes de tratamento obtenham uma forma para se evitar as vultosas multas ou, ainda, a exposição pública do incidente; e que o titular possa ter seu problema resolvido com celeridade e com interesse da empresa, além de sigilo no vazamento de seus dados.

Não parece que o titular dos dados deva obrigatoriamente buscar o acordo para a ANPD poder agir. Pelo contrário, pela redação da lei deverá o controlador conciliar e diligenciar neste sentido para não sofrer as sanções. Do contrário, as empresas tornariam essa fase conciliatória eterna. Aí a importância de uma correta gestão de riscos.

Na aplicação do controle de riscos entra, também, a ideia do *Privacy by Design*, isto é, a garantia de privacidade desde o início e durante todo o tratamento e ciclo de vida dos dados, e do *Privacy by Default*, que significa que a maior e mais segura privacidade possível deve ser adotada como padrão pela empresa.[31]

---

31 Agora todo e qualquer projeto já precisa ser iniciado com as premissas do *privacy by design*, e os projetos em andamento devem ser adaptados para atender aos mesmos princípios, ou seja, estar preparados para atender à nova realidade regulatória brasileira e internacional. (PINHEIRO, 2020, posição 834/835).

Cada setor da empresa tem sua responsabilidade na gestão de riscos. É indispensável a conscientização de todos, desde a alta direção executiva até os supervisores, sobre os riscos, com, ao menos, uma pequena compreensão dos dispositivos legais que os rodeiam.

O Encarregado de Proteção de Dados[32] deve incluir em sua rotina o gerenciamento de riscos de privacidade. É o responsável pela conexão com o público em geral, recebendo reclamações e comunicações; pela interface com a fiscalização (ANPD) e pela orientação de funcionários e contratados (art. 5º, VIII, e art. 41, § 2º, LGPD). Deve, por isso, ter todo o conhecimento sobre o tratamento dos dados da organização para que possa instruir corretamente o interessado, o que inclui saber acerca do processo de gestão de riscos. Periodicamente deve validar o atendimento das boas práticas a fim de apontar eventuais riscos, o que inclui a verificação da existência de dados armazenados fora do período e do local indicados; de banco de dados não anonimizados; dos consentimentos; da rotina de *backup*; da prática do *clean desk*; do bloqueio de estação de trabalho; de teste de senhas e do compartilhamento indevido de dados e dispositivos pessoais, dentre outros.

Evidente que todo o processo de gestão de riscos deverá constar em documentos próprios com detalhes (relatórios específicos). Não existe gestão de riscos sem documentação dos pontos de controle definidos e aplicados. Esses relatórios podem ser técnicos ou gerenciais, sendo estes destinados à diretoria, com informações estratégicas, incluindo, por exemplo, recursos necessários e gastos na administração dos riscos. Com esta documentação, as atividades e os resultados, é possível uma efetiva

32 Dentre as diversas adaptações e exigências estabelecidas pela Lei Geral de Proteção de Dados, tais como mapeamento de dados, políticas de segurança, adoção de regras de boas práticas, revisões de contratos e termos de uso, está a nomeação de um encarregado de proteção de dados (art. 41, LGPD), importante função que deve surgir nas empresas e órgão públicos.

gestão de riscos e, ainda, restar reconhecida a adoção de boas práticas de segurança com todos os efeitos daí almejados, como é o caso de minoração das penas. Uma das ideias é que o Comitê de Riscos ou o Encarregado de Proteção de Dados formalize relatórios com as informações coletadas para que os riscos identificados possam ser registrados e medidas corretivas realizadas.

É por meio de todas essas etapas que podem o controlador e o operador de dados pessoais viabilizar uma das formas de garantia de segurança aos titulares de dados, devendo a gestão de riscos ser encarada como elemento essencial de adequação à Lei Geral de Proteção de Dados.

CONSIDERAÇÕES FINAIS

O objetivo geral deste estudo foi o de enfrentar o tema do gerenciamento de riscos na proteção de dados, a partir das disposições da Lei Geral de Proteção de Dados.

Contextualizou-se a LGPD, expondo o cenário nacional em que foi promulgada, bem como as principais razões de sua edição. Foram, ainda, apresentadas quatro vertentes que levam à obrigatoriedade de adequação das empresas a ela: penas, clientes, mercado e valor dos dados. A partir disso conclui-se que não há escapatória. Todos os órgãos e empresas que tratam dados pessoais deverão se adaptar.

E foi possível entender que estar em *compliance* envolve, também, a criação de um programa de gerenciamento de riscos para proteção de dados, trazendo maior segurança às organizações e aos titulares dos dados. Riscos surgem a todo instante, não podendo ser evitados, mas podem ser administrados e mitigados, o que é extremamente importante quando se fala em direito à privacidade.

Foram discutidos, assim, os pontos trazidos pela Lei Geral de Proteção de Dados atinentes à segurança e gestão de riscos, para em seguida explicar como se daria tal procedimento.

A conclusão não é outra senão a importância que a Lei Geral de Proteção de Dados outorgou à segurança e, assim, a necessidade do processo de gestão de riscos. Para se ter sucesso na implementação da Lei e no tratamento de dados é importante identificar e reduzir os riscos. Os dados possuem valor e há uma dependência cada vez maior das organizações, o que exige um planejamento rígido, especialmente agora com a Lei Geral de Proteção de Dados.

A missão da Lei Geral de Proteção de Dados é de garantir segurança aos titulares de dados, coibir o abuso dos controladores e operadores, mas também viabilizar a estes prévios conhecimentos das regras do jogo. Cabe-lhes, portanto, seguir o caminho mais próximo determinado pela lei, o que envolve, também, a gestão dos riscos relacionados ao tratamento de dados.

A importância do tema ficou latente, não só para ciência, diante da atualidade do assunto e da existência de poucos estudos específicos sobre ele, mas especialmente para a sociedade em geral, a qual se vê às vésperas de uma nova lei, muitos sem saber exatamente qual caminho tomar.

Certamente muitas são as novidades trazidas pela vinda de uma lei que protege a privacidade dos dados, sendo o tema aqui proposto uma pequena parcela do que pode ser explorado e das possibilidades de pesquisa. De todo modo, espera-se que traga alguma contribuição para juristas e gestores.

REFERÊNCIAS BIBLIOGRÁFICAS

BARROS, Augusto Paes. Gestão de Risco. In: CABRAL, Carlos; CAPRINO, Willian (org.). **Trilhas em Segurança da Informação: caminhos e ideias para a proteção de dados.** Rio de Janeiro: Brasport, 2015.

BECK, Ulrich. **Sociedade de Risco Mundial**: em busca da segurança perdida. 1ª ed. Ed. 70: Lisboa, Portugal, 2015. E-book.

CARNEIRO, Eduardo. Brasil registra onda de vazamentos (e até leilão) de dados na internet. São Paulo, 19 out. 2019. Disponível em: https://blog.konduto.com/pt/2019/10/ onda-de-vazamento-de-dados-no-brasil/. Acesso em: 01 jun. 2020.

CERQUEIRA, Saulo. LGPD e plano de contingência no vazamento de dados. São Paulo, 17 fev. 2020. Disponível em: https://www.anyconsulting.com.br/lgpd-e-plano-de-contingencia-no-vazamento-de-dados//. Acesso em: 01 jun. 2020.

DE CASTRO, Ariel Góes et al. Os meus dados de fato vazaram? Uma análise de serviços que monitoram vazamentos de dados na Internet. Revista Eletrônica Argentina-Brasil de Tecnologias da Informação e da Comunicação, [S.l.], v. 3, n. 1, 07 mar. 2020. ISSN 2446-7634. Disponível em: https://revistas.setrem.com.br/index.php/reabtic/article/view/ 373. Acesso em: 01 jun. 2020.

FRAZÃO, Ana. OLIVA, Milena Donato. ABILIO, Vivianne da Silveira. *Compliance* de Dados Pessoais. In: TEPEDINO, Gustavo; FRAZÃO, Ana; OLIVA, Milena Donato (coord.). **Lei Geral de Proteção de Dados Pessoais e suas repercussões no Direito Brasileiro**. São Paulo: Thomson Reuters RT, 2019. p. 677 – 715.

FRAZÃO. Objetivos e alcance da Lei Geral de Proteção de Dados. In: TEPEDINO, Gustavo; FRAZÃO, Ana; OLIVA, Milena Donato (coord.). **Lei Geral de Proteção de Dados Pessoais e suas repercussões no Direito Brasileiro.** São Paulo: Thomson Reuters, 2019. p. 99 – 129.

FREITAS, Eduardo Antônio Mello. **Gestão de riscos aplicada a sistemas de informação: segurança estratégica da informação.** 2009. 72 f. Monografia (Especialização em Gestão Estratégia de Qualidade) - Universidade Cândido Mendes, Brasília, 2009. Biblioteca Digital da Câmara dos Deputados.

GUALBERTO, Éder Souza et al. InfoSecRM: Uma Abordagem Ontológica para a Gestão de Riscos de Segurança da Informação. iSys – **Revista Brasileira de Sistemas de Informação**, [S.l.], v. 6, p. 30-43, sep. 2014. ISSN 1984-2902. Disponível em: http://www.seer.unirio.br/index.php/isys/article/view/3730. Acesso em: 07 jun 2020.

GUIVANT, Julia S. A teoria da sociedade de risco de Ulrich Beck: entre o diagnóstico e a profecia. **Estudos Sociedade e Agricultura**, v. 9, n. 1, dez. 2013. Disponível em: https://revistaesa.com/ojs/index.php/esa/article/view/188. Acesso em: 10 jul. 2020.

KASEMIRSKI, André Pedroso. Reflexões sobre segurança, boas práticas, governança e compliance da proteção de dados pessoais. In: TEIXEIRA, Tarcísio; MAGRO, Américo Ri-beiro (coord.). **Proteção de Dados: Fundamentos Jurídicos.** Salvador: JusPodivm, 2020. p. 167 – 198.

MACHADO, Rodrigo; KREUTZ, Diego; PAZ, Giulliano; RODRIGUES, Gustavo. Vazamentos de Dados: Histórico, Impacto Socioeconômico e as Novas Leis de Proteção de Dados. In: Escola Regional de Redes de Computadores (ERRC), 17, 2019 Anais da XVII Escola Regional de Redes de Computadores. Porto Alegre: Sociedade Brasileira de Computação, jan. 2020. p. 154-159.

MASSENO, David Manuel. Regulamento Geral sobre Proteção de Dados (RGPD). **Academia.edu**. Disponível em: <https://ipbeja.academia.edu/ManuelDavidMasseno>. Acesso em: 26 abr. 2020.

MENDES,JoséManuel.UlrichBeck:aimanênciadosocialeasociedadedorisco.**Anál. Social**, Lisboa, n. 214, p. 211-215, mar. 2015. Disponível em: http://www.scielo.mec.pt/scielo.php?script=sci_arttext&pid=S0003-25732015000100012&lng=pt&nrm=iso. Acesso em: 10 jul. 2020.

MIRANDA, Marcelo Gonçalves. **Lei Geral de Proteção de Dados – LGPD.** ago. 2019. Disponível em: https://www.academia.edu/40367651/Lei_Geral_de_Prote%C3%A7%C3%A3o_de_Dados_-LGPD. Acesso em: 26 abr. 2020.

PINHEIRO, Patricia Peck. **Proteção de Dados Pessoais:** Comentários à Lei n. 13.709/2018 -LGPD. São Paulo: Editora Saraiva, 2020. Edição do Kindle.

POHLMANN, Sérgio Antônio. **LGPD Ninja**: entendendo e implementando a Lei Geral de Proteção de Dados da Empresa. Nova Friburgo: Ed. Fross, 2019.

SILVA, Sérgio. A LGPD é um assunto para o jurídico ou para a tecnologia. **Serpro.** 04 jul. 2019. Disponível em: https://www.serpro.gov.br/lgpd/noticias/o-que-significa-o-juridico-e-a-tecnologia-para-a-lgpd. Acesso em: 10 maio 2020.

WEISBAUM, Herb. Data Breaches Happening at Record Pace, Report Finds. NBC News. New York, N.Y., 24 jul 2017. Disponível em: https://www.nbcnews.com/business/consumer/data-breaches-happening-record-pace-report-finds-n785881#anchor-TheCostofaBreach. **Acesso em: 01 jun 2020.**

5

A IMPORTÂNCIA DO PLANO EMERGENCIAL DE INCIDENTE DE VAZAMENTOS DE DADOS DIANTE DE UM CENÁRIO EXTREMAMENTE INCERTO

Larissa Leandro Lara[1]

INTRODUÇÃO

De acordo com as teorias evolucionistas o ser humano é, em comparação com a idade da terra, novo. Segundo essas teorias a terra teria bilhões de anos, enquanto o homem apenas alguns milhares anos. Essas teses informam que o homem desde seu surgimento foi evoluindo, se desenvolvendo conforme necessidades se apresentavam no seu dia a dia.

1 Especialista em Estado Democrático de Direito pela Fundação Escola do Ministério Público do Estado do Paraná – FEMPAR. Advogada. larissaleandrolara@gmail.com.

Um pequeno avanço diário, que no final de alguns anos acabava por se consolidar em um costume, uma tradição, um novo jeito de entender, de pensar e de se comportar.

O estudo, em seu primeiro capítulo, visa apresentar como o homem vem se adaptando em uma terra cujas distâncias diminuíram e as velocidades aumentaram.

Tudo passou em um piscar de olhos. Quando menos se percebeu o mundo já estava *on-line*. Tudo e todos estão sendo analisados por detrás de telas e sistemas de informações. E, como consequência estar *".com"*, influencia o modo de viver, de pensar e, ao final, de evoluir. São as novas necessidades indicando a chegada de uma nova fase evolutiva.

Assim, no segundo capítulo é apresentada a recente inovação decorrente desse novo modo de viver. O país se posiciona a favor da macrotendência global, de que o homem não pode ser reduzido em uma mera informação, ele é algo a mais e sua humanidade precisa ser protegida. Surge então, no ordenamento jurídico, a Lei Geral de Proteção de Dados Pessoais.

Dentro dessa legislação, há o plano emergencial ou plano de contingência, que nada mais é a obediência a certas medidas de segurança técnicas e administrativas aptas a proteger dados pessoais em caso de perda de dados acidentais ou ilícitos que promovem a destruição, perda, alteração, comunicação ou tratamento inadequado. Tal observância ao plano emergencial se mostra significativa quando há o vazamento de dados, principalmente, em épocas como agora, cujo cenário é totalmente instável – o que antes já se mostrava indefinido, após a pandemia do Coronavírus se apresenta como extremamente incerto.

O objetivo da pesquisa é analisar a importância do plano de contingência no vazamento de dados pessoas ainda mais no mundo de hoje, com um ambiente volátil, incerto, complexo e ambíguo. Isto é, o estudo visa propor como possível solução, a política do *privacy by design*, que busca dar mais segurança a sociedade, evitando que a dignidade do homem seja equiparada a uma simples informação.

O artigo anterior esclarece ainda, que não deveria ser necessária a vigência da LPGD para que as empresas promovam a proteção eficaz dos dados de seus usuários e clientes, posto que deveria ser priorizada a função social da a empresa. A busca constante pela obtenção do lucro, já não pode mais acontecer a qualquer custo.

Assim, conclui-se que as respostas dessas incertezas do mundo contemporâneo podem estar em um ensinamento antigo, a ética, que apesar de velho não se mostra ultrapassado.

A investigação adotará o método dedutivo.

1. CENÁRIO DE HOJE

A internet foi criada em 1969 nos Estados Unidos[2]. De lá para cá, ela foi a principal responsável por transformar toda a dinâmica global. Nesse período iniciou-se uma mudança no meio de produção industrial, dando início ao que é chamada Revolução 3.0. A produção em escala por meio das linhas de montagem, cuja tecnologia implantada era a energia elétrica ou a combustão, foi substituída pela automação, robótica, pelos computadores e eletrônicos.

A Terceira Revolução Industrial ou a Revolução 3.0 também pode ser chamada de Revolução Técnico-científica ou Informacional[3], quando

2 HISTÓRIA da internet. Disponível em: https://pt.wikipedia.org/wiki/Hist%C3%B3ria_da_Internet. Acesso em 29 de junho de 2020.

3 NÃO confunda indústria 4.0 e indústria 3.0. Disponível em: https://www.goepik.com.br/entenda-industria40-e-industria30. Acesso em 29 de junho de 2020.

aconteceram grandes avanços na informática, robótica e telecomunicações promovendo maior desempenho para os processos industriais.

Pesquisadores e o mundo científico não pararam, sempre buscando promover ainda mais desempenho para indústria, gerando ainda mais lucros para as empresas.

E por conta do processo de globalização, com a expansão das empresas transnacionais para países subdesenvolvidos, da expansão do próprio mercado financeiro, no final do século XX e início do século XXI, intensificou-se ainda as relações econômicas, comerciais e culturais entre os países, diminuindo as distâncias existentes.

Mudou-se por completo todo o cenário global. A internet influenciou ilimitadamente o campo econômico, cultural, tecnológico, político, territorial, institucional, alcançando até mesmo o direito, pondo em xeque tendências consideradas tradicionais. As novas formas de configuração de poder, especialmente vindas do campo econômico, produziam regras próprias, forjando as operações econômicas a padrões antes nunca vistos. A integração global foi fruto desse novo processo mundial.

O ambiente para a inovação percebeu-se extremamente favorável para o desenvolvimento de novas tecnologias. O termo Revolução 4.0 surgiu em 2011, na Alemanha[4] permitindo a integração entre o mundo virtual e real. Assim, a cadeia de valor de uma empresa tornou-se totalmente digitalizada e automatizada, com sistemas inteligentes que afetaram não só a produtividade, como agregaram valor ao produto ou serviço, de modo a gerar impacto nos consumidores finais.

Isso significa, que as tecnologias que fazem parte da Revolução 4.0 ou Quarta Revolução Industrial como nanotecnologia, neuro tecnologia,

4 Ibidem.

biotecnologia, inteligência artificial, internet das coisas, *big data, data analytics*, computação em nuvem, ciber segurança, manufatura aditiva - mais conhecida como impressão em 3D - e robôs autônomos, não ficaram restritas ao campo empresarial e/ou científico. Elas atingem em cheio o consumidor final.

No Brasil, a Lei Geral de Proteção de Dados, ou carinhosamente chamada por "LPGD" pode ser considerada como uma continuação do Marco Civil da Internet (Lei nº 12.965/2014), que disciplinou os princípios, garantias e deveres para o uso da internet. Então, desde 2014, o Brasil vem buscando regular o mundo on-line para não seja uma terra sem lei.

A Lei Geral de Proteção de Dados Pessoais estabelece ainda mais limites no tratamento de dados, com o intuito de salvaguardar os direitos fundamentais de liberdade, privacidade no ambiente digital. Visa proporcionar o livre desenvolvimento da personalidade da pessoa natura, uma vez que o on-line é uma realidade e não um futuro.

A frase de Clive Humbey, matemático londrino, "data is the new oil"[5], que pode ser traduzida como o "dado é o novo petróleo", demonstra que o valor agregado nos dados muda profundamente o cenário mercadológico do on-line, afetando a cadeia empresarial como um todo.

A Lei Geral de Proteção de Dados foi inspirada na General Dada Protection Regulation[6], a GDPR, um projeto aprovado em 2016 pela União Europeia para proteger os direitos individuais dos cidadãos europeus. A proposta da GDPR é que empresas e organizações deverão obedecer às regras rígidas para coletar, processar, compartilhar e resguardar

---

5 RIPARI, César. **Por que os dados são o novo petróleo.** Disponível em: https://administradores.com.br/noticias/por-que-dados-sao-considerados-o-novo-petroleo Acesso em: 23 de abr. de 2020.

6 Tradução: Regulamento Geral de Proteção de Dados, tradução nossa.

dados pessoais. No entanto, a legislação que inspirou a LGPD foi criada em um ambiente diverso do brasileiro. Com origens diferentes, condições sociais e econômicas diferentes, cultura educacional diferente, isto é, elementos circunstanciais completamente divergentes, questiona-se, então, se a legislação brasileira terá efetividade como vem ocorrendo na experiência europeia?

Além disso, a constante revolução tecnológica, que não para, já inclusive, ouvindo-se do mundo científico, em uma nova etapa de revolução industrial por meio da supremacia quântica, pode ser um elemento instável para efetivar a proteção de dados pessoais.

A criação do recente computador Sycamore[7], pela gigantesca Google, no final de 2019, promete ainda maiores e importantes mudança na sociedade[8]. Outro fator inesperado que traz ainda mais incerteza para o cenário global é a pandemia provocada pelo Coronavírus[9] em 2020 e que permanece até em 2022. Com a paralização de muitos países e economias, as consequências da crise global, ainda presente em vários países, podem ser consideradas como um átomo instável, cujo dano ainda não pode ser mensurado.

Uma das consequências mais sérias no ordenamento jurídico pela pandemia foi a própria protelação da vigência da LGPD. A privacidade

---

7 SOUZA, Fernando. **Google sycamore é o supercomputador mais rápido do mundo.** Disponível em: https://www.techtudo.com.br/noticias/2019/11/google-sycamore-e-o-supercomputador-mais-rapido-do-mundo-veja-fotos-do-modelo.ghtml. Acesso em 29 de junho de 2020. .

8 ANDRION, Roseli. **Computação quântica: entenda a revolução que está chegando.** Disponível em: https://olhardigital.com.br/video/computacao-quantica-entenda-a-revolucao-que-esta-chegando/99652. Acesso em 29 de junho de 2020.

9 ESPERANDIO, César. **Covid-19 é pior que a crise de 1929?** Disponível em: https://economia.uol.com.br/colunas/econoweek/2020/05/05/a-crise-de-1929-e-a-covid-19.htm. Acesso em 29 de junho de 2020.

de dados pessoais tem como foco preocupar-se com o manuseio, processamento, armazenamento e uso adequado das informações pessoais. A privacidade de dados está ligada ao direito das pessoas no tocante a suas informações pessoas. Assim, privacidade de dados não pode ser considerada a mesma coisa que segurança de dados.

De fato, elas estão correlacionadas, pois a segurança de dados tem como objetivo assegurar o direito individual de cada cidadão fornecer suas informações pessoais somente para quem achar devido. Mas, elas não confundem. A segurança de dados tem como precípua finalidade proteger dados pessoas contra qualquer acesso não autorizado de terceiros ou ataques maliciosos e exploração de dados. A segurança de dados é configurada para proteger dados pessoais usando diferentes métodos e técnicas para garantir a privacidade dos dados.

No entanto, a segurança de dados pode falhar. E isso não é algo tão incomum, inclusive essa é a razão de tanta prorrogação para a efetiva vigência da LPGD. Casos como os golpes que roubaram o auxílio emergencial de milhões de contas, por meio da manipulação de dados pessoas[10], devem ser impedidos, ou ao menos, reduzidos com a incidência da LGPD.

O vazamento de dados pode acontecer a qualquer instante. Um dos casos mais recente foi o do aplicativo Zoom, que foi notificado[11] pelo

10 GOLPE rouba auxílio emergencial das contas da Caixa. Disponível em: https://economia.ig.com.br/2020-06-11/golpe-rouba-auxilio-emergencial-das-contas-da-caixa-confira.html. Acesso em 29 de junho de 2020.

11 APLICATICO zoom é notificado por suspeita de compartilhamentos de dados. Governo do Brasil. Disponível em: https://www.gov.br/pt-br/noticias/justica-e-seguranca/2020/04/aplicativo-zoom-e-notificado-por-suspeita-de-compartilhamento-de-dados#:~:text=Aplicativo%20Zoom%20%C3%A9%20notificado%20por%20suspeita%20de%20compartilhamento%20de%20dados,-Minist%C3%A9rio%20da%20Justi%C3%A7a&text=O%20Minist%C3%A9rio%20da%20Justi%C3%A7a%20e,investiga%C3%A7%C3%A3o%20contra%20o%20aplicativo%20Zoom. Acesso em 29 de junho de 2020.

Departamento de Proteção de Defesa do Consumidor por um suposto compartilhamento de dados dos usuários do Facebook, questionando-se a política de privacidade e a existência ou não de consentimento dos usuários no tocante ao compartilhamento dos dados. O aplicativo por conta da pandemia teve um aumento em sua receita de 200%[12], o que significa um lucro no primeiro trimestre de 2020 de 24 milhões de dólares, ou seja, as cifras que envolvem o mundo on-line, geralmente não são pequenas.

Há inúmeros outros como o caso o do Banco Inter[13], que deixou de vazar dados de inúmeros correntistas e levou fechou um acordo de pagamento de indenização de R$1,5 milhão. O caso da Netshoes[14], com mais de 2 milhões de dados vazados, o caso da Adobe, com 38 milhões de dados vazados, o caso do Uber com 57 milhões de dados vazados e o mais famoso deles o do Facebook[15], com o vazamento de 87 milhões de dados vazados, com a condenação da empresa em 5 bilhões de dólares.

Agora a pergunta que não quer calar é se acontece nas gigantes do mercado, que promovem altíssimos investimentos em políticas de segurança, o que ocorre nas pequenas e médias empresas, que, muitas vezes, sequer direcionam investimentos em tecnologia de proteção de dados? A consequência de um vazamento de dados para uma empresa de grande

---

12 DE BLASI, Bruno G. **Zoom: receita cresce 200% durante pandemia.** Disponível em: https://tecnoblog.net/343434/zoom-receita-cresce-quase-200-durante-pandemia/. Acesso em 29 de junho de 2020.

13 LUIZ, Gabriel. **Banco Inter fecha acordo para pagar R$1,5 milhão após vazamento de dados de clientes**. Disponível em: https://g1.globo.com/df/distrito-federal/noticia/2018/12/19/banco-inter-fecha-acordo-para-pagar-r-15-milhao-de-indenizacao-apos-vazamento-de-dados-de-clientes.ghtml. Acesso em: 29 de junho de 2020

14 5 casos de vazamento de dados nas grandes empresas. Disponível em: https://assisemendes.com.br/blog/vazamento-de-dados-nas-empresas/. Acesso em: 29 de junho de 2020.

15 WAKKA, Wagner. **Facebook é condenado a pagar US$ 5 bilhões por Cambridge Analytica.** Disponível em: https://canaltech.com.br/redes-sociais/facebook-e-condenado-a-pagar-us-5-bilhoes-por-caso-cambridge-analytica-144841/. Acesso em 29 de junho de 2020.

porte é drástica, para a pequena e média é algo possivelmente irreversível. A pesquisa da Cisco[16], uma das líderes mundiais em proteção de redes, informou em um relatório que 72% das empresas de pequeno e médio porte que sofrem um ataque de hackers vão à falência em até 24 meses.

Isso leva a crer que as empresas não buscam, por si só, proteger adequadamente os dados de seus clientes, e que o Governo deve também se preocupar com esses vazamentos, pois atinge o mercado interno, que conforme artigo 219 da Constituição Federal integra o patrimônio nacional, ou seja, é bem e direito de todos. O mercado interno visa promover o desenvolvimento cultural e socioeconômico, o bem-estar da população e a autonomia tecnológica do país.

Nesse ponto, verifica-se que todos, setor privado e público, devem se unir para que os dados pessoais sejam protegidos, de modo que a evolução de um signifique a evolução do outro.

2. PLANO EMERGENCIAL PARA INCIDENTE DE VAZAMENTO DE DADOS

A Lei Geral de Proteção de Dados estabelece regras detalhadas para que haja uma proteção adequada no armazenamento de dados pessoais. A lei impõe medidas técnicas e organizacionais capazes de proteger dados pessoais, isto é, a lei tem como pilar fundamental a segurança.

Após a sua vigência em 2021, foram elaborados pelas autoridades competente inúmeras regras e cartilhas para evitar o vazamento de dados, como o Guia Orientativo de Aplicação da Lei Geral de Proteção de Dados Pessoais por agentes de tratamento em contexto eleitoral, confeccionado

16 72% das empresas que sofrem um ataque de hackers vão à falência em até 24 meses. Disponível em: https://resh.com.br/selo-total. Acesso em 29 de junho de 2020.

pelo Tribunal Superior Eleitoral, com o objetivo de proteger as eleições presidenciais de 2022[17].

Outro manual é o Guia Orientativo para Segurança da Informação para Agentes de Tratamento de Menor Porte[18], publicado em outubro de 2021 pela ANDP - Autoridade Nacional de Proteção de Dados, para agentes que promovam o tratamento de dados em menor porte. Além, há o Guia Orientativo para Definições dos Agentes de Tratamento de Dados Pessoais e do Encarregado[19], em sua segunda versão elaborada pela ANPD, retificando informações e orientados da primeira versão, publicado em abril de 2022.

Os dados podem ser vazados por situações acidentais como, por exemplo, a perda de um notebook da empresa ou por situações ilícitas, quando um hacker invade o sistema da empresa. A lei, no entanto, traz uma problemática quanto à definição do que seria exatamente o conceito de 'incidente de segurança'. Em seu artigo 46, assim descreve o que seria o incidente de segurança:

> Art.46 Os agentes de tratamento devem adotar medidas de segurança, técnicas e administrativas aptas a proteger os dados pessoais de acessos não autorizados e de situações acidentais ou ilícitas de destruição, perda, alteração, comunicação ou qualquer forma de tratamento inadequado ou ilícito.[20]

---

17 Disponível em: <https://www.gov.br/anpd/pt-br/assuntos/noticias/guia_lgpd_final.pdf.>Acesso em 31 de maio 2022.

18 Disponível em: <https://www.gov.br/anpd/pt-br/documentos-e-publicacoes/guia-vf.pdf.> Acesso em 31 de maio de 2022.

19 Disponível em:<https://www.gov.br/anpd/pt-br/documentos-e-publicacoes/Segunda_Versao_do_Guia_de_Agentes_de_Tratamento_retificada.pdf>. Acesso em 31 de maio de 2022.

20 BRASIL. [Lei Geral de Proteção de Dados Pessoais (LGPD)]. Brasília, DF: Presidência da República, 2018. Disponível em: http://www.planalto.gov.br/ccivil_03/_ato2015-2018/2018/lei/l13709.htm. Acesso em: 23 de abril de 2020.

A doutrina tem utilizado de conceitos clássicos da segurança da informação para estruturar um efetivo plano emergencial quando há vazamento de dados:

> De forma geral, socorrendo-nos de conceitos clássicos de segurança da informação, pode-se definir um incidente de segurança como qualquer evento adverso, confirmado ou sob suspeita, que afete a tríade da segurança da informação: confidencialidade, integridade e disponibilidade dos dados. Para melhor entendimento, alguns exemplos de incidentes de segurança são: (i) perda ou roubo dispositivos físicos, tais como notebooks ou dispositivos de armazenamento. (ii) perda ou roubo de documentos que contenham dados pessoais; (iii) acesso não autorizado a dados pessoais; (iv) divulgação inadvertida de dados pessoais em virtude de 'erro humano'; e (v) divulgação inadvertida de dados pessoais em virtude de golpe, como resultado de procedimentos inadequados de verificação de identidade.[21]

E por que seria importante definir o termo incidente de segurança? A verdade é que sem a definição exata do termo "perpassa uma análise maior dos riscos de segurança, dos impactos na vida, autoderminação e desenvolvimento da personalidade dos indivíduos e das práticas de tratamento de dados em curso"[22] A exatidão do termo ainda promove "proteção dos indivíduos, estímulos à transparência, prestação de contas e inovação tecnológica – desde que feita de maneira transparente e inclusiva."[23]

21 SOMBRA, Thiago L.; CASTELLANO, Ana Carolina H. **Plano de resposta a incidentes de segurança: reagindo rápido e de forma efetiva**. Revista do Advogado. nº 144/ nov/ 2019. AASP, p. 169-170.

22 LUCIANO, Maria. **Vazamento de dados na LGPD: em busca do significado de 'incidente de segurança'. Revista do Advogado.** nº 144/ nov/ 2019. AASP, p. 163.

23 Ibidem, p. 163.

Desse modo, o primeiro passo para identificar como e quais medidas devam ser tomadas, é identificar a qual tipo de categoria que o vazamento se deu: se confidencialidade, de integridade ou de disponibilidade. Vale lembrar, que é possível que o vazamento se enquadre em mais de uma categoria. Por isso, a avaliação do risco, deve casuística, ela perpassa as especificidades de cada categoria.[24]

Os riscos então serão avaliados conforme: a) a natureza do incidente, b) a natureza e o volume dos dados, c) a gravidade das consequências que o incidente colocará aos titulares. Maria Luciano também acredita que "o grau de risco pode variar também ao longo do tempo, tendo-se em vista as inovações tecnológicas e o estado da arte das medidas de segurança e mitigação de riscos disponíveis no mercado".[25]

A importância da definição do termo incidente de vazamento se dá, uma vez que cabe ao agente de tratamento de dados avaliar se o risco é alto o suficiente para que a notificação da ocorrência seja ao titular ou a autoridade competente[26], sendo necessário justificar quando não houver a comunicação.

Percebe-se então que incidente de segurança impacta diretamente na análise de riscos, na responsabilidade da empresa, nos valores de condenação, no desenvolvimento sadio da personalidade do indivíduo, na inovação tecnológica de forma inclusiva, sem falar no quesito do estímulo às práticas de transparências almejadas pela Agenda 2030 da ONU[27].

---

24 Ibidem, p. 164.

25 Ibidem, p. 165.

26 Ibidem, p. 165.

27 TRANSFORMANDO nosso mundo: a agenda 2030 para o desenvolvimento sustentável. Disponível em: https://nacoesunidas.org/pos2015/agenda2030/. Acesso em 29 de junho de 2020.

Assim, o incidente de vazamento é uma violação que conduz destruição, perda, alteração, divulgação e acesso não autorizado seja de forma acidental ou ilícita. A documentação de todo o processo de coleta, armazenamento, tratamento facilita a responsabilização e a prestação de contas.[28] Maria Luciano entende que com a definição do termo na lei, haveria a redução da subjetividade que podem acarretar os relatórios de impactos:

> Delimitar o conteúdo normativo na expressão 'incidente de segurança' demanda, portanto, uma avaliação de risco que leve a especificidade de cada caso, da natureza dos dados e dos indivíduos envolvidos. Demanda, também um compromisso com a transparência das atividades de tratamento de dados e prestação de contas – após a ocorrência, a avaliação do 'risco ou dano relevante aos titulares' transcenderia inclusive o caráter mais genérico e hipotético dos relatórios de impactos[29]

Para que seja possível uma resposta efetiva ao incidente de vazamento de dados, há que se falar em três etapas fundamentais: preparação, resposta e avaliação.[30] De acordo com Thiago Sombra e Ana Carolina Castellano:

> A fase de preparação consiste na adoção de medidas anteriores ao incidente, o que inclui a elaboração de um documento que estabeleça previamente procedimentos a serem tomados em casos de incidentes e defina as atribuições de cada um dos envolvidos no processo de resposta. Além

28 LUCIANO, 2019, p. 165.

29 LUCIANO, 2019, p. 165.

30 SOMBRA, Thiago L.; CASTELLANO, Ana Carolina H., 2019, p. 170.

> disso, deve ser estabelecido um comitê de gestão de crise, também conhecido como *war room*, que irá tomar as medidas necessárias nas primeiras horas do incidente.[31]

Esse comitê deverá ser uma equipe multidisciplinar que permitirá uma compreensão do incidente de forma mais completa e global. Outro fator importante é o treinamento para esse momento com simulações de incidentes (os chamados *tabletop exercises*[32]), para que as políticas e procedimentos pré-aprovados sejam testadas. A segunda fase do plano emergencial é a fase de resposta:

> [...] a fase de resposta requer que todos os integrantes do comitê de gestão de crise compreendam bem o seus papéis e responsabilidades específicas, sem que haja espaço para tomadas de decisões isoladas ou em desconformidade com as políticas e procedimentos da empresa. Nesse sentido, é interessante elaborar um *checklist* com ações mediatas, que muitas vezes, devem ser tomadas non curso de poucas horas e quando se está 'com a corda no pescoço'.[33]

A fase que se segue é mensurar o dano do vazamento, que influenciará todas as medidas técnicas e administrativas para minimizar as consequências negativas do vazamento.[34] Uma ação primordial para que o controle dos danos é colocar uma rolha nesse vazamento, ou seja, não deixar que atinja os demais setores da empresa prejudicando-os da mesma forma. É vital ainda que a empresa compreenda bem quais ambientes

---

31 Ibidem, p. 170

32 Ibidem, p. 170.

33 Ibidem, p. 170.

34 SOMBRA, Thiago L.; CASTELLANO, Ana Carolina H., 2019, p. 170.

físicos e digitais podem ter propiciado o vazamento, e aplicar medidas que possa conter novos vazamentos.[35]

Outro auxílio que pode facilitar a expansão do dano é a contratação de consultorias externas, isto porque, pessoas que não estão diretamente ligadas à empresa podem ter uma visão mais ampla e conseguir analisar melhor as circunstâncias que promoveram o vazamento.[36] Com a coleta de evidências e análise dos sistemas comprometidos, ao final, deverá ser realizado um relatório sobre o incidente. Esse relatório conterá toda investigação desenvolvida, com os métodos e ações executadas para o plano emergencial.

Esse relatório deve ser muito bem elaborado, pois será ele que deverá ser entregue para as autoridades competentes, seja policial ou a ligada a órgãos reguladores e até mesmo aos parceiros de negócio. É importante destacar que o mencionado relatório não é o mesmo que o PIA (*Privacy Impact Assessment*[37]). O PIA é realizado antes de qualquer vazamento e que contém os *risk assessments* (avaliação de riscos) das operações que "mapeiam as principais atividades de tratamento e os potenciais impactos negativos para os direitos e liberdades individuais dos titulares de dados"[38].

O PIA faz parte da fase de preparação, quando se implementa "um framework robusto de segurança dos dados"[39]. Nele contém a descrição dos processos que é feito nos dados, seja tratamento, armazenamento e que podem gerar riscos às liberdades civis e violação de direitos fundamentais.

35 Ibidem, p. 170.

36 Ibidem, p. 170.

37 Tradução: Relatório de Impacto à proteção de dados pessoais (tradução nossa).

38 Ibidem, p. 169.

39 Ibidem, p. 169.

A documentação para a proteção dos dados é de grandíssima importância. As ações de respostas devem ser cautelosas:

> Destaca-se que, uma vez identificado o incidente de segurança, é extremamente importante que toda a condução do processo seja documentada, mantendo-se sempre o registro de quem comunicou o incidente ou como foi descoberto, as causas preliminares, definição do padrão de comportamento dos atacantes, as medidas mitigadoras, adotadas, *inter alia.* Além disso, para ter melhores condições de apurar os fatos nas primeiras horas, a análise de logs de acesso dos últimos seis a doze meses anterior ao incidente, identificação de IPs, entrevistas com pessoas envolvidas e catalogação de informações por meio de softwares também são medidas recomendáveis.[40]

O artigo 48 da LGPD prevê a comunicação a Autoridade Nacional de Proteção de Dados, em prazo razoável:

> Art. 48 O controlador deverá comunicar à autoridade nacional e ao titular a ocorrência do incidente de segurança que possa acarretar risco ou dano relevante a seus titulares.
>
> §1º A comunicação será feita em prazo razoável, conforme definido pela autoridade nacional e deverá mencionar, no mínimo:
>
> I – a descrição da natureza dos dados pessoais afetados;
>
> II – as informações sobre os titulares envolvidos;
>
> III – a indicação das medidas técnicas e de segurança utilizadas para a proteção dos dados, observados os segredos comercial e industrial;
>
> IV – os riscos relacionados ao incidente;

40 Ibidem, p. 171.

> V – os motivos da demora, no caso de a comunicação não ter sido imediata; e
>
> VI – as medidas que foram ou que serão adotadas para reverter ou mitigar os efeitos dos prejuízos.
>
> §2º A autoridade nacional verificará a gravidade do incidente e poderá, caso necessário, para a salvaguarda dos direitos dos titulares, determinar ao controlador a adoção de providências, tais como:
>
> I – ampla divulgação do fato nos meios de comunicação; e
>
> II – medidas para reverter ou mitigar os efeitos do incidente.
>
> §3º No juízo de gravidade do incidente, será avaliada eventual comprovação de que foram adotadas medidas técnicas adequadas que tornem os dados pessoais afetados ininteligíveis, no âmbito e nos limites técnicos de seus serviços, para terceiros não autorizados a acessá-los.[41]

Nessa fase é significativo que os riscos devem ser avaliados para decidir ou não se é caso de comunicação às autoridades. Mas, num primeiro momento faz-se crucial ter cautela para a comunicação dos demais gestores, isto é, somente àqueles que são responsáveis para tomada de decisão cujo objetivo é reduzir os danos, como, por exemplo, declaração para à imprensa, acionistas, SAC e titulares, deverão ser informados do vazamento[42].

A lei não estabelece prazo para a comunicação, que ficará a cargo da autoridade nacional. A GDPR, por sua vez, compreende por prazo razoável para comunicar a autoridade nacional e o titular, o período de

41 BRASIL. [Lei Geral de Proteção de Dados Pessoais (LGPD)]. Brasília, DF: Presidência da República, 2018. Disponível em: http://www.planalto.gov.br/ccivil_03/_ato2015-2018/2018/lei/l13709.htm. Acesso em: 23 de abril de 2020.

42 SOMBRA, Thiago L.; CASTELLANO, Ana Carolina H., 2019, p. 171.

72 horas[43] após o vazamento de dados[44]. Apesar do órgão competente ainda nem existir, é possível que siga o mesmo entendimento da GDPR. Frisa-se que toda vez que ocorrer um vazamento que possa causar risco de dano ou dano razoável a seus titulares, torna-se obrigatória a comunicação. Se o incidente não for comunicado, é preciso uma justificativa razoável e coerente.[45]

A última fase é a fase de avaliação, fase esta que ocorre após o incidente de vazamento de dados. O objetivo dessa fase é:

> [...] incorporar as experiências, conhecimento e aprimorar procedimentos. Nesta fase, recomenda-se uma atualização do Plano de Resposta a Incidentes, a revisão dos contratos com fornecedores, reavaliação de procedimentos de acesso e compartilhamento de dados, revisão de diretrizes de notificação, bem como avaliação de sistemas de ferramentas de segurança[46].

Assim, que o problema for superado, esse é o momento de readequar a gestão de risco para que não haja reincidência. Por isso, é importante

---

43 BRAZ JR. Marcíllio. **Considerações sobre a notificação de incidente de segurança da informação no contexto da lei geral de proteção de dados (e além).** Disponível em:https://www.migalhas.com.br/depeso/295440/consideracoes-sobre-a-notificacao-de-incidente-de-seguranca-da-informacao-no-contexto-da-lei-geral-de-protecao-de-dados-e-alem. Acesso em 29 de junho de 2020.

44 BENTO, Beatrice S. **A nova lei de proteção de dados no Brasil e o general data protection regulation da União Europeia.** Disponível em: https://www.migalhas.com.br/depeso/289555/a-nova-lei-de-protecao-de-dados-no-brasil-e-o-general-data-protection-regulation-da-uniao-europeia#:~:text=A%20LGPD%20determina%20a%20comunica%C3%A7%C3%A3o,ap%C3%B3s%20o%20conhecimento%20do%20fato.. Acesso em 29 de junho de 2020.

45 SOMBRA, Thiago L.; CASTELLANO, Ana Carolina H., 2019, p. 172.

46 Ibidem, p. 171.

que todos os dispositivos que possam ter sido afetados sejam analisados e, posteriormente, liberados, para voltarem à ativa[47].

Deve-se ainda avaliar a taxa de sucesso da solução do problema causado pelo incidente de vazamento, que avaliará o tempo de resposta, os danos causados e nível de qualidade de cada membro da equipe do *war room*. E por final, identificar qual o rumo que a empresa deve seguir, reavaliando o Plano Emergencial, suas possíveis vulnerabilidades, uma vez que quanto mais conhecimento de possíveis falhas de segurança, com mais eficiência o plano poderá corrigido. [48]

A cereja do bolo, para o Plano de Resposta ou Plano Emergencial está em manter atualizado um histórico de incidentes: "incidentes antigos podem auxiliar profissionais do futuro a aprimorar ainda mais os esquemas de segurança e procedimentos necessários em casos de resposta imediata".[49]

1.1. *Privacy by Design* na LGPD

O conceito do *Privacy by Design*[50], é uma proposta da doutora Ann Cavoukian, diretora do Instituto de Privacidade e Big Data da Universidade de Ryerson em Ontário, no Canadá[51]. Esse conceito foi introduzido no cenário brasileiro por meio do artigo 46, parágrafo segundo, da

---

47 PLANO de respostas a incidentes: quais são as fases? Disponível em: https://www.alleasy.com.br/2020/02/10/plano-de-respostas-a-incidentes-fases/. Acesso em 29 de junho de 2020.

48 Ibidem.

49 Ibidem.

50 Tradução: privacidade por design. Tradução nossa.

51 DANTAS, Henrique. **LGPD: o que é privacy by design e privacy by default.** Disponível em: https://www.advogatech.com.br/blog/@HenriqueDantas/lgpd-o-que-e-privacy-by-design-e-privacy-by-default-vc4zyjv. Acesso em 29 de junho de 2020.

LGPD: "As medidas de que trata o caput deste artigo deverão ser observadas desde a fase de concepção do produto ou do serviço até a sua execução.[52]", traz uma inovação que auxiliará dar maior efetividade na proteção dos dados pessoais.

De acordo com Ann Cavoukian seria necessário criar uma forma que as corporações se tornassem obrigadas a incorporar conceitos de privacidade e segurança em seus produtos e serviços.[53] O *Privacy by Design* foi ganhando força em 2010, e acabou por ser o pilar basilar que orientou diversas entidades na elaboração de suas políticas de segurança de dados. O conceito pode ser entendido conforme destaque:

> *Privacy by Design* significa que **todas as etapas** do processo de desenvolvimento de um produto ou serviço de uma empresa devem ter a **privacidade em primeiro lugar.** Ou seja, o conceito de privacidade deve estar totalmente embutido no projeto, e não se aplica à iniciativa onde a privacidade é discutida somente na fase final. A ideia é que empresas que apliquem o *Privacy by Design* tenham projetos internos, desenvolvimento de softwares, departamento de TI e planejamento estratégico alinhados com a ideia de privacidade, e não como algo à parte. (grifo do autor)[54]

De acordo com Henrique Dantas o conceito de Privacy by Default possui sete princípios norteadores. O primeiro deles seria "Proativo, não reativo". Na concepção desse princípio, as empresas devem "prevenir e não remediar." Assim, a empresa deverá ao invés, de corrigir seus erros por

52 Art. 46, §2º da LGPD.

53 LGPD: saiba tudo sobre segurança e sigilo de dados. Disponível em: https://www.plugar.com.br/lgpd-saiba-tudo-sobre-seguranca-e-sigilo-de-dados/. Acesso em 29 de junho de 2020.

54 DANTAS, Henrique, 2019, in: https://www.advogatech.com.br/blog/@HenriqueDantas/lgpd-o-que-e-privacy-by-design-e-privacy-by-default-vc4zyjv. Acesso em 29 de junho de 2020.

eventuais falhas de segurança e/ou privacidade, antecipar a possibilidade deles, diminuindo ao máximo, as vulnerabilidades que possam circundar a prestação do serviço ou produto: "reconhece o valor de agir proativamente para antecipar, identificar e prevenir invasões antes que elas ocorram. O melhor não é esperar que riscos de privacidade cheguem a se materializar, e sim evitar que eles aconteçam."[55]

O segundo princípio é o "Privacidade por Padrão", também conhecido por Privacy by Default. Esse princípio traz a seguinte ideia:

> A ideia de *Privacy by Default* (privacidade por padrão) significa que um produto ou serviço ao ser lançado no mercado, deve vir com as configurações de privacidade no **modo mais restrito possível** por padrão, e o usuário deve liberar acesso à coleta de mais informações que julgue necessário. A maioria das empresas de tecnologia faz justamente o contrário disso, ou seja, coletam o máximo de informações possíveis por padrão, mas **permitem que o usuário desative** a coleta de dados. Caso Privacy by Default fosse aplicado, os aplicativos coletariam somente o necessário e permitiriam que o usuário ativasse a coleta de dados extras, caso achasse benéfico. (grifo do autor)[56]

Dessa forma, não haveria a coleta de dados extras, como acontece diariamente, e a privacidade permaneceria intacta[57].

O terceiro princípio é "Privacidade embutida no design". Aqui entende-se que a privacidade deve ser parte integrante de toda a estrutura do produto ou serviço, sendo um *plus* a mais, ou uma complementariedade

55 DANTAS, Henrique, 2019, in: https://www.advogatech.com.br/blog/@HenriqueDantas/lgpd-o-que-e-privacy-by-design-e-privacy-by-default-vc4zyjv. Acesso em 29 de junho de 2020.

56 Ibidem

57 Ibidem.

que agregue valor no produto, mas sim, um requisito fundamental inclusive para sua criação. A privacidade deve ser elaborada no momento do design, da arquitetura dos setores de tecnologias da informação, bem como das práticas coorporativas.[58]

O quarto princípio está relacionado à funcionalidade do produto ou serviço que coleta dados pessoais:

> Ao implementar a privacidade em um produto ou serviço, ela deve ser feita de forma a somar funcionalidades ao projeto, e não prejudicar nenhuma funcionalidade. As funcionalidades que conflitem com princípios de privacidade devem ser modeladas de forma criativa para que possam funcionar juntos.[59]

O quinto princípio é o "Segurança de ponta a ponta". Ele é por si só explicativo: a segurança deve ser de início ao fim. A privacidade deve ser observada em todas as etapas de produto ou serviço:

> [...] a privacidade deve ser continuamente protegida através de todo ciclo de vida dos dados em questão. A segurança dos dados deve estar em mente desde o planejamento até a execução, implantação e manutenção do projeto.[60]

Já o sexto princípio do *Privacy by Design* é o da "Visibilidade e Transparência", uma vez que a documentação deve ocorrer durante a coleta, processamento e armazenamento de dados. Pode-se entender que a documentação do tratamento dos dados foi exigida na Lei Geral de Proteção

---

58 Ibidem.

59 Ibidem.

60 DANTAS, Henrique, 2019, in: https://www.advogatech.com.br/blog/@HenriqueDantas/lgpd-o-que-e-privacy-by-design-e-privacy-by-default-vc4zyjv. Acesso em 29 de junho de 2020.

de Dados Pessoais, por meio do artigo 5º, inciso XVII, que exige a elaboração do Relatório de Impacto:

> Art. 5º, XVII Relatório de impacto à proteção de dados pessoais: documentação do controlador que contém a descrição dos processos de tratamento de dados pessoais que podem gerar riscos às liberdades civis e aos direitos fundamentais, bem como medidas, salvaguardas e mecanismos de mitigação de risco.[61]

Segundo Maria Cecília O. Gomes o objetivo de documentar todo o processo de tratamento de dados busca facilitar a governança dos dados:

> Nesse ponto, parece que a intenção do legislador não foi que o relatório fosse uma demonstração do registro das atividades ou um inventário de dados especificamente, o qual também está previsto na LGPD e no Marco Civil da Internet, mas sim que contivesse uma descrição dos procedimentos que envolvem as operações de tratamento de dados, através de uma perspectiva maior de governança dos dados.[62]

Para a autora o papel da documentação, por meio do Relatório de Impacto tem como papel diagnosticar a forma que é feita o tratamento de dados de uma organização:

> Os relatórios de impacto, em uma perspectiva de adequação à LPGS e sem a intenção de exaurir a análise desse tema, são, em síntese, o resultado de uma avaliação de

61 Art. 5º, XVII, da Lei nº 13.709/2018

62 GOMES, Maria Cecília O. **Relatório de impacto à proteção de dados pessoais: uma breve análise de sua definição e papel na LGPD.** Revista do Advogado. nº 144/ nov/ 2019. AASP, p. 174-183.

> impacto que tem como objetivo avaliar, mapear, planejar, implementar e monitorar todo o processo de conformidade com as leis gerais e setoriais de proteção de dados. Numa analogia simples é o diagnóstico das atividades de tratamentos de dados de uma organização.[63]

O último princípio é o "Respeito pela privacidade do usuário". Esse princípio traduz o respeito que as corporações devem ter com os titulares dos dados pessoais. Não é porque eles são apenas dados, que não representam um indivíduo vivo, com emoções e sentimentos. É um princípio que visa afastar a coisificação do indivíduo.

Sendo assim, cabe a esse indivíduo decidir sobre seus dados, pois são de sua titularidade, e por que razão é que se faz vital e imprescindível o consentimento no uso de dados pessoais: "o usuário deve ter sempre acesso aos seus dados".[64]

3. RESPONSABILIDADE SOCIAL EMPRESARIAL

Será possível afirmar que os procedimentos adotados tanto para evitar um vazamento de dados pessoais, quanto para minimizar os prejuízos após um vazamento de dados podem ser analisados como uma extensão da responsabilidade social de uma empresa?

A responsabilidade social da empresarial pode ser definida como: "um meio para alcançar a sustentabilidade social, que pode ser definida

63 Ibidem. p. 179

64 DANTAS, Henrique, 2019, Disponível em: https://www.advogatech.com.br/blog/@HenriqueDantas/lgpd-o-que-e-privacy-by-design-e-privacy-by-default-vc4zyjv. Acesso em 29 de junho de 2020.

como a empresa que orienta sua gestão para obter resultados positivos em termos econômicos, sociais e ambientais."[65]. Em outras palavras:

> A Responsabilidade Social Empresarial, um conjunto de iniciativas pelos quais os empresários buscam voluntariamente integrar considerações de natureza ética, ambiental e social as integrações com as 'partes interessadas' que são os colaboradores, clientes, acionistas, comunidade e governo, visando a busca de objetivos empresariais que alavancam o desenvolvimentos sustentável da sociedade, cuidando de seus recursos ambientais e culturais, sempre respeitando a diversidade e buscando diminuir as desigualdades sociais.[66]

Um dos principais expoentes do movimento da responsabilidade social empresarial foi Archie Carrol, que em 1979 desenvolveu um modelo de gestão da responsabilidade social: "[...] a responsabilidade social da empresa compreende as expectativas econômicas, legais, éticas e discricionárias que a sociedade tem em relação às organizações em dado período".[67] O modelo inicial proposto por Carrol evoluiu, mas a sua essência plantou uma semante que até os dias de hoje floresce.

Em 1992, quando foi criado o Prêmio Nacional de Qualidade, que premiava a empresa que tinha modelo de excelência. Tal modelo se baseada no conceito de: "[...] a sobrevivência e o sucesso de uma organização estão diretamente relacionados à sua capacidade de atender as necessidades

65 BARBIERI, José Carlos. Responsabilidade social empresarial e empresa sustentável: da teoria à prática. – São Paulo: Saraiva, 2009, p. 137

66 GOIS, Silma. **Responsabilidade social empresarial (SER).** Disponível em: https://administradores.com.br/artigos/responsabilidade-social-empresarial-rse#:~:text=A%20Responsabilidade%20Social%20Empresarial%2C%20um,visando%20a%20busca%20de%20objetivos. Acesso em 29 de junho de 2020.

67 BARBIERI, 2009, p. 137 apud CARROL, 1979, p. 53.

e expectativas dos proprietários, dos clientes e da sociedade."[68] O modelo de excelência do PNQ entendia que deveria haver oito pilares fundamentais para que uma empresa pudesse ser considerada responsável socialmente: liderança, estratégia e planos, clientes, sociedade, informações e conhecimento, pessoas, processos e resultados.[69] O Instituto Ethos[70], uma organização da sociedade civil de interesse público, também tem mesmo entendimento sobre o tema.

Assim, uma empresa não deve só buscar sua excelência em eficiência, se deixar de lado os custos sociais, ignorando o que faz bem para toda a coletividade. Tanto é que se a empresa ignora os custos sociais, pode-se ser considerada, inclusive, como ineficaz, posto que deixa de atender o mercado interno e a função social, conduzindo-se a uma má reputação, que não passa confiança, podendo reduzir a ponto de destruir a própria eficácia organizativa: "[...] daí a importância decisiva da transparência como um valor básico para a gestão ética da empresa, enfim, para sua reputação."[71]

Observa-se, portanto, que a empresa que seguir as diretrizes gerais da responsabilidade social empresarial, com seus inúmeros princípios como publicidade, moralidade, gestão estratégica, transparência, solidariedade, consequentemente, será uma empresa com solo fértil, para não dizer, preparada e apostos para a implementação dos aditivos previstos na LGPD. Afinal, segundo Adela Cortina "a ética é rentável"[72], o que se en-

68 Ibidem, p. 139.

69 Ibidem, p. 139.

70 INSTITUTO ETHOS DE MPRESA E RESPONSABILIDADE SOCIAL. Disponível em: https://www.ethos.org.br/conteudo/o-instituto/. Acesso em 29 de junho de 2020.

71 GARCÍA-MARZÁ, Domingo. **Ética empresarial: do diálogo à confiança na empresa**. Trad. e Apres. Jovino Pizzi. – São Leopoldo: Editora Unisinos, 2004, p. 55.

72 CORTINA, Adela. **Construir confianza: ética de la empresa en la sociedad de la información y las comunicaciones.** – Madrid: Editorial Trotta S.A., 2003, p. 30.

caixa perfeitamente com os objetivos de uma sociedade contemporânea globalizada.

CONCLUSÕES

A inovação chegou e não há como negar. O mundo on-line muitas vezes é até mais intenso que o mundo real, afinal tem algo ainda que não possa ser decidido nas palmas de suas mãos por meio de um celular? A resposta afirmativa traz uma grande preocupação: o homem durante a evolução da sociedade lutou com afinco para obter sua liberdade. Foram inúmeras guerras, disputas, discussões sobre o que é certo e errado durantes anos e anos e quando, finalmente, a maioria dos países do globo está sob o manto da liberdade, será que o indivíduo não está retrocedendo por conta de um ou alguns clicks?

A LGPD tem como intuito enaltecer o ser humano, e manter sua dignidade por meio de instrumentos que afastem a equiparação do homem à coisa, a um valor, e ao não a sua plenitude de sujeito de direitos.

Nesse sentido, o plano emergencial de vazamentos de dados faz o papel da tropa de choque que entra em jogo quando as coisas se complicam. Ações rápidas e eficazes devem reduzir os possíveis prejuízos que fazem do ser humano ser equiparado a uma mera informação.

E por conta, do que a sociedade no mundo inteiro está vivenciando devido a pandemia do Coronavírus, esse é momento de readequar os comportamentos da sociedade como um todo e fazer com que o cidadão não seja um membro daquele ou de outro país, mas sim considerado um cidadão do mundo, afinal estamos todos conectados.

A velocidade da tecnologia não pode ser vista como algo ruim para a humanidade, ao contrário ela deve ser usada para servir, para solucionar problemas que até o momento não tem solução, desde que o homem deixe sua ganância em segundo plano e pense no bem-estar de todos.

A crise mundial do Coronavírus está sendo uma árdua lição para esse aprendizado, pois não adianta somente um fazer a tarefa de casa, é preciso que todos se unam para combater o que faz mal, seja ele em qual área. Com mais incertezas do que certezas, a resposta para o que deve ser feito está em um conceito mais antigo que toda essa tecnologia quântica que está chegando, a ética.

Caberá então, a empresa saber ser ética, sem precisar da LGPD. Se a empresa for ética, ela consequentemente já irá estar em conformidade com os preceitos estampados na lei, serão somente necessários poucos ajustes quando ela entrar em vigor. A globalização trouxe o adoecimento, mas também a vacina. Por meio de novos ajustes, é possível que o novo se ainda melhor que o atual, desde que a responsabilidade não tenha que ser exigida, mas sim voluntariada por pessoas e empresas que desejam o melhor para humanidade como um todo.

REFERÊNCIAS BIBLIOGRÁFICAS:

5 casos de vazamento de dados nas grandes empresas. Disponível em: https://assisemendes.com.br/blog/vazamento-de-dados-nas-empresas/. Acesso em: 29 de junho de 2020.

72% das empresas que sofrem um ataque de hackers vão à falência em até 24 meses. Disponível em: https://resh.com.br/selo-total. Acesso em 29 de junho de 2020.

ANDRION, Roseli. **Computação quântica: entenda a revolução que está chegando.** Disponível em: https://olhardigital.com.br/video/computacao-quantica-entenda-a-revolucao-que-esta-chegando/99652. Acesso em 29 de junho de 2020.

APLICATIVO zoom é notificado por suspeita de compartilhamentos de dados. Disponível em: https://www.gov.br/pt-br/noticias/justica-e-seguranca/2020/04/aplicativo-zoom-e-notificado-por-suspeita-de-compartilhamento-de-dados. Acesso em 29 de junho de 2020.

AURELI, Sofia. **Entenda o que o computador quântico do google faz de tão diferente.** Disponível em: https://olhardigital.com.br/noticia/

entenda-o-que-o-computador-quantico-do-google-faz-de-tao-diferente/92006. Acesso em 29 de junho de 2020.

BARBIERI, José Carlos. **Responsabilidade social empresarial e empresa sustentável: da teoria à prática.** – São Paulo: Saraiva, 2009.

BENTO, Beatrice S. **A nova lei de proteção de dados no Brasil e o general data protection regulation da União Europeia.** Disponível em: https://www.migalhas.com.br/depeso/289555/a-nova-lei-de-protecao-de-dados-no-brasil-e-o-general-data-protection-regulation-da-uniao-europeia#:~:text=A%20LGPD%20determina%20a%20comunica%C3%A7%C3%A3o,ap%C3%B3s%20o%20conhecimento%20do%20fato.. Acesso em 29 de junho de 2020.

BRASIL. **Lei nº 12.965, de 23 de abril de 2014. Estabelece princípios, garantias, direitos e deveres para o uso da internet no Brasil.** Brasília, DF: Presidência da República. Disponível em: http://www.planalto.gov.br/ccivil_03/_ato2011-2014/2014/lei/l12965.htm. Acesso em: 23. abr. 2020.

BRASIL. **Lei Geral de Proteção de Dados Pessoais (LGPD).** Brasília, DF: Presidência da República, [2019]. Disponível em: http://www.planalto.gov.br/ccivil_03/_ato2015-2018/2018/lei/L13709.htm. Acesso em: 23 abr. 2020.

BRASIL. **Constituição da República Federativa do Brasil de 1988.** Brasília, DF: Presidência da República, [2019]. Disponível em: http://www.planalto.gov.br/ccivil_03/constituicao/constituicao.htm. Acesso em: 23 abr. 2020.

BRAZ JR. Marcíllio. **Considerações sobre a notificação de incidente de segurança da informação no contexto da lei geral de proteção de dados (e além).** Disponível em: https://www.migalhas.com.br/depeso/295440/consideracoes-sobre-a-notificacao-de-incidente-de-seguranca-da-informacao-no-contexto-da-lei-geral-de-protecao-de-dados-e-alem. Acesso em 29 de junho de 2020.

BROTERO, Mathias. **Mais de 600 mil empresas fecharam as portas com coronavírus.** Disponível em: https://www.cnnbrasil.com.br/business/2020/04/09/mais-de-600-mil-pequenas-empresas-fecharam-as-portas-com-coronavirus. Acesso em 23 de abr. de 2020.

CÉSAR, Ana Carolina M.; ASPIS, Fábio L.; CHAVES, Luis Fernando. **1 ano de GDPR: o que podemos aprender com os erros e acertos da Europa.** Disponível em: https://www.conjur.com.br/2019-mai-31/opiniao-podemos-aprender-europa-ano-gdpr. Acesso em 23 de abr. de 2020.

CORTINA, Adela. **Construir confianza: ética de la empresa en la sociedade de la información y las comunicaciones.** – Madrid: Editorial Trotta S.A., 2003.

DANTAS, Henrique. **LGPD: o que é privacy by design e privacy by default.** Disponível em: https://www.advogatech.com.br/blog/@HenriqueDantas/lgpd-o-que-e-privacy-by-design-e-privacy-by-default-vc4zyjv. Acesso em 29 de junho de 2020.

DE BLASI, Bruno G. **Zoom: receita cresce 200% durante pandemia.** Disponível em: https://tecnoblog.net/343434/zoom-receita-cresce-quase-200-durante-pandemia/. Acesso em 29 de junho de 2020.

ESPERANDIO, César. **Covid-19 é pior que a crise de 1929?** Disponível em: https://economia.uol.com.br/colunas/econoweek/2020/05/05/a-crise-de-1929-e-a-covid-19.htm. Acesso em 29 de junho de 2020.

GARCÍA-MARZÁ, Domingo. **Ética empresarial: do diálogo à confiança na empresa**. Trad. e Apres. Jovino Pizzi. – São Leopoldo: Editora Unisinos, 2004.

GOIS, Silma. **Responsabilidade social empresarial (SER).** Disponível em: https://administradores.com.br/artigos/responsabilidade-social-empresarial-rse#:~:text=A%20Responsabilidade%20Social%20Empresarial%2C%20um,visando%20a%20busca%20de%20objetivos. Acesso em 29 de junho de 2020.

GOLPE rouba auxílio emergencial das contas da Caixa. Disponível em: https://economia.ig.com.br/2020-06-11/golpe-rouba-auxilio-emergencial-das-contas-da-caixa-confira.html. Acesso em 29 de junho de 2020.

GOLPE sobre falso cadastro no auxílio de R$600,00 já fez 6,7 milhões de vítimas: saiba como se proteger. Disponível em: https://oglobo.globo.com/economia/defesa-do-consumidor/golpe-sobre-falso-cadastro-no-auxilio-de-600-ja-fez-67-milhoes-de-vitimas-saiba-como-se-proteger-24356996. Acesso em 29 de junho de 2020.

GOMES, Maria Cecíli O. **Relatório de impacto à proteção de dados pessoais: uma breve análise de sua definição e papel na LGPD.** Revista do Advogado. nº 144/ nov/ 2019. AASP, p. 174-183.

INSTITUTO ETHOS DE MPRESA E RESPONSABILIDADE SOCIAL. Disponível em: https://www.ethos.org.br/conteudo/o-instituto/. Acesso em 29 de junho de 2020.

GOOGLE confirma fabricação de 1º computador quântico útil. Disponível em: https://veja.abril.com.br/tecnologia/google-confirma-fabricacao-de-1o-computador-quantico-util/. Acesso em 29 d ejunho de 2020.

Guia Orientativo Aplicação da Lei Geral de Proteção de Dados Pessoais por Agentes de Tratamento em Contexto Eleitoral. Disponível em:< https://www.gov.br/anpd/pt-br/assuntos/noticias/guia_lgpd_final.pdf>. Acesso em 31 de maio de 2022.

Guia Orientativo: Segurança da Informação para Agentes de Tratamento de Pequeno Porte. Disponível em:< https://www.gov.br/anpd/pt-br/documentos-e-publicacoes/guia-vf.pdf>. Acesso em 31 de maio de 2022.

HISTÓRIA da internet. Disponível em: https://pt.wikipedia.org/wiki/Hist%C3%B3ria_da_Internet. Acesso em 29 de junho de 2020.

LAVAGNOLI, Silvia. **Indústria 4.0 – evolução ou revolução?** Disponível em: https://opencadd.com.br/9-pilares-da-industria-4-0/. Acesso em 29 de junho de 2020.

LGPD: saiba tudo sobre segurança e sigilo de dados. Disponível em: https://www.plugar.com.br/lgpd-saiba-tudo-sobre-seguranca-e-sigilo-de-dados/. Acesso em 29 de junho de 2020.

LUCIANO, Maria. **Vazamento de dados na LGPD: em busca do significado de 'incidente de segurança'.** Revista do Advogado. nº 144/ nov/ 2019. AASP, p. 163-167.

LUIZ, Gabriel. **Banco Inter fecha acordo para pagar R$1,5 milhão após vazamento de dados de clientes**. Disponível em: https://g1.globo.com/df/distrito-federal/noticia/2018/12/19/banco-inter-fecha-acordo-para-pagar-r-15-milhao-de-indenizacao-apos-vazamento-de-dados-de-clientes.ghtml. Acesso em: 29 de junho de 2020.

NÃO confunda: indústria 4.0 e indústria 3.0. Disponível em: https://www.goepik.com.br/entenda-industria40-e-industria30. Acesso em 29 de junho de 2020.

PLANO de respostas a incidentes: quais são as fases? Disponível em: https://www.alleasy.com.br/2020/02/10/plano-de-respostas-a-incidentes-fases/. Acesso em 29 de junho de 2020.

RIPARI, César. **Porque os dados são o novo petróleo.** Disponível em: < https://administradores.com.br/noticias/por-que-dados-sao-considerados-o-novo-petroleo>. Acesso em: 23 de abr. de 2020.

Segunda Versão do Guia de Agentes de Tratamento de Dados Pessoais e do Encarregado. Disponível em:< https://www.gov.br/anpd/pt-br/documentos-e-publicacoes/Segunda_Versao_do_Guia_de_Agentes_de_Tratamento_retificada.pdf>.Acesso em 31 de maio de 2022.

SOMBRA, Thiago L; CASTELLANO, Ana Carolina H. **Plano de resposta a incidentes de segurança: reagindo rápido e de forma efetiva.** Revista do Advogado. nº 144/ nov/ 2019. AASP, p. 168-173.

SOUZA, Fernando. **Google sycamore é o supercomputador mais rápido do mundo.** Disponível em: https://www.techtudo.com.br/noticias/2019/11/

google-sycamore-e-o-supercomputador-mais-rapido-do-mundo-veja-fotos-do-modelo.ghtml. Acesso em 29 de junho de 2020.

TRANSFORMANDO nosso mundo: a agenda 2030 para o desenvolvimento sustentável. Disponível em: https://nacoesunidas.org/pos2015/agenda2030/. Acesso em 29 de junho de 2020.

WAKKA, Wagner. **Facebook é condenado a pagar US$ 5 bilhões por Cambridge Analytica.** Disponível em: https://canaltech.com.br/redes-sociais/facebook-e-condenado-a-pagar-us-5-bilhoes-por-caso-cambridge-analytica-144841/. Acesso em 29 de junho de 2020.

6

ARQUITETURAS DE CONTROLE PREVISTAS NA LGPD E SUA APLICAÇÃO ÀS INTELIGÊNCIAS ARTIFICIAIS

Rodolfo Ignácio Aliceda[1]

INTRODUÇÃO

Da introdução de novas tecnologias na sociedade, principalmente das disruptivas, que modificam as formas e padrões estabelecidos, emerge a necessidade de entendimento para compreensão dos fenômenos sociais resultantes, e, por vezes, para que se elabore um corpo normativo que seja efetivo perante os valores e direitos que se almeja proteger.

---

1 Mestre em Direito Negocial. Pós-graduado em Direito do Trabalho e Previdenciário. Professor de Ensino Superior. Advogado. rodolfo_aliceda@hotmail.com.

Com a modernização de meios de captação de dados pessoais, e pela importância econômica que a informação assume na atual conjuntura social informatizada, houve a necessidade de normatizar e regular as práticas de captação, tratamento e uso de dados pessoais por terceiros, ato que se iniciou na Europa e que culminou no Regulamento nº 679/2016, denominado de GDPR (Regulamento Geral Sobre a Proteção de Dados). No Brasil, foi elaborado a Lei nº 13.709 de 14 de agosto de 2018, Lei Geral de Proteção de Dados Pessoais (LGPD), que foi inspirada na lei europeia e que agrega importância notável no sentido de regular, através de princípios e normas, as práticas de tratamento de dados pessoais por terceiros, privilegiando o direito de proteção à personalidade da pessoa natural e a autodeterminação informativa.

Há vários ramos do direito e tutelas em que a LGPD pode ser classificada e estudada, porém, este singelo trabalho pretende, de maneira sintetizada e sem a pretensão de esgotar o tema, refletir sobre a aplicação da Lei Geral de Proteção de Dados Pessoais enquanto norma que prevê arquiteturas de controle, para "empoderar" o indivíduo que terá seus dados tratados por Inteligências Artificiais, em especial por dispositivos que usam da internet para exercerem as suas funções (IoT – Internet das Coisas), diante do massivo uso de dados pessoais que são coletados e tratados através destes dispositivos.

Utilizou-se do método dedutivo, com o uso de pesquisas bibliográficas, partindo da análise das fases de regulação da internet, análise sobre a estrutura da LGPD, até aplicar os resultados obtidos à prática de captação de dados pelas Inteligências Artificiais, findando por encontrar a convergência entre os resultados obtidos em cada fase, sendo importante para o estudo em Direito Digital, Proteção de Dados e Direito Negocial, na medida em que analisa as arquiteturas que a LGPD almeja que sejam implantadas pelas I.A. (Inteligência Artificial), impondo conteúdos mínimos que devam estar presentes em Termos de Uso, além da busca pelo esclarecimento e consentimento da pessoa natural sobre a finalidade no uso de dados.

1. LGPD NO CONTEXTO DAS FASES DE REGULAÇÃO DA INTERNET

Para compreensão de algumas das aplicações da Lei Geral de Proteção de Dados Pessoais e as Inteligências Artificiais, é importante apresentar um panorama histórico, ainda que sucinto, entre regulamentação e internet.

Aliás, há uma crescente exigência por parte de alguns juristas e legisladores para que se normatizem práticas da internet, onde já é possível vislumbrar a existência de leis sobre o tema, como é o exemplo da Lei nº 12.965 de 23 de abril de 2014, conhecida como Marco Civil da Internet, tratando-se de "[...] uma lei principiológica, pois estabelece parâmetros gerais acerca de princípios, garantias, direitos e deveres para o uso da internet no Brasil [...]"[2]. Sobre os aspectos "da lei da internet", Newton De Lucca expressa que ela foi "uma inegável vitória da cidadania brasileira"[3]. Todavia, para alcançar esse *status,* é interessante notar que há diferenças de como a rede é tratada juridicamente ao redor do globo, como é apresentado por Ronaldo Lemos, apresentando exemplos de que há maiores controles em legislações da Turquia e da Rússia, e que, com o Marco Civil da Internet, o Brasil caminhou para uma legislação democrática, onde "[...] o objetivo foi justamente assegurar liberdades públicas, limitando o poder do Executivo de interferir na rede brasileira, concretizando os preceitos da Constituição Federal"[4].

---

2 TEIXEIRA, Tarcisio. **Curso de Direito e Processo Eletrônico**: doutrina, jurisprudência e prática. 4ª ed. atual e ampl. São Paulo: Saraiva Educação, 2018, p. 105.

3 DE LUCCA, Newton. Aspectos Atuais da Proteção aos Consumidores no âmbito dos Contratos Informáticos e Telemáticos. In DE LUCCA, Newton; FILHO, Adalberto Simão; LIMA, Cíntia Rosa Pereira de. **Direito & Internet III. Tomo I. Marco Civil da Internet** Lei nº 12.965/2014. São Paulo: Quartier Latin, 2015, p. 25-26.

4 LEMOS, Ronaldo. Uma Breve História da Criação do Marco Civil. In DE LUCCA, Newton; FILHO, Adalberto Simão; LIMA, Cíntia Rosa Pereira de. **Direito & Internet III. Tomo I. Marco Civil da Internet** Lei nº 12.965/2014. São Paulo: Quartier Latin, 2015, p. 79-81.

A LGPD, apesar de não versar especificamente sobre tratamento de dados no âmbito da internet, foi elaborada adentro da filosofia de preservação da democracia e proteção à pessoa, criada visando a proteção de liberdades, aplicando o entendimento da autodeterminação informativa e de outros fundamentos, vetorizando proteger a privacidade e intimidade ligadas aos dados individuais, seguindo a vontade dos que defendem a criação de leis para regulamentar as práticas de fluxo de dados, inclusive na *web*.

Importante observar que o tema sobre controle de dados já é apresentado, de maneira geral, no próprio Marco Civil da Internet, em seu artigo 7º e seguintes, diante da temática, que é atual e importante. Inclusive, em interessante análise sobre a evolução das Eras e os respectivos poderes, Patrícia Peck Pinheiro expressa que na Era Agrícola o poder era pautado na propriedade, na Era Industrial o poder estava no capital e, atualmente, o poder está na informação, havendo a aferição da soberania dos Estados e da liberdade individual pela capacidade de informação[5].

Diante da força que a informação possui na conjectura social atual, não pode o direito manter-se inerte, pois, como descreve Pietro Perlingieri, "O Direito é ciência social que precisa de cada vez maiores aberturas; necessariamente sensível a qualquer modificação da realidade, entendida na sua mais ampla acepção"[6]. Neste contexto, onde informação é "poder", torna-se importante referenciar as fases de regulamentação da web, para compreensão de como a LGPD pode mudar aspectos práticos de captação de dados pessoais por Inteligências Artificiais aplicadas às IOTs.

---

5 PINHEIRO, Patrícia Peck. **Direito Digital**. 6ª Ed. ver. atual. e ampl. São Paulo: Saraiva, 2016, p.73-74.

6 PERLINGIERI, Pietro. **Perfis do Direito Civil**. Tradução de Maria Cristina de Cicco. 1 ed. ver. e ampl. Rio de Janeiro: Renovar, 1999, p, 1.

1.1. Fases de Regulação na Internet

Há diferentes fases pelas quais regulação e internet perpassaram ao longo da existência da rede. Em análise, [7] Marcel Leonardi é um dos juristas que descreve sobre as quatro principais fases pelas quais a regulamentação foi se modificando, no que diz respeito à temas ligados a web, iniciando suas escritas sobre o período entre a década de 80 até a década de 90, em que preponderava o ideal de que a Internet representava um espaço livre, distinto do físico, onde não haveria soberanias Estatais. O nome dado a este local foi de cyberespaço, e isso pautou o entendimento de que a Internet seria a infraestrutura física, enquanto o cyberespaço seria um espaço diverso, criado pelo todo que infraestrutura fomentou.

É desta ideia de espaço livre, sem controle nacional, que inicia a fase denominada de autorregulamentação, que teria sido inspirada pela Declaração de Independência norte americana e pela primeira Emenda da Constituição estadunidense, que proíbe restrições às liberdades de expressão, e que, segundo Marcel Leonardi[8], teve como baluarte texto escrito em 1996 por John Perry Berlow, intitulado "A Declaration of the Independence of Cyberespace". Ronaldo Lemos explica que neste trabalho o autor norte americano "conclama os governos de todo o mundo a deixarem a internet em paz, em nome do surgimento de um espaço livre, em que as ideias imperam sobre qualquer outra forma precedente de infraestrutura"[9].

Sobre este período, "defendia-se a autorregulamentação da Internet, sob o argumento de que eventuais injustiças e conflitos seriam

7 LEONARTDI, Marcel. **Fundamentos de Direito Digital.** São Paulo: Thomson Routers Brasil, 2019, p. 20-23.

8 LEONARDI, 2019, p. 24.

9 LEMOS, Ronaldo. **Direito, Tecnologia e Cultura**. Rio de Janeiro: FGV, 2005, p. 94.

identificados e resolvidos por meios próprios, com a criação de um 'contrato social' único para o cyberespaço [...]".[10] Assim, não poderia haver interferência de governos, não necessitando leis para regular o cyberespaço e, consequentemente, a internet.

O jurista argentino Ricardo Luiz Lorenzetti[11], denomina está posição como ontológica, sustentada pelo entendimento de que o mundo virtual é diverso do mundo físico, não sendo a estrutura do Direito apta a prover regulação a este "novo mundo". Sustentaria este argumento três posicionamentos, sendo a primeiro daqueles que defendem a criação de uma "lex informática", onde os costumes e práticas da rede iriam criar "regras", semelhantemente à "lex mercatória". Também há o posicionamento daqueles que entendem que é impossível regular à rede e os que acastelam um pensamento libertário perante as mazelas sociais que existem no mundo real, sendo a internet, para estes defensores, uma forma de vencer as desigualdades da economia, razão pela qual sua regulação por institutos centralizadores não deveria ocorrer.

Trata-se de uma visão de que a internet é um espaço privado, que não pode ser regulado por um Estado, autorregulando-se, seguindo um modelo de descentralização de poder, havendo diferentes focos de decisão que criarão o consenso global do quais são as práticas aceitas naquele espaço. Adentro dessa fase, Ronaldo Lemos é um dos pesquisadores que entende sobre possíveis atrasos que trouxe ao Brasil, argumentando que a autorregulamentação "[...] contribuiu para um atraso significativo na percepção de que a tecnologia digital conjugada com a internet demanda uma intervenção normativa imediata [...]"[12].

10 LEONARDI, op. cit. p. 24.

11 LORENZETTI, Ricardo Luiz. **Comércio Eletrônico**. Tradução de Fabiano Menke; com notas de Cláudia Lima Marques. São Paulo: Revista dos Tribunais, 2004. p. 69-71.

12 LEMOS, 2005, p. 95.

Os pesquisadores referidos apresentam como defeito desta fase o fato de que houve crescente uso da internet e, com isso, muitas práticas consideradas ilícitas foram efetivadas, necessitando uma regulamentação para coibir ilícitos, o que culminou em uma nova etapa, a fase denominada de "Direito do Cyberespaço", com uma visão voltada a opor a autorregulamentação. Essa segunda etapa, segundo, Marcel Leonardi[13], inicia-se com o texto de David G. Johnson e David G Post, que fizeram uma proposta de criação do Direito do Cybespaço, uma regulamentação separada do direito convencional. A filosófica dessa linha, entende que como o cyberespaço seria distinto do espaço físico, deveria ter um direito que refletisse as características próprias da web, de ser um espaço global de acesso, onde não existem as fronteiras físicas. Deste norte, pensou-se no surgimento de um direito "internacional" para o cyberespaço, onde "a ideia essencial era a de que governos precisariam trabalhar juntos, por meio de organismos internacionais, de modo a criar normas globais para a Internet [...]"[14].

Explicando esta etapa, Ricardo Luiz Lorenzetti, também refere que o mundo virtual cresceu ao ponto de ser alçado ao status de objeto regulatório, criando-se a ideia de um direito ao espaço virtual, ou direito virtual, fazendo referência ao fato de que o direito deve adotar o paradigma digital[15]. A ideia central é que o direito deveria regular a internet, e não a computação regular o direito. Observa-se que nesta fase a internet não é considerada meramente privada, mas uma forma de externar a globalização.

Em contraposição a estas duas teorias, há a Fase da Analogia, que Ricardo Luiz Lorenzetti vai denominar como posição instrumental, em que fenômenos já conhecidos do mundo jurídico podem ser aplicados para

13 LEONARDI, 2019, p. 28-29.

14 Ibid, p. 29.

15 LORENZETTI, 2004, p. 72-73.

situação que ocorrem na internet, não necessitando leis específicas para estes casos[16]. O que vigora nesta fase é o pensamento de que, diferente das outras fases, a internet não é um espaço privado, sendo público, e, portanto, deve-se aplicar "[...] o direito cogente, em que se pode prever condutas e atribuir-se responsabilidades pela violação desse tipo de regras [...]"[17].

Em que pese a facilidade de aplicar institutos já existentes de maneira analógica, Marcel Leonardi apresenta críticas de que se deve-se observar a essencialidade do instituto aplicado, pois os já criados podem até ser semelhantes aos da internet, mas se não possuírem a mesma essencialidade, sua aplicação pode ocasionar resultado desastrosos de eficácia[18].

Como exemplo à crítica apresentada pelo autor, há a responsabilidade civil dos provedores de aplicação por conteúdo gerado por terceiros, que antes da criação do Marco Civil haviam reconhecimentos judiciais da responsabilidade objetiva destes provedores, pelo risco do negócio, mas, com da "lei da internet", no artigo 19, observa-se que o legislador optou pela responsabilidade subjetiva do provedor de aplicação, pois compreendeu seu funcionamento e importância que possui no fomento do espaço livre e democrático da internet, demonstrando que analogia, aplicada de maneira a não observar a essencialidade do instituto que está regulando, pode ser ruim, pois a teoria do risco prejudica a própria funcionalidade dos provedores de aplicação[19], principalmente os de conteúdo.

16 LORENZETTI, 2004, p. 76.

17 Ibid. p. 76-77.

18 LEONARDI, op. cit. p. 32.

19 Brasil. Lei nº 12.965 de 23 de abril de 2014. **Marco Civil da Internet.** Brasília: Congresso Nacional, 2014 Artigo 19: Com o intuito de assegurar a liberdade de expressão e impedir a censura, o provedor de aplicações de internet somente poderá ser responsabilizado civilmente por danos decorrentes de conteúdo gerado por terceiros se, após ordem judicial específica, não tomar as providências para, no âmbito e nos limites técnicos do seu serviço e dentro do prazo assinalado, tornar indisponível o conteúdo apontado como infringente, ressalvadas as disposições legais em contrário.

Sobre as críticas a esta "terceira fase", Ronaldo Lemos menciona que "Esta noção também trouxe a mesma consequência da anterior, no sentido de incentivar a manutenção de uma estrutura normativa que não tratasse especificamente dos problemas peculiares relativos ao avanço tecnológico"[20].

Em continuidade, há a quarta fase entre regulação e internet, que Marcel Leonardi denomina de abordagem mista, e defende que não só o direito deve regular a internet como, também, a arquitetura da rede, utilizando de meios tecnológicos que proporcionem uma arquitetura de controle. Um dos maiores defensores desta fase é Lawrence Lessing, que defende o ideal de que o "código é lei", onde a lei, a norma social e o mercado, juntamente com a arquitetura da rede, que pode ser entendida como "– mecanismos tecnológicos sobrepostos às características originais da Rede que intencionalmente restringe o comportamento dos usuários [...]"[21], podem prover o controle jurídico necessário.

O professor norte-americano Lawrence Lessing entende que a internet é feita pelos humanos, um local plástico, não um local imutável, e, para que seja regulável, deve-se exigir que ela reflita um conjunto de valores que a sociedade considere importante[22]. Neste sentido, o autor descreve que por culpa do comércio, para prover segurança aos negócios praticados na rede, criaram-se tecnologias para promover confiabilidade aos negócios, o que, de certa forma, favorece a regulação. Neste mesmo sentido, a regulação na internet deve passar por criação de arquiteturas de controle (tecnologias sobrepostas à rede para alcançar finalidade específica que, no caso, é segurança na identificaçao do usuário),[23] sem que

20 LEMOS, op. cit. p. 96.

21 LEONARDI, op. cit. p. 38.

22 LESSING, Lawrence. Code version 2.0. Nova Iorque: Basic Books, 2006, p. 32.

23 LEONARDIO, op. cit. p. 64-65.

limitem a liberdade de expressão ou que possam ser utilizadas de maneira absoluta pelo Estado, promovendo confiabilidade, principalmente no sentido de dar identificação e individualismo ao sujeito na rede.

Dessa forma, Lawrence Lessing propõem a junção da lei (que prevê atos e os pune apenas após a ação ser cometida), das normas sociais (que pune condutas socialmente inaceitáveis após o ato ser cometido), das normas de mercado (que limitam o objetivo pautado na capacidade financeira) e da arquitetura, que diferente de todos os outros, molda o comportamento sem que necessite um ato ilícito prévio e sem que necessite participação de outros entes[24]. Para exemplificar sua teoria, ele argumenta com o uso de cigarros, mencionando que o uso é limitado pela lei, pois não podem ser vendidos para menores. Além disso, a norma social também impõe que para fumar em um carro, por exemplo, o fumante peça permissão aos outros passageiros, sob pena de sofrer censuras daqueles que estão adentro do veículo. O mercado é outro que regula o acesso ao cigarro, pois pauta seu preço. Se o preço do cigarro aumenta, majoram-se as restrições para quem fuma e, se o preço é baixo, facilita-se o acesso. Por fim, a arquitetura do cigarro, feito com nicotina, possui mais restrições do que os que não possuem, diante do vício que causa[25], sendo utilizada pelo mercado para que se compre mais uma marca, que vicia mais, em detrimento de outra.

Com este exemplo, o pesquisador demonstra que a rede, para ser regulada, deve se apoiar nos quatro pontos referidos (lei, norma social, mercado e arquitetura), primando pela lei e pela arquitetura. Quanto ao valor o direito adentro desses quatro pilares, Ricardo Luiz Lorenzetti apresenta posição de que se deve aceitar as inovações trazidas pela internet, mas, ao mesmo tempo, deve-se estabelecer pontos fixos, que, no caso, é o Direito vigente, que não pode ser modificado para que o "paradigma

24 Ibid, p. 47-57.

25 LESSING, op. cit. p. 122-123.

digital" não modifique a hierarquia de valores, mas os conflitos devem ser entendidos[26].

Nesta junção, entre o direito permanecer como uma ancora enquanto os conflitos vão se modificando, a obrigação imposta por leis para que surjam arquiteturas de controle parece ser a fase que pode proporcionar uma regulação mais efetiva à internet[27].

1.2. Lei Geral de Proteção de Dados e Arquitetura de Controle

Após demonstrada a fase de abordagem mista, em que as legislações que versam sobre as situações que ocorrem no ambiente virtual, para alcançarem maior eficácia na proteção dos valores jurídicos, privilegiam a junção com técnicas informáticas e de arquitetura, é importante observar que a LGPD está inserida neste contexto.

Ressalta-se que a norma de proteção de dados pessoais não foi pensada somente para tratamento por meio digital/virtual, o que significa que não é uma legislação voltada somente para práticas de captação de dados pela internet. Contudo, é a captação de dados naquele local que a torna mais importante, diante das inúmeras tecnologias criadas para esta finalidade.

Como descrito na parte final do tópico anterior, o direito deve estar sempre presente quando da construção/criação de estruturas virtuais, sendo forma de controle mais importante, mesmo no surgimento de novas tecnologias, não podendo modificar os valores pelo entusiasmo do "virtual", mas podendo propor, por meio de normas gerais, que as tecnologias

26 LORENZETTI, op. cit. 78-79.

27 LEONARDI, op. cit. p. 63.

as apliquem para a finalidade de eficácia à proteção legal[28]. A ideia é usar a tecnologia a favor do direito.

Ao analisar o que se entende como Direito Digital, Patrícia Peck Pinheiro expressa que nesta modalidade jurídica prevalecem os princípios em relação as regras, pois o ritmo da evolução tecnológica será sempre superior ao do ato de legislar[29]. Assim, é de grande eficácia legislativa utilizar normas gerais, que apresentem fundamentos e princípios, provendo os valores jurídicos que se buscam tutelar, sendo papel do intérprete verificar quais meios tecnológicos podem ser aplicados para que se alcance maior eficácia ao proposto pelo legislador, e isso "[...] significa deixar ao juiz, ao intérprete, uma maior possibilidade de adaptar a norma às situações de fato"[30].

A Lei Geral de Proteção de Dados Pessoais apresenta os fundamentos que disciplinam sua aplicação em seu artigo 2º. Os princípios que deverão pautar o tratamento de dados estão expressos no artigo 6º, explicitando o conteúdo principiológico e fundamental que os valores do direito devem prover para situação de tratamento de dados pessoais, inclusive por meios digitais. Entretanto, estes valores só serão efetivos se houverem arquiteturas de controle, como, por exemplo, a estipula no artigo 46 da LGPD.

É o artigo 46, que está contido no capítulo VII, de temática "Da Segurança e Das Boas Práticas", aquele que expressa que os agentes de tratamento devem adotar medidas de segurança, técnicas e administrativas, aptas a proteger os dados pessoais, não referindo qual meio tecnológico deve ser utilizado para a proteção, mas mencionando que os agentes de

28 Ibid, p. 63.

29 PNHEIRO, op. cit. p. 78.

30 PERLINGIERI, Pietro. **Perfis do Direito Civil**. Tradução de Maria Cristina de Cicco. 1 ed. ver. e ampl. Rio de Janeiro: Renovar, 1999, p, 27.

tratamento devem adotar tais medidas. Esse artigo é o exemplo de que a Lei Geral de Proteção de Dados Pessoais, para ser efetiva, prevê que os controladores de dados deverão adotar uma arquitetura de controle, pois, de nada adianta ter práticas de segurança se não houver uma tecnologia que concretize o valor da lei. Seria ineficaz.

O parágrafo primeiro do artigo 46 estipula que a autoridade nacional poderá dispor sobre padrões técnicos mínimos exigidos, considerando a natureza das informações tratadas, as características específicas do tratamento e o estado atual da tecnologia. Coadunando com o preceito legal, no ano de 2021, a Agência Nacional de Proteção de Dados – ANPD – publicou um Guia da Informação para Agentes de Tratamento de Pequeno Porte, documento oficial em que aponta sobre a necessidade de utilizar tecnologias sobrepostas as redes e sistemas, como verdadeiras estruturas pensadas na atividade de tratamento, para evitar ao máximo os riscos de vazamento, pensando nos vários usuários que utilizarão, razão pela qual é importante o uso de autenticação, para facilitação de auditoria em caso de incidentes, pensando-se no uso em camadas de autorização mais densas, conforme a importância de quem os acessa.

E os apontamentos às arquiteturas não param pôr aí, pois, a agência publicou a Resolução n° 2 de 27 de janeiro de 2022, que também relata a importância de os agentes de pequeno porte utilizarem meio técnicos, aptos à segurança, dentre eles medidas administrativas, e isso será levado em consideração quando houver incidentes, no que tange a ponderar sobre o grau de responsabilização daquele agente que as aplicou, ou punindo em maior grau aquele que ignora os guias. No ano de 2022 a ANPD também publicou o Guia Orientativo por agentes de tratamento no contexto eleitoral, documento em que ressalta que os agentes que tratam dados pessoais deverão adotar um Programa de Governança em Privacidade (PGP), que se trata de uma arquitetura que abarca o comportamento de todos os sujeitos envolvidos, donde até a conscientização, os treinos, e informações repassadas aos colaboradores estão no contexto de ser pensado no sentido de proteção, para que diminua ao máximo riscos de incidentes, sem prejuízo do uso de senhas e métodos que dificultem acessos não autorizados[31].

Também é importante mencionar sobre o artigo 49, que expressa que os sistemas utilizados para o tratamento de dados pessoais devem ser estruturados atendendo aos requisitos de segurança, boas práticas e governança, aos princípios gerais previstos na Lei e às demais normas regulamentares. Em conjunto com o que já foi apresentado, é notório que todos estes artigos denotam que a LGPD se encaixa na fase mista, em que estão dispostos os valores que o direito almeja tutelar, juntamente à normas gerais que obrigam os controladores de tratamento de dados a adotarem uma arquitetura de controle, para que a eficácia da lei seja garantida.

Entender está característica da LGPD, de que a lei vetoriza a implementação de arquiteturas de controle, importa ao fato de que muitos objetos utilizam de captação de dados pessoais para cumprirem com suas funções, principalmente quando se refere às Inteligências Artificiais, que devem ser pensadas adentro de uma estrutura condizente com o valor jurídico, que privilegiei o consentimento esclarecido da pessoa natural para o tratamento de dados, ante a autodeterminação informativa, dentre os outros permissivos previstos no artigo 7° (dados pessoais gerais) e 11 (dados pessoais sensíveis).

2. ASPECTOS IMPORTANTES DA LGPD

A Lei nº 13.709, de 14 de agosto de 2018, denominada como Lei Geral de Proteção de Dados Pessoais (LGPD), é uma lei nacional criada

31 ALICEDA, Rodolfo Ignácio. **A responsabilidade civil dos provedores de conteúdo de links patrocinados**: análise sobre a responsabilização do Google Ads por danos às marcas e à concorrência. Londrina: Editora Toth, 2022, p. 114-117

com o objetivo de regular sobre as práticas de tratamento de dados da pessoa natural, inclusive nos meios digitais, realizado por pessoa natural ou jurídica, de direito público ou privado, sendo inspirada no Regulamento Geral de Proteção de Dados (GDPR), nº 679/2016, legislação europeia sobre o tema.

Ao analisar o motivo da existência da lei de proteção de dados europeia, Patrícia Peck Pinheiro considera que a prática comercial na web, de fluxo de dados, foi seu ponto inicial, principalmente na década de 90, onde se desenvolveram negócios de economia digital, havendo um fluxo de dados internacionais, especialmente que versavam sobre a pessoa natural[32]. Além disso, Bruno Ricardo Bioni ressalta sobre a prática publicitária na internet, que culminou no aumento do valor econômico dos dados pessoais dos consumidores, tornando o usuário um verdadeiro produto. As empresas, por intermédios de programas, absorvem todos os dados de preferências dos internautas para convergir publicidade em vendas[33], fato que reafirma a importância da criação da lei brasileira.

Assim, diante da importância, a adoção da GDPR como parâmetro para a LGPD foi pautada na própria força cogente da lei europeia, que passa a exigir como requisito para que instituições estrangeiras façam negócios com outros países da União Europeia, a obrigação de que se tenha, no país de origem da instituição, uma legislação do mesmo nível europeu[34] e, apesar de algumas críticas à legislação nacional, por ser mais enxuta e flexível para interpretações em pontos que deveria ser mais objetiva, além de

32 PINHEIRO, Patrícia Peck. **Proteção de dados pessoais comentários à Lei n. 13.709/2018 (LGPD)**. São Paulo: Saraiva, 2018, p. 17.

33 BIONI, Bruno Ricardo. **Proteção de dados pessoais a função e os limites do consentimento**. Rio de Janeiro: Forense, 2018, p. 17.

34 PINHEIRO, op.cit., p. 18.

poder aumentar o "custo Brasil" no setor das startups,[35] a lei foi elaborada para auxiliar e regular uma lacuna legislativa e alcançar a meta de"[...] garantir a privacidade dos dados pessoais e permitir que os titulares dos dados tenham uma maior controle sobre eles"[36].

O foco de proteção legal é preservar direitos de personalidade, tendo em vista que a personalidade carrega implícita características que distinguem uma pessoa da outra. Nesta esfera, os dados podem ser entendidos como as características incorpóreas que projetam o ser individualmente[37].

Anterior a LGPD, no Brasil, já havia leis que versam sobre proteção de dados, mas de maneira diversa da norma aqui estudada, posto que o foco não é unicamente o tratamento de dados, como descrito por Viviane de Araújo Porto, mencionando que o Código de Defesa do Consumidor (Lei nº 8.078/90), o Código Civil (Lei nº 10.406/02), a lei do Cadastro Positivo (Lei nº 12.414/11), Lei do Acesso à Informação Pública (Lei nº 12.527/11) e Marco Civil da Internet (Lei nº 12.965/14)[38], que são algumas das leis que tratam também sobre.

Adentrando a sua estrutura, os fundamentos da legislação são os estipulados no artigo 2º, estando inclusos a privacidade (I), a autodeterminação informativa (II), a liberdade de expressão, de informação, de comunicação e de opinião (III), a inviolabilidade da intimidade, da honra e da imagem (IV), dentre outros. Com estes fundamentos, entende-se que a finalidade da norma, nas palavras de Patrícia Peck Pinheiro, é "[...] fortalecer a proteção da privacidade do titular dos dados, a liberdade

35 PINHEIRO, op.cit., p. 22-23.

36 PALUDETTO Vitor.; BARBIERI, Henrique Shirassu. **Guia Sobre a Nova Lei Geral de Proteção de Dados** .Edição do Kindle. n.p. l. 35.

37 BIONI, op. cit. p. 62-63.

38 PORTO, Viviane de Araújo. **Descomplicando a Lei Geral de Proteção de Dados**. Edição do Kindle. n.p. l. 47-52.

de expressão, de informação, de opinião e de comunicação, a inviolabilidade da intimidade, da honra e da imagem e o desenvolvimento econômico e tecnológico"[39].

O âmbito de aplicação da lei está descrito no artigo 3º, expressando que será para qualquer operação de tratamento realizada por pessoa natural ou jurídica, de direito público ou privado, para operações realizadas em território nacional (I), seja para finalidade de oferta de bens ou serviços para pessoas localizadas no Brasil (II) ou que o tratamento tenha sido coletado em território nacional (III)[40].

A seara principiológica é descrita no artigo 6º, estando dispostos os princípios que norteiam valores à LGPD. O *caput* expressa que as atividades de tratamento de dados deverão observar a boa-fé, entendida como oriunda da "despatrimonialização" do Direito Civil, posto que se volta para valores existenciais da pessoa, com a visão que os dados pessoais são intrínsecos ao humano, saindo a legislação de um suporte à propriedade para "[...] atribuir-lhe uma justificativa institucional de suporte ao livre desenvolvimento da pessoa"[41].

Quando a legislação positiva a boa-fé, ela está seguindo as estruturas de limitação do Código Civil e da própria Constituição Federal à institutos originalmente privados, posto que prevalece a intenção das partes, juntamente com a lealdade, retidão e probidade[42] que se espera

39 PINHEIRO, op.cit, p. 31.

40 DE ARAUJO PORTO, op. cit. l. 63-67.

41 PERLINGIERI, Pietro. **Perfis do Direito Civil**. Tradução de Maria Cristina de Cicco. 1 ed. ver. e ampl. Rio de Janeiro: Renovar, 1999. p. 33.

42 DINIZ, Maria Helena. **Curso de Direito Civil Brasileiro.** Teoria Geral do Direito Civil. 33ª ed. São Paulo: Saraiva: 2016. p. 490.

no tratamento dos dados, com a boa-fé objetiva (dever de conduta) e subjetiva[43]. Aliás, é interessante ressaltar que a referida proteção não deve ser vista pela dicotomia clássica entre direito público e privado, pois a referida legislação trata-se de uma nova visão, como descreve Bruno Ricardo Bioni, ao afirmar que "O direito à proteção dos dados pessoais deve ser alocado como uma nova espécie do rol aberto dos direitos da personalidade, dando elasticidade à cláusula geral da tutela da pessoa humana"[44], demonstrando-se, assim, a importância de ser estipulado a boa-fé como princípio inicial do artigo 6º.

Nos incisos que seguem o caput, são apresentados os princípios da finalidade (I), adequação (II), necessidade (III), livre acesso (IV), qualidade dos dados (V), transparência (VI), segurança (VII), prevenção (VIII), não discriminação (IX) e responsabilização e prestação de contas (X). Estes são "[...] fundamentais para compreensão e delimitação da legalidade do uso de dados pessoais"[45].

As possibilidades de tratamento de dados são apresentadas no artigo 7º, e podem ocorrer pelo consentimento do titular (I), para cumprimento de obrigação legal ou regulatória pelo controlador (II), pela administração pública para execução de políticas públicas que serão previstas em leis, regulamentos ou respaldadas em contratos (III). Também é possível o tratamento de dados para realização de estudos por órgão de pesquisa (IV), quando for necessário para execução de contratos em que seja parte o titular dos dados, mediante seu pedido (V), para exercício regular de direito em processo judicial, administrativo ou arbitral (VI), para proteção da vida ou incolumidade física do titular ou terceiro (VII), para tutela

43 NEGREIROS, Teresa. **Teoria do Contrato: Novos Paradigmas.** 2ª ed. Rio de Janeiro: Renovar, 2006. p. 118-119.

44 BIONI, op. cit. p. 97.

45 MACIEL, op. cit. p. n.p. l. 490.

da saúde em procedimento exclusivamente realizado por profissional da saúde, serviços de saúde ou autoridade sanitária (VIII), para atender interesse legítimo de controlador ou de terceiros (IX) e para proteção do crédito (X).

Aqui, destaca-se principal importância para o consentimento e legítimo interesse no que se refere ao uso de dados pelas Inteligências Artificiais, que será mais bem tratado em item posterior.

A cereja do bolo, os dados pessoais, podem ser entendidos, nos dizeres de Rafael Fernandes Maciel como "[...] toda informação que pode identificar um indivíduo ainda que não diretamente. [...] por exemplo, os números de Internet Protocol – IP, número de identificação de funcionário dentro de uma empresa, e até mesmo características físicas"[46]. Há uma exceção legal para consideração do dado como pessoal, quando se tratar de dado anônimo, sendo aquele (artigo 5º, inciso III) cujo titular não possa ser identificado, utilizando meios técnicos razoáveis e disponíveis na ocasião do tratamento[47], referida exceção está contida no artigo 12º da lei.

Em artigo 11 há a proteção ao tratamento de dados pessoais sensíveis. Estes dados podem ser entendidos, à luz do artigo 5º, inciso II, como dado sobre origem racial ou étnica, convicção religiosa, opinião política, filiação a sindicato ou a organização de caráter religioso, filosófico ou político, também fazendo parte dados referentes à saúde ou vida sexual, genético ou biométrico, que seja vinculado a uma pessoa natural. Referidos dados só podem ser tratados nas hipóteses de o titular consentir, de forma específica e destacada, para fins específicos. Também há possibilidade de ser sem o consentimento, em casos que versem sobre cumprimento de obrigação legal, tratamento compartilhado para execução de

46 MACIEL, op. cit. n.p. l. 550-556.

47 Ibid., n.p. l. 563.

políticas públicas, para realização de estudos por órgão de pesquisa, para exercício regular de direitos, para proteção da vida, para tutela da saúde e para garantir prevenção à fraude e à segurança do titular, em processo de identificação e autenticação em sistemas eletrônicos.

A lei também tutela o tratamento de dados pessoais de criança e adolescente, de maneira a preservar o melhor interesse destes, devendo ocorrer apenas com o consentimento específico e destacado por pelo menos de um dos pais ou pelo responsável legal (art. 14, §1º). Interessante frisar que há uma exceção à regra, prevista no § 3º do artigo 14, em que pode haver coleta de dados de criança e adolescente sem o consentimento, utilizando uma única vez, para proteção ou para contatar os pais ou responsável do menor. Interessante ressaltar a análise feita por Patrícia Peck Pinheiro, ao afirmar que toda a parte que trata sobre tratamento de dados dos menores e dos adolescentes, destaca um esforço da lei em tentar conseguir um consentimento do real pai ou responsável, por meio de situações que inibam burlar procedimentos de identificação[48].

Por fim, a legislação trata sobre o término do tratamento de dados no artigo 15, visto que o tratamento não pode ser eterno. Deve-se verificar se a finalidade foi alcançada, ou se os dados deixaram de ser necessários/ pertinentes ao alcance da finalidade. Também o fim do tratamento é um fator para o término do tratamento[49].

Apresentado de maneira geral e sucinta alguns pontos da LGPD, é importante destacar que embora haja outros permissivos legais para tratar os dados pessoais, é do consentimento que emana a principal possibilidade de tratamento. Trata-se de um consentimento informado, oriundo do fundamento da autodeterminação informada, prevista no artigo 2º, inciso II, da LGPD.

48 PECK, op. cit. p. 75.

49 Ibid., p. 76.

Desta forma, para que as Inteligências Artificiais possam utilizar os dados dos usuários para concretizarem as suas funções, é necessário que haja o consentimento do proprietário dos dados, fomentando que sua estrutura arquitetônica privilegie a coleta do consentimento. Todavia, também há a possibilidade de tratamento fundamentado pelo legítimo interesse do controlador, artigo 7º, inciso IX e artigo 10 da LGPD, e, em alguns casos, pode ser a fundamentação para que as I.A. possam tratar os dados dos usuários sem o consentimento expresso para finalidade certa.

2.1. Consentimento e Legítimo Interesse na Lei Geral de Proteção de Dados

O consentimento do proprietário dos dados é o núcleo irradiador da possibilidade de tratamento, conforme se denota em análise da LGPD. Aliás, assim como no Marco Civil da Internet, as legislações citadas possuem a necessidade de consentimento livre, expresso e informado do titular para que seus elementos intrínsecos possam ser utilizados por terceiros[50].

Esta necessidade decorre, sobretudo, da característica dos dados de serem atributos da personalidade do indivíduo, "[...] que têm por objeto os atributos físicos, psíquicos e morais da pessoa em si e em sua projeção social[51]". Ressalta-se que os direitos de personalidade são direitos indisponíveis, intransmissíveis, não patrimoniais, e, pela própria qualidade de ser indisponível, precisa-se de autorização do titular para ser "usado".[52]

50 BRASIL. Lei nº 12.965 de 23 de abril de 2014. **Marco Civil da Internet**. Brasília: Congresso Nacional, 2014, artigo 7º, inciso VII.

51 GAGLIANO, Pablo Stolze; FILHO, Rodolfo Pamplona. **Novo curso de Direito Civil, volume I:** parte geral. 13ª ed. São Paulo: Saraiva, 2011, p. 180.

52 GAGLIANO, Pablo Stolze; FILHO, Rodolfo Pamplona. **Novo Curso de Direito Civil.** Parte Geral. 13 ed. São Paulo: Saraiva, 2011, p. 188-193.

A Lei Geral de Proteção de Dados Pessoais expressa como fundamento, no artigo 2º, inciso II, a autodeterminação informativa, que pode ser entendida como o direito de a pessoa saber o que será feito com seus dados e ter poder de decidir sobre seu uso, sendo oriundo da autonomia privada, "[...] a liberdade de regular por si só as próprias ações ou, mais precisamente, de permitir a todos os indivíduos envolvidos em um comportamento comum determinar as regras daquele comportamento através de um entendimento comum"[53].

O consentimento foi alocado na LGPD (artigo 7º) juntamente com outras possibilidades de tratamento, mas não deixou de ser a principal forma de tratamento, pois analisando os princípios e a forma como a lei apresenta todas as outras possibilidades, observa-se que o indivíduo e suas informações pessoais são a maior preocupação legal[54]. Assim, em todos os tipos de dados estão previstos a necessidade de consentimento, desde os dados "comuns" (artigo 7º, inciso I), dados sigilosos (artigo 11º, inciso I), até os dados de crianças e adolescentes (artigo 14, § 1º).

O consentimento também é núcleo dos princípios do artigo 6º, pois há "[...] uma carga principiológica que procura conformar a ideia de que o titular dos dados pessoais deve ser empoderado com o controle de suas informações pessoais e, sobretudo, na sua autonomia da vontade"[55]. Entretanto, o legítimo interesse do controlador, previsto no artigo 7º, inciso IX, e artigo 10º da LGPD, também é uma forma permissiva para tratamento de dados.

53 PERLINGIERI, op. cit. p. 17.

54 BIONI, op. cit. P. 127.

55 Ibidem, p. 128.

Não há, ainda, um conceito sobre o que seria o legítimo interesse do controlador de dados, mas pode-se utilizar os "Considerandos" da GDPR, precisamente o nº 47[56], que prescreve que o legítimo interesse deve ser razão para tratamento quando "[...] existir uma relação relevante e apropriada entre o titular dos dados e o responsável pelo tratamento, em situações como aquela em que o titular dos dados é cliente ou está ao serviço do responsável pelo tratamento"[57].

---

56 UNIÃO EUROPEIA. Regulamento (UE) 2016/679 do Parlamento Europeu e do Conselho, de 27 de abril de 2016. **General Data Protection Regulation – GDPR.** Considerando nº 47: Os interesses legítimos dos responsáveis pelo tratamento, incluindo os dos responsáveis a quem os dados pessoais possam ser comunicados, ou de terceiros, podem constituir um fundamento jurídico para o tratamento, desde que não prevaleçam os interesses ou os direitos e liberdades fundamentais do titular, tomando em conta as expectativas razoáveis dos titulares dos dados baseadas na relação com o responsável. Poderá haver um interesse legítimo, por exemplo, quando existir uma relação relevante e apropriada entre o titular dos dados e o responsável pelo tratamento, em situações como aquela em que o titular dos dados é cliente ou está ao serviço do responsável pelo tratamento. De qualquer modo, a existência de um interesse legítimo requer uma avaliação cuidada, nomeadamente da questão de saber se o titular dos dados pode razoavelmente prever, no momento e no contexto em que os dados pessoais são recolhidos, que esses poderão vir a ser tratados com essa finalidade. Os interesses e os direitos fundamentais do titular dos dados podem, em particular, sobrepor-se ao interesse do responsável pelo tratamento, quando que os dados pessoais sejam tratados em circunstâncias em que os seus titulares já não esperam um tratamento adicional. Dado que incumbe ao legislador prever por lei o fundamento jurídico para autorizar as autoridades a procederem ao tratamento de dados pessoais, esse fundamento jurídico não deverá ser aplicável aos tratamentos efetuados pelas autoridades públicas na prossecução das suas atribuições. O tratamento de dados pessoais estritamente necessário aos objetivos de prevenção e controlo da fraude constitui igualmente um interesse legítimo do responsável pelo seu tratamento. Poderá considerar-se de interesse legítimo o tratamento de dados pessoais efetuado para efeitos de comercialização direta.

57 UNIÃO EUROPEIA. Regulamento (UE) 2016/679 do Parlamento Europeu e do Conselho, de 27 de abril de 2016. **General Data Protection Regulation- GDPR**. Disponível em <https://eur-lex.europa.eu/legal-content/PT/TXT/?uri=celex:32016R0679> Acesso em: 20 abr. 2020. Considerando nº 47.

De tal modo, observa-se que a LGPD traz uma abertura para que haja o uso dos dados pessoais por terceiros sem que tenha um consentimento expresso, principalmente pelas I.A., tendo em vista a relação de cliente que o usuário pode ter com a tecnologia. Para esta finalidade, observando o respeito aos incisos do artigo 10 da LGPD, quais sejam, apoio e promoção à atividade de controlador (I) e proteção ao exercício regular dos direitos do titular ou prestação de serviços que o beneficiem, respeitada a legítima expectativa e a liberdade fundamental (II), estes devem estar presentes.

Este ponto é especialmente importante para a aplicação da LGPD em relação às I.A. e será tratado em sequência.

3. INTELIGÊNCIA ARTIFICIAL

Na última metade do século passado, houve intensas pesquisas para construção de máquinas inteligentes, que pudessem substituir o homem em tarefas diárias, com o intuito de, com a evolução, serem habilitadas com capacidades e autonomia inteligente própria, dando-se o nome de Inteligência Artificial. Destas pesquisas surgiram "[...] computadores que jogam xadrez, robôs humanóides, sistemas de aeroportos que são capazes de detectar bombas em bagagens e até equipamentos militares [...]"[58], com o objetivo de auxiliar o homem em suas tarefas.

Pode-se definir Inteligência Artificial como "[...] inteligência demonstrada por máquinas, em contraste com a inteligência natural exibida por humanos e outros animais [...] qualquer dispositivo que perceba seu ambiente e realize ações que maximizem sua chance de atingir seus

58 BRINGHTON, Henry; SELINA, Howard. **Entendendo: Inteligência artificial**. Tradução de Leila Kommers. São Paulo: LeYa, 2014, p. 1.

objetivos com sucesso"[59]. Ben Coppin descreve que a "Inteligência Artificial envolve utilizar métodos baseados no comportamento inteligente de humanos e outros animais para solucionar problemas complexos"[60].

Quando se trata de mencionar sobre máquinas inteligentes, interessante ressaltar qual o conceito de inteligência "é uma relação de problemas", que vão desde inteligências que utilizam do ambiente para alcançarem um resultado, até no foco do aprendizado de processos cognitivos, como línguas, memória, aprendizado e raciocínio. Utiliza-se como parâmetro para inteligência vários graus, nas quais o ser humano se encontraria no ponto extremo, em grau mais alto[61].

Allan Turing é considerado como o precursor da I.A. Ele explorou matematicamente a inteligência artificial, sugerindo que os humanos usam informações disponíveis, bem como a razão, para resolver problemas e tomar decisões[62]. O objetivo era construir um computador que pensasse por si próprio. Com o tempo e a evolução das máquinas surgiram várias pesquisas e formas de pensar e tentar desenvolver uma inteligência capaz de ser "autossuficiente".

Inicialmente, a I.A. era vista mais como uma área teórica, sem muita aplicação, porém, com o decurso do tempo, com a complexidade de problemas a serem tratados e com a aumento do volume de dados, aumentou-se a necessidade de máquinas que pudessem evoluir e "aprender", assim, os especialitas criaram técnicas para que houvesse uma automação maior, "[...] essas técnicas deveriam ser capazes de criar por si próprias, a

59 MORAIS, Izabelly Soares de; GONÇALVES, Priscila de Fátima; CORDOVA JÚNIOR, Ramiro Sebastião; SARAÍVA, Maurício de Oliveira; FRIGERI, Sandra Rovena. **INTRODUÇÃO A BIG DATA E INTERNET DAS COISAS** (IOT). Porto Alegre: SAGAH, 2018, p. 57.

60 COPPIN, Ben. **Inteligência artificial**. Rio de Janeiro: LTC, 2010. p. 4.

61 BRIGHTON; SELINA; op. cit. p. 24-34.

62 MORAIS; GONÇALVES; CORDOVA JÚNIOR; SARÁIVA; FRIGERI; op. cit. p. 60.

partir da experiência passada, uma hipótese, ou função, capaz de resolver o problema que se deseja tratar [...]"[63]. Para este processo, deu-se o nome de aprendizado da máquina.

É para o aprendizado da máquina que a I.A. necessita que dados sejam lançados em suas plataformas, para que "[...] aprendem a induzir uma função ou hipótese capaz de resolver um problema a partir de dados que representam instâncias do problema a ser resolvido. Esses dados formam um conjunto, simplesmente denominado conjunto de dados"[64].

Dentro da inteligência artificial há duas "correntes", denominada de I.A. forte e I.A. fraca. A I.A. forte pode ser conceituada como a forma de Inteligência artificial mais extrema, cuja meta seria construir uma máquina capaz de pensar, ter consciência e sentir emoções[65]. Essa visão de IA sustenta que os humanos não são nada além de computadores complexos. Para a IA forte o modelo é uma mente.

Já, a I.A. considerada fraca, tem como objetivo desenvolver teorias de inteligência humana e animal, buscando construir modelos de trabalho, normalmente na forma de programas de computador ou de robôs. A IA Fraca é uma ferramenta útil para compreender a mente[66].

Atualmente, por intermédio da evolução dos tipos de inteligência artificial, em especial do tipo fraca, onde programas de computadores são desenvolvidos, alguns objetos, juntamente com o uso da internet e do aprendizado da máquina, podem maximizar suas funções, sendo úteis no

63 CARVALHO, André Carlos Ponce; FACELLI, Katti; LORENA, Ana Carolina; GAMA, João. **Inteligência Artificial**: Uma abordagem de aprendizado da máquina. Rio de Janeiro: LTC, 2011, p. 2.

64 Ibidem, p. 3.

65 BRIGHTON; SELINA, op. cit. p. 6.

66 Ibidem, p. 7.

dia a dia do ser humano, auxiliando em suas tarefas, recebendo a denominação de internet das coisas[67] que, nos dizeres de Larissa Kakizaki de Alcantara, "[...] são objetos conectados que se utilizam da inteligência, da internet, gerando inúmeras possibilidades e oportunidades de negócios nos mais variados setores"[68].

Diferente de outros aplicadores da internet, a Internet das Coisas, ou IoT, se conecta com aparelhos. "Isso significa que os serviços de computação e comunicação ficam integrados em um equipamento, tal como um interruptor de luz, um eletrodoméstico, um aquecedor, um ar-condicionado ou um sistema de segurança"[69].

Para que as coisas que usam da internet sejam efetivas em suas funções, elas necessitam de dados para incluírem no aprendizado da máquina e maximizarem suas funções, e é neste ponto que a LGPD é aplicada ao uso das I.A, pois a lei obriga que as IoTs possuam uma arquitetura condizente com a segurança esperada no tratamento de dados (artigo 46 da LGPD) e que tenham uma estrutura que possibilite que todas as informações do artigo 9º da LGPD sejam apresentadas, buscando o consentimento livre, expresso e informado do usuário.

3.1. Arquitetura de Controle e Termos de Uso

Com a nova tecnologia inteligente (I.A.) aplicada à internet das coisas, e com a necessidade de captação de dados para o correto funcionamento das IoTs, há a necessidade de adequação do setor para com a Lei

67 MORAIS; GONÇALVES; CORDOVA JÚNIOR; SARÁIVA; FRIGERI; op. cit. p. 24.

68 DE ALCANTARA, Larissa Kakizaki. **Big Data e Iot; Desafios da Privacidade e da Proteção de Dados no Direito Digital**. Editora independente, 2017. Edição do Kindle. n.p. l. 275.

69 COMER, Douglas E. **Redes de computadores e internet**. 6ed. Porto Alegre: Bookman, 2016, p. 498.

Geral de Proteção de Dados Pessoais. Ademais, "A lei é aplicada a todos os setores da economia nacional, bem como possui aplicação extraterritorial, ou seja, toda empresa que tiver negócios no Brasil deverá se adequar a ela"[70].

Como a LGPD, já descrito em item anterior, tem como objetivo "garantir a privacidade dos dados pessoais e permitir que os titulares dos dados tenham um maior controle sobre eles"[71], a adequação legal das máquinas que captam dados de pessoais naturais deve ser concretizada.

A captação de dados pelas IoTs deve pautar-se no consentimento do usuário, respeitando o núcleo jurídico de proteção da LGPD, e, para isso, devem apresentar uma construção que seja capaz de prover eficácia a todos os requisitos legais para captura do consentimento informado, livre e expresso.

Quando se refere ao termo arquitetura de controle, como já descrito anteriormente, refere-se as tecnologias "[...] sobrepostas às características originais da Rede que intencionalmente restringem o comportamento de seus usuários, forçam certas condutas, ou possibilitam coibir determinadas práticas"[72]. Observa-se que podem ser utilizadas para forçar certas condutas e é o que pretende a LGPD, quando prevê sua aplicação para os termos de uso que é o meio pelo qual o consentimento do usuário é captado.

Os termos de uso são como "normas digitais", são as regras que os provedores estipulam para que seus serviços sejam prestados, o que, na visão de Patrícia Peck Pinheiro, é uma tendência do Direito Digital, sendo

70 PAULETTO; BARBIERI op.cit. n.p. l. 35.

71 Ibid., n.p. l. 28.

72 LEONARDI, op. cit. p. 64.

os termos as normas padrão para determinadas atuações[73]. Ainda, ressalta-se que eles são espécies de contratos de adesão, em que os usuários não têm possibilidade de discussão sobre as regras ali impostas, sendo a adesão feita pelo aceito aos termos de uso.[74]

Diante desse todo, a Lei Geral de Proteção de Dados, privilegiando o consentimento informado para que o usuário saiba a finalidade do uso de seus dados, prevê que a arquitetura do termo de uso tenha mínimos requisitos e, como o consentimento é requisito para tratamento de dados, descrito no artigo 7º, inciso I, da LGPD, a arquitetura imposta pela LGPD prevê que se deve ter um consentimento fornecido por escrito ou por outro meio que demonstre a manifestação de vontade do titular (artigo 8º "caput"). Se for por escrito, deve ser destacado das demais cláusulas contratuais (art. 8º, §1º).

Em continuidade, o artigo 9º, que prevê a obrigatoriedade de todas as informações sobre o tratamento de dados serem disponibilizadas de forma clara, adequada e ostensiva, denota-se que para este fim, a lei obriga a aplicação de tecnologias que apresentem as mínimas informações descritas nos incisos: apresentando a finalidade específica (I), forma e duração do tratamento (II), identificação do controlador (III), informação de contato do controlador (IV), informação à cerca do uso compartilhado de dados pelo controlador e a finalidade (V), responsabilidade dos agente que realizarão o tratamento (VI) e direitos do titular, com menção explícita aos direitos contidos no art. 18 da LGPD (VII).

É no artigo 9º que está estabelecido, portanto, o conteúdo mínimo dos termos de uso e a necessidade de uma arquitetura que destaque e

73 PINHEIRO, op. cit. p. 78.

74 TEIXEIRA, op. cit. p. 247.

privilegie este conteúdo. Todos estes requisitos devem constar na política de privacidade e termos de uso[75] que serão aplicados na I.A.

A tecnologia pode ser uma ferramenta aliada a proteção de dados, como propõem as PETs (tecnologias que reforçam a privacidade)[76]. Bruno Ricardo Bioni descreve exemplos de deste tipo tecnológico, como a criptografia, a anonimização dos dados pessoais, mecanismos de navegação anônima que impedem rastreamento de usuários, sendo que em "todos esses exemplos, a arquitetura dos sistemas de informação é um instrumento hábil para proteger os dados pessoais do cidadão"[77]. O pesquisador finaliza, após apresentar outros tipos de PETs, que a Internet das Coisas pode ser uma aliada à arquitetura de controle e proteção de dados, haja vista aa necessária interoperabilidade que os diferentes tipos de dispositivos devem ter para que funcionem, mesmo sendo de fabricantes diversos, para trocar dados entre si e gerar maior eficácia ao consumidor. Destaca-se de seu trabalho:

> Haverá necessariamente a adoção de padrões técnicos que possibilitem essa interoperabilidade. Essa agenda de padronização parece ser uma janela de oportunidade para PETs. Como visto, um dos motivos pelos quais não foi possível escalá-las até hoje foi a resistência de parte da cadeia de agentes em internalizar a sua linguagem comum, como no caso do DNT e P3P, por exemplo.
>
> Na medida em que tais dispositivos terão que adotar um vocabulário comum para trocarem dados entre si, abre-se possibilidade para que os seus donos emitam comandos comuns em torno das suas preferências de privacidade.[78]

75 MACIEL, op. cit, n.p. l. 872-892.

76 BIONI, op. cit. p. 167.

77 Ibidem, p. 168.

78 Ibidem, p. 176.

Portanto, a importância das IoTs, no papel de proteção de dados, abarca, inclusive, as provedoras da arquitetura de controle para que os dados sejam utilizados com finalidade certa. Observa-se que a Inteligência Artificial, aplicada à Internet das Coisas deve seguir a Lei Geral de Proteção de Dados Pessoais e adotar uma arquitetura que possibilite o maior controle no uso de dados pelo próprio usuário, principalmente uma arquitetura que privilegie todo o conteúdo mínimo que devem estar presentes nos termos de uso, na busca de um consentimento livre, expresso e informado do usuário.

3.2. Legítimo Interesse do Controlador e IoT (Internet das Coisas)

Como já descrito, o legítimo interesse pode ser um dos fundamentos para o uso de dados pelas IoTs (Internet das Coisas). Em contraste a arquitetura que a Lei Geral de Proteção de Dados busca impor para captação de consentimento no uso dos dados pessoais, há, também, que se observar que os dispositivos inteligentes podem evoluir para funções diversas das quais inicialmente foi concedido o consentimento.

Esta possibilidade existe, pois, para a captação massiva dc dados, as IoTs utilizam de tecnologia *big data*, que pode ser entendida como dados "[...] extremamente amplos e que, por esse motivo, necessitam de ferramentas preparadas para lidar com grandes volumes de dados, de forma que toda e qualquer informação nesses meios possa ser encontrada, analisada e aproveitada em tempo hábil"[79]. Essa tecnologia é aplicada à internet das coisas e possibilita usar uma mesma base de dados para propósitos diferentes, podendo ser incompatível com a autodeterminação informacional descrita no artigo 2º, inciso II da LGPD.[80]

---

79 MORAIS. GONÇALVES; LEDUR; CORDOVA; SARIAVA; FRIGERI. op. cit. p. 13-14.

80 BIONI, op. cit. p. 223.

Diante desta realidade, o legítimo interesse pode ser utilizado pelo controlador de dados da IoTs, para fundamentar a não captura de consentimento ulterior, pautado em um consentimento implícito, na legítima expectativa do usuário, que sabe que o aparelho adquirido pode "evoluir" e que, neste contexto de expectativa, não necessitaria de um novo consentimento para o uso de seus dados[81].

Toda está possibilidade é apresentada para demonstrar que apesar de a LGPD prever uma arquitetura de controle para que a autodeterminação informacional seja aplicada e efetiva, na busca pelo consentimento livre, expresso e informado do usuário, há, também, a possibilidade legal de as I.A.s, aplicadas às Internet das Coisas, captarem dados fundamentado pelo legítimo interesse do controlador, restando importante que a arquitetura dos termos de uso ressalte este fato.

CONSIDERAÇÕES FINAIS

A Lei nº 13.709 de 14 de agosto de 2018, denominada de Lei Geral de Proteção de Dados Pessoais é uma legislação que tem por objeto a proteção ao direito de personalidade dos usuários, materializada nos dados pessoais da pessoa natural. Muito embora a legislação não verse somente sobre prática de tratamento de dados pela internet, é neste contexto que encontra a maior importância, diante da economia informatizada existente.

Assim, analisando a LGPD, juntamente ao histórico de evolução que a regulação e internet vivenciaram, nota-se que a lei de proteção de dados possui características da fase mista de regulação, como se depreende dos estudos de Marcel Leonardi e, consequentemente, de Lawrance Lessing, é

81 Ibidem, p. 224.

a fase regulatória que prevê a aplicação de arquiteturas de controle, juntamente com as outras instituições de controle social, destacando o direito, para que seja eficaz a proteção aos valores que a LGPD carrega consigo.

As referidas arquiteturas de controle são notadas na LGPD quando estipulam que será utilizada tecnologia para proteção e segurança dos dados tratados (artigo 46 LGPD), como, também, está contida na necessidade de se obter um consentimento livre, expresso e esclarecido do usuário (artigo 8º, §1º LGPD), com conteúdo mínimo estabelecido nos termos de uso (artigo 9º LGPD), como finalidade, forma, responsabilidade e direitos dos usuários, que deverão ser apresentados pelos provedores, em uma arquitetura que privilegie todos estes requisitos.

A importância desta arquitetura de controle é mais bem observada no uso de dados por Inteligências Artificiais, em especial às aplicadas nas Internet das Coisas, posto que referidos dispositivos inteligentes, para galgarem o resultado prático para o qual foram construídos, usam de dados do usuário para que, com o aprendizado da máquina, tenham um serviço individualizado, necessitando apresentarem uma arquitetura que condiga com os objetivos da LGPD.

As IoTs podem ser aliadas na criação de uma arquitetura que possibilite maior proteção aos dados, na busca pelo consentimento expresso, informado e livre do usuário, podendo ser a tecnologia que privilegie está finalidade. Todavia, muito em embora a LGPD também reconheça o tratamento de dados fundado no legítimo interesse, e este possa ser utilizado pela IoTs como fundamento para evoluírem e utilizarem dos dados inicialmente apresentados pelos usuários, juntamente a legítima expectativa, driblando a autodeterminação informativa como forma de não haver freio na evolução tecnológica, é na criação de uma arquitetura que privilegie o consentimento do usuário que as Inteligências Artificiais, aplicadas à Internet das Coisas, podem ser meio para efetivar o valor contido na Lei Geral de Proteção de Dados Pessoais.

Assim, é possível reconhecer a importância da teoria mista de normatividade da internet e sua fundação pela arquitetura de controle, como uma forma de prover maior eficácia à LGPD, sendo as Inteligências Artificiais, especialmente as aplicadas as Internet das Coisas, uma possível aliada nesta estrutura.

REFERÊNCIAS BIBLIOGRÁFICAS

ALICEDA, Rodolfo Ignácio. **A responsabilidade civil dos provedores de conteúdo de links patrocinados**: análise sobre a responsabilização do Google Ads por danos às marcas e à concorrência. Londrina: Editora Toth, 2022.

BIONI, Bruno Ricardo. **Proteção de dados pessoais a função e os limites do consentimento.** Rio de Janeiro: Forense, 2018.

BRINGHTON, Henry; SELINA, Howard. **Entendendo:** Inteligência artificial. Tradução de Leila Kommers. São Paulo: LeYa, 2014.

CARVALHO, André Carlos Ponce; FACELLI, Katti; LORENA, Ana Carolina; GAMA, João. **Inteligência Artificial:** Uma abordagem de aprendizado da máquina. Rio de Janeiro: LTC, 2011.

COMER, Douglas E. **Redes de computadores e internet**. 6ed. Porto Alegre: Bookman, 2016.

COPPIN, Ben. **Inteligência artificial.** Rio de Janeiro: LTC, 2010.

DINIZ, Maria Helena. **Curso de Direito Civil Brasileiro**. Teoria Geral do Direito Civil. 33ª ed. São Paulo: Saraiva: 2016.

DE ALCANTARÁ, Larissa Kakizaki. **Big Data e Iot; Desafios da Privacidade e da Proteção de Dados no Direito Digital.** Edição do Kindle. Editora independente, 2017.

DE LUCCA, Newton. Aspectos Atuais da Proteção aos Consumidores no âmbito dos Contratos Informáticos e Telemáticos. In DE LUCCA, Newton; FILHO, Adalberto Simão; LIMA, Cíntia Rosa Pereira de. **Direito & Internet III. Tomo I. Marco Civil da Internet Lei nº 12.965/2014.** São Paulo: Quartier Latin, 2015.

GAGLIANO, Pablo Stolze; FILHO, Rodolfo Pamplona. **Novo curso de Direito Civil, volume I:** parte geral. 13ª ed. São Paulo: Saraiva, 2011.

LEMOS, Ronaldo, **Direito, Tecnologia e Cultura.** Rio de Janeiro: FGV, 2005.

LEMOS, Ronaldo. Uma Breve História da Criação do Marco Civil. In DE LUCCA, Newton; FILHO, Adalberto Simão; LIMA, Cíntia Rosa Pereira de. **Direito & Internet III. Tomo I. Marco Civil da Internet Lei nº 12.965/2014**. São Paulo: Quartier Latin, 2015.

LEONARDI, Marcel. **Fundamentos de Direito Digital.** São Paulo: Thomson Reuters Brasil, 2019.

LESSING, Lawrence. **Code version 2.0.** Nova Iorque: Basic Books, 2006.

LORENZETTI, Ricardo Luiz. **Comércio Eletrônico.** Tradução de Fabiano Menke; com notas de Cláudia Lima Marques. São Paulo: Revista dos Tribunais, 2004.

MACIEL, Rafael Fernandes. **Manual Prático Sobre a Lei Geral de Proteção de Dados Peossoais.** Lei 13.709/18. Edição do Kindle. Goiania: RM Digital Education, 2019.

MORAIS, Izabelly Soares de; GONÇALVES, Priscila de Fátima; CORDOVA JÚNIOR, Ramiro Sebastião; SARAÍVA, Maurício de Oliveira; FRIGERI, Sandra Rovena. **INTRODUÇÃO A BIG DATA E INTERNET DAS COISAS (IOT).** Porto Alegre: SAGAH, 2018.

NEGREIROS, Teresa. **Teoria do Contrato: Novos Paradigmas**. 2ª ed. Rio de Janeiro: Renovar, 2006.

PALUDETTO, Vitor; BARBIERI, Henrique Shirassu **Guia Sobre a Nova Lei Geral de Proteção de Dados**. Edição do Kindle.

PERLINGIERI, Pietro. **Perfis do Direito Civil.** Tradução de Maria Cristina de Cicco. 1 ed. ver. e ampl. Rio de Janeiro: Renovar, 1999.

PINHEIRO, Patrícia Peck. **Direito Digital.** 6ª Ed. ver. atual. e ampl. São Paulo: Saraiva, 2016.

PINHEIRO, Patrícia Peck. **Proteção de dados pessoais comentários à Lei n. 13.709/2018** (LGPD). São Paulo: Saraiva, 2018.

PORTO, Viviane de Araújo. **Descomplicando a Lei Geral de Proteção de Dados.** Edição do Kindle, 2020.

TEIXEIRA, Tarcisio. **Curso de Direito e Processo Eletrônico:** doutrina, jurisprudência e prática. 4ª ed. atual e ampl. São Paulo: Saraiva Educação, 2018.

UNIÃO EUROPEIA. Regulamento (UE) 2016/679 do Parlamento Europeu e do Conselho, de 27 de abril de 2016. **General Data Protection Regulation-GDPR**. Disponível em <https://eur-lex.europa.eu/legal-content/PT/TXT/?uri=celex:32016R0679> Acesso em: 20 abr. 2020.

7

A DECLARAÇÃO DE DIREITOS DE LIBERDADE ECONÔMICA E A LEI GERAL DE PROTEÇÃO DE DADOS: A PONDERAÇÃO ENTRE PROTEÇÃO E LIBERDADE

Tarcisio Teixeira[1]

Rodolfo Ignácio Aliceda[2]

INTRODUÇÃO

Em uma realidade social de dificuldade econômica, em que crises financeiras assolam grande parte da população, agravado, inclusive, pelo

1 Advogado especializado em Proteção de Dados e Direito Digital. Autor de diversas obras jurídicas, como: *Lei Geral da Proteção de Dados Pessoais – comentada artigo por artigo*, 2. ed. Juspodivm; *Direito digital e processo eletrônico, 5. ed.* Saraiva. tarcisio@privacidadegarantida.com.br.

2 Mestre em Direito Negocial. Pós-graduado em Direito do Trabalho e Previdenciário. Professor de Ensino Superior Advogado. rodolfo_aliceda@hotmail.com.

período pandêmico, causado pela proliferação do vírus SARS-CoV-2, que causa a doença denominada "Covid-19", em que os cidadãos foram compelidos a suspenderem seus trabalhos e manterem-se em suas casas para que a saúde e a vida fossem preservados, o trabalho e a livre iniciativa são rememorados pelo seu papel dignificador do ser, pois são eles que permitem ao humano galgar e circular riquezas, vislumbrando-se a possibilidade de que novas oportunidades surjam do direito de empreender, para que haja a superação das crises existentes.

É por intermédio do trabalho e da possibilidade de empreender, de exercer atividade econômica na sociedade capitalista, que o cidadão pode auferir ganhos que poderão ser capazes de suprir suas necessidades materiais e psicológicas, adquirindo bens que necessite para uma vida digna. Entretanto, em que pese a importância do tema, há a realidade de recessão econômica e alto número de desempregados que assola a nação brasileira, o que fomentou a necessidade de que, através de atos administrativos e legais, o governo garanta a facilitação para o exercício de atividade econômica, para que o problema da pobreza possa ser superado, sendo papel do direito auxiliar na busca da eficácia ao princípio fundamental da livre iniciativa.

Neste contexto, foi elaborado a Lei nº 13.874 de 20 de setembro de 2019, denominada de Declaração de Direitos de Liberdade Econômica, em que o legislador positivou direitos e garantias para que a pessoa natural ou jurídica possa ter menos óbices administrativos para exercer o direito fundamental de trabalhar, notadamente em um "negócio próprio". A garantia de liberdade econômica, entre outros direitos, positiva ao empreendedor a possibilidade de exercer atividade econômica mediante uso de tecnologias, comercializando produtos e serviços por este meio.

Neste caminho, eventualmente a liberdade econômica pode conflitar com o direito de proteção de dados da pessoa natural, que é protegida pela Lei nº 13.708/18 – Lei Geral de Proteção de Dados Pessoais –, pois as novas tecnologias, utilizadas em vários tipos e setores negociais, podem utilizar de dados dos sujeitos para exercerem as funções para as quais foram criadas, ressaltando-se que há, na atualidade, uma sociedade informatizada em que grandes negócios são efetivadas por meio da internet e das tecnologias de comunicação, havendo, nestes empreendimentos, o uso massivo dos dados pessoais, finalizando converter informação em lucro.

Todavia, em que pese a facilitação e o grande valor que a sociedade atribui para as tecnologias de informação, tanto pelo seu fator de atribuição de interesse quanto pelo lado empreendedor, as práticas de captação de dados sem o consentimento do titular lesionam seu fundamental direito à autodeterminação informativa.

Diante desta realidade, é interessante ao direito ter claro até que ponto a liberdade econômica pode ser cerceada pela proteção ao uso de dados pessoais, tendo em vista que ambos os direitos fundamentais são importantes no papel de dignificação do ser, um voltado para a possibilidade de ganhos necessários a sobrevivência, e outro para proteção da personalidade intrínseca aos dados pessoais, sendo interessante, também, observar em quais pontos as legislações convergem. É nesta estrada que a pesquisa, utilizando do método dedutivo, partiu da análise geral da Declaração de Direitos de Liberdade Econômica e da LGPD, para, após, analisar os pontos específicos em que as legislações podem convergir e divergir, almejando compreender a ponderação entre a liberdade de empreender e a proteção aos dados pessoais, tornando a problemática interessante ao Direito Constitucional, Direito Econômico, Direito Digital e Direito Negocial.

1. LIVRE INICIATIVA E LIBERDADE ECONÔMICA

Para o entendimento sobre a Declaração de Direitos de Liberdade Econômica, lei nº 13.874 de 20 de setembro de 2019, deve-se, antes, mencionar sobre a livre iniciativa como fundamento da República brasileira, valor basilar da ordem econômica, expressa na Constituição Federal (1988), em seu artigo 1º, inciso IV, versando sobre os valores sociais do trabalho e a livre iniciativa.

Livre iniciativa pode ser entendida como "liberdade de empresariar (desenvolver) uma atividade econômica lícita, implicando na possibilidade de entrar, permanecer e sair do segmento empresarial em que se atua"[3]. Trata-se de um princípio que possibilita aos agentes econômicos agirem de forma livre, sem intervenção do Estado, denominando-se, também, de neoliberalismo ou economia de mercado, ficando a cargo dos entes privados grande parte do fomento da economia, restando ao Poder Público fiscalizar e regulamentar as práticas e promover áreas essenciais como setor de água, energia, educação, saúde e segurança[4].

Em sua obra de direito constitucional, Luiz Alberto David Araújo e Vidal Serrano Nunes Júnior referem sobre a livre iniciativa como oriunda do sistema capitalista, abarcando o ideal de liberdade de empresa, referindo à lição de Manoel Afonso Vaz no entendimento de liberdade de investimento ou acesso à empresa, liberdade de organização da empresa e liberdade de contratação que a empresa possui[5]. Referidos autores destacam que a livre iniciativa não deve ser vista solitária, mas sob a conjugação de outros dispositivos da Constituição, como propriedade privada, função social da propriedade, defesa do consumidor, livre exercício da profissão e proteção do trabalho, não sendo um direito absoluto[6].

---

3 TEIXEIRA, Tarcísio. **Direito Empresarial Sistematizado:** Doutrina, Jurisprudência e Prática. 8ª ed. São Paulo: Saraiva: Educação, 2019, p. 556.

4 TEIXEIRA, Tarcísio. **Direito Empresarial Sistematizado:** Doutrina, Jurisprudência e Prática. 8ª ed. São Paulo: Saraiva: Educação, 2019, p. 557.

5 ARAÚJO, Luiz Alberto David; JÚNIOR, Vidal Serrano Nunes. **Curso de direito constitucional.** 16º ed. São Paulo: Verbatim, 2012, p. 505, Apud VAZ, Manoel Afonso, Direito econômico: a ordem econômica do capitalismo, p. 157.

6 Ibidem, p. 505.

Citando os escritos de Fábio Ulhoa Coelho, André Santa Cruz menciona que a livre iniciativa desdobra-se em quatro condições para o funcionamento eficiente do modo de produção capitalista, sendo ele a imprescindibilidade da empresa privada para que a sociedade tenha acesso aos bens e serviços de que necessita para sobreviver; busca do lucro como principal motivação dos empresários; necessidade jurídica de proteção do investimento privado, reconhecimento da empresa privada como polo gerador de empregos e de riquezas para a sociedade[7].

Em análise sobre a Constituição brasileira, Ana Paula de Barcellos e Luiz Roberto Barroso dissertam que o inciso IV do artigo 1º da Constituição Federal possui conteúdo essencialmente principiológico de proteção à liberdade, em especial liberdade profissional e econômica, sendo típico de Estados capitalistas, o que, entretanto, não significa que se defenda um liberalismo desenfreado, mas graduado segundo as opções políticas de cada governo. Afirmam que referido inciso almeja demonstrar os valores e resultados que a República brasileira ambiciona atingir, não referindo quais os meios devem ser utilizados para este resultado, sendo o destinatário final deste comando o Poder Público e os particulares[8]. Complementando o tema, os estudiosos referem que a livre iniciativa não pode ser vista desatrelada da valorização social do trabalho e vice e versa, posto que não há palavra em excesso no enunciado legal, devendo o valor de ambos os princípios serem mensurados conjuntamente, atrelando valor social do trabalho e livre iniciativa.

7 COELHO, Fábio Ulhoa. Princípios do direito comercial. São Paulo: Saraiva, 2012. p. 27-34, Apud CRUZ, André Santa. **Direito empresarial**, volume único. 9. Rio de Janeiro Método 2019, p.35.

8 BARCELLOS, Ana Paula de; BARROSO, Luiz Roberto. O valor social da livre iniciativa; In: CANOTILHO, José Joaquim Gomes; MENDES, Gilmar Ferreira; SARLET, Ingo Wolfgang; STRECK, Lenio Luiz; **Comentários à Constituição do Brasil**. 2ªed. São Paulo: Saraiva, 2018, p. 136- 137.

Especificamente sobre a livre iniciativa, escrevem que:

> [...] resta claro que a iniciativa é livre na medida em que a liberdade será sempre essencial à dignidade humana em geral, e do 'empreendedor' em particular, bem como dos seus funcionários e das respectivas famílias, sem desconsiderar – é claro – seu importante papel para o desenvolvimento econômico, social, cultural e tecnológico do país e de suas regiões.[9]

É neste contexto, na busca de um desenvolvimento social, cultural, tecnológico e, evidentemente, econômico, que a livre iniciativa toma corpo na ordem econômica e social na República brasileira. O fundamento desdobra-se em direito fundamental individual, previsto no artigo 5º, inciso XIII, da Constituição Federal (1988), que assegura o livre exercício de qualquer trabalho, ofício ou profissão, desde que atendidas as qualificações legalmente exigidas[10].

A livre iniciativa e a valorização do trabalho estão elencadas, também, na ordem econômica da República, no artigo 170 da Constituição Federal (1988), tendo por fim assegurar vida digna a todos. Eros Grau, em análise sobre o conteúdo do artigo 170 "caput", afirma que se trata do "mundo do ser", onde a liberdade de iniciativa está no campo do "dever ser" não pensada somente no individualismo, mas em seu valor social. Estipula-se a liberdade em sentido amplo, não se reduzindo ser somente a liberdade de empresariar, mas todas as outras maneiras de produção,

---

9 BARCELLOS, Ana Paula de; BARROSO, Luiz Roberto. O valor social da livre iniciativa; In: CANOTILHO, José Joaquim Gomes; MENDES, Gilmar Ferreira; SARLET, Ingo Wolfgang; STRECK, Lenio Luiz; **Comentários à Constituição do Brasil**. 2ªed. São Paulo: Saraiva, 2018, p. 138.

10 CRUZ, André Santa. **Direito empresarial**, volume único. 9. Rio de Janeiro Método 2019, p. 35.

como cooperativas, produções individuais e coletivas, a iniciativa autogestionária e a iniciativa pública[11]. O autor completa sua afirmação, descrevendo que uma das facetas da livre iniciativa é a liberdade econômica, ou liberdade de iniciativa econômica, tendo a empresa como titular. Esclarece que, desde os primórdios do nascimento do conceito, com o decreto d'Allarde, em 2-17 de março de 1791, haveria a liberdade para cada um exercer "[...] qualquer negócio ou exercício de qualquer profissão, arte ou ofício que lhe aprouvesse, sendo contudo ela obrigada a se munir previamente de uma "patente" (imposto direto), a pagar as taxas exigíveis e a se sujeitar aos regulamentos de polícia aplicáveis"[12], demonstrando que desde o início do conceito já eram dispostos poderes de polícia que limitavam a liberdade absoluta dos agentes, denotando que, mesmo em sistemas mais livres, havia um certo controle de regulação.

Eros Roberto Grau, ainda, escreve que a liberdade econômica se subdivide no sentido de ser entendida como liberdade no comércio e indústria, sem que o Estado tenha ingerência neste domínio econômico, facultando ao indivíduo explorar e criar uma atividade econômica; não estar sujeito a qualquer restrição que não esteja prevista em lei; ter liberdade de concorrência, devendo o Estado coibir formas e atos que lesionem a livre concorrência, possibilitando a conquista de clientela de maneira justa, ficando o Estado neutro quando houver igualdade de condições concorrenciais[13].

---

11 GRAU, Eros Roberto. Da ordem econômica e financeira. In: CANOTILHO, José Joaquim Gomes; MENDES, Gilmar Ferreira; SARLET, Ingo Wolfgang; STRECK, Lenio Luiz; **Comentários à Constituição do Brasil**. 2ªed. São Paulo: Saraiva, 2018, Anotações, 8.5-8.6, p. 1.884-1.885.

12 GRAU, Da ordem econômica e financeira. In: CANOTILHO, José Joaquim Gomes; MENDES, Gilmar Ferreira; SARLET, Ingo Wolfgang; STRECK, Lenio Luiz; **Comentários à Constituição do Brasil**. 2ªed. São Paulo: Saraiva, 2018, Anotações, 8.5-8.6, p. 1.885.

13 Ibidem, p. 1.886.

O artigo 170 da Constituição Federal (1988), em seus incisos, infere que, para haver livre iniciativa, é necessário observar os princípios de soberania nacional (I), propriedade privada (II), função social da propriedade (III), livre concorrência (IV), defesa do consumidor (V), defesa do meio ambiente (VI), redução das desigualdades regionais e sociais (VII), busca pelo pleno emprego (VIII) e tratamento favorecido para empresas de pequeno porte (IX)[14]. Todos estes princípios "limitam" a livre iniciativa, posto que devem ser sopesados e respeitados para que a alvedrio em empreender seja galgada, pensada não somente no indivíduo, mas no social. Contudo, não apenas os referidos princípios devem estar presentes, como, também, o conteúdo do parágrafo único do artigo 170, que expressa a legalidade em que o Estado participa desta liberdade, preconizando que é livre o exercício de qualquer atividade econômica, independente de autorização de órgãos públicos, salvo nos casos previstos em lei.

É neste sentido que a Constituição brasileira encontra convergência com o mercado liberal, em que o mercado, se for livre e consensual, é suficiente para regular as suas próprias práticas, restando ao governo o papel de determinar as regras do jogo e de interpretar e aplicar as regras aprovadas, participando do regulamento apenas quando for de interesse público, em que os valores descritos na norma constitucional devem preponderar em relação ao próprio mercado. Converge com o defendido por Milton Friedman, quando reflete o ideal de que a liberdade econômica serve de freio e contrapeso à totalidade política e vice e versa. Ou seja: enquanto o mercado livre serve de freio a governos totalitários, ao governo cabe o papel de frear a totalidade de concentração de poder

14 ARAÚJO, Luiz Alberto David; JÚNIOR, Vidal Serrano Nunes. **Curso de direito constitucional.** 16º ed. São Paulo: Verbatim, 2012, p. 505, Apud VAZ, Manoel Afonso, Direito econômico: a ordem econômica do capitalismo, p.506-507.

econômico e fiscalizar a liberdade oriunda da ordem econômica, que é valorada pela livre iniciativa[15].

A ordem econômica, termo amplo e que abarca o todo formado pela economia, é formada, segundo Ana Frasão, por "princípios constitucionais deontológicos e vinculantes", sendo papel do Estado impor os limites as áreas, para que não seja apenas o mercado o elemento fundamental de integração social[16], demonstrando, no escrito da referida autora, que além da economia, há outras formas de engrandecimento social, devendo o Estado limitar a ingerência econômica quando violar seus próprios preceitos. Interessante apresentar a conclusão de Luiz Alberto David Araújo e Vidal Serrano Nunes Júnior, de que "[...] o mercado não constitui produto exclusivamente da conjugação de forças econômicas, mas também de padrões normativamente ditados pelo Poder Público"[17].

Quanto ao Estado, ele intervém na economia de duas formas: ou como agente econômico, que, neste caso, tipificado no artigo 173 da Constituição Federal (1988), explora diretamente a economia do Estado, só sendo permitido em razão de segurança nacional ou relevante interesse coletivo, ou como agente normativo regulador, com a tarefa de preservar o fiel cumprimento do modelo econômico e assegurar os fins da ordem econômica[18]. Importante referir que a liberdade de iniciativa é limitada, também, pelo contido no artigo 5º, inciso XIII, e parágrafo único do

15 FRIEDMAN, Milton. **Capitalismo e liberdade**. Tradução e Revisão técnica de Afonso Celso de Cunha Serra Rio de Janeiro: LTC, 2014, p. 16-17.

16 FRASÃO, Ana. **Direito da concorrência:** Pressupostos e perspectivas. São Pulo: Saraiva, 2017, p. 30.

17 ARAÚJO, Luiz Alberto David; JÚNIOR, Vidal Serrano Nunes. **Curso de direito constitucional.** 16º ed. São Paulo: Verbatim, 2012, p. 505, Apud VAZ, Manoel Afonso, Direito econômico: a ordem econômica do capitalismo, p. 511.

18 Ibidem, p. 510-513.

artigo 170 da Constituição Federal (1988), condicionando o exercício da profissão à qualificação profissional e autorização prévia de órgãos públicos,[19] denotando o caráter regulador e fiscalizador do Estado, isto sem lesionar a livre iniciativa e, consequentemente, a liberdade econômica.

Posto todo o conteúdo implícito à livre iniciativa e da necessidade de buscar eficácia à liberdade de empreender, o legislador brasileiro redigiu a Lei nº 13.874/19, que será analisada nas linhas seguintes.

1.1. Declaração de Direitos de Liberdade Econômica

Como descrito anteriormente, a Constituição Federal (1988) estipulou a livre iniciativa como princípio fundamental da República e como norte da ordem econômica, sem, todavia, mencionar quais são os meios para alcançar o ideal de livre iniciativa. Diante disto, na tentativa de prover maior efetividade ao contido na norma constitucional, foi elaborada a Lei nº 13.874 de 20 de setembro de 2019, denominada de "Declaração de Direitos de Liberdade Econômica", constituindo-se em uma declaração de direitos econômicos que estabelecem garantias para o livre mercado, alterando artigos do Código Civil, Lei de Registros Públicos, Lei do Cadastro Informativo dos Créditos não Quitados de Órgãos e Entidades Federais, Lei de Registro Público de Empresas Mercantis e Atividades Afins, Consolidação das Leis do Trabalho, Lei da Sociedade Anônima, dentre outras[20].

---

19 CRUZ, André Santa. **Direito empresarial**, volume único. 9. Rio de Janeiro Método 2019, p. 35.

20 BRASIL. Lei nº 13.874 de 20 de setembro de 2019. Institui a Declaração de Direitos de Liberdade Econômica; estabelece garantias de livre mercado; altera as Leis nos 10.406, de 10 de janeiro de 2002 (Código Civil), 6.404, de 15 de dezembro de 1976, 11.598, de 3 de dezembro de 2007, 12.682, de 9 de julho de 2012, 6.015, de 31 de dezembro de 1973, 10.522, de 19 de julho de 2002, 8.934, de 18 de novembro 1994, o Decreto-Lei n. 9.760,

Referida lei foi originada de Medida Provisória nº 881 de 30 de abril de 2019, que teve como fundamento o argumento de que, no Brasil, impera a percepção de necessidade de permissão do Estado para empreender, causando insegurança ao empresário nacional, resultando em péssimo desempenho nacional em ranking que aufere as liberdades econômicas de cada país. Além disso, há a realidade de mais de 12 milhões de desempregados, o que causa estagnação econômica e diminuição da renda dos cidadãos.

Fundamenta-se, também, por "estudos empíricos" que demonstram que liberdade econômica é fator preponderante para desenvolvimento e crescimento econômico do país. Pauta-se no ideal de que a liberdade econômica e a proteção à propriedade privada são determinantes para o bem-estar da população e, para prover eficácia à livre iniciativa, referida medida finda por desburocratizar o Brasil, empoderando o particular ao expandir proteção contra intervenções desnecessárias do Estado.

Posto esse todo, visando modificar a realidade microeconômica que irá refletir macroeconomicamente, estabeleceu-se direitos pensando em situações consideradas paradigmáticas, sem privilegiar nenhum setor. Para isso, o texto será considerado uma norma a ser seguida no direito civil, empresarial, econômico, urbanístico e do trabalho[21].

A Medida Provisória n° 881 foi convertida em lei na data de 20 de setembro de 2019, prevalecendo os fundamentos nas estruturas da legislação, o que torna importante vincular que a "lei da liberdade econômica"

---

de 5 de setembro de 1946 e a Consolidação das Leis do Trabalho, aprovada pelo Decreto-Lei n. 5.452, de 1º de maio de 1943; revoga a Lei Delegada n. 4, de 26 de setembro de 1962, a Lei n. 11.887, de 24 de dezembro de 2008, e dispositivos do Decreto-Lei n. 73, de 21 de novembro de 1966; e dá outras providências. Brasília: Congresso Nacional, 2019, preâmbulo.

21 BRASIL. Legislação Informatizada – Medida Provisória, n. 881, de 30 de abril de 2019 – Exposição de Motivos. Brasília: Poder Executivo, 2019, fundamentos nº 1-10.

é a busca da desburocratização do sistema, promovendo facilitação em empreender, sem intervenção desnecessária do Estado, vetorizando para uma melhora econômica da nação e, consequentemente, social.

Em análise direta da referida legislação, vê-se que é dividia em cinco capítulos, sendo que no primeiro encontra-se as Disposições Gerais, que tratam sobre o modo de funcionamento e sua finalidade. O capítulo segundo demonstra o que seria essencial para o desenvolvimento econômico brasileiro (no entendimento do legislador). Em seguida, no capítulo terceiro, denominado de Garantias de Livre Iniciativa, encontram-se descritos os deveres da administração para com os particulares no exercício da liberdade de iniciativa privada. No capítulo quarto, há a análise do Impacto Regulatório, que deverá ser feito pelos entes públicos para averiguar se a criação de leis não prejudicará a liberdade de empreender, e, por fim, no capítulo quinto, estão presentes as alterações legislativas que a lei introduziu, juntamente as disposições finais.

O artigo 1º da lei expressa que a Declaração de Direitos de Liberdade Econômica estabelecerá normas de proteção à livre iniciativa e livre exercício da atividade econômica, alocando e reafirmando o Estado como agente normativo e regulador, o que encontra parâmetro no artigo 170, parágrafo único, e artigo 174, "caput", ambos da Constituição Federal (1988).[22] Seu parágrafo primeiro estipula que será observado a Declaração de Direito e Liberdade Econômica para aplicação e interpretação do direito civil, empresarial, econômico, urbanístico e do trabalho nas relações jurídicas que estejam em seu âmbito de aplicação, dispondo no parágrafo segundo que será interpretado em favor da liberdade econômica, da boa-fé e respeito aos contratos e aos investimentos e propriedade, todas as normas de ordenação pública sobre a temática[23].

22 BRASIL, Lei nº 13.874 de 20 de setembro de 2019, art. 1º.

23 BRASIL, Lei nº 13.874 de 20 de setembro de 2019, art. 1º, §§ 1º e 2º.

Destaca-se especial atenção ao parágrafo quarto do artigo 1º da lei, onde consta que os artigos 1º ao 4º constituem-se em normas gerais de direito econômico, devendo ser observado para todos os atos públicos de liberação da atividade econômica executados pelo Estado, Distrito Federal e pelos Municípios. Assim, está de acordo com artigo 24, §§ 1º, 2º, 3º e 4º da Constituição Federal, que estabelece a competência concorrente para os entes legislarem sobre direito econômico, onde a União limita-se a legislar sobre normas gerais e competência suplementar do Estado sobre o tema. Fernanda Dias Menezes de Almeida, em sua análise sobre o artigo 24 da Constituição Federa, refere que a Constituição de 1988 inovou em prover a possibilidade de repartição de competências, "[...] visualizada estrategicamente como mecanismo adequado para equilibrar o relacionamento federativo mediante maior descentralização da faculdade de legislar."[24] Observa-se, neste ponto, que a Declaração de Direitos e Liberdade Econômica assume o papel de norma geral previsto na Constituição, cabendo aos demais entes legislarem na medida de suas competências.

Findando o artigo 1º da lei, o parágrafo sexto expressa todos os conceitos abarcados no termo "ato público de liberação", podendo ser resumido no conceito de ato administrativo objetivo, apresentado por Maria Sylvia Zanella Di Pietro, entendido como "[...] somente aquele praticado no exercício concreto da função administrativa, seja ele editado pelos órgãos administrativos ou pelos órgãos judiciais e legislativos."[25] Referida classificação, por ser mais ampla do que a subjetiva, que leva em conta apenas atos do executivo, parece mais coerente, já que o parágrafo sexto

24 ALMEIDA, Fernanda Dias Menezes de. Compete à União, aos Estados e ao Distrito Federal legislar concorrentemente sobre. In: CANOTILHO, José Joaquim Gomes; MENDES, Gilmar Ferreira; SARLET, Ingo Wolfgang; STRECK, Lenio Luiz; **Comentários à Constituição do Brasil**. 2ªed. São Paulo: Saraiva, 2018, p. 810.

25 DI PIETRO, Maria Sylvia Zanella. **Direito administrativo**. 32 Ed. Rio de Janeiro: Forense, 2019, p. 231.

menciona que o ato público de liberação realizado sob qualquer denominação, por órgão ou entidade da administração pública na aplicação da lei, podendo, assim, abarcar atos de liberação oriundo de decisões judiciais que tendem a condicionar o exercício da atividade econômica.

Os princípios norteadores da legislação são os descritos no artigo 2º, estando inclusos a liberdade como uma garantia no exercício de atividade econômica (I), a boa-fé do particular perante o poder público (II), a intervenção subsidiária e excepcional do Estado sobre o exercício da atividade econômica (III) e o reconhecimento da vulnerabilidade do particular perante o Estado (IV)[26].

A vulnerabilidade do particular perante o Estado recebe especial atenção no parágrafo único do artigo 2º, que refere sobre a realização de um regulamento que disporá sobre os critérios de aferição para afastar a ideia de vulnerabilidade do particular perante o Estado, estando limitado pela má-fé, hipossuficiência ou reincidência. O termo vulnerabilidade, na convergência da natureza de liberdade de empreender intrínseco à norma, leva a crer que o legislador entende que o particular, em especial a pessoa natural, os pequenos e microempreendedores, são vulneráveis perante o grande aparato estatal, do ponto de vista econômico, técnico e fático, principalmente na figura de Estado intervencionista, que interfere nas relações entre os particulares para nivelar eventuais diferenças, culminando em enfraquecer a empresa comparada ao poder econômico do Estado. Utilizando a vulnerabilidade aplicada ao consumidor, por Sylvio Capanema de Souza, para a realidade do empreendedor (pessoa natural ou jurídica), ela pode ser analisada de maneira fática, onde o particular pode ter menor capacidade econômica em relação ao poderio de decisão do Estado. Também há o ponto de vista técnico, em que o Estado pode dificultar o particular de ter acesso aos meios necessários de produção e,

26 BRASIL, Lei nº 13.874 de 20 de setembro de 2019, art. 2º.

por fim, do ponto de vista jurídico, onde o Estado tem maiores benefícios e proteção legal diante do interesse social que carrega.[27]

Referido princípio encontra respaldo constitucional, ao notar que a micro e pequenas empresas possuem tratamento especial, previsto no artigo 170, inciso IX, da Constituição Federal (1988), bem como o reconhecimento da função social da propriedade, que está prevista no inciso III do mesmo artigo. O tratamento especial para os pequenos empreendedores ocorre por várias razões, desde a falta de preparo dos indivíduos, insuficiência de capital de giro e linhas de crédito, dentre outros, devendo receber este tratamento diferenciado pela importância na geração de empregos e renda que lhe são inerentes[28].

Pode-se, também, atribuir à razão da existência da vulnerabilidade do particular perante o Estado à pretensão do legislador constituinte de erigir a dignidade humana e solidariedade social, como descreve Teresa Negreiros, referindo que o foco da Constituição, além de outros, é enfrentar as desigualdades sociais, erradicando a pobreza e a marginalização social[29], sendo a liberdade econômica um instrumento de erradicação de pobreza e de dignificação do homem.

Em continuação à análise da norma, o artigo 3º da legislação refere sobre os direitos de liberdade econômica que são aplicadas ao particular, pessoa natural ou jurídica, considerada essencial para o desenvolvimento e o crescimento econômico do País. São doze incisos que apresentam direitos que facilitam a atividade econômica, iniciando pelo direito ao

27 SOUZA, Sylvio Capanema de. **Direito do consumidor**. Rio de Janeiro: Forense, 2018, p. 14-15.

28 TEIXEIRA, Tarcísio. **Direito Empresarial Sistematizado:** Doutrina, Jurisprudência e Prática. 8ª ed. São Paulo: Saraiva: Educação, 2019, p. 65.

29 NEGREIROS, Teresa. **Teoria do Contrato**: Novos paradigmas. 2ª ed. Rio de Janeiro: Renovar, 2006, p. 19.

exercício de atividade de baixo risco (I), desenvolvimento de atividade econômica em qualquer horário, desde que respeitem as normas de proteção ambiental, restrições contratuais ou de outro negócio jurídico e legislação trabalhista (II), definir livremente, em mercados não regulados, o preço de produtos e de serviços como consequência de alteração da oferta e da demanda (III), receber tratamento isonômico de órgãos e de entidades da administração pública quando ao exercício de liberação da atividade econômica (IV), gozar de presunção de boa-fé nos atos praticados no exercício da atividade econômica para as quais as dúvidas serão resolvidas, voltada a preserva a autonomia privada (V), desenvolver, executar, operar ou comercializar novas modalidades de produtos e de serviços quando as normas infralegais se tornarem desatualizadas por força de desenvolvimento tecnológico consolidado internacionalmente (VI), ter garantia de que nas solicitações de atos públicos de liberação da atividade econômico se sujeitarão ao disposto na lei (IX), arquivar qualquer documento por meio de microfilme ou por meio digital (X), não ser exigida medida ou prestação compensatória ou mitigatória abusiva, em sede de estudos de impacto de outras liberações de atividade econômica no direito urbanístico (XI) e não ser exigida pela administração pública direta ou indireta certidão sem previsão expressa de lei.

É notório que alguns direitos propõem dar maior praticidade para a tarefa de empreender sem que o Estado interfira sem motivos justos e legais, buscando diminuir burocracia e prover celeridade na liberação de atividade econômica, sem exigir certidões não previstas em leis, bem como no arquivamento de documentos por meio digital, que pelas novas tecnologias, torna-se necessário a regulação.

Em outros direitos, nota-se especial importância na comercialização de novas modalidades de produtos e de serviços, pensando no desenvolvimento tecnológico, ponto que encontra convergência com tecnologias que captam, utilizam e até comercializam dados de pessoas naturais, onde poderá incidir a Lei nº 13.709 de 14 de agosto de 2018, Lei Geral de Proteção de Dados Pessoais, que será melhor delineada adiante.

No artigo 4º estão dispostas as garantias de livre iniciativa, onde, em seu *caput*, está disposto como dever da administração pública, no intuito de evitar o poder regulatório de maneira a não criar reserva de mercado, favorecendo grupo econômico ou profissão por meio de regulação, prejudicando os demais (I), evitar a criação de enunciados que impeçam a entrada de novos competidores nacionais ou estrangeiros no mercado (II), exigir especificações técnicas que sejam desnecessárias para a finalidade desejada (III), impedir que se redijam enunciados que impeçam ou retardam a inovação e a adoção de novas tecnologias, processos ou modelos de negócios, ressalvado as situações consideradas de alto risco (IV), aumentar custos de transação sem demonstração de benefícios (V), criar demanda artificial ou compulsória de produto, serviço ou atividade profissional, inclusive de uso de cartórios, registros ou cadastros (VI), que introduzam limites a livre formação de sociedade empresárias ou de atividades econômicas (VII), restringir o uso e o exercício da publicidade e propaganda sobre um setor econômico, ressalvadas as expressamente previstas em leis (VIII) e exigir, sob pretexto de inscrição tributária, requerimentos de outra natureza de maneira a mitigar os efeitos do inciso I do *caput* do art. 3º da lei em estudo (IX).

Das garantias previstas, observa-se que evitar o abuso a criação de enunciados normativos que impeçam a entrada de novos competidores, enunciados que retardem ou impeçam a inovação tecnológica, aumento de custo de transação sem demonstração de benefícios e introduzir limites à livre formação da sociedade empresariais ou de atividade econômica (inciso II, IV, V e VII do art. 4º) podem ser aplicados, em caráter de análise, à LGPD, quando as garantias colidirem com a proteção de dados da pessoa natural.

Importante ressalta que, no ano de 2021, a Declaração de Liberdade Econômica teve o adicional do artigo 4°-A, incluído em razão da Lei n° 14.195 de 26 de agosto de 2021, que dispõem sobre a abertura de empresas, sobre a proteção de acionistas minoritários, dentre outros pontos, e que, no que toca à lei em estudo, impõem o dever de a administração, na aplicação da ordenação pública sobre atividades econômicas privadas, dispensar tratamento justo, previsível e isonômico entre os agentes econômicos (I), proceder à lavratura de autos de infração ou aplicar sanções com base em termos subjetivos ou abstratos somente quando estes forem propriamente regulamentados por meio de critérios claros, objetivos e previsíveis (II), observar o critério de dupla visita para lavratura de autos de infração decorrentes do exercício de atividade considerada de baixo ou médio risco (III).

É notório que o artigo 4°-A prevê situações concretas para que a administração imponha sanções, evitando que seja aplicada qualquer punição pelo simples "subjetivismo" do agente administrativo responsável, evitando, assim, injustiças. Ademais, o parágrafo primeiro deste artigo expressa os elementos para que sejam elaborados regramentos subjetivos para sanções, obrigando a edição de atos administrativos para definir a aplicação e a incidência de conceitos subjetivos ou abstratos por meio de critérios claros, objetivos e previsíveis, observado, que: nos casos de imprescindibilidade de juízo subjetivo para a aplicação da sanção, o ato normativo determinará o procedimento para sua aferição, de forma a garantir a maior previsibilidade e impessoalidade possível (I) e a competência da edição dos atos normativos infralegais equivalentes a que se refere este parágrafo poderá ser delegada pelo Poder competente conforme sua autonomia, bem como pelo órgão ou pela entidade responsável pela lavratura do auto de infração (II).

Interessante apresentar a convergência desta modificação da Declaração de Liberdade Econômica com o que a LGPD apresenta como sanções àquele que violar o regramento de proteção de dados, que em seu artigo 52 e inciso, expressam os tipos de penalidades que poderão ser impostas aos controladores que violem o regramento dos dados, e, no parágrafo primeiro, prevê o procedimento administrativo que possibilite a oportunidade da ampla defesa, de forma gradativa, isolada ou cumulativa, de acordo com as peculiaridades do caso concreto. Não bastasse, o parágrafo quarto obriga que a autoridade tenha como parâmetro o faturamento total da empresa ou do grupo econômico, para que aplique a pena de multa, demonstrando que o caráter subjetivo tem a certeza da previsibilidade e impessoabilidade que o artigo 4°-A, §1°, inciso I da lei de liberdade econômica prevê. É perceptível no parágrafo sexto do artigo 52 da LGPD, que também apresenta elementos "objetivos" para a aplicação da pena de a adoção de política de boas práticas e governança, pronta adoção de medidas corretivas e a proporcionalidade entre a gravidade da falta e a intensidade da sanção, evitando penas desproporcionais às instituições empresariais que forem penalizadas.

Ou seja: há critérios claros, objetivos e previsíveis na incidência de conceitos subjetivos que a LGPD afere para penalizar o controlador que desrespeita à lei, convergindo com o que o artigo 4°-A da Declaração de Liberdade Econômica preconiza.

Por fim, apresenta-se outras alterações legislativas que convergem com o tema, sendo a mais importante delas a do Código Civil, que sofreu modificação com a Declaração de Liberdade Econômica, sendo incluídos incisos sobre direito empresarial, pessoa jurídica, abuso a personalidade jurídica, dentre outros. Porém, é o artigo 113 que recebe maior atenção, pois introduziu novas formas de interpretação do negócio jurídico, onde a interpretação deve atribuir o sentido que, dentre outros incisos, corresponder aos usos, costumes e práticas no mercado relativas ao tipo de negócio (II). Assim, é possível vislumbrar que o negócio jurídico que trate sobre uso de dados pessoais deva levar em consideração os valores e direitos que a LGPD almeja engendrar nas transações de dados, devendo servir de parâmetro para interpretar o referido negócio.

A Declaração de Liberdade Econômica também acresceu artigos na lei nº 12.682 de 09 de julho de 2012, que trata sobre a elaboração e o arquivamento de documentos em meios eletromagnéticos. Aparta-se este ponto, diante da possível convergência com a LGPD, pelo fato de referir ao uso de documento digital, onde dados de pessoas naturais podem estar contidos, incidindo a lei de dados brasileira.

Destaca-se, também, a modificação introduzida na Lei nº 6.015 de 31 de dezembro de 1973, que dispõe sobre os registros públicos e dá outras providências, em que se acresceu, por introdução da Declaração de Liberdade Econômica, o parágrafo terceiro do artigo 1º, que expressa a possibilidade de os registros serem escriturados, publicitados e conservados em meio eletrônico.

Observa-se, portanto, que a Declaração de Direitos de Liberdade Econômica possibilitou mudanças legislativas e facilitação para empreender em áreas que, dentre diversas outras, versem sobre tratamento de dados pessoais da pessoa natural, o que torna necessária uma análise, juntamente a Lei nº 12.709 de 14 de agosto de 2018- LGPD.

2. A PROTEÇÃO DE DADOS NA REALIDADE ECONÔMICA

Os dados pessoais, na sociedade atual, que releva especial importância à informação, possuem valor econômico, diante do caráter virtual que a sociedade passou a adotar para circulação de produtos e serviços. Inclusive, no ano de 2022, em razão da Emenda Constitucional de n° 115, foi incluído o inciso LXXIX no artigo 5° da Constituição Federal de 1988, reconhecendo a proteção, expressamente, como um direito fundamental, não necessitando mais de interpretação principiológica para alcançar o resultado de sua importância dignificadora do ser, demonstrando, notadamente, a importância que deve ser aplicada à situação.

A sociedade, historicamente, já viveu uma organização agrícola, onde o poder estava na propriedade, evoluindo, mediante a introdução das máquinas à vapor e da eletricidade, para uma sociedade industrial, onde a riqueza estava na produção, que, por sua vez, após as mudanças introduzidas pela Segunda Guerra Mundial, evoluiu para a sociedade pós-industrial, configurando o poder na consecução de serviços. Para Bruno Ricardo Bioni, atualmente, transpassado todas estas fases, principalmente pela introdução de tecnologias digitais, a sociedade estaria vivenciando a fase informacional, em que o poder está na capacidade de processamento e transmissão da informação[30]. Interessante colacionar suas escritas, quando menciona que "A Informação é o (novo) elemento estruturante que (re)organiza a sociedade, tal como o fizeram a terra, as máquinas a vapor e a eletricidade, bem como os serviços, respectivamente, nas sociedades agrícola, industrial e pós-industrial"[31].

É nesta fase social e econômica que os dados pessoais recebem especial importância, pois, utilizadas pelas novas tecnologias, possuem função mercadológica, de valor, onde "As informações fornecidas pelas pessoas para que se obtenha determinados serviços são tais, em quantidade e qualidade, que possibilitam uma série de usos secundários, especialmente lucrativos para os gestores dos sistemas interativos."[32]

Em artigo publicado por Antônio Ramalho de Souza Carvalho, o autor escreve que se iniciou uma nova revolução industrial, relacionada com a convergência entre o mundo digital, físico e biológico, em que os dados se destacam por serem participantes das comunicações e transações, auxiliando no processo de transformação social, estrutural e tecnológico. A análise de dados, nesta realidade, é o que impulsionaria a quarta revolução industrial, onde o recolhimento e análise de dados para convergir informação tornarão as empresas mais competitivas no mercado[33].

---

30 BIONI, Bruno Ricardo. **Proteção de Dados Pessoais**: a função e os limites do consentimento. 2ªed. Rio de Janeiro: Forense, 2020, p. 3-5.

31 Ibidem, p. 5.

32 RODOTÀ, Stefano. **A vida na sociedade da vigilância:** A Privacidade Hoje. Organização, seleção e apresentação de Maria Celina Bodin de Moraes. Tradução Danilo Doneda e Luciana Cabral Doneda. Rio de Janeiro: Renovar, 2008.

33 CARVALHO, Antônio Ramalho de Souza. Os dados no contexto da quarta revolução industrial. **Cadernos Adenauer nº 3 – Proteção de dados pessoais: versus avanço tecnológico.** Rio de Janeiro: Fundação Konrad Adenauer, 2019, p. 96-101.

É uma realidade oriunda da denominada sociedade informacional. Ana Cristina Azevedo P. Carvalho escreve que a sociedade informacional surge com o advento da internet e as novas ferramentas de comunicação, e que, de fato, não significa ser realmente uma sociedade que informa, posto que com os usos dos dados pessoais atrelado ao surgimento de inteligências artificiais é possível traçar um perfil do usuário, fazendo com que suas pesquisas (com finalidade de adquirir informação) sejam segmentadas a ponto de não haver, talvez, real informação, pois o usuário recebe conteúdo que os sistemas querem que o indivíduo veja e não, necessariamente, o que ele realmente precisava ver, consequentemente, o desinformando, tudo isso pautado nos dados pessoais dos usuários adquiridos pelos sistemas[34].

Newton De Lucca, por sua vez, classifica nossa sociedade como uma sociedade do conhecimento, onde o tempo de evolução e de modificação de objetos e sistemas, pela evolução tecnológica, não é o mesmo comparado aos tempos antigos e, neste contexto, o conhecimento se propaga mais rapidamente, sendo a nomenclatura correta para a atualidade[35].

Sendo uma sociedade de efetiva informação, ou não, é fato que a prática de captação de dados consolidou-se e converge em utilização para diversas funções, destacando as econômicas, ressaltando-se a função de segmentação de vendas, traçar planos mercadológicos e, até, para controle e uso governamental, culminando em enfraquecer o controle de uso dos próprios dados pelos indivíduos. Aqui, interessante ressaltar o que José Eduardo Faria apresenta como panorama, onde a integração dos

---

34 CARVALHO, Ana Cristina Azevedo P. **Marco Civil da Internet no Brasil:** Análise da Lei 12.965/14 e do Direito de Informação. Rio de Janeiro: Alta Books, 2014, p. 6-11.

35 DE LUCCA, Newton. Aspectos Atuais da Proteção aos Consumidores no âmbito dos Contratos Informáticos e Telemáticos. In DE LUCCA, Newton; SIMÃO FILHO, Adalberto (coords.) **Direito & Internet vol. II**- Aspectos Jurídicos Relevantes. São Paulo: Quartier Latin, 2008, p. 26-38.

mercados financeiros, em escala global, possui mais poder de decisão e de influência que os próprios Estados nacionais, influenciados por uma realidade onde os fluxos de comunicações possuem tempos diferentes e mais rápidos, não sendo os fluxos limitados por espaços geográficos, e que as inovações dos mercados estão à frente dos meios jurídicos, das regulações impostas pelo Estado, que não são capazes de acompanhar estas novas práticas. São processos econômicos que possuem lógicas próprias, "[...] não sendo controláveis com base nas categorias e procedimentos normativos e nos padrões espaciais e temporais construídos sob a teoria político-jurídica clássica"[36].

Em linha de raciocínio do referido autor, é possível vislumbrar que a prática de captação de dados está consolidada nesta realidade de mercado, que evoluiu rapidamente, utilizando-se das inovações tecnológicas e criando condutas próprias, enquanto o direito existente não consegue acompanhar está evolução, não existindo uma norma que efetivamente garanta proteção aos dados pessoais dos usuários, que estão sendo captados e utilizados, muitas vezes, sem o conhecimento e consentimento do titular.

É neste contexto que a regulação de proteção de dados surge, buscando prover maior controle e informação sobre a captura e uso de dados pessoais nos meios físicos e, principalmente, nos meios digitais, em tempos em que sua captação é consolidada no mercado, buscando a legislação se adequar à realidade social vivenciada, mesmo que tardiamente.

Ao observar a evolução normativa do tema, nota-se, inicialmente, uma tendência de aproximar o uso de dados pessoais com o direito de privacidade, historicamente fundado na visão privada do direito, com uma conotação de proteção aos anseios burgueses. Stefano Rodotà escreve que desde a definição de entendimento de privacidade por Warren e Brandeis, como

---

36 FARIA, José Eduardo. **O Estado e o Direito Depois da Crise.** 2ª ed. São Paulo: Saraiva, 2017, p. 51-53.

o direito de ser deixado em paz, há uma nítida proteção à esfera imaterial da privacidade, com conotação totalmente vinculada à propriedade. Após, o autor refere que o conceito de que a privacidade pode ser atrelada à proteção de minorias, quando estas expõem livremente suas opiniões, aproximando o direito de privacidade ao de liberdade de expressão e de desenvolvimento da personalidade[37].

Em continuidade, Stefan Rodotà refere que é da junção dos mencionados pensamento de privacidade (ideal de privacidade como direito de ficar só e de um direito próximo da liberdade de se expressar) que, no começo dos anos 70, inspirou os instrumentos nacionais e internacionais de proteção de dados. Em 1980 a OCDE emite diretrizes sobre proteção da privacidade e fluxo transfronteiriço de dados pessoais e em 1981 o Conselho Europeu apresentou a Convenção 108, ambas apresentando a proteção de dados como necessária ao desenvolvimento humano, promovendo um entendimento de que os dados são uma ramificação da privacidade. O autor menciona que, após este período, em 1995, houve a Diretiva da Comunidade Europeia 95/46, que positivou que as legislações deveriam procurar garantir um alto nível de proteção a dados pessoais, juntando o conceito de privacidade e de liberdade de expressão. Mas é na Carta de Direitos Fundamentais da União Europeia que há o reconhecimento do direito à proteção de dados como um direito autônomo, separando-o da privacidade[38].

A Carta de Direitos Fundamentais da União Europeia, em seu artigo 7º e 8º, diferencia a proteção e o respeito à vida privada e familiar da

37 RODOTÀ, Stefano. **A vida na sociedade da vigilância:** A Privacidade Hoje. Organização, seleção e apresentação de Maria Celina Bodin de Moraes. Tradução Danilo Doneda e Luciana Cabral Doneda. Rio de Janeiro: Renovar, 2008. p. 15-16.

38 RODOTÀ, Stefano. **A vida na sociedade da vigilância:** A Privacidade Hoje. Organização, seleção e apresentação de Maria Celina Bodin de Moraes. Tradução Danilo Doneda e Luciana Cabral Doneda. Rio de Janeiro: Renovar, 2008, p. 16.

proteção aos dados pessoais, tipificando que os dados podem ser objetos de tratamento quando houver consentimento do titular, e que o cumprimento dos direitos fica sujeito a fiscalização de autoridades[39]. Observa-se, na referida carta de direitos europeia, a distinção entre o caráter negativo da proteção da privacidade comparado com uma função positiva (dinâmica) da proteção de dados, pois se criam divisão de poderes para tratar de um dado, que vai desde o consentimento para o tratamento, até um efetivo controle da autoridade nacional. É o reconhecimento da proteção de dados como direito fundamental, autônomo da privacidade, protegendo a projeção humana no corpo eletrônico. Destaca-se:

> Estamos diante da verdadeira reinvenção da proteção de dados, não somente porque ela é expressamente considerada como um direito fundamental autônomo, mas também porque se tornou uma ferramenta essencial para o desenvolvimento da personalidade.[40]

Os regulamentos europeus findam por erigir o indivíduo ao protagonismo, vinculando e "empoderando" o consentimento do titular de dados. Bruno Ricardo Bioni, refere que a orientação normativa de buscar o controle dos dados pelos indivíduos foi denominada de *Fair Information Practice Principles/FIPPS,* servindo como régua para determinar se é lícita

---

39 UNIÃO EUROPEIA. **Carta de Direitos Fundamentais**. Artigo 7º- Respeito pela vida privada e familiar: Todas as pessoas têm direito ao respeito pela sua vida privada e familiar, pelo seu domicílio e pelas suas comunicações. Artigo 8º- Proteção de dados pessoais.

1. Todas as pessoas em direito à proteção dos dados de caráter pessoal que lhes digam respeito. 2. Esses dados devem ser objeto de um tratamento leal, para fins específicos e com o consentimento da pessoa interessada ou com outro fundamento legítimo previsto por lei. Todas as pessoas têm o direito de aceder aos dados coligidos que lhes digam respeito e de obter a respectiva retificação. 3 O cumprimento destas regras fica sujeito a fiscalização por parte de uma autoridade independente. Disponível em: https://www.europarl.europa.eu/charter/pdf/text_pt.pdf. Acesso em 08 jun. 2020.

40 STEFANO, Rodotà. Op. Cit. p. 17.

ou ilícita a atividade de tratamento. Este padrão de adoção das *"FIPPS"*, na visão do autor, é mantido desde a Convenção 108, de *Strasbourg*, até a *General Data Protection Regulation – GDPR*, que mantêm o consentimento do titular para tratamento de seus dados pessoais, aplicando uma série de qualificadores para o consentimento, sendo as qualificadoras cumulativas (consentimento que corresponda com os anseios do titular).

O autor, complementando, descreve que os anseios do titular dos dados devem estar pautados em sua declaração ou em ações afirmativas, onde o consentimento tem a função primordial no processo de tomada de decisão do titular, estando disposto no artigo 7º da GDPR, que obriga o consentimento informado, oriundo de captação de informações sobre o uso de dados em local de fácil acesso, claro e de linguagem simples[41].

Aqui, é positivo que se entenda que o que está sendo apresentado tem o condão de priorizar o princípio da autodeterminação informativa, que é o mega valor por detrás do reconhecimento da proteção das informações pessoais através de seus dados. Trata-se de uma interpretação das normas de direito fundamental, que se iniciou no Tribunal Constitucional Alemão, ao ponderar sobre a maneira inovadora que as tecnologias atingem a sociedade, reconheceu o direito geral de proteção à personalidade e à dignidade humana, concluindo sobre a existência de um direito fundamental a autodeterminar-se no que toca a utilização de dados pessoais. Melhor explicitando, seria o "direito do indivíduo a decidir sobre a divulgação e utilização de seus dados pessoais"[42].

Portanto, observa-se que na sociedade informacional, a legislação de proteção de dados europeia, na ânsia de elevar o titular de dados em

---

41 BIONI, Bruno Ricardo. **Proteção de Dados Pessoais**: a função e os limites do consentimento. 2ªed. Rio de Janeiro: Forense, 2020, p. 113-120.

42 HOFFMANN-RIEM, Wolfgang. **Teoria Geral do Direito Digital:** Transformação Digital Desafios para o Direito. Rio de Janeiro: Forense, 2021, p. 48-50

posição de importância e de reconhecer a autonomia informacional como um direito fundamental, modificou a forma como o uso de dados pessoais deve ser realizado no contexto econômico que, a partir de sua vigência, deve respeitar a autonomia do titular dos dados, convergindo com o princípio da autodeterminação informativa.

2.1. Lei Geral de Proteção de Dados e Marco Civil da Internet

No Brasil, seguindo o contexto normativo apresentado pelo regulamento europeu de proteção de dados – GDPR –, foi criada a lei nº 13.709 de 14 de agosto de 2018, chamada de Lei Geral de Proteção de Dados Pessoais, que versa exclusivamente sobre o uso de dados pessoais da pessoa natural.

A proteção de dados já havia sido tratada por outras legislações setoriais, como o Código de Defesa do Consumidor (Lei nº 8.078/90), que disciplina sobre o banco de cadastro de dados dos consumidores, em seu artigo 43.[43]

43 BRASIL. Lei nº 8.078 de 11 de setembro de 1990. **Código de Defesa do Consumidor**. Artigo 43: O consumidor, sem prejuízo do disposto no art. 86, terá acesso às informações existentes em cadastros, fichas, registros e dados pessoais e de consumo arquivados sobre ele, bem como sobre as suas respectivas fontes. § 1º Os cadastros e dados de consumidores devem ser objetivos, claros, verdadeiros e em linguagem de fácil compreensão, não podendo conter informações negativas referentes a período superior a cinco anos. § 2º A abertura de cadastro, ficha, registro e dados pessoais e de consumo deverá ser comunicada por escrito ao consumidor, quando não solicitada por ele. § 3º O consumidor, sempre que encontrar inexatidão nos seus dados e cadastros, poderá exigir sua imediata correção, devendo o arquivista, no prazo de cinco dias úteis, comunicar a alteração aos eventuais destinatários das informações incorretas. § 4º Os bancos de dados e cadastros relativos a consumidores, os serviços de proteção ao crédito e congêneres são considerados entidades de caráter público. § 5º Consumada a prescrição relativa à cobrança de débitos do consumidor, não serão fornecidas, pelos respectivos Sistemas de Proteção ao Crédito, quaisquer informações que possam impedir ou dificultar novo acesso ao crédito junto aos fornecedores. § 6º Todas as informações de que trata o caput deste artigo devem ser disponibilizadas em formatos acessíveis, inclusive

Também há a lei do Cadastro Positivo (Lei nº 12.414/11),[44] que versa sobre concessão de crédito para titulares de dados positivos, levando em consideração os elementos pessoais descritos no cadastro positivo para concessão de crédito financeiro.

É importante referir que a proteção de dados encontra nítido amparo na Constituição Federal (1988) e no Código Civil, quando se trata de proteção à direitos de personalidade e dignidade humana. Ressalta-se, também, o enunciado número 404 da V Jornada de Direito Civil do Conselho da Justiça Federal:

> A tutela da privacidade da pessoa humana compreende os controles espacial, contextual e temporal dos próprios dados, sendo necessário seu expresso consentimento para tratamento de informações que versem especialmente o estado de saúde, a condição sexual, a origem racial ou étnica, as convicções religiosas, filosóficas e políticas[45].

Referido enunciado é oriundo da interpretação dada ao artigo 21 do Código Civil e é deste caráter interpretativo ao uso de dados que a Lei nº 12.965 de 23 de abril de 2014, conhecida como Marco Civil da Internet fundamenta o tema, reconhecendo a proteção aos direitos humanos, desenvolvimento da personalidade e o exercício da cidadania digital dos usuários da internet como fundamento, em seu artigo 2º, inciso II, expressando a proteção aos dados pessoais dos usuários como um direito

para a pessoa com deficiência, mediante solicitação do consumidor. Disponível em: http://www.planalto.gov.br/ccivil_03/leis/l8078.htm. Acesso em: 15 jun. 2020.

44 BRASIL, Lei nº 12.414 de 09 de junho de 2011. Lei do Cadastro Positivo. Disponível em: http://www.planalto.gov.br/ccivil_03/_ato2011-2014/2011/lei/l12414.htm. Acesso em: 15 jun. 2020.

45 CONSELHO DA JUSTIÇA FEDERAL. **V Jornada de Direito Civil.** Enunciado nº 404. Disponível em: https://www.cjf.jus.br/enunciados/enunciado/208. Acesso em 14 jun. 2020

fundamental (artigo 3º, inciso III). Há, também, direta menção à proteção aos dados no artigo 7º, inciso VII, versando sobre a necessidade de consentimento livre, expresso e informado para tratamento de dados pessoais[46].

Além, a proteção continua prevista no artigo 10 e 11 do Marco Civil da Internet, que reconhece a necessidade de preservação da intimidade e privacidade nos dados registrados nas conexões de acesso e aplicação da internet, e da obrigação ao respeito de leis brasileiras quando ocorrer a captação de dados pessoais em território nacional, por provedores de conexão ou aplicação.

Entretanto, em que pese a importância e aplicação de todas as legislações setoriais mencionadas, é a Lei nº 13.709/18 -LGPD- que tratará sobre a temática, de maneira a reconhecer a autonomia informacional[47] como um fundamento para o uso de dados pessoais, alçando o titular à posição de importância e relevância no tratamento de suas próprias informações, tanto no meio virtual, quanto no meio físico. Ela foi inspirada e, em muitos pontos, chega a ser uma "cópia" do regulamento europeu, reconhecendo, além do consentimento do titular, mais nove possibilidades legais para o uso de dados pessoais.

Entretanto, mesmo havendo possibilidade de tratamento de dados além do consentimento, observa-se, como refere Bruno Ricardo Bioni, a participação do titular de dados e seu empoderamento sobre o uso continua sendo o principal fundamento para o tratamento, observando que os

46 BRASIL. Lei nº 12.965 de 23 de abril de 2014. **Marco Civil da Internet**. Brasília: Congresso Nacional, 2014. Disponível em: http://www.planalto.gov.br/ccivil_03/_ato2011-2014/2014/lei/l12965.htm Acesso em: 16 jun. 2020.

47 BRASIL. Lei nº 13.709 de 14 de agosto de 2018. **Lei Geral de Proteção de Dados**. Art. 2º: A disciplina da proteção de dados pessoais tem como fundamentos. Inciso II – a autodeterminação informativa; Disponível em: http://www.planalto.gov.br/ccivil_03/_ato2015-2018/2018/lei/l13709.htm. Acesso em 15 jun. 2020.

princípios descritos na lei possuem o titular como núcleo principiológico e que há o consentimento como outro elemento central, que deve ser livre, inequívoco e respeitar a uma finalidade determinada, sem se esquecer de que há várias disposições e ferramentas legais que reforçam o controle dos dados pessoais por meio do consentimento[48].

É neste contexto legislativo que a proteção de dados pessoais foi criada no Brasil, buscando prover maior poder ao titular no que tange o uso de seus próprios dados, devendo as atividades econômicas que tratem de dados respeitarem o conteúdo normativo. Porém, interessante debate surge quando há o conflito da proteção de dados, que tem um viés protecionista, com a Declaração de Liberdade Econômica, que tem uma finalidade liberal, sendo está a tarefa realizada no item que segue.

3. LIBERDADE ECONÔMICA E PROTEÇÃO DE DADOS

A análise da Declaração de Liberdade Econômica deve ser contrabalanceada com o enfoque protecionista da Lei Geral de Proteção de Dados Pessoais, tendo em vista que a humanidade vivencia uma fase digital de negócios que cresce em decorrência das inúmeras facilidades que a internet proporcionou ao universo do empreendedorismo.

No contexto do aumento de negócios na internet, o uso de dados pessoais por empresas e grupos econômicos é uma tendência consolidada, na busca de converter usuários em clientes ou traçar o perfil de possíveis compradores, também como meio de prover melhores e novos serviços, que utilizam da captura de dados para efetivarem suas funções, como ocorre no uso de algumas *Internet of Thngs* e com aplicativos que se

---

48 BIONI, Bruno Ricardo. **Proteção de Dados Pessoais**: a função e os limites do consentimento. 2ªed. Rio de Janeiro: Forense, 2020, p. 127-129.

apresentam gratuitamente ao usuário, requerendo, em troca, informações pessoais[49].

Rememora-se que a Declaração de Direitos e Liberdade Econômica, em seu artigo 3º, inciso VI, prevê o desenvolvimento, execução, operação ou comercialização de novas tecnologias de serviços ou produtos como um direito do "empreendedor", quando as normas infralegais se tornarem desatualizadas por força de desenvolvimento tecnológico consolidado internacionalmente. Ou seja: há o direito da pessoa natural ou jurídica de explorar estes serviços sem que o Estado imponha óbices administrativos desnecessários.

Com a introdução desta prática aumentaram-se os mecanismos de captação de dados pessoais e este fato torna aplicável a LGPD à relação. É neste ponto que a Declaração de Liberdade Economia e a LGPD se encontram, devendo exercer o ato de ponderação ao caso concreto, para averiguar se a proteção da lei de dados não está sendo violada pela liberdade em empreender.

Há, na análise, de um lado, uma legislação de cunho liberal, que pretende prover menos participação e intervenção do Estado em áreas que não sejam essenciais à economia, em prol do desenvolvimento econômico privado, enquanto, de outro ponto, há uma legislação de cunho protecionista, que foca na autonomia informacional do indivíduo (dentre outros fundamentos), na tentativa de equipar o controle sobre o uso de dados pessoais aos titulares, diante do caráter personalíssimo que referidos possuem.

Em ambos os direitos pode-se visualizar a dignidade do ser humano como núcleo irradiador, junto a existência de direitos fundamentais que podem conflituar, destacando-se o direito previsto no inciso IX, X XIII,

---

49 PINHEIRO, Patrícia Peck. **Direito Digital.** 6ª ed. ver. atual. e ampl. São Paulo: Saraiva, 2016, p. 374-377.

XXII, XXIII e LXXIX, todos do artigo 5° da Constituição Federal, sem deixar de rememorar os fundamentos descritos no artigo 1°, inciso III e IV e 170 e seu parágrafo único, também da Constituição, e que devem ser ponderados na situação específica.

O caráter dignificador da Declaração de Liberdade Econômica tem como ideal histórico a Constituição Mexicana de 1917 e a Constituição de Weimar de 1919, trazido por Fábio Konder Comparato, que reflete que a partir destas Constituições estabeleceu-se "[...] como limite à liberdade de mercado a preservação de um nível de existência adequado à dignidade humana", onde está atrelada à ideia de função social da propriedade e de proteção ao trabalho"[50]. É a partir desta proteção constitucional que a liberdade de mercado agregou para si, além da finalidade enriquecedora individual, a característica de proteção além do indivíduo, coletiva, onde as riquezas produzidas devem servir para engradecer também o social, não podendo violar direitos alheios em busca do lucro.

Já, o contexto dignificador implícito à proteção de dados, na visão de Stefano Rodotà, está atrelado ao ideal de poder social de controlar que os sujeitos públicos e privados não violem liberdade existenciais, na necessidade de o titular "[...] controlar o uso dessas informações em qualquer momento e em qualquer lugar: genericamente, se manifesta como 'direito à autodeterminação informativa' [...]"[51].

Quando há o encontro do direito a empreender com o direito à proteção de dados deve haver uma ponderação, "[...] um novo sistema de pesos e contrapesos, de checks and balances, dentro da organização

50 COMPARATO, Fábio Konder. **A afirmação histórica dos direitos humanos**. 12ª ed. São Paulo: Saraiva, 2018, p. 202.

51 RODOTÀ, Stefano. **A vida na sociedade da vigilância:** A Privacidade Hoje. Organização, seleção e apresentação de Maria Celina Bodin de Moraes. Tradução Danilo Doneda e Luciana Cabral Doneda. Rio de Janeiro: Renovar, 2008, p. 144.

social".[52] Com está frase, Stefano Rodotà refere que há um desnível entre os cidadãos e os detentores de tecnologia de informações, usufruindo a legislação europeia de um sistema de autoridades nacionais e internacionais para impedir a violação de direitos e para que não haja "zonas desprotegidas", dificultando que a esfera íntima da pessoa vire mercadoria[53].

Este tipo de proteção é previsto pela LGPD, pelo artigo 55-A em diante, que estabelece a criação da Autoridade Nacional de Proteção de Dados, com competência para fiscalizar e sancionar quem ferir o previsto na lei[54], cabendo a autoridade fiscalizar e ponderar situações que violem o contido na norma. Ingo Wolgang Sarlet, referindo sobre a ponderação à proteção aos dados pessoais, menciona que deve ser relevada no contexto da preservação da segurança pública, utilizando de critérios de proporcionalidade do julgador para salvaguardar a essência do direito que não pode ser desprezada[55].

De fato, na análise do uso de dados pessoais em negócios, deve haver a ponderação para averiguar se há o respeito a essência normativa da LGPD, que "empodera" o titular de dados[56] e, também, do caráter dignificante da liberdade econômica, que "[...] têm por fim assegurar a todos existências dignas, conforme os ditames da justiça social"[57].

52 Ibidem, p. 149.

53 Ibidem, p. 149.

54 BRASIL. Lei nº 13.709 de 14 de agosto de 2018, artigo 55-J.

55 SARLET, Ingo Wolfgang. **Curso de direito constitucional**. 8ª ed. São Paulo: Saraiva, 2018, p. 486.

56 BIONI, Bruno Ricardo. **Proteção de Dados Pessoais**: a função e os limites do consentimento. 2ªed. Rio de Janeiro: Forense, 2020, p. 104-105.

57 FORGIONI, Paulo A. **Os Fundamentos do Antitruste.** 9. Ed. ver., atual. e ampl. São Paulo: Revista dos Tribunais, 2016, p. 193.

A proteção aos dados, na realidade da revolução trazida pelas novas tecnologias, é uma defesa do cidadão para que não seja explorado por quem detém o poder social da informação, sendo uma forma de resposta a reflexão proposta por Fábio Konder Comparato às modificações trazidas pela quarta revolução[58]. Em contrapartida, é da liberdade em inovar nos negócios, usando de novas tecnologias, que podem surgir oportunidades de gerar riquezas e erradicar pobrezas.

Observa-se, assim, que a convergência das referidas legislações está na dignidade como núcleo, devendo haver ponderação em casos concretos para que se vislumbre se a prática empreendedora está violando a proteção de dados, cabendo à autoridade nacional o papel administrativo de ponderação e, não sendo suficiente, ao judiciário.

CONSIDERAÇÕES FINAIS

Na tentativa de dar efetividade ao princípio constitucional da livre iniciativa foi elaborada a Declaração de Direitos de Liberdade Econômica, Lei nº 13.874/19, que positivou direitos e garantias para a pessoa natural ou jurídica empreender com menos burocracia no Brasil, sem que tenha embaraços administrativos.

A liberdade em empreender, de buscar novas formas de trabalho, tem viés capitalista, na busca pelo lucro, para que o indivíduo possa auferir renda e adquirir bens que sejam necessários à uma vida digna, que possam suprir as necessidades materiais e psicológicas do ser, inclusive, além de um mínimo existencial.

58 COMPARATO, Fábio Konder. **A afirmação histórica dos direitos humanos**. 12ª ed. São Paulo: Saraiva, 2018, p. 540.

Na atualidade, o empreendedor tem ao seu alcance tecnologias, em especial as de comunicação, que auxiliam na prestação de serviços e na produção, quando não, são as próprias tecnologias que entregam os serviços e produtos, de maneira digital, consolidando-se no mercado diante da sociedade informatizada existente.

Novas oportunidades surgem diariamente por intermédio destas novas tecnologias, e o direito não pode estar alheio a está realidade, devendo assegurar que a pessoa jurídica ou natural possa usufruir destas ferramentas, possibilitando a concretização do princípio da livre iniciativa, que ocorre por intermédio da Declaração de Direitos de Liberdade Econômica, que objetiva garantir eficácia e proteção contra invasões "desnecessárias" do Estado ao mercado e garantindo que o brasileiro possa inovar e buscar novas formas de trabalho e enriquecimento.

Contudo, no que se refere ao uso de tecnologias ou formas de trabalho que utilizam dados de pessoa natural, deve haver uma ponderação entre a liberdade de empreender e a proteção aos usuários que tenham seus dados tratados.

A Lei Geral de Proteção de Dados foi elaborada com um viés "empoderador" ao titular de dados, onde o consentimento para a utilização dos respectivos deve ser respeitado, diante da autodeterminação informativa reconhecida como um direito fundamental, destacando-se o inciso LXXIX, do artigo 5° da Constituição Federal (1988). A lei possui caráter protetivo à existência do próprio ser, que tem o direito de que dados que carregam informações pessoais só possam ser utilizados por empresas com finalidade econômica, se houver a autorização expressa do titular, pois, assim como o empreendedor é proprietário de "seu empreendimento", os dados são de "propriedade do titular". Da mesma forma que a propriedade e a possibilidade de exercer novas formas de negócio é um direito fundamental, pautado na livre iniciativa, o caráter existencial atrelado aos dados pessoais também é e deve ser respeitado.

Assim, o empreendedor, pessoa natural ou jurídica, deve respeitar todo o conteúdo da Lei Geral de Proteção de Dados Pessoais, Lei nº 13.709/18, quando for utilizar ou dispor de qualquer tecnologia de captação de dados, pois seu exercício de livre iniciativa deve respeitar o valor do trabalho juntamente aos outros princípios e direitos fundamentais, destacando-se o direito fundamental do inciso LXXIX, do artigo 5° da Constituição Federal (1988), tornando-se a LGPD uma ferramenta para nivelar a balança entre liberdade de empreender e proteção à pessoa natural.

REFERÊNCIAS BIBLIOGRÁFICAS

ALMEIDA, Fernanda Dias Menezes de. Compete à União, aos Estados e ao Distrito Federal legislar concorrentemente sobre. In: CANOTILHO, José Joaquim Gomes; MENDES, Gilmar Ferreira; SARLET, Ingo Wolfgang; STRECK, Lenio Luiz; **Comentários à Constituição do Brasil**. 2ªed. São Paulo: Saraiva, 2018.

ARAÚJO, Luiz Alberto David; JÚNIOR, Vidal Serrano Nunes. **Curso de direito constitucional.** 16º ed. São Paulo: Verbatim, 2012.

BARCELLOS, Ana Paula de; BARROSO, Luiz Roberto. O valor social da livre iniciativa; In: CANOTILHO, José Joaquim Gomes; MENDES, Gilmar Ferreira; SARLET, Ingo Wolfgang; STRECK, Lenio Luiz; **Comentários à Constituição do Brasil**. 2ªed. São Paulo: Saraiva, 2018.

BIONI, Bruno Ricardo. **Proteção de Dados Pessoais:** a função e os limites do consentimento. 2ªed. Rio de Janeiro: Forense, 2020.

CARVALHO, Ana Cristina Azevedo P. **Marco Civil da Internet no Brasil:** Análise da Lei 12.965/14 e do Direito de Informação. Rio de Janeiro: Alta Books, 2014.

CARVALHO, Antônio Ramalho de Souza. Os dados no contexto da quarta revolução industrial. **Cadernos Adenauer nº 3 – Proteção de dados pessoais: versus avanço tecnológico.** Rio de Janeiro: Fundação Konrad Adenauer, 2019.

COMPARATO, Fábio Konder. **A afirmação histórica dos direitos humanos.** 12ª ed. São Paulo: Saraiva, 2018.

CONSELHO DA JUSTIÇA FEDERAL. **V Jornada de Direito Civil.** Enunciado nº 404. Disponível em: https://www.cjf.jus.br/enunciados/enunciado/208. Acesso em 14 jun. 2020.

CRUZ, André Santa. **Direito empresarial**, volume único. 9ª ed. Rio de Janeiro: Método, 2019.

DE LUCCA, Newton. Aspectos Atuais da Proteção aos Consumidores no âmbito dos Contratos Informáticos e Telemáticos. In DE LUCCA, Newton; SIMÃO FILHO, Adalberto (coords.) **Direito & Internet vol. II-** Aspectos Jurídicos Relevantes. São Paulo: Quartier Latin, 2008.

DI PIETRO, Maria Sylvia Zanella. **Direito administrativo**. 32 Ed. Rio de Janeiro: Forense, 2019.

GRAU, Eros Roberto. Da ordem econômica e financeira. In: CANOTILHO, José Joaquim Gomes; MENDES, Gilmar Ferreira; SARLET, Ingo Wolfgang; STRECK, Lenio Luiz; **Comentários à Constituição do Brasil**. 2ªed. São Paulo: Saraiva, 2018.

FARIA, José Eduardo. **O Estado e o Direito Depois da Crise.** 2ª ed. São Paulo: Saraiva, 2017.

FORGIONI, Paulo A. **Os Fundamentos do Antitruste.** 9. Ed. ver., atual. e ampl. São Paulo: Revista dos Tribunais, 2016.

FRASÃO, Ana. **Direito da Concorrência:** pressupostos e perspectivas. São Paulo: Saraiva, 2017.

FRIEDMAN, Milton. **Capitalismo e liberdade.** Tradução e Revisão técnica de Afonso Celso de Cunha Serra. Rio de Janeiro: LTC, 2014.

HOFFMANN-RIEM, Wolfgang. **Teoria Geral do Direito Digital:** Transformação Digital Desafios para o Direito. Rio de Janeiro: Forense, 2021

NEGREIROS, Teresa. **Teoria do Contrato**: Novos paradigmas. 2ª ed. Rio de Janeiro: Renovar, 2006.

PINHEIRO, Patrícia Peck. **Direito Digital.** 6ª ed. ver. atual. e ampl. São Paulo: Saraiva, 2016.

RODOTÀ, Stefano. **A vida na sociedade da vigilância:** A Privacidade Hoje. Organização, seleção e apresentação de Maria Celina Bodin de Moraes. Tradução Danilo Doneda e Luciana Cabral Doneda. Rio de Janeiro: Renovar, 2008.

SARLET, Ingo Wolfgang. **Curso de direito constitucional**. 8ª ed. São Paulo: Saraiva, 2018.

SOUZA, Sylvio Capanema de. **Direito do consumidor**. Rio de Janeiro: Forense, 2018.

TEIXEIRA, Tarcísio. **Direito Empresarial Sistematizado:** Doutrina, Jurisprudência e Prática. 8ª ed. São Paulo: Saraiva: Educação, 2019.

UNIÃO EUROPEIA. **Carta de Direitos Fundamentais**. Disponível em: https://www.europarl.europa.eu/charter/pdf/text_pt.pdf. Acesso em 08 jun. 2020.

8

A NOVA LEI DE FRANQUIAS NO CONTEXTO DA LEI GERAL DE PROTEÇÃO DE DADOS

Rennan Herbert Mustafá[1]

INTRODUÇÃO

A Lei Geral de Proteção de Dados (LGPD – Lei n. 13.709/2018) foi elaborada com o objetivo de proteger os direitos fundamentais de liberdade e de privacidade e do livre desenvolvimento da personalidade da pessoa natural no tocante ao tratamento indevido de seus dados pessoais.

A necessidade de criação de legislação específica sobre a proteção de dados decorre principalmente dos efeitos da globalização que resultaram em transformações sociais, políticas e econômicas, expandindo-as em nível global, especialmente em virtude do desenvolvimento do mercado

1 Mestrando em Direito Negocial. Pós-graduado em Direito Tributário e Contabilidade Fiscal e Tributária. Professor universitário. Advogado. Contador. rennan.h.mustafa@gmail.com.br.

transnacional, do avanço de tecnologias digitais, do crescente papel dos dados e da democratização da internet[2].

Atualmente, o acesso a dados pessoais constitui uma importante fonte de informação e, consequentemente, de poder político e econômico, possibilitando aos agentes direcionar suas ações políticas e comerciais[3]. Ademais, na era do mercado de economia digital, advinda da quarta revolução industrial, o banco de dados pessoais pode representar um ativo intangível muito valioso para as empresas.

Esse contexto resultou em novos modelos de negócios jurídicos, sobretudo os celebrados por meios eletrônicos, denominados de *e-commerce*, gerando um enorme crescimento na coleta e no compartilhamento de dados pessoais, até mesmo os transferidos internacionalmente[4].

É notório que para o desempenho de determinadas atividades empresariais é necessária a realização de tratamento de dados pessoais. Assim, a Lei Geral de Proteção de Dados tem por objetivo equacionar a proteção desses dados com o desenvolvimento econômico, tecnológico e de inovação, estabelecendo regras para o tratamento de dados pessoais, até mesmo por meios digitais, realizados por pessoa natural ou por pessoa jurídica de direito público ou privado.

---

2 AGUILAR, Alirio. **O que é a Economia Digital?.** Blog de Ambiente de Negócios. 2020. Disponível em: http://www.blogdoideies.org.br/o-que-e-a-economia-digital/. Acesso em: 15 de jul. de 2020.

3 Estudos realizados no ano de 2015 pela BSA, revelam que para os principais líderes empresariais globais, os dados representam recurso fundamental para o negócio, gerando ganhos de eficiência por meio da tecnologia da informação, podendo resultar em um acréscimo aproximado de US$ 15 trilhões ao PIB global até o ano de 2030.

4 De acordo com o relatório de Desempenho do Franchising Brasileiro, realizado pela Associação Brasileira de Franchising no primeiro trimestre de 2020, 78% das franquias já implementaram o sistema de *e-commerce* e outros 15% pretendem implementar.

A implementação dessas novas diretrizes impacta no desenvolvimento das atividades empresariais. Nesse particular, destaca-se o sistema de franquia empresarial, que por suas particularidades merece especial atenção.

Diante disso, neste trabalho, evidenciar-se-á três pontos específicos sobre as premissas da Lei Geral de Proteção de Dados no que se refere ao sistema de franquia empresarial. No primeiro ponto, analisar-se-ão as possíveis divergências teleológicas entre as exigências estabelecidas pela Lei n. 13.966/2019 (Lei de Franquia Empresarial) e a Lei n. 13.709/2018 (Lei Geral de Proteção de Dados), principalmente em relação à divulgação de determinados dados relacionados aos franqueados por meio da Circular de Oferta de Franquia.

Posteriormente, discutir-se-á sobre o compartilhamento de dados pessoais entre os franqueados e o franqueador, assim como a respeito da eventual responsabilidade civil desses diante de violações à Lei Geral de Proteção de Dados.

Por fim, discriminar-se-ão as possíveis medidas a serem observadas pelas franquias para que haja uma efetiva adequação de suas atividades à Lei Geral de Proteção de Dados.

Para a elaboração deste estudo, utilizar-se-á a pesquisa bibliográfica com base na doutrina e na jurisprudência, bem como a legislação pertinente ao tema.

1. DISPOSIÇÕES GERAIS SOBRE O SISTEMA DE FRANQUIA EMPRESARIAL

Antes de analisar as especificidades em relação à implementação das diretrizes da Lei Geral de Proteção de Dados no sistema de franquia empresarial, é fundamental compreender a natureza jurídica desse sistema, pormenorizando suas características e particularidades.

De acordo com o artigo 1º da Lei n. 13.966, de 26 de dezembro de 2019, o sistema de franquia empresarial é aquele:

> [...] pelo qual um franqueador autoriza por meio de contrato um franqueado a usar marcas e outros objetos de propriedade intelectual, sempre associados ao direito de produção ou distribuição exclusiva ou não exclusiva de produtos ou serviços e também ao direito de uso de métodos e sistemas de implantação e administração de negócio ou sistema operacional desenvolvido ou detido pelo franqueador, mediante remuneração direta ou indireta, sem caracterizar relação de consumo ou vínculo empregatício em relação ao franqueado ou a seus empregados, ainda que durante o período de treinamento.

Assim, de forma sucinta, o contrato de franquia ou *franchising* consiste em um:

> acordo em que o empresário (franqueador) concede a outro empresário (franqueado) o direito de uso de marca do seu produto ou serviço (ou patente de invenção etc.), ocorrendo a prestação de serviço do primeiro ao segundo quanto à organização do estabelecimento comercial[5].

Em contrapartida, o franqueador possui o direito de participação nas receitas do franqueado[6]. De acordo com Roberto Cintra Leite, o que caracteriza o sistema de franquia empresarial é a sistematização por meio da padronização das técnicas e dos métodos utilizados que moldam o negócio[7].

---

5 TEIXEIRA, Tarcísio. **Direito empresarial sistematizado: doutrina e prática**. 2. ed. São Paulo: Saraiva, 2013, p. 430.

6 BITTAR, Carlos Alberto apud TEIXEIRA, Tarcisio. **Direito empresarial sistematizado: doutrina e prática**. 2. ed. São Paulo: Saraiva, 2013, p. 430.

7 LEITE, Roberto Cintra. **Franchising**: na criação de novos negócios. São Paulo: Atlas, 1990.

Destaca Orlando Gomes que apesar da similitude entre o sistema de franquia com outros negócios jurídicos, como a concessão exclusiva, a distribuição, o fornecimento e a prestação de serviços, trata-se de um "novo método comercial destinado a poupar a abertura de filiais e despesas, pois deve ser independente o comerciante que é licenciado para explorar a marca"[8].

Para Fábio Ulhoa Coelho, esse modelo de negócio viabiliza que o empresário (franqueado) se estabeleça comercialmente, sem a necessidade de realizar um estudo prévio sobre os aspectos do empreendimento, referentes, fundamentalmente, à estruturação administrativa, ao treinamento de funcionários e à técnicas de *marketing*, pois esses aspectos se encontram suficientemente equacionados pelo franqueador, que lhe oferece os subsídios indispensáveis à estruturação do negócio[9].

Nas palavras de Fran Martins, "o franqueado, além dos produtos que vai comercializar, receberá do franqueador permanente assistência técnica e comercial, inclusive no que se refere à publicidade dos produtos"[10].

Trata-se, portanto, de um contrato atípico, regendo-se unicamente pelas cláusulas pactuadas,[11] sendo classificado como contrato de adesão[12]

8 Apud SILVA, Flávio Lucas de Menezes. **Franchising e estabelecimento franqueado**. Tese de Doutorado. Orientador: Dr. José Roberto D'Affonseca Gusmão. Pontifícia Universidade Católica de São Paulo: São Paulo, 2008.

9 COELHO, Fábio Ulhoa. **Manual de direito comercial**. 16. ed. rev. e atual. com a nova Lei de Falências. São Paulo: Saraiva, 2005, p. 439-440.

10 Apud SILVA, Flávio Lucas de Menezes. Op. cit, p. 39.

11 COELHO, Fábio Ulhoa. **Manual de direito comercial**. 16. ed. rev. e atual. com a nova Lei de Falências. São Paulo: Saraiva, 2005, p. 441.

12 Inteligência da Terceira Turma do Superior Tribunal de Justiça (STJ) proferido no Agravo de Recurso Especial 576.977/DF de relatoria do Ministro Marco Aurélio Bellizze.

de cessão de título oneroso de direito de uso de marca e de distribuição de produtos ou serviços da empresa franqueadora.[13]

A jurisprudência é pacífica no entendimento de que as obrigações do franqueado limitam-se à forma de utilização da marca e da comercialização dos produtos e serviços do franqueador,[14] não ficando subordinado ao controle e a administração dele, possuindo, assim, autonomia sob o seu empreendimento, não caracterizando, desse modo, grupo econômico, nos moldes definidos no parágrafo segundo, do artigo 2º da Consolidação das Leis do Trabalho (CLT).

Ademais, a nova Lei de Franquia Empresarial inovou ao dispor em seu artigo 1º, que o vínculo entre franqueador e franqueado não caracteriza relação de consumo,[15] por se tratar de um contrato comercial em que, geralmente, o franqueado é empresário, não sendo destinatário final no contrato de franquia, uma vez que esse se destina à prestação de serviços ou à venda de produtos aos consumidos, não se enquadrando nos requisitos do Código de Defesa do Consumidor.[16]

13 Nesse entendimento, TRT-20 em decisão de Recurso Ordinário n. 00003952920165200008, relator: Josenildo dos Santos Carvalho. Data de Publicação: 12 de dez. de 2017.

14 Nesse sentido, TRT-2. Recurso Ordinário n. 00021168420115020010-SP 000211684 20115020010 A28, Relator: Daniel de Paula Guimarães. Data de Julgamento: 25 de fev. de 2015. 16ª Turma. Data de Publicação: 04 de mar. De 2015.

15 Em julgamento do Recurso Especial n. 687322 RJ 2004/0137036-6, de relatoria do Ministro Carlos Alberto Menezes Direito, a Terceira Turma do Superior Tribunal de Justiça reiterou o entendimento de que "a relação entre o franqueador e o franqueado não está subordinada ao Código de Defesa do Consumido". Data de Julgamento: 21 de set. de 2006. Diário da Justiça 09 de out. de 2006, p. 287 REVJUR vol. 349, p. 139, RNDJ vol. 85, p. 82.

16 ABREU, Luciana. **Mudanças trazidas pela nova Lei de Franquias (Lei 13.966/2019)**. Consultor Jurídico. 2020. Disponível em: https://www.conjur.com.br/2020-jan-14/luciana-abreu-mudancas-trazidas-lei-franquias. Acesso em: 15 de jun. de 2020.

Do mesmo modo, retificou-se o entendimento jurisprudencial que vinha sendo adota à luz da antiga Lei de Franquia (Lei n. 8.955, de 15 de dezembro de 1994) nos casos de ações trabalhistas, definindo que não há existência de vínculo empregatício entre o franqueador e o franqueado, do mesmo modo, entre o franqueador e os empregados do franqueado.[17]

Em razão disso, não cabe a responsabilização subsidiária da empresa franqueadora, devido ao fato de não se beneficiar dos serviços prestados pelos trabalhadores da franqueada, não configurando, portanto, a previsão contida na Súmula 331, item IV,[18] do Tribunal Superior do Trabalho (TST).[19]

No mais, constata-se que a Lei de Franquia Empresarial, em seu artigo 2º, exige a divulgação de uma série de informações por meio da entrega ao interessado em ser franqueado, da Circular de Oferta de Franquia. Por pertinente, destaca-se o teor do referido dispositivo legal, destacando que a ideia é justamente evidenciar a extensão das informações:

> Art. 2º Para a implantação da franquia, o franqueador deverá fornecer ao interessado Circular de Oferta de Franquia, escrita em língua portuguesa, de forma objetiva e acessível, contendo obrigatoriamente:
>
> I - histórico resumido do negócio franqueado;
>
> II – qualificação completa do franqueador e das empresas a que esteja ligado, identificando-as com os respectivos números de inscrição no Cadastro Nacional da Pessoa Jurídica (CNPJ);

---

17 Ibidem.

18 "IV – O inadimplemento das obrigações trabalhistas, por parte do empregador, implica a responsabilidade subsidiária do tomador dos serviços quanto àquelas obrigações, desde que haja participado da relação processual e conste também do título executivo judicial".

19 Nessa lógica, TRT-20. RO 00003952920165200008. Relator: Josenildo dos Santos Carvalho. Data de Publicação: 12 de dez. de 2017.

III – balanços e demonstrações financeiras da empresa franqueadora, relativos aos 2 (dois) últimos exercícios;

IV – indicação das ações judiciais relativas à franquia que questionem o sistema ou que possam comprometer a operação da franquia no País, nas quais sejam parte o franqueador, as empresas controladoras, o subfranqueador e os titulares de marcas e demais direitos de propriedade intelectual;

V – descrição detalhada da franquia e descrição geral do negócio e das atividades que serão desempenhadas pelo franqueado;

VI – perfil do franqueado ideal no que se refere a experiência anterior, escolaridade e outras características que deve ter, obrigatória ou preferencialmente;

VII – requisitos quanto ao envolvimento direto do franqueado na operação e na administração do negócio;

VIII – especificações quanto ao:

a) total estimado do investimento inicial necessário à aquisição, à implantação e à entrada em operação da franquia;

b) valor da taxa inicial de filiação ou taxa de franquia;

c) valor estimado das instalações, dos equipamentos e do estoque inicial e suas condições de pagamento;

IX – informações claras quanto a taxas periódicas e outros valores a serem pagos pelo franqueado ao franqueador ou a terceiros por este indicados, detalhando as respectivas bases de cálculo e o que elas remuneram ou o fim a que se destinam, indicando, especificamente, o seguinte:

a) remuneração periódica pelo uso do sistema, da marca, de outros objetos de propriedade intelectual do franqueador ou sobre os quais este detém direitos ou, ainda, pelos serviços prestados pelo franqueador ao franqueado;

b) aluguel de equipamentos ou ponto comercial;

c) taxa de publicidade ou semelhante;

d) seguro mínimo;

X – relação completa de todos os franqueados, subfranqueados ou subfranqueadores da rede e, também, dos que se desligaram nos últimos 24 (vinte quatro) meses, com os respectivos nomes, endereços e telefones;

XI – informações relativas à política de atuação territorial, devendo ser especificado:

a) se é garantida ao franqueado a exclusividade ou a preferência sobre determinado território de atuação e, neste caso, sob que condições;

b) se há possibilidade de o franqueado realizar vendas ou prestar serviços fora de seu território ou realizar exportações;

c) se há e quais são as regras de concorrência territorial entre unidades próprias e franqueadas;

XII – informações claras e detalhadas quanto à obrigação do franqueado de adquirir quaisquer bens, serviços ou insumos necessários à implantação, operação ou administração de sua franquia apenas de fornecedores indicados e aprovados pelo franqueador, incluindo relação completa desses fornecedores;

XIII – indicação do que é oferecido ao franqueado pelo franqueador e em quais condições, no que se refere a:

[...]

XIV – informações sobre a situação da marca franqueada e outros direitos de propriedade intelectual relacionados à franquia, cujo uso será autorizado em contrato pelo franqueador, incluindo a caracterização completa, com o número do registro ou do pedido protocolizado, com a classe e subclasse, nos órgãos competentes, e, no caso de cultivares, informações sobre a situação perante o Serviço Nacional de Proteção de Cultivares (SNPC);

XV – situação do franqueado, após a expiração do contrato de franquia, em relação a:

a) know-how da tecnologia de produto, de processo ou de gestão, informações confidenciais e segredos de indústria, comércio, finanças e negócios a que venha a ter acesso em função da franquia;

b) implantação de atividade concorrente à da franquia;

XVI – modelo do contrato-padrão e, se for o caso, também do pré-contrato-padrão de franquia adotado pelo franqueador, com texto completo, inclusive dos respectivos anexos, condições e prazos de validade;

XVII – indicação da existência ou não de regras de transferência ou sucessão e, caso positivo, quais são elas;

XVIII – indicação das situações em que são aplicadas penalidades, multas ou indenizações e dos respectivos valores, estabelecidos no contrato de franquia;

XIX – informações sobre a existência de cotas mínimas de compra pelo franqueado junto ao franqueador, ou a terceiros por este designados, e sobre a possibilidade e as condições para a recusa dos produtos ou serviços exigidos pelo franqueador;

XX – indicação de existência de conselho ou associação de franqueados, com as atribuições, os poderes e os mecanismos de representação perante o franqueador, e detalhamento das competências para gestão e fiscalização da aplicação dos recursos de fundos existentes;

XXI – indicação das regras de limitação à concorrência entre o franqueador e os franqueados, e entre os franqueados, durante a vigência do contrato de franquia, e detalhamento da abrangência territorial, do prazo de vigência da restrição e das penalidades em caso de descumprimento;

XXII – especificação precisa do prazo contratual e das condições de renovação, se houver;

XXIII – local, dia e hora para recebimento da documentação proposta, bem como para início da abertura dos envelopes, quando se tratar de órgão ou entidade pública.

Com efeito, observa-se que a referida norma, ao que parece, não se mostra congruente com as novas políticas de proteção de dados pessoais, razão que justifica um estudo mais aprofundado sobre o tema. Sendo assim, abordar-se-ão as principais nuances da circular de oferta de franquia, para, na sequência, contextualizá-la com a Lei Geral de Proteção de Dados.

2. CIRCULAR DE OFERTA DE FRANQUIA

A Circular de Oferta de Franquia consiste em um documento obrigatório que deve ser fornecido pelo franqueador aos interessados em aderir à franquia, com antecedência mínima de dez dias antes da assinatura do contrato ou pré-contrato de franquia, contendo, de forma objetiva e acessível, informações econômicas, jurídicas e operacionais sobre a empresa franqueadora e de seus franqueados[20].

Aduz Fábio Ulhoa Coelho que o legislador buscou estabelecer a absoluta transparência nas negociações que antecedem a adesão do franqueado à franquia[21].

Para a Associação Brasileira de *Franchising* (ABF), a Circular de Oferta de Franquia contribui para que o contrato seja realizado de forma segura para ambas as partes, viabilizando ao empreendedor analisar de modo detalhado se pretende, de fato, investir na rede.[22]

20 Lei n. 13.966/2019, artigo 2º, *caput*.

21 COELHO, Fábio Ulhoa. **Manual de direito comercial.** 16. ed. rev. e atual. São Paulo: Saraiva, 2005, p. 441.

22 CENTRAL DO FRANQUEADO. **Saiba tudo o funcionamento da Circular de Oferta de Franquia (COF)**. 2020. Disponível em: <https://centraldofranqueado.com.br/blog/circular-oferta-franquia/>. Acesso em: 15 de jun. de 2020.

Segundo Ivo Fernando Pereira Martins, trata-se do instrumento jurídico mais importante desse sistema, ao materializar o princípio da boa-fé, mediante o dever de informação do franqueador.

Isso ocorre pelo fato de a Lei n. 13.966/2019 ter sido elaborada com inspiração na legislação norte-americana denominada de *disclosure statute*, que tem por finalidade "assegurar uma maior transparência negocial por parte dos franqueadores face àqueles interessados a integrar sua rede e, com isso, investirão seus recursos financeiros nos sistemas por eles desenvolvidos"[23].

A não entrega da Circular de Oferta de Franquia no prazo estipulado resulta na possibilidade de arguição de anulabilidade ou nulidade do contrato por parte do franqueado, aplicando-se, também, no caso de o franqueador omitir informações ou veicular informações falsas, sem prejuízo das sanções penais cabíveis.[24]

Essas informações consistem, basicamente, do histórico da empresa, da qualificação completa do franqueador, de demonstrativos contábeis, da indicação de ações judiciais, da descrição detalhada do negócio e suas atividades, do perfil ideal do franqueado, da especificação de investimentos e taxas, de valores pagos a terceiros, de relação completa dos franqueados, das políticas da franquia, dos serviços prestados, das obrigações pós-contratuais, de regras de sucessão e transferência, de penalidades e multas, dentre outras.

Todavia, o inciso X do artigo 2º da Lei n. 13.966/2019 requer especial atenção, ao dispor que na Circular de Oferta de Franquia deverá conter a "relação completa de todos os franqueados, subfranqueados

---

23 SILVA, Flávio Lucas de Menezes. **Franchising e estabelecimento franqueado**. Tese de Doutorado. Orientador: Dr. José Roberto D'Affonseca Gusmão. Pontifícia Universidade Católica de São Paulo: São Paulo, 2008, p. 39.

24 Lei n. 13.966/2019, artigo 2º, § 2º e artigo 4º.

ou subfranqueadores da rede e, também, dos que se desligaram nos últimos 24 (vinte e quatro) meses, com os respectivos nomes, endereços e telefone".

Consoante o entendimento de Ivo Fernando Pereira Martins, essas informações são de suma importância para que o franqueado escolha a franquia ideal para investir, pelo fato de que através do contato direto entre o investidor e os franqueados, seja possível obter informações reais sobre situações vivenciadas pelos franqueados que, por vezes, podem ser omitidas pelo franqueador.[25]

Primeiramente, é mister compreender se ao utilizar o termo "franqueado", o legislador referiu-se à pessoa jurídica ou à pessoa física, visto que a Lei Geral de Proteção de Dados trata apenas da defesa de dados pessoais de pessoas naturais.

O § 2º, do artigo 1º da Lei n. 13.966/2019 determina de forma clara que "a franquia pode ser adota por empresa privada, empresa estatal ou entidade sem fins lucrativos, independentemente do segmento em que desenvolva suas atividades", porém, não há menção sobre a possibilidade de o franqueado ser pessoa física.

No entanto, a cartilha "o que é franquia?" do Ministério do Desenvolvimento, Indústria e Comércio Exterior do Governo Federal, de 2005, especifica que o franqueado pode ser pessoa física ou jurídica que adquira uma franquia.

Além disso, o item 03.04 da referida cartilha apresenta o processo utilizado pelas empresas franqueadoras na seleção de franqueados, descrevendo como etapas a serem realizadas antes da entrega da Circular de Franquias e da Minuta do Contrato: a realização de entrevista pessoal; a solicitação de referências; a análise de perfil do franqueado, dentre

25 Lei 13.966 Comentada (Nova Lei de Franquias).

outras.[26] Quanto ao candidato, indica-se que ele conheça alguns franqueados e ex-franqueados para obter informações sobre o negócio.

Nesse sentido, a própria Lei de Franquia em seu artigo 2º, inciso VI, dispõe sobre o "perfil do franqueado ideal no que se refere à experiência anterior, escolaridade e outras características que deve ter, obrigatório ou preferencialmente", utilizando do vocábulo "franqueado" para referir-se à pessoa física do investidor.

Dessa maneira, pode-se concluir que ao exigir o compartilhamento dos nomes, dos endereços e dos telefones de todos os franqueados, o Legislador estaria se referindo aos dados pessoais dos agentes que integram o sistema de franquia.

Logo, à primeira vista, teoricamente haveria uma incongruência entre a Lei Geral de Proteção de Dados e a Lei de Franquia Empresarial. Nesse caso, poder-se-ia questionar sobre a necessidade de consentimento dos franqueados para a divulgação da Circular de Oferta de Franquia?

Ainda não há muito material sobre o tema, porém, diante do rol de hipóteses de tratamento de dados pessoais disposto no artigo 7º da Lei n. 13.709/2018, pode-se validar a norma por duas premissas.

A primeira hipótese está descrita no inciso II, ao definir que o tratamento poderá ser realizado, mesmo sem consentimento, para o cumprimento de obrigação legal ou regulatória pelo controlador. Ora, o fornecimento da Circular de Oferta de Franquia com os referidos dados é imposição legal ao franqueador e direito do investidor, não se trata, portanto, de mera faculdade.

Pode-se argumentar também que o fornecimento da Circular de Oferta de Franquia é necessário para atender aos interesses legítimos

26 MINISTÉRIO DO DESENVOLVIMENTO, INDÚSTRIA E COMÉRCIO EXTERIOR. **O que é franquia?**. 2005, p. 15-16.

do controlador ou de terceiros, nesse caso, do interessado em aderir à franquia, conforme disposto no inciso IX do artigo 7º. Entretanto, esse fundamento é apresentado com certa ressalva, dado que o mesmo inciso traz como exceção os casos em que prevalecem os direitos e liberdades fundamentais do titular.

Por uma perspectiva mais conservadora, recomenda-se que, mesmo que haja a previsão em lei, seja colhido o consentimento de todos os franqueados e aqueles ex-franqueados que se desvincularam nos últimos 24 meses, em conformidade com o artigo 8º da Lei n. 13.709/2018, informando-lhes sobre a obrigação legal de compartilhamento de seus dados pessoais mediante a entrega do documento de circular de oferta, além de retificar os contratos de franquia, incluindo os que se encontram em vigor, acrescentando de forma clara e específica, a obrigação legal de fornecer as referidas informações a terceiros.

Então, visando a máxima proteção aos dados pessoais, é importante que antes da divulgação da Circular de Oferta de Franquia seja firmado pelo destinatário do documento um termo de confidencialidade em que se obriga a manter sigilo sobre os dados apresentados, não os compartilhando com terceiros.[27]

3. TRATAMENTO DE DADOS PESSOAIS NO CONTEXTO DA LEI GERAL DE PROTEÇÃO DE DADOS

No sistema de franquia empresarial pressupõe-se a necessidade de tratamento e compartilhamento entre os franqueados de dados pessoais relativos aos consumidores finais. Daí o seguinte questionamento: para

27 PONTE, Ana Beatriz Barbosa. **Franquia e a LGPD (Lei Geral de Proteção de Dados)**. Mundo das Franquias. 2020.

o compartilhamento de dados pessoais entre os agentes do mesmo sistema de franquia, há necessidade de consentimento específico do titular dos dados?

Nas lições de Denis Santini e Filomena Garcia, "um dos principais benefícios que o envolvimento dos franqueados nas ações de *marketing* traz para a rede é a coleta de informações relacionadas aos consumidores".[28]

Sobre o tema, a Lei Geral de Proteção de Dados dispõe o seguinte:

> LGPD, art. 9º. O titular tem direito ao acesso facilitado às informações sobre o tratamento de seus dados, que deverão ser disponibilizados de forma clara, adequada e ostensiva acerca de, entre outras características previstas em regulamentação para o atendimento do princípio do livre acesso:
>
> [...]
>
> V – informações acerca do uso compartilhado de dados pelo controlador e a finalidade.

A transferência de dados pessoais entre franqueados ou entre franqueados e franqueador deve ser analisada sob a perspectiva da natureza do sistema de franquia empresarial.

Como apresentado no segundo capítulo – Disposições Gerais Sobre o Sistema de Franquia Empresarial – as empresas franqueadas possuem autonomia própria, não havendo controle e administração do franqueador em relação às franqueadas, não configurando grupo econômico.

Diante disso, mesmo as transferências de dados pessoais entre os agentes do mesmo sistema de franquia devem ser precedidas de consentimento

28 SANTINI, Denis; GARCIA, Filomena. **Marketing para franquias**: as melhores práticas para franqueadores e franqueados. São Paulo: Saraiva, 2011.

dos titulares dos dados, em função da autonomia da personalidade e do patrimônio dos franqueados.

Quanto à responsabilidade por eventuais danos, a Lei Geral de Proteção de Dados atribuiu à figura do controlar e do operador a responsabilidade de reparar o dano causado em razão do exercício de tratamento de dados, quando violarem as diretrizes da lei, determinando o seguinte:

> Art. 42. O controlador ou o operador que, em razão do exercício de atividade de tratamento de dados pessoais, causar a outrem dano patrimonial, moral, individual ou coletivo, em violação à legislação de proteção de dados pessoais, é obrigado a repará-lo.
>
> § 1º. A fim de assegurar a efetiva indenização ao titular dos dados:
>
> I – o operador responde solidariamente pelos danos causados pelo tratamento quando descumprir as obrigações da legislação de proteção de dados ou quando não tiver seguido as instruções lícitas do controlador, hipótese em que o operador equipara-se ao controlador, salvo nos casos de exclusão previsto no art. 43 desta lei;
>
> II – os controladores que estiverem diretamente envolvidos no tratamento do qual decorreram danos ao titular dos dados respondem solidariamente, salvo nos casos de exclusão previstos no art. 43 desta lei [...].

Portanto, quanto à responsabilidade pelo tratamento de dados, deve-se observar a estrutura definida pela franquia, com relação aos controladores e aos operadores.

Além disso, importante destacar a redação apresentada no artigo 45, da LGPD, *in verbis*:

> Art. 45. As hipóteses de violação do direito do titular no âmbito das relações de consumo permanecem sujeitas às regras de responsabilidade previstas na legislação pertinente.

Assim, quando se versar sobre relações de consumo, compete ao Código de Defesa do Consumidor (Lei n. 8.078/1990) definir o tipo de responsabilidade dos franqueados e do franqueador.

Nessa perspectiva, considerando que o dano seja causado em razão do tratamento indevido de dados pessoais por parte do franqueado, pode-se chegar a três hipóteses: responsabilidade solidária; responsabilidade subsidiária, e; inexistência de responsabilidade.

Cumpre ressalvar que em razão da prorrogação da entrada em vigor da Lei n. 13.709/2018, ainda não há nenhuma apreciação do tema pelo Poder Judiciário, de modo que são poucos os materiais sobre o tema. Dessa maneira, as hipóteses apresentadas consistem em possíveis teses a serem adotadas.

Pela primeira tese, existe responsabilidade solidária entre franqueado e franqueador, aplicando-se analogicamente o entendimento do Superior Tribunal de Justiça em relação aos danos causados na prestação de serviço, dado que cabe às franqueadoras a organização da cadeia de franqueados do serviço, atraindo para si a responsabilidade solidária pelos danos decorrentes da inadequação dos serviços prestados em razão da franquia.[29]

Leciona Nari Lee Cerdeira que:

> É inevitável que uma reclamação por uso indevido de dados ou, ainda, um incidente de vazamento de dados praticado por um franqueado não afete a franqueadora. Portanto, esmo nas situações em que ela não deseje figurar como controladora dos dados, a franqueadora tende a responder solidariamente com os seus franqueados. Por isso, fazem-se necessárias uma tomada de decisões urgente

29 STJ. Recurso Especial n. 1426578/SP. Relator: Ministro Aurélio Bellizze. Terceira Turma. Julgado em 23 de jun. de 2015. DJe 22 de set. de 2015.

> e a adequação da documentação de franquia a esta nova realidade, além de se fixarem as regras do tratamento de dados.[30]

No mesmo sentido, extrai-se dos artigos 14 de 18 do Código de Defesa do Consumidor a responsabilização solidária de todos que participem da introdução do produto ou serviço no mercado, inclusive daqueles que organizem a cadeia de fornecimento, pelos eventuais defeitos ou vícios apresentados, *in verbis*:

> Art. 14. O fornecedor de serviços responde, independentemente da existência de culpa, pela reparação dos danos causados aos consumidores por defeitos relativos à prestação dos serviços, bem como por informações insuficientes ou inadequadas sobre sua fruição e riscos.
>
> Art. 18. Os fornecedores de produtos de consumo duráveis ou não duráveis respondem solidariamente pelos vícios de qualidade ou quantidade que os tornem impróprios ou inadequados ao consumo a que se destinam ou lhes diminuam o valor, assim como por aqueles decorrentes da disparidade, com a indicações constantes do recipiente, da embalagem, rotulagem ou mensagem publicitária, respeitadas as variações decorrentes de sua natureza, podendo o consumidor exigir a substituição das partes viciadas.

Por efeito do artigo 45 da Lei n. 13.709/2018, esse parece ser o entendimento mais adequado. No entanto, nem sempre o tratamento de dados pessoais está relacionado com a cadeia produtiva da franquia, não tendo relação com a finalidade da empresa. Por esse motivo, destaca-se também as demais teses.

30 CERDEIRA, Nari Lee. Com a nova Lei Geral de Proteção de Dados (LGPD), franqueadoras têm responsabilidade sobre o banco de dados da rede franqueada e podem ser multadas em caso de infrações. **Franquia & Franquia**. Fev. 2020.

Nos casos em que se verifica que há ingerência do franqueador na atividade de tratamento de dados pelo franqueado, pode-se, em tese, atribuir a responsabilidade subsidiária da empresa franqueadora, considerando, analogicamente, o seguinte entendimento jurisprudencial:

> RECURSO ORDINÁRIO DA SEGUNDA RECLAMADA. CONTRATO DE FRANQUIA. RESPONSABILIDADE SUBSIDIÁRIA. O contrato de franquia caracteriza-se pela relação comercial existente entre as partes e pela autonomia da empresa franqueada e, portanto, diferencia-se do contrato de prestação de serviços a que se refere a Súmula n. 331 do TST. Entretanto, quando constatada que a ingerência da franqueadora sobre a atividade da franqueada extrapola a previsão legal, inclusive com a estipulação de metas de vendas e de apresentação de comprovantes de quitação de débitos trabalhistas e tributários, o inadimplemento das obrigações trabalhistas por parte da empresa franqueada implica a responsabilidade subsidiária da empresa franqueadora.[31]

Por fim, nos casos em que não há intervenção do franqueador no tratamento de dados realizados pelo franqueado, em tese, prevaleceria a autonomia desse, inexistindo responsabilidade do franqueador. De modo semelhante:

> AGRAVO DE INSTRUMENTO EM RECURSO DE REVISTA INTERPOSTO PELA SEGUNDA RECLAMADA (BOTICÁRIO FRANCHISING LTDA.). ACÓRDÃO REGIONAL PUBLICADO NA VIGÊNCIA DA LEI 13.015/2014 [...] 2. CONTRATO REGULAR DE FRANQUIA. RESPONSABILIDADE

31 TRT-17 – Recurso Ordinário n. 00000875620175170132. Relatora: Claudia Cardoso de Souza. Data de Julgamento: 30 de out. de 2018. Data de Publicação: 08 de nov. de 2018.

> SUBSIDIÁRIA DO FRANQUEADOR. DESVIRTUAMENTO DO CONTRATO NÃO DEMONSTRADO. RESPONSABILIDADE INEXISTENTE. PROVIMENTO. I. O contrato de franquia visa a promover a cooperação entre empresas, proporcionando ao franqueadora maior participação no mercado e ao franqueado o direito de uso da marca, da tecnologia e do sistema de gestão. Conquanto o franqueador e o franqueado somem esforços para alcançar objetivos comuns, o contrato regular de franquia caracteriza-se pela autonomia da personalidade e do patrimônio dos contratantes (...) IV. Revela má aplicação da Súmula n. 331, IV, do TST, acórdão regional que reconhece a responsabilidade subsidiária da empresa franqueadora sem a demonstração efetiva de ingerência direta do franqueador nos negócios do franqueado, de modo a caracterizar o desvirtuamento do contrato de franquia. V. Agravo de instrumento de que se conhece e a que se dá provimento, por má aplicação da Súmula n. 331, IV, do TST, para determinar o processamento do recurso de revista.[32]

Diante da complexidade do tema, caberá a análise do caso concreto, averiguando a forma de constituição do sistema de franquia, assim como a finalidade do tratamento de dados pessoais, constatando se esse processo faz parte da atividade da franquia e se a franqueada possui autonomia gerencial sobre esse processo, para que seja possível a definição da responsabilidade do franqueador e do franqueado.

32 TST-RR. *Agravo de Instrumento em Recurso de Revista n. 16697020145090245*. Relator: Alexandre Luiz Ramos. Data de Julgamento: 07 de ago. de 2019. 4ª Turma. Data de Publicação: DEJT 09 de ago. de 2019.

4. MECANISMOS PARA ADEQUEAÇÃO À LGPD

A implementação das diretrizes da Lei Geral de Proteção de Dados não possui forma específica, devendo sua metodologia ser definida de acordo com as particularidades da empresa. Contudo, com relação ao sistema de franquia empresarial, alguns pontos são comuns e devem ser observados.

É importante mencionar que a Autoridade Nacional de Proteção de Dados, dentro de sua competência estabelecida pelo artigo 55-J, XVIII da Lei n. 13.709/2018, elaborou um "Guia Orientativo sobre Segurança da Informação para Agentes de Tratamento de Pequeno Porte". Trata-se da edição de normas, orientações e procedimentos simplificados e diferenciados para microempresas e empresas de pequeno porte, assim como para iniciativas empresariais de caráter incremental ou disruptivo que se autodeclarem startups ou empresas de inovação, em função do tamanho dessas empresas e eventuais limitações no corpo de funcionários.[33] A adequação dessas políticas ocorrerá em três esferas: jurídica, administrativa e de tecnologia.

Quanto aos procedimentos específicos a serem implementados no sistema de franquia, recomenda-se que se faça uma análise jurídica, revisando os contratos de franquia, inclusive os que estejam em vigor, incluindo um termo de consentimento para a divulgação dos dados exigidos pelo inciso X, do artigo 2º da Lei de Franquia Empresarial, para o fornecimento da Circular de Oferta de Franquia aos interessados em aderir à franquia, realizando a coleta do consentimento de todos os franqueados e aqueles que deixaram a franquia nos últimos 24 meses. Ademais, deve-se

---

33 ANPD. *Guia Orientativo sobre Segurança da Informação para Agentes de Tratamento de Pequeno Porte.* Versão 1.0. Outubro de 2021.

criar um termo de confidencialidade destinados aos investidores que farão uso dessas informações.

Na fase administrativa, é fundamental que preliminarmente seja elaborada a apuração do mapeamento de dados, *data mapping*, levantando informações sobre os tipos de dados que estão sendo coletados, por quanto tempo esses dados ficam disponíveis, os fluxos de dados e o momento que efetivamente são destruídos.

Essa fase é primordial na efetivação de sistemas de proteção de dados, pois, a partir desse inventário de dados, é possível compreender de que modo ocorre o "ciclo de vida dos dados"[34] operacionalizados pela empresa, viabilizando o melhor controle e a implementação de medidas de segurança.

É importante ressalvar que o mapeamento de dados deve ser feito de modo individualizado, segregando os franqueados e os sistemas, pelo fato de o mesmo dado poder ter finalidades distintas dependendo do franqueado que realizar o tratamento.

De modo geral, o ciclo de vida dos dados pode ser classificado em quatro fases: i) fase do planejamento; ii) fase da coleta; iii) fase da organização, e; iv) fase da utilização e divulgação.[35]

---

34 Os dados são considerados como potenciais objetos de informação. Nessa perspectiva, sob a ótica da ciência da informação, Ricardo Cesar Gonçalves Sant'ana (2013, p. 119) identifica as fases (momentos em que distintas necessidades e competências são necessárias) envolvidas no acesso e no uso dos dados – sendo: coleta; armazenamento; recuperação e descarte – identificando os fatores e as características que propiciam a ampliação do equilíbrio entre os agentes envolvidos no processo e a máxima otimização do uso dos dados.

35 De maneira mais detalhada, pode-se classificar o clico de dados em: coleta; processamento; análise; compartilhamento; armazenamento; reutilização, e; eliminação. ALVES, Gervânia. **Ciclo de vida dos dados e LGPD**. Positum Consultoria Empresarial. 2016. Disponível em: https://www.xpositum.com.br/ciclo-de-vida-dos-dados-e-lgpd. Acesso em: 17 de jun. de 2020.

Aplicando às premissas da LGPD, tem-se que na fase do planejamento, franqueador e franqueados devem realizar a coleta do consentimento[36] do titular dos dados (Lei n. 13.709/2018, artigo 7º, inciso I), comunicando-lhe sobre a finalidade[37] dessa coleta. Destaca-se, novamente, que no sistema de franquia é de suma importância se atentar às regras da Circular de Oferta de Franquia.

Na fase da coleta dos dados, franqueador e franqueados devem manter-se transparentes[38] quanto aos dados que estão sendo coletados, permitindo que o titular tenha acesso a essas informações, mantendo a qualidade[39] desses dados, preservando-os íntegros, atualizados e protegidos de acordo com a finalidade do seu tratamento.

É essencial que a empresa realize a classificação desses dados quanto à sua finalidade, detectando os dados que possuem pouca ou nenhuma relevância para as atividades desempenhadas, devendo, assim, serem descartados, daqueles que possuem relevância e devem ser tratados.

Na fase da organização, franqueador e franqueados devem implementar ferramentas que sejam capazes de gerir os dados de forma segura[40] e que garantam os direitos dos titulares.

---

36 O consentimento previsto no inciso I do art. 7º desta Lei deverá ser fornecido por escrito ou por outro meio que demonstre a manifestação de vontade do titular" (Lei n. 13.709/2018, artigo 8º).

37 "Finalidade: realização do tratamento para propósitos legítimos, específicos, explícitos e informados ao titular, sem possibilidade de tratamento posterior de forma incompatível com essas finalidades" (Lei n. 13.709/2018, artigo 6º, I).

38 "Transparência: garantia, aos titulares, de informações claras, precisas e facilmente acessíveis sobre a realização do tratamento e os respectivos agentes de tratamento, observados os segredos comercial e industrial" (Lei n. 13.709/2018, art. 6º, VI).

39 Lei n. 13.709/2018, artigo 6º, V.

40 "Segurança: utilização de medidas técnicas e administrativas aptas a proteger os dados pessoais de acessos não autorizados e de situações acidentais ou ilícitas de destruição, perda, alteração, comunicação ou difusão" (Lei n. 13.709/2018, artigo, 6º, VII).

A proteção de dados pessoais deve ocorrer no tratamento realizado por qualquer meio, seja físico ou digital, além do mais, a mudança de paradigma mediante a aplicação da metodologia do *Privacy by Design* determina que as empresas definam a proteção da privacidade como objetivo central de todas as etapas de desenvolvimento de produtos e serviços, da concepção à pós-execução, englobando esse conceito entre seus valores de condutas[41].

A última fase consiste na utilização e na divulgação desses dados, sendo imprescindível o cumprimento aos requisitos de prevenção, de transparência, de segurança e de prestação de contas aos titulares dos dados. Após o cumprimento de sua finalidade, os dados serão eliminados, conservados ou compartilhados (Lei n. 13.709/2018, artigo 16). Quanto ao compartilhamento de dados entre franqueados, salienta-se o que foi mencionado no item anterior.

CONSIDERAÇÕES FINAIS

Como visto, a Lei Geral de Proteção de Dados (LGPD – Lei n. 13.709/2018) foi elaborada com o objetivo de proteger os direitos fundamentais de liberdade e de privacidade e do livre desenvolvimento da personalidade da pessoa natural no tocante ao tratamento indevido de seus dados pessoais.

Diante das novas diretrizes impostas pela LGPD, ela foi contextualizada com a Lei n. 13.966/2019 (Lei de Franquia Empresarial), sendo analisadas possíveis divergências teleológicas entre essas legislações.

41 OSTCEC. **O Que Significa "Privacy By Design" e Qual a Relação Com a LGPD**. 2019. Disponível em: <https://ostec.blog/geral/privacy-by-design>. Acesso em: 10 de ago. de 2020.

Nesse passo, destacaram-se as principais características do sistema de franquia empresarial, destacando a sua natureza jurídica, bem como as suas principais características e particularidades.

Ainda, abordou-se a disposição do artigo 2º da Lei de Franquia Empresarial, que exige a divulgação de uma séria de informações por aquele que objetiva ser franqueado, sendo, na sequência, discutido sobre a Circular de Oferta de Franquia, a fim de verificar eventual incongruência dessa norma com a LGPD.

Nesse particular, mencionaram-se duas perspectivas. A primeira, no sentido de que se enquadraria no inciso IX, do artigo 7º da LGPD, tornando-se possível o tratamento mesmo sem consentimento. Já a segunda, é no sentido de ser recomendável a coleta de consentimento de todos os envolvidos.

Na sequência, tratou-se acerca do tratamento de dados pessoais no contexto da LGPD, sendo discutida eventual responsabilidade por descumprimento das normas dessa Lei. Nessa oportunidade, foram trazidas três hipóteses de responsabilidade, sendo destacado que, sobre o tema, deve ser observada a estrutura definida pela franquia, com relação aos controladores e operadores.

Por fim, foram apontados alguns mecanismos para adequação à LGPD, dando destaque à necessidade de revisão dos contratos de franquia, a fim de adequá-los à Lei em questão, especialmente no que se refere à Circular de Oferta de Franquia.

Ainda, destacou-se a relevância do mapeamento de dados, com o levantamento de informações sobre os tipos de dados que estão sendo coletados, por quanto tempo esses dados ficam disponíveis, os fluxos de dados e o momento que efetivamente são destruídos.

Assim, embora o tema seja incipiente, conclui-se pela necessidade de atenção das franquias para a adequação desse sistema à Lei Geral de Proteção de Dados.

REFERÊNCIAS BIBLIOGRÁFICAS

ABF – Associação Brasileira de Franchising. **Desempenho do franchising brasileiro: 1º trimestre de 2020**. Disponível em: https://www.abf.com.br/numeros-do-franchising/. Acesso em: 15 de jun. de 2020.

ABREU, Luciana. **Mudanças trazidas pela nova Lei de Franquias (Lei 13.966/2019)**. Consultor Jurídico. 2020. Disponível em: https://www.conjur.com.br/2020-jan-14/luciana-abreu-mudancas-trazidas-lei-franquias. Acesso em: 15 de jun. de 2020.

ANPD. **Guia Orientativo sobre Segurança da Informação para Agentes de Tratamento de Pequeno Porte**. Versão 1.0. Outubro de 2021. Disponível em: https://www.gov.br/anpd/pt-br/documentos-e-publicacoes/guia-vf.pdf. Acesso em: 31 de maio de 2022.

AGUILAR, Alirio. **O que é a Economia Digital?**. Blog de Ambiente de Negócios. 2020. Disponível em: http://www.blogdoideies.org.br/o-que-e-a-economia-digital/. Acesso em: 15 de jul. de 2020.

ALVES, Gervânia. **Ciclo de vida dos dados e LGPD**. Positum Consultoria Empresarial. 2016. Disponível em: https://www.xpositum.com.br/ciclo-de-vida-dos-dados-e-lgpd. Acesso em: 17 de jun. de 2020.

BSA. **Estudo da BSA ilustra o impacto mundial da revolução de dados**. BSA – The Software Alliance. 2015. Disponível em: https://www.bsa.org/pt/noticias-eeventos/comunicados-de imprensa/estudo-da-bsa-ilustra-o-impacto-mundial-da-revolucao-dedados. Acesso em: 01 de jul. de 2020.

CENTRAL DO FRANQUEADO. **O que é franchising?** Conheça o sistema por trás das redes de sucesso. 2020. Disponível em: https://centraldofranqueado.com.br/blog/o-que-franchising/. Acesso em: 16 de jun. de 2020.

CERDEIRA, Nari Lee. **Com a nova Lei Geral de Proteção de Dados (LGPD), franqueadoras têm responsabilidade sobre o banco de dados da rede franqueada e podem ser multadas em caso de infrações**. Franquia & Franquia. Fev. 2020. Disponível em: https://www.franquiaecompanhia.com.br/2020/02/com-nova-lei-geral-de-protecao-de-dados.html. Acesso em: 10 de jun. de 2020.

COELHO, Fábio Ulhoa. **Manual de direito comercial**. 16. ed. rev. e atual. São Paulo: Saraiva, 2005.

LEITE, Roberto Cintra. **Franchising**: na criação de novos negócios. São Paulo: Atlas, 1990.

MARTINS, Ivo Fernando Pereira. **Lei 13.966 Comentada (Nova Lei de Franquias)**. Disponível em: https://ivofpmartins.com.br/lei-13966-comentada-nova-lei-de-franquias/. Acesso em: 16 de jun. de 2020.

MINISTÉRIO DO DESENVOLVIMENTO, INDÚSTRIA E COMÉRCIO EXTERIOR. **O que é franquia?**. 2005. Disponível em: https://content.portaldofranchising.com.br/wp-content/uploads/2019/04/07153815/O-que-e%CC%81-franquia.pdf. Acesso em: 16 de jun. de 2020.

OSTCEC. *O Que Significa "Privacy By Design" e Qual a Relação Com a LGPD*. 2019. Disponível em: https://ostec.blog/geral/privacy-by-design. Acesso em: 10 de ago. de 2020.

PONTE, Ana Beatriz Barbosa. **Franquia e a LGPD** (Lei Geral de Proteção de Dados). Mundo das Franquias. 2020. Disponível em: http://omundodasfranquias.com.br/2020/03/21/franquias-e-a-lgpd-lei-geral-de-protecao-de-dados/. Acesso em: 16 de jun. de 2020.

SANTINI, Denis. GARCIA, Filomena. **Marketing para franquias**: as melhores práticas para franqueadores e franqueados. São Paulo: Saraiva, 2011.

SILVA, Flávio Lucas de Menezes. **Franchising e estabelecimento franqueado**. Tese de Doutorado. Orientador: Dr. José Roberto D'Affonseca Gusmão. Pontifícia Universidade Católica de São Paulo: São Paulo, 2008.

TEIXEIRA, Tarcisio. **Direito empresarial sistematizado**: doutrina e prática. 2. ed. São Paulo: Saraiva, 2013.

9

A EMPRESA E O ALCANCE TERRITORIAL DA LEI GERAL DE PROTEÇÃO DE DADOS

Francisco Luís Hipólito Galli[1]

INTRODUÇÃO

As páginas seguintes apontarão diversos problemas decorrentes da inovação tecnológica, especialmente a preocupação com a falta de controle que possuímos sobre nossas próprias informações arquivadas na rede, o risco de serem utilizadas de maneira indevida por empresas e governos, limitando, além da nossa privacidade, a nossa liberdade.

Demonstrarão que, por mais que varie o perfil econômico da empresa, sempre será encontrada uma relação profissional de troca, com organização de materiais e pessoas e a missão de cobrir, com criatividade, os custos do trabalho e dos capitais empregados, em busca da obtenção da maior margem de lucro possível.

1 Mestrando em Direito Negocial. Advogado. francisco@franciscogalli.com.br.

Para obter essa melhor relação de lucro, as empresas lançam mão de todos os recursos que se encontrem até o final da linha que divide o lícito do ilícito, inclusive o tratamento de informações pessoais obtidos de maneira que seus titulares sequer imaginam, valendo-se desses dados como moeda de troca com outras empresas ou como instrumento para o desenvolvimento de publicidade direcionada, ampliando a chance de convencer seus consumidores a comprarem mais, ou a migrarem dos concorrentes, ampliando seu percentual de importância no mercado.

Com o avanço tecnológico, o direito à privacidade exigiu revisão, pois insuficientes os mecanismos de proteção de outrora, uma vez que o próprio conceito desse direito, trazido em 1890, deixou de significar apenas um dever de abstenção a terceiros.

Os ataques à intimidade, inicialmente físicos e grosseiros, passaram a ser virtuais e sutis, tornando insuficientes os muros e cadeados que transmitiam aos indivíduos a sensação de segurança.

Em virtude disso, os Estados passam a elaborar normas que possam atualizar a proteção da privacidade e dos direitos da personalidade como um todo, o que, no Brasil, culmina no surgimento da Lei 13.709, de 2018, a Lei Geral de Proteção de Dados Pessoais (LGPD).

Todavia, incoerentemente, quando a legislação avança em defesa da privacidade, os sujeitos de direito passam a utilizá-la de tal modo que surgem debates questionando se referido direito estaria migrando do âmbito da personalidade para o rol patrimonial, tamanha a realização de negócios celebrados envolvendo a exposição da intimidade, e a ânsia do mercado, especialmente o audiovisual, em adquiri-lo.

Entretanto, por pior que seja o cenário desenhado e, por mais escura e carregada pareça a nuvem que muitos afirmam estar próxima, não se pode ignorar uma simples constatação feita por Ridley.

Simples, porém verdadeira: o mundo está cada vez melhor.

Eis a visão de Ridley:

> Otimismo racional defende que o mundo sairá da atual crise por causa do modo como os mercados de bens, serviços e ideias permitem aos seres humanos trocar e especializar-se honestamente para a melhoria de todos.
>
> Assim, este não é um livro de elogio ou condenação impensada de todos os mercados, mas uma pesquisa de como o processo de mercado de troca e especialização é mais velho e claro do que muitos pensam e fornece uma vasta razão para o otimismo sobre o futuro da raça humana. Acima de tudo, este é um livro sobre os benefícios da mudança. O meu desacordo é, principalmente, com reacionários de todas as cores políticas: os azuis que não gostam da mudança cultural; os vermelhos que não gostam da mudança econômica; e os verdes que não gostam da mudança tecnológica.
>
> Sou um otimista racional: racional porque cheguei ao otimismo não através do temperamento ou do instinto, mas avaliando as provas. Nas páginas que se seguem, espero transformar você num otimista racional também. Preciso convencê-lo primeiro de que o progresso humano tem sido, em geral, uma coisa boa e que, apesar da tentação constante das lamúrias, o mundo é um lugar bom de se viver, como tem sido sempre para a média da humanidade – mesmo agora, numa profunda recessão; que está mais rico, saudável e gentil tanto por causa do comércio como apesar dele. Então, minha intenção é explicar por que e como o mundo ficou assim. E, finalmente, pretendo ver se pode continuar a melhorar[2].

2 RIDLEY, Matt. **O otimista racional**. Tradução Ana Maria Mandim. 1 ed. Rio de Janeiro: Record, 2014. p. 19.

Dentro desse cenário de constante melhoria do mundo, buscar-se-á verificar qual a relação entre a empresa, as informações pessoais, a privacidade e a aplicação extraterritorial da Lei Geral de Proteção de Dados Pessoais, analisando o que justificaria a extensão da norma para além dos limites do território brasileiro.

1. A EMPRESA

Para que se compreenda a importância de se regular o tratamento dos dados pessoais, interesse que justificaria a legislação protetiva elaborada e, com maior atenção, a previsão de um âmbito territorial estendido, é necessário percorrer um caminho que tem início na verificação do significado e finalidade da empresa, de seus perfis e elementos, com vistas a concluir de que modo a renda, a situação de saúde, o patrimônio e as opções pessoais (religiosas, sexuais, políticas, etc.) podem ser trabalhados contra seu titular, colocando-o em situação de desvantagem nos negócios ou expondo sua privacidade de maneira ilegal.

Embora a noção de empresa esteja alocada no Código Civil, em decorrência do processo de unificação do direito privado, a empresa possui estreita ligação com a noção de comércio (e atos de comércio) e Direito Comercial.

Ensina Thiago Spercel:

> Muito embora a noção de comércio enquanto intermediação na relação de troca exista desde a antiguidade, o Direito Comercial, visto como o conjunto de normas jurídicas, usos e costumes especiais, destinados a regular as atividades profissionais dos comerciantes e as relações jurídicas surgidas do exercício do comércio, tem sua origem no final da Idade Média, com o desenvolvimento do comércio marítimo e a crescente utilização da moeda. É nesse período que se dá o surgimento dos mercados e

> feiras, o fortalecimento das corporações e o aparecimento dos primeiros institutos e títulos comerciais.[3]

Spercel[4] observa que, na França e no Brasil, havia dificuldade em definir os atos de comércio por determinação de lei, incumbindo à doutrina e à jurisprudência a criação de várias teorias que não esclareciam completamente o assunto.

> Para a maioria dessas teorias, entedia-se por *atos de comércio* ou *atividade comercial* a série de atos conjuntamente considerados, praticados profissionalmente e com habitualidade, visando a circulação de mercadorias com o intuito de lucro. Em outras palavras, seriam requisitos indispensáveis à qualidade de comerciante e à atividade comercial: (i) a *intermediação*, consistente na atividade de intermediário entre o produtor e consumidor, ou dito de modo diverso, a interposição na efetivação da troca ou venda de mercadorias; (ii) a *especulação*, traduzida na atividade econômica com intuito de lucro; e (iii) a *profissionalidade*, que significa a prática habitual, coordenada e repetida dos atos de comércio.
>
> Em função da referida dificuldade de caracterização e do desenvolvimento da economia moderna, o conceito de Direito Comercial baseado na figura do comerciante tem sido gradativamente substituído pelo direito de empresa, que regula as atividades das empresas, dos empresários e dos estabelecimentos.[5]

---

3 SPERCEL, Thiago. A teoria da empresa no código civil de 2002: o fim da distinção entre sociedades civis e comerciais. **Revista da Faculdade de Direito da Universidade de São Paulo**, São Paulo. V. 100, jan./dez. 2005 p. 475. Disponível em: http://www.revistas.usp.br/rfdusp/article/view/67680/70288. Acesso em: 28 abr. 2020.

4 Ibid., p. 476.

5 Ibid., p. 477.

Essa substituição gradativa alcançou seu ápice, no Brasil, com o Livro II, do Código Civil de 2002, que substituiu o Direito Comercial e a teoria dos atos de comércio pelo direito de empresa e pela "teoria da empresa", apontando como empresa a atividade econômica organizada para a produção ou circulação de bens ou de serviços.

Conforme aponta Asquini[6] em sua obra clássica "Perfis da Empresa" traduzido por Comparato, "o conceito de empresa é o conceito de um fenômeno econômico poliédrico", possuindo diversos perfis em decorrência dos diversos elementos que o integram. Deste modo, tais quais as diferentes figuras formadas com a movimentação de um caleidoscópio, a cada ponto de vista utilizado para definir empresa economicamente, um novo conceito jurídico dela também surgirá, ou se destacará.

Para o mestre italiano, essa diversidade justificaria a ausência de definição legislativa e o desencontro das opiniões manifestadas na doutrina, pois "quando se fala da empresa em relação à sua disciplina jurídica, ocorre operar com noções jurídicas diversas, de acordo com os diversos aspectos jurídicos do fenômeno econômico"[7].

Asquini[8] observa que, para o Código Civil italiano, o conceito econômico de empresa é o do ordenamento corporativo, com base profissional, referindo-se essencialmente à economia de troca, pois, se assim não fosse, não haveria como adquirir o caráter profissional, de modo que não estariam enquadradas como atividades de empresa (tampouco definidas

6 ASQUINI, Alberto. Perfis da empresa. Tradução: Fábio Konder Comparato. **Revista de Direito Mercantil, Industrial, Econômico e Financeiro (nova série)**, São Paulo. Ano XXXV, n. 104, out./dez. 1996, p. 109.

7 ASQUINI, Alberto. Perfis da empresa. Tradução: Fábio Konder Comparato. **Revista de Direito Mercantil, Industrial, Econômico e Financeiro (nova série)**, São Paulo. Ano XXXV, n. 104, out./dez. 1996., p. 110.

8 Ibid., p. 110.

como empresas) as formas de organização da produção destinadas a prover exclusivamente as necessidades do produtor e sua família, ou seja, o consumo direto do sujeito e dos seus.

Ainda para Asquini, a doutrina econômica faz parte da dinâmica da economia, repercutindo em questões como a variação do tempo e a assunção de riscos:

> A doutrina econômica da empresa faz parte da dinâmica da economia, pois o fenômeno da produção se desenvolve necessariamente no tempo e é sobretudo em relação à variação no tempo, do resultado útil da empresa para o empresário (risco da empresa), que o trabalho organizado do empresário assume relevo econômico. O risco da empresa – risco técnico inerente a cada procedimento produtivo, e risco econômico, inerente à possibilidade de cobrir, os custos do trabalho (salários) e dos capitais (juros) empregados, com os resultados dos bens ou serviços produzidos para a troca – faz com que o empresário se reserve um trabalho de organização e de criação para determinar de acordo com adequadas previsões o modo de atuação da produção e da distribuição dos bens. É esta a contribuição típica do empresário; daí aquela especial remuneração do empresário chamada lucro (margem diferencial entre os resultados e os custos) e que constitui o motivo normal da atividade empreendedora no plano econômico.[9]

A atividade econômica desempenhada pelo empresário supera a simples função de intermediário, consistindo em verdadeira geração criativa de riquezas[10]. O empresário age de forma dinâmica, destinando suas ações não somente para a satisfação de demandas de produtos e serviços

9 Ibid., p. 110-111.

10 Ibid., p. 111.

já identificados pelo mercado, mas gerando novas formas para o fornecimento desses mesmos produtos e serviços, oferecendo soluções para novas demandas, reprimidas ou ainda não identificadas.

Um exemplo da criatividade do empresário é o surgimento do *iPhone*, em 09 de janeiro de 2007, que provocou uma verdadeira revolução no mercado de telefones celulares, somando ao uso básico (utilização para chamadas telefônicas) todo um mundo de recursos tecnológicos que acabou por transformar o aparelho em máquina fotográfica e computador de bolso.

Essa inovação acabou por afetar diversos mercados, como o das máquinas fotográficas, serviços de geolocalização, jogos, comunicação, redes sociais e o da indústria audiovisual, demandando o desenvolvimento de programas para a adaptação de filmes e músicas a esse novo meio (transmissões em tecnologia *streaming*, por exemplo), além do surgimento de diversos aplicativos para atender necessidades até então inexistentes, ou cujo atendimento era impossível. Essa novidade tecnológica veio acompanhada de um novo estilo de comercializar produtos e serviços.

Outro exemplo da criatividade utilizada para aumentar a comercialização de bens e serviços, ampliado com a popularização da internet, é o *marketplace*, com empresas menores se arvorando em sítios eletrônicos de empresas maiores para a divulgação e venda de seus produtos, podendo utilizar também de sua estrutura logística, em troca de um percentual do valor comercializado.

Entretanto, rememora-se, para que seja considerada empresa, essa criatividade deverá ser aplicada em atividade econômica de troca que possua caráter profissional.

Conforme assevera Asquini:

> Na economia de troca o caráter profissional da atividade do empresário é um elemento natural da empresa. O princípio da divisão do trabalho e a necessidade de repartir no

> tempo as despesas da organização inicial, de fato, orientam naturalmente o empresário, para especializar a sua função através de uma atividade em série, dando lugar a uma organização duradoura, normalmente, com escopo de ganho. A extensão da duração da empresa é, além disso, inerente ao próprio objeto da empresa (Ex: construção de uma estrada, fornecimento periódico de mercadorias). A empresa imediatista pode, portanto, ser tomada em consideração pela economia, somente como um fenômeno marginal.[11]

Da utilização do significado econômico de empresa como organização de trabalho e capital que tem como fim a produção de bens ou serviços para a troca, ou seja, não destinado exclusivamente ao consumo do empresário e sua família, provêm diversos perfis jurídicos (subjetivo, funcional, patrimonial, institucional e agente econômico de mercado).

Nos dizeres de Sylvio Marcondes:

> Entretanto, apresentando o fenômeno de empresa, perante o direito, aspectos diversos, não deve o intérprete operar com o preconceito de que ele caiba, forçosamente, num esquema jurídico unitário, uma vez que empresa é conceito de um *fenômeno econômico poliédrico*, que assume, sob o aspecto jurídico, em relação aos diferentes elementos nele concorrentes, não um, mas diversos perfis: *subjetivo*, como empresário; *funcional*, como atividade; *objetivo*, como patrimônio; *corporativo*, como instituição.[12]

---

11 ASQUINI, Alberto. Perfis da empresa. Tradução: Fábio Konder Comparato. **Revista de Direito Mercantil, Industrial, Econômico e Financeiro (nova série)**, São Paulo. Ano XXXV, n. 104, out./dez. 1996, p. 111.

12 MARCONDES, Sylvio. **Questões de direito mercantil.** São Paulo: Saraiva, 1977, p. 7.

Spercel explica sinteticamente o significado do perfil subjetivo:

> Em primeiro lugar, o vocábulo "*empresa*" pode assumir um perfil *subjetivo*, como decorrência da figura do "*empresário*", titular da empresa, pessoa (física ou jurídica) que exerce, profissionalmente, de modo habitual e sistemático e em nome próprio, uma atividade econômica organizada, tendo pôr fim a produção ou a troca de bens ou serviços, organizando e coordenando fatores de produção e assumindo o risco técnico e econômico correlato. Nesse sentido, não é empresário quem exerce atividade econômica às custas e sob o risco de terceiros, como é o caso do representante ou do administrador. Também não é empresário quem presta um trabalho de caráter exclusivamente pessoal ou exerce profissão intelectual, a menos que sua atividade seja organizada sob a forma de atividade organizada de empresa.[13]

Continua o mesmo autor, analisando o significado dos demais perfis:

> O vocábulo também pode assumir o perfil *funcional*, enquanto *atividade econômica* destinada à produção ou circulação de bens ou serviços.
>
> Além disso, importante mencionar o perfil *patrimonial* da empresa, que se reporta ao conceito de patrimônio especial e destacado do empresário, constituído pelo complexo de bens que o empresário se vale para o exercício de sua atividade empresária, também chamado de *estabelecimento*.
>
> Também há, por fim, o perfil *corporativo* da empresa, segundo o qual a empresa é uma *instituição*, que se define pela organização de pessoas embasada em relações de hierarquia e cooperação entre seus membros, em função de um escopo comum. A empresa-instituição é formada pelo

13 SPERCEL, 2005, p. 478.

> empresário e pelos empregados e colaboradores (dirigentes, funcionários e operários). Colocado de forma diversa, é uma pluralidade de pessoas ligadas entre si por relações individuais de trabalho com um fim individual, formando, contudo, um núcleo social organizado em função de um fim econômico comum. Nesse sentido, a organização se realiza através da hierarquia das relações entre o empresário, dotado do poder de mando, e seus colaboradores, sujeitos à subordinação e fidelidade em prol do interesse comum. Ressalte-se, contudo, que o reconhecimento de uma organização de pessoas como instituição não necessariamente significa sua personificação.
>
> Vale também o registro de posição de respeitados autores que afirmam que a empresa é o *agente econômico do mercado*, entendendo-se por *mercado* o ambiente jurídico-institucional em que se concretizam as transações econômicas, o lugar artificial que a lei constrói, governa, orienta e controla. Nessa linha, o direito empresarial regularia a relação entre duas empresas com o propósito de produzir e disponibilizar bens e serviços no mercado, de forma massificada e impessoal, disputando clientela e *market share* com outra empresa concorrente; em outras palavras, as empresas seriam entidades que orientam sua atividade profissional e econômica em função do mercado.[14]

Para a análise aqui proposta, fará mais sentido a utilização dos perfis subjetivo ou funcional de empresa, cabendo indagar qual o motivo que serve de estímulo para o titular da empresa, ou a própria atividade econômica destinada à produção de bens ou serviços, almejar informações relacionadas a pessoas naturais identificadas ou identificáveis, pois, somente conhecendo a importância desses dados é que compreenderá o porquê de protegê-los de tal modo que o âmbito territorial da lei é expandido.

14 SPERCEL, 2005, p. 478-479.

2. DADOS PESSOAIS E PRIVACIDADE

A proteção da privacidade de dados como um direito fundamental surgiu na Alemanha, na década de 70, dali avançando para os demais membros da União Europeia, até ser abraçada como obrigação de todos os Estados integrantes, culminando no regime de proteção de dados mais rigoroso e influente da atualidade[15].

Os limites da regulação da privacidade de dados são matéria de alta complexidade e enorme controvérsia, gerando grande confusão entre seus próprios titulares em virtude da ignorância do valor dessas informações, do receio de sofrerem cerceamento da liberdade e do medo de um abuso ou desvio de finalidade no controle exercido pelo Estado ou pelo mercado com base no acesso e uso desse patrimônio ou elemento próprio da existência atual.

Tal se dá, pois, para as empresas e para o desenvolvimento da economia, os dados tornaram-se valiosos e competitivos ativos, uma moeda e, até mesmo, uma mercadoria em si, demonstrando que as redes sociais não são de graça, como aparentam e afirmam[16].

Para que se compreenda a relação entre os dados e a privacidade, importa revisitar o caminho que os primeiros estudiosos do tema trilharam, de modo que se compreenda como são produzidos os dados pessoais e de que maneira o reconhecimento de sua importância reflete na proteção da privacidade.

---

15 AZZI, Adèle. **The Challenges Faced by the Extraterritorial Scope of the General Data Protection Regulation**, 9 (2018) JIPITEC 126 para 1, p. 127, 2018. Disponível em: https://www.jipitec.eu/issues/jipitec-9-2-2018/4723. Acesso em: 20 mai. 2020.

16 AZZI, 2018, p. 127.

2.1. Da Produção De Dados À Proteção Da Privacidade

Diariamente, as pessoas fornecem uma enormidade de informações a seu próprio respeito, algumas, inclusive, referentes à origem racial ou étnica, convicção religiosa, opinião política, opção sexual etc., ignorando o poder desse conhecimento quando tratado, com chance de repercutir desde a facilitação do direcionamento de peças publicitárias pelas empresas, quanto na inadmissão ou demissão de empregos ou cargos.

Esse mundo de informações pode ser facilmente coletado mediante uma simples análise das redes sociais, verificando-se quais postagens foram "curtidas", quantos "seguidores" possui e quantas contas são "seguidas" pelo sujeito.

Em posse dessas informações, a empresa trabalha sua estratégia para otimizar o oferecimento de bens e serviços, ampliando seu lucro.

Contudo, muitas pessoas não se deixam seduzir pela exposição constante e imoderada nas redes sociais, mas, ainda assim, e sem que haja autorização, acabam por ter suas informações acessadas, gerando violação a um bem jurídico tutelado.

Limberger constata:

> No es una novedad la exposición constante y exagerada de las personas en las redes sociales. Es posible afirmar que la sociedad del espectáculo implicó la mutación del derecho a la intimidad.
>
> Las innumerables informaciones y los hechos de la vida se presentan de tal manera que posibilitan la parodia del viejo aforismo latino: "Quien no está en Facebook, no está en el mundo". En este contexto, el riesgo de fuga de información e imágenes se potencia, debido a la enorme capacidad

> de almacenamiento de información y de circulación de datos, ahora, sin límites territoriales[17].

O receio da exposição desmedida e as críticas quanto à garantia da privacidade partem de artigo publicado por Warren e Brandeis em 1890, denominado "*The Right to Privacy*"[18], no qual apontam que, embora a personalidade e a propriedade fossem protegidas há muito tempo, mudanças políticas, sociais e econômicas demandariam o reconhecimento de novos direitos para atender os anseios da sociedade. Abordam os autores o surgimento de invenções e métodos negociais recentes que demandariam a proteção da personalidade e o direito de não ser incomodado.

Pretenderam os autores analisar a existência de um princípio que pudesse ser invocado para proteger a privacidade do indivíduo e qual seria a natureza e extensão de tal proteção, se existente. Concluíram que os direitos protegidos, independente da natureza, não são provenientes dos contratos ou de uma confiança especial, sendo direitos exigíveis contra todos, e que o princípio para sua aplicação seria o direito à privacidade[19].

Essa privacidade, inicialmente, possuía conotação negativa, limitando-se ao escopo do próprio indivíduo no controle de sua vida pessoal[20].

---

17 LIMBERGER, Têmis. La protección de datos en el contexto global: la situación de la legislación brasileña. *IN*: BRAVO, A. (editor). ***Derecho, inteligencia artificial y nuevos entornos digitales.*** Espanha: Alvaro Sánchez Bravo, 2020. p. 221-236.

18 WARREN, Samuel D.; BRANDEIS, Louis D. The right to privacy. **Harvard Law Review**. vol. 4, n. 5, dez. 1890. p. 195.

19 Ibid., p. 213.

20 REGIS, Erik da Silva. Linhas gerais sobre a lei 13.709/2018 (LGPD): objetivos, fundamentos e axiologia da lei geral de proteção de dados brasileira e a tutela de personalidade/privacidade. **Revista de Direito Privado.** vol. 103, jan-fev. 2020. Versão E-book, p. 4. Disponível em: https://revistadostribunais.com.br/maf/app/delivery/offload/get?_=1587852189277. Acesso em: 28 abr. 2020.

Para Buchain, a legislação elaborada para proteção de dados "tem por objetivo proteger os direitos fundamentais de liberdade, privacidade e o livre desenvolvimento da personalidade da pessoa natural"[21]. Segundo o autor, os direitos da personalidade humana estão abarcados na proteção conferida pela Constituição da República de 1988 ao princípio da dignidade humana, que, igualmente, positivou garantias como o direito à liberdade de expressão, o direito à informação, a inviolabilidade da vida privada, a intimidade, a garantia de *habeas data*, a proibição de invasão de domicílio e violação de correspondência[22].

Buchain aponta que, atualmente, por conta do atual estilo adotado pela sociedade, intimamente ligado à utilização das Tecnologias de Informação e Comunicações (TIC), ampliou-se a extração de dados pessoais dos cidadãos/usuários, que chegam sem custos aos fornecedores de bens e serviços, com o risco da utilização se dar de modo que contrarie o Direito e a moral, para perseguição política ou opressão econômica, ressaltando, ainda, as chances dos dados coletados serem incorretos e acabarem por representar com engano uma pessoa[23].

Lessig, por sua vez, aponta outros desafios para a privacidade nos dias atuais. Segundo o autor, tradicionalmente, discutia-se o limite imposto pela lei sobre a habilidade de terceiros penetrarem o espaço privado de um indivíduo. Essa seria a questão apontada por Warren e Brandeis, quando mencionam o direito de não ser incomodado[24].

21 BUCHAIN, Luiz Carlos. A lei geral de proteção de dados: noções gerais. **Revista dos Tribunais**, vol. 1010, dez. 2019. Versão E-book. p. 1-2. Disponível em: https://revistadostribunais.com.br/maf/app/delivery/offload/get?_=1587909497755. Acesso em: 28 abr. 2020.

22 Ibid., p. 2.

23 BUCHAIN, 2019, p. 2.

24 LESSIG, Lawrence. **CODE: version 2.0**. 2 ed. Nova Iorque: Basic Books, 2006, p. 201.

Para Lessig, a privacidade era garantida por barreiras físicas, como portas e muros, o que foi alterado com as tecnologias digitais, que baratearam aparelhos para invadir a privacidade alheia, bem como os custos das tecnologias de segurança para monitorar invasões. Essa privacidade do ambiente particular não seria difícil de ser compreendida e observada, residindo a questão complexa nos limites da privacidade em ambientes públicos.

Afirma o autor que haveria duas dimensões de privacidade, compostas pelo *monitoramento* (transitório) e *pesquisa* (a parte da vida que fica gravada), e a tecnologia possibilita que o nosso comportamento passe a ser pesquisável, indicando como exemplo o fato do Google guardar as pesquisas realizadas pelos internautas, podendo liga-las a endereços específicos de IP e, se possível, contas dos usuários de serviços Google, informações que foram requeridas pelo governo americano mas que a empresa, em princípio, se recusou a fornecer. A importância da privacidade, numa das concepções apontadas por Lessig, seria a atuação como um limite substancial do poder governamental.[25] Na visão de Lessig, portanto, haveria ameaças mais graves que a utilização econômica dos dados por fornecedores de bens e serviços.

Regis, por sua vez, concentra o olhar da tutela dos direitos da personalidade à luz do poderio econômico, apontando que, historicamente, os que possuíam melhores condições econômicas abusaram da liberdade que possuíam, obrigando os mais desfavorecidos a concordarem com salários menores e jornadas de trabalho desumanas, o que era facilitado pela não intervenção do Estado.[26]

Contextualiza o autor:

> O Estado seguia afastado das relações entre os particulares; o homem usou e abusou da liberdade E foi nesse contexto

25 Ibid., p. 203-213.

26 REGIS, 2020, p. 2.

> histórico, na segunda metade do Século XIX, com a necessária retomada da intervenção estatal na seara social, que surgiram os primeiros elementos caracterizadores da disciplina dos direitos da personalidade, categoria que abrangia um núcleo de atributos inseparáveis da pessoa humana, a ser protegido não apenas em face do Estado, mas também contra o avanço incessante da exploração do homem pelo homem.
>
> A tutela da personalidade foi inicialmente abordada à luz de embates conceituais que questionavam a possibilidade de a própria personalidade humana se tornar objeto de tutela jurídica: de um lado, acreditava-se que a personalidade somente atribuiria ao sujeito a capacidade de ser titular de relações jurídicas, não podendo ser, ela própria, um objeto juridicamente tutelável; de outro lado, considerada um valor, com um conjunto de atributos inerentes à própria humanidade, a personalidade poderia, então, ser um bem jurídico em si mesmo, digno de tutela privilegiada.
>
> Mesmo a admissão da existência dos direitos da personalidade veio acompanhada, ainda, por uma associação à dogmática dos direitos patrimoniais. Discussões em torno da concepção monista ou pluralista da personalidade foram, da mesma forma, exaustivamente entabuladas.
>
> Apenas com o transcurso do tempo, passados os embates conceituais travados inicialmente, a tutela da liberdade absoluta, de natureza eminentemente privativista e voluntarista, pautada no patrimonialismo, foi substituída pela noção de proteção à dignidade da pessoa humana.[27]

Observa Regis que foi necessária a alteração da didática conceitual a respeito dos direitos subjetivos, pois não havia previsão de tutelarem direitos existenciais, passando-se ao uso das situações jurídicas existenciais,

27 Ibid., p. 2.

de modo que "os direitos da personalidade passaram, então, a ter guarida absoluta do ordenamento jurídico", transformando-se estruturalmente o conceito de direito civil, ultrapassando-se a histórica divisão entre direito privado e direito público[28] e criando uma unidade sistêmica.

No Brasil, a Constituição da República de 1988 possui papel de destaque na defesa dos direitos existenciais, pois alçou a dignidade da pessoa humana à condição de valor fundamental da república, uma "verdadeira cláusula geral de tutela da pessoa humana, dando azo a um relevante tutela existencial", culminando na incorporação dos direitos da personalidade no Código Civil de 2002[29].

Entretanto, Regis anota que o Código Civil não alcançou a profundidade e extensão necessárias na matéria, demandando a criação de outras normas com vistas a tutelar de modo mais efetivo a privacidade e a personalidade em aspecto geral[30].

Essa privacidade, inicialmente questionada por Warren e Brandeis, passa a demandar uma proteção ativa a partir da década de 1960, diante da constatação de insuficiência do conceito inicial "em virtude do desenvolvimento tecnológico e da consequente multiplicação de mecanismos para recolher, armazenar, processar e utilizar a informação, observando-se um aumento exponencial do fluxo de dados da sociedade contemporânea"[31].

Segundo Regis, o desenvolvimento da tecnologia proporcionou a exposição indevida e o uso de informações pessoais para estimular as receitas e os lucros das empresas, com a utilização de dados pessoais como

---

28 Ibid., p. 3.

29 Ibid., p. 3.

30 REGIS, 2020, p. 3.

31 Ibid., p. 4.

se fossem, após a sua captação, insumos mercadológicos próprios[32]. Tal prática se justificaria a inexistência de legislação que regulasse a utilização dessas informações, sendo da natureza da empresa a utilização criativa de todas as práticas não proibidas pelo ordenamento jurídico, com vistas a propiciar uma organização profissional da atividade econômica para a produção ou circulação de bens ou serviços mais eficiente, aumentando a margem de lucro.

Contudo, o interesse na captação das informações pessoais não é exclusivo das empresas, tampouco sua (má)utilização se encerra na esfera econômica.

Além do interesse mercadológico, surgiram novas formas de usurpação de dados, por *hackers* e terceiros mal-intencionados, que pretendem a obtenção indevida das informações com a finalidade de pressionar o titular dos dados, por meio de práticas de extorsão e de ameaça, conforme ensina Regis, ou com o risco de proporcionar o vazamento dessas informações para prejudicar o titular desses dados ou terceiros[33].

Conquanto as empresas não possuam interesse na utilização de dados para fins que não aqueles que tragam uma vantagem econômica lícita (embora se questione o interesse na obtenção de segredos comerciais, por exemplo), também sofrerão os prejuízos dos ataques cibernéticos, seja com o objetivo de ter sua imagem desgastada, seja em razão da facilidade dos *hackers*, com apenas uma ação contra um banco de dados, alcançarem mais informações do que poderiam obter caso realizassem ataques individuais.

Atualmente, há o "sequestro" de informações, com a exigência de pagamento para a devolução dos dados. De igual modo, notícias dando

32 Ibid., p. 4.

33 REGIS, 2020, p. 4.

conta do vazamento de dados de empresas, com a divulgação irrestrita de dados de seus clientes, são recorrentes.

Também é corriqueiro o vazamento de fotos íntimas, não só de pessoas famosas, mas de indivíduos comuns.

2.2. Alterações No Direito À Privacidade

Limberger observa que "a sociedade do espetáculo implicou na mutação do direito a intimidade"[34], mencionando, com humor, a necessidade de o sujeito estar no *Facebook* para que se considere que está no mundo. Essa obrigatoriedade de participar das redes sociais (cabendo indagar se tal exigência parte da sociedade ou dos próprios indivíduos) provoca um enorme armazenamento de informações e circulações de dados, trânsito que, diante da atual tecnologia, não possui limites territoriais, potencializando o risco de vazamento de informações e imagens.

Castells, citado por Limberger, aponta os perigos do excesso de exposição virtual:

> Manuel Castells advierte sobre el peligro de la exposición desmedida de las personas en las redes sociales y alerta acerca de los programas de vigilancia del gobierno. Es categórico al sostener que la privacidad en el mundo virtual ha terminado y que sólo subsiste en la esfera privada del ciudadano. Además, apunta a la fragilidad de la seguridad en la red. A pesar del desembolso de miles de millones de dólares en seguridad electrónica, se hizo perceptible que en una red la seguridad sólo es razonable cuando el eslabón más débil está protegido. Al entrar en la red, en cualquier punto, se puede recorrer sus nudos con relativa facilidad[35].

34 LIMBERGER, 2020, p. 222.

35 CASTELLS, 2003 apud LIMBERGER, 2020, p. 223.

Nas palavras de Limberger, o fenômeno informático demonstra a limitação do Estado em atuar, evidenciando a superação da territorialidade que marcou a estruturação do Estado-Nação[36].

Castells, citado por Limberger, faz uma analogia a Bentham, apontando o surgimento do pan-óptico eletrônico. Pan-óptico é o termo utilizado para designar uma penitenciária ideal, que possibilitaria que um único vigilante observasse todos os prisioneiros, sem que esses saibam se estão ou não sendo observados. O medo provocado pela incerteza de não saber se está ou não sendo observado leva os prisioneiros a se comportarem de acordo com o desejado pelo vigilante[37].

Feitas as devidas adaptações, é essa a atual situação vivenciada pelas pessoas não somente quando navegam pela internet, realizando compras, pesquisas, trabalhos, gastando o tempo em redes sociais, mas também quando circulam nas ruas, passando em regiões controladas por câmeras de segurança, tirando fotos de locais visitados, realizando compras com cartão (crédito ou débito), fornecendo informações para o acesso a prédios, passando pelas cancelas automáticas de pedágios etc.

Luño, citado por Limberger, designa por *metamorfose da intimidade* as alterações sofridas pelo direito à privacidade nos dias de hoje. Essa mutação se expressaria duplamente. Primeiro, com a mudança do significado original, de direito de estar sozinho, para a perspectiva de estar em um ambiente social e coletivo, e; do deslocamento do rol dos direitos da personalidade para a órbita patrimonial[38].

O conceito de intimidade como foro interno não seria necessariamente incompatível com o foro externo (suas projeções sociais), se colocada

36 LIMBERGER, 2020, p. 223.

37 CASTELLS, 2003, apud LIMBERGER, 2020, p. 223.

38 LUÑO, 2012, apud LIMBERGER, 2020, p. 224.

aquela (intimidade como foro interno) como um primeiro momento de seu processo formativo. Haveria uma alteração do núcleo da intimidade que, assim como a categoria dos denominados dados pessoais e perfis de personalidade, se projetam sobre um conjunto mais amplo e global de relações intersubjetivas, refletindo a tendência paradoxal de uma socialização da intimidade[39].

Limberger destaca, também, o deslocamento da intimidade do âmbito do direito da personalidade para o âmbito patrimonial, considerando o número de pessoas que recebem expressivas somas para a exposição de sua intimidade.

A mesma autora chama atenção para outros fenômenos da intimidade, como a remuneração por sua exposição, especialmente em programas televisivos. Sustenta que, a intimidade, inicialmente concebida como um dos direitos da personalidade, com o exercício de novos perfis coletivos e sociais, encontra-se, condicionada aos acontecimentos sociais. Destarte, corre o risco de ser submetida a modismos e às exigências do mercado. Por isso, numa sociedade marcada pela informação e pelo consumo, a intimidade, não raras vezes, se converte em mercadoria cujo valor se calcula com base na lei de oferta e demanda. Nestes casos, a autora observa que a intimidade de cada valerá aquilo que os outros, especialmente os meios de comunicação, estiverem dispostos a pagar[40].

Nota-se, assim, que o ser humano, por opção, passaria a ter preço, enquanto, por natureza, possui dignidade.

A crítica feita por Limberger é facilmente comprovada pela situação enfrentada pelos participantes dos chamados *reality shows* (direcionados para mostrar situações que em nada se assemelham à realidade) que têm

39 LUÑO, 2012, apud LIMBERGER, 2020, p. 224.

40 LIMBERGER, 2020, p. 225.

seus caches substancialmente desvalorizados a cada semana que passa após a saída do confinamento, bem como o desinteresse do público e do mercado por suas imagens.

Assim, segue a autora, o direito à intimidade só se manteria como direito da personalidade, dotados dos atributos de inviolabilidade, irrenunciabilidade e inalienabilidade para os menores de idade, enquanto para os maiores pode ser objeto de transações consentidas, de renúncias e cessões, em troca de prestações econômicas correspondentes. Assim, contata-se que, para os adultos, a privacidade perdeu sua dimensão de direito da personalidade para integrar-se ao sistema de direitos patrimoniais.

Trazendo o pensamento de Rodotà, Limberger aborda a chamada *reinvenção da privacidade*, fenômeno atual que ocorre enquanto a construção da identidade se efetua em condições de crescente dependência do exterior. Nessa perspectiva, assume um novo significado a liberdade de expressão, como elemento essencial da pessoa e de sua situação na sociedade, modificando a relação entre a esfera pública e a privada e, consequentemente, a própria noção de privacidade. Isso culminaria no reforço da noção de cidadania com outros poderes que caracterizariam a cidadania do novo milênio, partindo da constitucionalização dos direitos do ser humano[41].

Quando consideradas questões apresentadas pela inovação tecnológica, dá-se o chamado *tsunami digital*, transformando o critério de segurança pública em critério exclusivo de referência, tornando as pessoas cada vez mais transparentes e os organismos públicos mais alijados do controle jurídico e político, proporcionando uma nova distribuição de poderes políticos e sociais[42].

41 RODOTÀ, 2014, apud LIMBERGER, 2020, p. 226.

42 RODOTÀ, 2014, apud LIMBERGER, 2020, p. 226.

Continua:

> El denominado *tsunami digital* puede considerarse desde otros pontos de vista, empezando por la identidad. En esta perspectiva, el derecho de acceso a los datos representa un aliado fuerte, en términos de protección jurídica, que permite mantener el control sobre las propias informaciones, sea cual sea el sujeto que las gestiona, el lugar en que se encuentren y las modalidades de su participación utilizar. Derecho fundamental a la construcción de la identidad, ya que confiere poder para cancelación en los siguientes casos: datos falsos, ilegítimamente recogidos, conservados mucho más allá del tiempo previsto, los inexactos o que necesitan complementación[43].

Encerrando o raciocínio, Luño conclui que a construção da identidade acaba por se entregar por completo aos algoritmos, observando que, por ser construída interna e externamente, o sistema deveria então: "(*a*) hacer explícito el flujo de datos para permitir el control de la persona interesada, (*b*) respetar el princípio de minimización de los datos, tratado solamente aquellos necesarios en un contexto determinado, (*c*) imponer límites a las conexiones entre bases de datos[44].

O último enfoque apontado por Limberger diz respeito ao utilizado por Nissenbaum, que propõe uma "privacidade contextualizada". Segundo a autora citada por Limberger:

> La nueva abstracción de la sociedad de la información produce un vaciamento de lo humano, de modo que es problemático afirmar que la humanidad se encuentra frente a una nueva antropología. La "privacidad contextualizada"

43 Ibid., p. 227.

44 RODOTÀ, 2014, apud LIMBERGER, 2020, p. 227.

> es la perspectiva propuesta por la profesora Helen Nissenbaum al presentar la teoría de la integridad contextual, que se propone reflexionar sobre la información disponible en Internet, huyendo del binomio público y privado, que es difícil de identificar, la mayoría de las veces[45].

Após abordar a análise dos autores mencionados, Limberger conclui ser ponto comum a mudança do direito à privacidade na sociedade de informação[46].

Regis também verifica a alteração na proteção da privacidade, mas o faz em sentido diverso. Em seu entendimento, atualmente, o direito à privacidade deve abranger não somente a proteção à vida íntima do indivíduo, mas também garantir a proteção de seus dados pessoais, conferindo-lhe o poder de decidir e exercer o controle sobre a coleta e utilização dessas informações, transferindo a proteção do corpo físico para o eletrônico, uma vez que "os dados refletem a personalidade humana em sua dinâmica espacial e temporal, distante de seu corpo material"[47].

Sustenta Regis que os mesmos avanços tecnológicos que proporcionaram o desenvolvimento do conceito de privacidade exigem, agora, que a proteção da privacidade originada da tutela dos direitos pessoais (baseada em normas internacionais, constitucionais e infraconstitucionais) seja reforçada pela autodeterminação informativa, sob pena do comprometimento da própria democracia[48].

---

45 NISSENBAUM, 2010 apud LIMBERGER, 2020.

46 LIMBERGER, 2020, p. 228.

47 REGIS, 2020, p. 6.

48 Ibid., p. 6.

Ainda, entende por obrigatório um giro conceitual que promova a releitura do direito à privacidade, da origem negativa, para um aspecto mais protetivo e forte, conferindo ao titular dos dados o direito de controlar o uso de suas próprias informações em qualquer momento e em qualquer lugar[49].

Com vistas a auxiliar na compreensão do tema, Regis apresenta as quatro gerações de leis que têm como objeto a proteção de dados pessoais, promulgadas ao longo do tempo.

> A primeira geração de leis especiais sobre a proteção de dados caracteriza-se pela proposta de regular um cenário no qual centros elaboradores de dados concentrariam a coleta e a gestão dos dados pessoais, no início da década de 1970. Buscava-se, através das leis de primeira geração, a concessão de autorizações para a criação desses bancos de dados, enfatizando o controle sobre o uso de informações pelo Estado e por suas estruturas administrativas, que seriam os principais destinatários dessas normas. É o caso, por exemplo, da Lei de Hesse alemã, de 1970, e da primeira Lei nacional de dados, promulgada na Suécia, em 1973.
>
> Essa geração de leis tem seu marco temporal final com a promulgação da Lei Federal alemã sobre dados pessoais, de 1977. As leis de primeira geração foram rapidamente ultrapassadas em razão da multiplicação dos centros de processamento de dados, que tornaram ineficaz um controle baseado em um regime detalhado e rígido de autorizações, por demandar um minucioso acompanhamento.
>
> A segunda geração é referente às normas criadas no final da década de 1970, como a Lei Francesa de Proteção de Dados Pessoais, de 1978. Essa geração de leis é marcada pela mudança de perspectiva: passa-se a dar ênfase não mais propriamente aos bancos de dados, mas à privacidade e

49 Ibid., p. 6.

à proteção de dados, como uma liberdade negativa, a ser exercida pelo próprio cidadão. Como exemplo, pode ser citada a Lei de proteção de dados austríaca, de 1978.

Por sua vez, as leis de terceira geração sugiram a partir da década de 1980. Passa-se, com base nas leis de terceira geração, a abranger mais do que a liberdade de fornecimento dos dados pessoais; busca-se garantir a efetividade dessa liberdade, enxergando a tutela dos dados pessoais a partir de um complexo, que envolve a própria participação do indivíduo na sociedade, levando em consideração o contexto no qual são solicitados os dados, estabelecendo meios de proteção para as ocasiões em que a liberdade de decidir é cerceada por eventuais condicionantes. É nessa geração de leis que se difunde o conceito de autodeterminação informativa, no ano de 1983.

Por fim, faz-se referência às leis de quarta geração, que buscam suprir as desvantagens do enfoque individual do tratamento de dados ainda atribuído pelas leis de terceira geração. Percebe-se, nesse momento, a consciência do problema integral da informação na fundamentação da disciplina, que implica no fato de não se poder chancelar a tutela dos dados pessoais apenas com base na escolha individual. Passa-se a enxergar a necessidade de criação de instrumentos capazes de elevar o padrão coletivo de proteção. Busca-se, assim, fortalecer a pessoa perante as entidades que coletam e processam os seus dados, reconhecendo o desequilíbrio nessa relação.

A propósito, dada a relevância, faz-se alusão ao recente entendimento do Tribunal Constitucional Alemão, que reconheceu que, atrelado à proteção dos dados, e sem, logicamente, deixar de se levar em consideração a relevância da autodeterminação informativa, deve existir um "direito à garantia da confidencialidade e da integridade dos sistemas informáticos", que ficou conhecido como "direito fundamental informático". De acordo com essa decisão, "o objeto da proteção constitucional passa a ser o próprio

> sistema informático pessoal e, por consequência, o indivíduo que o utiliza"[50].

Constata Regis "a inversão da proteção constitucional da pessoa ao meio informático, para, através da segurança desse meio, proteger a própria pessoa humana"[51].

Schreiber, citado por Regis, sustenta que o atual cenário de proteção de dados pessoais demanda uma dupla dimensão para o tratamento da discussão sobre a tutela da privacidade: procedimental e substancial[52].

> A dimensão procedimental pressupõe a importância de uma tutela abrangente da privacidade, que não apenas imponha o controle na coleta de dados pessoais, mas, mais do que isso, que se estenda por todas as fases do processo informativo; a dimensão substancial, por sua vez, pressupõe o emprego da informação obtida, cabendo à pessoa o controle da representação de si própria, construída a partir de seus dados pessoais, sendo seu direito impor que o tratamento em questão seja capaz de refletir a realidade, impedindo o uso discriminatório.
>
> A solução bidimensional representa, justamente, uma tentativa de se buscar a tutela efetiva da personalidade, capaz de proteger a pessoa contra a ingerência indevida e abusiva sobre os seus dados pessoais, como resultado da progressão geracional da tutela da personalidade e da privacidade. Trata-se, de fato, de um caminho promissor para a tutela dos dados pessoais, em um claro momento de desenvolvimento tecnológico[53].

50 REGIS, 2020, p. 6.

51 Ibid., p. 7.

52 SCHREIBER, 2013 apud REGIS, 2020, p. 7.

53 SCHREIBER, 2013 apud REGIS, 2020. p. 7.

Da análise dos aspectos da privacidade apontados por Limberger e Regis é possível notar que os indivíduos e o Estado-Nação, estranhamente, caminham em sentidos diversos, com o último procurando ampliar a tutela da privacidade enquanto os primeiros passam a (mal)tratar esse direito como se patrimonial fosse ignorando toda a estrutura montada para a proteção da personalidade.

3. O CONTEXTO NORMATIVO DE PROTEÇÃO DE DADOS NO BRASIL E SEU ALCANCE (EXTRA)TERRRITORIAL

A adoção da internet por absolutamente toda a sociedade e a migração de diversos negócios para o campo virtual propiciaram que uma enormidade de informações e dados dos cidadãos circulem constantemente na rede, permitindo detectar as preferências do usuário nas mais diversas esferas (artes, religião, sexualidade, pensamento político, etc.) e, como é há muito sabido, e as empresas perceberam rapidamente, informação é poder.

Para Buchain[54], "o que se leva em conta é a possibilidade de grupos empresariais e do próprio governo conquistarem poder econômico e político sobre o indivíduo a partir da disponibilidade de suas informações", surgindo o desafio de encontrar uma solução para a limitação e a legitimação do controle de dados pessoais, equilibrando as relações entre a tutela das liberdades individuais e as eficiências administrativa e empresarial.

A autoaplicabilidade das regras constitucionais de proteção da dignidade humana é insuficiente para garantir o efetivo direito dos cidadãos à proteção de suas informações, exigindo do Estado uma atuação enérgica na proteção das informações relativas às pessoas, "tanto para afastar

54 BUCHAIN, 2019, p. 2.

terceiros da esfera privada quanto para garantir os direitos fundamentais do cidadão"[55].

Salienta Buchain:

> Por essas razões, mostrou-se necessário criar um quadro legal específico para a proteção de dados pessoais visando conferir ao cidadão instrumentos legais que lhe permitam proteger-se contra o abuso da exploração dos dados pessoais.
>
> A generalização do uso da informática e da coleta de dados pessoais criou um novo e crescente mercado para sua troca entre agentes econômicos e, ao mesmo tempo, criou novos riscos tanto para a vida privada quanto, de uma maneira mais genérica, para aos direitos e liberdades individuais. Além disso, esse novo modelo econômico de economia digital, cujos exemplos globais são o Google (buscas na internet) e o Facebook (redes sociais), está fortemente apoiado na exploração do comércio de dados, exigindo da sociedade a criação de um instrumento legislativo para regular esse verdadeiro mercado digital[56].

Citando Sarlet, aponta as diversas posições jurídicas referentes ao direito de acesso e conhecimento dos dados pessoais:

> a) o direito de acesso e conhecimento dos dados pessoais existentes em registros (bancos de dados); b) direito ao não conhecimento, tratamento, utilização e difusão de determinados dados pessoais pelos Estado ou por terceiros, aqui incluído o direito de sigilo quanto aos dados pessoais; c) direito ao conhecimento da identidade dos responsáveis

55 BUCHAIN, 2019, p. 2.

56 Ibid., p. 3.

> pela coleta, armazenamento, tratamento e utilização dos dados; d) o direito ao conhecimento da finalidade da coleta e eventual utilização dos dados; e) direito a ratificação e, a depender do caso, de exclusão de dados pessoais armazenados em banco de dados[57].

A atuação do poder público se deu na edição da Lei 13.709, de 14 de agosto de 2018, chamada de Lei Geral de Proteção de Dados Pessoais (LGPD), que, inicialmente, entraria em vigor em agosto de 2020, mas, por força da Medida Provisória 959, de 2020, passará a viger somente a partir de 03 de maio de 2021.

Limberger observa que, ao contrário do que foi decidido pela jurisprudência alemã, a proteção conferida pela lei brasileira se dá de forma individual para os dados, sem que haja previsão legislativa no que se refere à segurança dos sistemas informatizados[58].

Nota, ainda, que a articulação da lei se dá a partir de cinco temas: "(*a*) la unidad y generalidade de la aplicación de la Ley; (*b*) la legitimación para el tratamento de datos (situaciones de autorización); (*c*) Los princípios y derechos del titular; (d) las obligaciones de los agentes de tratamento de datos; y (*e*) la responsabilidad de los agentes"[59].

A legislação busca atender uma necessidade constatada por Regis:

> Na relação pessoa-empresas-dados, torna-se necessário um poder/dever bilateral informacional: de um lado, caberá a quem promove a captação, para tratamento e exploração, informar, antes de tudo, a coleta desses dados; de outro lado, caberá à pessoa, na proteção ativa de seu direito à

57 SARLET, 2014 apud BUCHAIN, 2019, p. 3.

58 LIMBERGER, 2020, p. 229.

59 LIMBERGER, 2020, p. 229.

> autodeterminação informacional, manifestar-se positiva ou negativamente acerca da coleta de dados, através de seu consentimento, quando assim a Lei determinar, limitando-se o tratamento à sua própria finalidade.
>
> Em todas as hipóteses, deverá ser garantido ao titular acompanhar, fiscalizar e nortear o destino de seus dados. Somente assim, haverá a perfeita sintonia entre a atividade econômica e a utilização dos dados pessoais como seu motor de propulsão[60].

Daí a importância em analisar e conhecer o campo de aplicação territorial da LGPD, previsto em seu artigo 3º, abrangendo qualquer operação de tratamento realizada por pessoa natural ou por pessoa jurídica de direito público ou privado, independentemente do meio, do país de sua sede ou do país onde estejam localizados os dados, desde que: (i) a operação de tratamento seja realizada no território nacional; (ii) a atividade de tratamento tenha por objetivo a oferta ou o fornecimento de bens ou serviços ou o tratamento de dados de indivíduos localizados no território nacional, ou; (iii) os dados pessoais objeto do tratamento tenham sido coletados no território nacional.

Para a LGPD, consideram-se coletados no território nacional os dados pessoais cujo titular nele se encontre no momento da coleta, excetuando-se do campo de incidência da norma o tratamento de dados pessoais provenientes de fora do território nacional e que não sejam objeto de comunicação, uso compartilhado de dados com agentes de tratamento brasileiros ou objeto de transferência internacional de dados com outro país que não o de proveniência, desde que o país de proveniência proporcione grau de proteção de dados pessoais adequado ao previsto na legislação brasileira.

60 REGIS, 2020, p. 7.

O motivo da aplicação da LGPD extrapolar os limites do território brasileiro reside no caráter internacional e globalizado que a transferência de dados possui, estando fortemente vinculado com o comércio eletrônico nacional e internacional.

A pesquisa *Webshoppers*, da NielsenIQ|Ebit e Bexs Pay, demonstrou que 68% dos participantes realizaram compras em plataformas de fora do país no ano de 2021, e que 71% pretendem manter a prática em 2022. Segundo o mesmo estudo, as transações online internacionais movimentaram R$ 36,2 bilhões em 2021, valor 60% acima do ano anterior, representando 17% do total movimentado pelo e-commerce brasileiro.

Essa busca dos consumidores brasileiros obriga as plataformas de comércio eletrônico sediadas fora do país a adaptarem suas políticas à LGPD, pois, dada a previsão lançada no §1º do seu artigo 3º, "considera-se coletados no território nacional os dados pessoais cujo titular nele se encontre no momento da coleta".

Não sem razão, Azzi observa que a privacidade dos dados adquiriu um aspecto transnacional.

> [...] data privacy has acquired a transnational aspect. While, not a long time ago, the data controller, the data subject and the means used for data processing were often located in one country, the development of international trade, the new technologies and the new corporate structures of multinational companies have increased the importance of the international processing and transfer of data. This new borderless environment does not give much credibility to data protection laws with a domestic territorial scope. A "territorial scope 2.0"' is now required.[61]

61 AZZI, 2018, p. 127. Em tradução livre: Embora, não muito tempo atrás, o controlador de dados, o titular dos dados e os meios usados para processamento de dados eram frequentemente localizados em um país, o desenvolvimento do comércio internacional, as novas

A inexistência de barreiras físicas para o comércio eletrônico e a estrutura descentralizada da internet geram uma infinidade de cruzamentos de informações entre diversas jurisdições em questão de instantes, não havendo como exigir a real proteção desses dados senão com a previsão da extraterritorialidade ou um acordo global de níveis mínimos de segurança de dados, o que seria muito mais complexo.

Pondera Buchain:

> Sabidamente, muitas empresas internacionais adotam países conhecidos como *data haven* para realizar o processo de transferência, tratamento e armazenamento de dados, ou seja, em países que se caracterizam por não terem leis de proteção de dados ou disporem de leis mais brandas que não asseguram reais garantias a tutela dos dados pessoais.
>
> A intenção do legislador nacional é de cobrir essa lacuna através da aplicação da lei nacional em caráter extraterritorial e, além disso, exigir que as empresas sejam obrigadas, ao se utilizarem de fornecedores no exterior, a garantir aos titulares dos dados forma idêntica de proteção oferecida pela lei nacional[62].

Bittar ensina que, geralmente, vigora o princípio da territorialidade, com a lei produzindo efeitos dentro do território do Estado que a editou. Todavia, existem exceções que possibilitam que a lei de um Estado seja aplicada em outro, "produzindo efeitos, assim, em ordenamento jurídico a que não pertence (extraterritorialidade); isto se deve à circulação e ao

---

tecnologias e as novas estruturas corporativas de empresas multinacionais aumentaram a importância do processamento internacional e transferência de dados. Este novo ambiente sem fronteiras não dá muita credibilidade à proteção de dados leis de competência territorial interna. Uma "competência territorial 2.0" é agora exigida.

62 BUCHAIN, 2019, p. 7.

intercâmbio de pessoas e coisas no espaço, bem como à pluralidade de ordens jurídicas"[63].

Para a aplicação da LGPD, deverá ser verificada a ocorrência de um dos três critérios distintos:

> Tratamento de dados realizado no Brasil;
>
> Nessa hipótese valerá o critério territorial, ou seja, todo tratamento de dados realizados no país estará sujeito à LGPD.
>
> O tratamento de dados tenha por objetivo a oferta ou o fornecimento de bens ou serviços ou o tratamento de dados para indivíduos localizados no território brasileiro.
>
> Nesse caso, o tratamento dos dados pessoais poderá ser realizado em território alienígena, ou seja, estrangeiro. Imporá a aplicação da LGPD o fato do objetivo de o tratamento ser destinada a oferecer bens ou serviços para qualquer pessoa situada no território nacional. É o caso, v.g., de sites chineses que oferecem produtos à brasileiros, em português, com entrega domiciliar no país.
>
> Os dados pessoais objeto do tratamento tenha sido coletados no Brasil.
>
> Aqui igualmente desimporta o local onde se deu o tratamento. Valerá a LGPD em todas as hipóteses em que os dados sejam coletados no país, o que implica na tentativa de garantir efeitos extraterritoriais à lei brasileira.
>
> Como se depreende do texto legal, o critério empregado pelo legislador pátrio para fixar a competência da LGPD despreza os "meios" de tratamento de dados, o país de sua sede (do "tratamento") ou o país onde estejam localizados os dados.

63 BITTAR FILHO, Carlos Alberto. Da existência, validade, vigência e eficácia da lei no sistema brasileiro atual. **Revista dos Tribunais**, São Paulo, v. 683, set. 1992. p. 32.

> Tendo em vista os critérios empregados pela LGPD, seu campo de aplicação cobrirá praticamente todos os atos de tratamento realizados no Brasil ou que sejam destinados a pessoas situadas no seu território[64].

Buchain explica que a extraterritorialidade das normas possui ligação com seu caráter instrumental e com a implementação de políticas públicas, pois é através dela (extraterritorialidade) que os países procuram estender seu poder regulamentar para todas as condutas capazes de produzir efeitos em seu território. Por força disso, a questão da jurisdição assume grande relevância, já que é necessário que o Estado assegure a aplicação de sua lei interna sobre condutas porventura ocorridas fora de seu território, embora nele produzam efeitos. Aplicar-se-ia, no caso, o "princípio dos efeitos (*effects doctrine*) segundo o qual há a incidência da lei nacional do local onde se verificam as consequências da prática ilegal. O que importa, nesse caso, não é a nacionalidade ou domicílio dos partícipes da ilegalidade, mas o local (país) onde se produzirão os seus efeitos"[65].

Como o critério da territorialidade, que determina a aplicação da norma nacional para práticas ilegais ocorridas no próprio território nacional, também é previsto na LGPD, é possível afirmar que a lei brasileira se vale dos dois princípios ao prever a aplicação da legislação pátria a qualquer operação de tratamento, sem se preocupar com o meio, país da sua sede ou onde estejam localizados os dados, "desde que operação de tratamento seja realizada no território nacional, se os dados tratados tenham sido coletados no território nacional (territorialidade), ou se a atividade de tratamento tenha por objetivo a oferta de bens e serviços ou o tratamento de dados de indivíduos localizados no país (princípio dos efeitos)"[66].

---

64 BUCHAIN, 2019, p. 7-8.

65 Ibid., p. 8.

66 Ibid., p. 8.

Buchain deixa uma última observação quanto à extraterritorialidade:

> O critério dos efeitos acaba por estender a jurisdição de um país sobre condutas que não se verificaram em seu território, mas cujos efeitos ali se dão. A extraterritorialidade da lei brasileira não impede que a mesma conduta seja julgada pela lei estrangeira, ou seja, a lei vigente no local em que se deu o tratamento de dados. De outro modo, a lei brasileira poderá pretender julgar, no Brasil, os responsáveis pelo tratamento de dados realizados no exterior (mas cujos efeitos se dão no país), fato que poderá suscitar conflito positivo de jurisdição. A questão se revolverá no plano do direito internacional[67].

CONSIDERAÇÕES FINAIS

As empresas necessitam de criatividade para sobreviverem no mercado, pois a atividade econômica desempenhada de modo profissional e organizado para a produção de bens e serviços exige constante melhoria com o objetivo dos custos da produção e do capital nunca se igualarem ou superarem o retorno financeiro obtido com a atividade.

Nesse sentido, com o advento da internet, logo notaram que as informações pessoais representariam uma enorme fonte de receita, representando, hoje, talvez, o maior patrimônio das empresas com maior valor de mercado.

Essa utilização, antes ignorada, passou a incomodar seus titulares e a ameaçar a própria democracia e a liberdade das pessoas.

Isso foi agravado com a enormidade da transmissão de dados realizada a cada segundo, percorrendo o mundo inteiro em infindáveis e

67 Ibid., p. 8.

complexas relações, gerando um arquivo imenso de informações sobre todas as pessoas.

Essa preocupação com o aspecto eletrônico do ser humano apontou a insuficiência das normas constitucionais, exigindo a criação de uma legislação focada na regulação do tratamento de dados, culminando na edição da Lei Geral de Proteção de Dados (LGPD).

Contudo, toda a proteção aos direitos da personalidade conferida pela lei, procurando frear o ímpeto da empresa em obter dados pessoais e em avançar na transferência do controle do acesso a essas informações aos seus titulares não seria possível sem a previsão da extraterritorialidade, vez que as novas estruturas corporativas multinacionais aumentaram a importância do processamento internacional e transferência de dados, construindo um novo ambiente, sem fronteiras, que não dá muita credibilidade à proteção de dados realizada por leis internas.

É a aplicação da norma além dos limites territoriais brasileiros que impedirá a prática de violações aos dados de qualquer pessoa situada no Brasil, residindo aí a sustentação do poder de acesso e controle das informações conferidos às pessoas.

REFERÊNCIAS BIBLIOGRÁFICAS

ASQUINI, Alberto. Perfis da empresa. Tradução: Fábio Konder Comparato. **Revista de Direito Mercantil, Industrial, Econômico e Financeiro (nova série)**, São Paulo. Ano XXXV, n. 104, p. 109-126, out./dez. 1996.

AZZI, Adèle. **The Challenges Faced by the Extraterritorial Scope of the General Data Protection Regulation**, 9 (2018) JIPITEC 126 para 1, p. 126-137, 2018. Disponível em: https://www.jipitec.eu/issues/jipitec-9-2-2018/4723. Acesso em: 20 mai. 2020.

BITTAR FILHO, Carlos Alberto. Da existência, validade, vigência e eficácia da lei no sistema brasileiro atual. **Revista dos Tribunais**, São Paulo, v. 683, p. 29-36, set. 1992.

BUCHAIN, Luiz Carlos. A lei geral de proteção de dados: noções gerais. **Revista dos Tribunais**, vol. 1010, p. 209-229, dez. 2019. Versão E-book. Disponível em: https://revistadostribunais.com.br/maf/app/delivery/offload/get?_=1587909497755. Acesso em: 28 abr. 2020.

LESSIG, Lawrence. **CODE: version 2.0.** 2 ed. Nova Iorque: Basic Books, 2006

LIMBERGER, Têmis. La protección de datos en el contexto global: la situación de la legislación brasileña. *IN*: BRAVO, A. (editor). ***Derecho, inteligencia artificial y nuevos entornos digitales.*** Espanha: Alvaro Sánchez Bravo, 2020. p. 221-236.

MARCONDES, Sylvio. **Questões de direito mercantil.** São Paulo: Saraiva, 1977.

REGIS, Erik da Silva. Linhas gerais sobre a lei 13.709/2018 (LGPD): objetivos, fundamentos e axiologia da lei geral de proteção de dados brasileira e a tutela de personalidade/privacidade. **Revista de Direito Privado.** vol. 103, p. 63-100, jan-fev. 2020. Versão E-book. Disponível em: https://revistadostribunais.com.br/maf/app/delivery/offload/get?_=1587852189277. Acesso em: 28 abr. 2020.

RIDLEY, Matt. **O otimista racional.** Tradução Ana Maria Mandim. 1 ed. Rio de Janeiro: Record, 2014.

SPERCEL, Thiago. A teoria da empresa no código civil de 2002: o fim da distinção entre sociedades civis e comerciais. **Revista da Faculdade de Direito da Universidade de São Paulo**, São Paulo. V. 100, p. 475-490, jan./dez. 2005. Disponível em: http://www.revistas.usp.br/rfdusp/article/view/67680/70288. Acesso em: 28 abr. 2020.

WARREN, Samuel D.; BRANDEIS, Louis D. The right to privacy. **Harvard Law Review**. vol. 4, n. 5, p. 193-220, dez. 1890.

10

PROTEÇÃO DE DADOS E DIREITOS HUMANOS: EXTRATERRITORIALIDADE E A SOBERANIA DE UMA CARTA DE DIREITOS DA INTERNET

André Pedroso Kasemirski[1]

INTRODUÇÃO

A Lei Geral de Proteção de Dados n. 13.709/18 é um novo marco legal brasileiro, tanto para os titulares dos dados pessoais, quanto para as às instituições que realizam o tratamento de dados. Nesse sentido, a transferência internacional de dados pessoais é tema relevante e de suma importância, tendo em vista que alguns agentes de tratamento de dados (controladores e operadores) estão localizados fisicamente em outros países, ou seja, embora os dados tenham sido coletados no território

1 Pós-graduado em Direito Empresarial. Advogado. andrekasemirski@gmail.com.

nacional, são tratados no exterior, sem que isso muitas vezes passe pelo conhecimento e consentimento do titular.

Nesse sentido, tanto a LGPD, art. 2º, inciso VII, quanto o GDPR, considerando 104, projetam-se no campo constitucional dos direitos fundamentais e tem suas primeiras raízes na doutrina internacional dos direitos humanos.

Neste passo, investiga-se e problematiza-se a possibilidade ou não de sobrepor uma legislação mais protetiva de um determinado país sobre outro de menor proteção, como dispõe a LGPD e o GDPR, e quais as implicações correspondentes à soberania dos países afetados, especialmente no que concerte à aqueles países periféricos.

Dito isso, no primeiro item estabelece inicialmente a relação dos direitos humanos com o direito internacional, na medida em que há intersecção sobre as disciplinas para com a proteção de dados pessoais.

Assim, diferencia as normas atinentes às obrigações erga omnes, as normas jus cogens e a soft law, na medida em que a transferência internacional de dados enseja sua compreensão. Ao prosseguir, chega-se ao atual cenário em que globalização proporciona o estreitamento das relações internacionais, principalmente em face do assustador alargamento dos meios de comunicação e do comercio internacional, aqui se incluindo a internet.

Na segunda parte do primeiro item aponta as semelhanças e diferenças da doutrina quanto às terminologias adotadas, entre elas "direitos humanos", "direitos do homem" e "direitos fundamentais", de modo a estabelecer a melhor terminologia no que concerne à proteção de dados pessoais e suas raízes.

A posteriori, no segundo item, estabelece distinções e diferenças quanto aos conceitos de dados em sentido lato sensu, dados pessoais e dados pessoais sensíveis para se compreender as origens e transformações das legislações protetivas à tutela da privacidade, a qual passa do conceito clássico à autodeterminação informativa.

Já na segunda parte do segundo item investiga-se e problematiza-se a possibilidade ou não de determinadas legislações protetivas, LGPD, GDPR se sobreporem às normas de determinado país estrangeiro, quando violado normas atinentes à proteção dos direitos humanos, de modo a considerar suas implicações aos domínios do Estado e se há ou não violação à soberania.

Utilizando-se do método dedutivo, realiza-se a extração discursiva do conhecimento a partir de premissas gerais aplicáveis a hipóteses concretas e técnicas de levantamento de bibliografias e legislações, toma-se como hipótese a possibilidade da legislação mais protetiva à tutela dos direitos humanos, seja LGPD ou GDPR, se sobrepor à legislação estrangeira. Assim, não há óbice para aplicação da norma mais protetiva ao país de proveniência que tenha realizada tratamento de dados pessoais, porém que não forneça grau de proteção adequado. Por fim, diante da insuficiência protetiva prestada pelo Estado, que fornece proteção, porém não em grau adequado, toma como hipótese a necessidade de uma Carta de Direitos da Internet, como proposto pelo jurista italiano Stefano Rodotá.

1. DIREITOS HUMANOS E DIREITOS FUNDAMENTAIS: OS FUNDAMENTOS DA PROTEÇÃO DE DADOS PESSOAIS

A Lei Geral de Proteção de Dados, n. 13.709/18, projetada no campo constitucional dos direitos fundamentais[2], tem seu primeiro fundamento na doutrina internacional dos direitos humanos. É verdade que, tem causado confusão à utilização de expressões próximas às de direitos

2 CUNHA, Mauro Leonardo. **Comentários à Lei de Proteção de dados Pessoais**. Brasília, 2018. E-book. [Kindle]. n.p. L. 1.054.

humanos, tratando-as como sinônimos, como por exemplo, a expressão "direitos do homem" e "direitos fundamentais".

Dentre uma gama de conceitos existentes sobre direitos humanos, André Carvalho Ramos[3], aponta que se trata de um conjunto de direitos considerados indispensáveis para uma vida humana, pautada na liberdade, igualdade e dignidade.

1.1. A compreensão dos Direitos Humanos sob o prisma do Direito Internacional

A expressão direitos humano é um termo intrinsicamente ligado ao direito internacional público, tratando-se de um desdobramento, haja vista que quando se utiliza o termo "direitos humanos" está afirmando que há direitos garantidos por normas de índole internacional, ou seja, por tratados, declarações ou outros, celebrados entre Estados[4].

Para Valerio Mazzuoli, ao escrever sua obra de direitos humanos[5], aponta que o tema "direitos humanos" compõe um dos capítulos de maior significância do direito internacional público, motivo pelo qual é objeto de sua própria regulamentação.

Isto posto, não se podem perquirir os estudos de direitos humanos, sem compreender as regras e especialmente o fundamento do direito internacional público. Nesse sentido, o fundamento do Direito Internacional

3 RAMOS, André de Carvalho. **Curso de direitos humanos**. 6. ed. São Paulo: Saraiva Educação. 2019, p. 29.

4 MAZZUOLI, Valerio de Oliveira. **Curso de Direito Internacional Público**. 9. ed. São Paulo: Revista dos Tribunais. 2015, p. 23.

5 MAZZUOLI, Valerio de Oliveira. **Direitos Humanos, Constituição e os Tratados Internacionais**. São Paulo: Juarez de Oliveira. 2001, p. 121.

Público há tempos tem sido objeto de estudo, especialmente para os fins de demonstrar o fundamento jurídico de sua obrigatoriedade e eficácia.

Destarte, Valerio Mazzuoli, ao escrever sua obra de direito internacional público[6], traz que a doutrina voluntarista, a qual possui base positivista, afirma a obrigatoriedade do Direito Internacional decorre sempre do consentimento, compreendida como a vontade comum dos Estados, assim como ocorre no direito interno, fundando-se exclusivamente no assentimento dos cidadãos/ Estado.

É verdade que o consentimento Estatal pode decorrer, não somente dos tratados, mas de uma vontade tácita, compreendida como a aceitação de um costume internacional. Nesse sentido, para a teoria voluntarista o Direito Internacional Público é obrigatório porque os Estados, expressa ou tacitamente, assim o desejam, de modo que seus fundamentos encontram suporte na vontade coletiva dos Estados ou no consentimento mútuo destes. Outrossim, na teoria, não haveria qualquer predomínio entre a vontade individual de um Estado sobre os outros.

Ainda que a teoria voluntarista encontre sua razão de ser, há de tecer consideráveis críticas, haja vista que não explica como um novo Estado, ao surgir no âmbito internacional, pode estar obrigado por tratado internacional do qual não participou com o produto da sua vontade. Igualmente, a teoria não explica ou dá solução ao fato de que, se a teoria encontra seu fundamento na vontade do Estado, bastaria que em um dado momento o Estado retirasse ou modifique sua vontade original, fazendo com que a validade do Direito Internacional, ficasse comprometida.

Como forma de superação da teoria voluntarista, a corrente objetivista se fundamenta no fato de que a obrigatoriedade do Direito

6 MAZZUOLI, 2005, p. 120.

Internacional advém da existência de princípios e normas superiores aos do ordenamento jurídico dos Estados, na medida em a sociedade internacional depende de valores superiores para sobreviver, motivo pelo qual a prevalência dos princípios e normas internacionais sobre as vontades e os interesses domésticos dos Estados.

Entre as críticas que se pode tecer sobre esta teoria, está o fato de que muitas vezes se minimiza ou até se aniquila a vontade soberana dos Estados, que também tem papel contributivo na criação de regras internacionais[7].

Para Valerio Mazzuoli[8] uma terceira corrente, mais moderna e mais coerente, muitas vezes citada como objetivista temperada, consagra ambas as teorias, na medida em que se baseia em princípios jurídicos alçados a um patamar superior ao da vontade dos Estados, mas sem que se deixe totalmente de lado a vontade dos Estados. Outrossim, um Estado ratifica um tratado internacional pela sua própria vontade, de modo que Para Mazzuoli esse tipo de consentimento é chamado perceptivo, se contrapondo ao consentimento criativo, que cria a normatividade jurídica em concreto, pois nasce em virtude da razão humana, se apoiando em um império ético, se sobrepondo ao sistema estatal.

A prevalência dos direitos humanos, como princípio a reger o Brasil no âmbito internacional, significa não apenas a mera forma de engajamento do país no processo de elaboração de normas vinculadas ao direito internacional dos direitos humanos, mas, efetivamente, na busca da pela integração dos princípios internacionais na ordem jurídica interna. Igualmente, implica também no compromisso de adotar uma posição contrária à política dos Estados que desrespeitam os direitos humanos.

7 MAZZUOLLI, 2019, 122.

8 Ibid., p. 123.

Isto posto, a partir do instante em que o Brasil se propõe a fundamentar suas relações sob a luz do princípio da prevalência dos direitos humanos, está ao mesmo tempo reconhecendo a existência dos limites e condicionantes da soberania do Estado[9].

A evolução da sociedade internacional fez emergir, no século XX, três novos modelos de obrigações jurídicas, as obrigações *erga omnes,* a *jus cogens* e a *soft law.* Nesse sentido, as obrigações erga omnes compõe um conjunto de deveres, os quais são destinados a todos, não dependendo de aceitação e sem a possibilidade objeção. Destarte, a obrigação *erga omnes* tem por finalidade preservar os valores fundamentais da comunidade internacional, existindo um consenso, como por exemplo, de se proibir atos de agressão ou ainda o genocídio.

Diferentemente das normas erga omnes, as normas *jus cogens* possuem superioridade hierárquica no plano do direito internacional[10], bem como não são passíveis de derrogação. Dessa forma, as normas *jus cogens* se sobrepõe à autonomia da vontade dos Estados e não podem ser derrogadas por tratados, quer por costumes ou princípios gerais do direito internacional.

Já quando se fala em *soft law*, apesar de não se ter na doutrina internacionalista, uma concepção adequada pode ser traduzida em português por direito plástico, direito flexível ou direito maleável, compreendendo-se todas as regras cujo valor normativo é menos constringente que o das normas jurídicas tradicionais.

Nesse sentido, muitas das regras de *soft law* visam regulamentar futuros comportamentos dos Estados, norteando sua conduta e dos seus

---

9 PIOVESAN, Flávia. Direitos Humanos e o Direito Constitucional Internacional. 18. ed. São Paulo: Saraiva Educação. 2018, p. 115. p. 119.

10 MAZZUOLLI, op. cit., p. 180.

agentes nos foros internacionais multilaterais, estabelecendo um programa de ação conjunta, mas sem pretender enquadrá-lo no universo de normas convencionais, cujo traço principal é a obrigatoriedade de cumprimento do que ficou até então acordado. Isso não significa dizer, entretanto, que não exista um sistema de sanções interno, haja vista que o conteúdo da sanção será moral ou extrajurídico, podendo ser inclusive político, em casos de descumprimento ou inobservância das suas diretrizes[11].

Ademais, o que diferencia efetivamente a *soft law* das demais normas jurídicas é o fato de ela ser um produto jurídico ainda inacabado no tempo, na medida em que está voltada para a assunção de compromissos futuros entre os envolvidos, tratando-se de um compromisso programático, bem como pelo fato de possuir um sistema de sanção distinto daquele aplicável às normas tradicionais, sendo o seu cumprimento mais uma recomendação que propriamente uma obrigação dirigida aos Estados.

Dito isso, e compreendendo a prevalência dos direitos humanos, como princípio a reger o Brasil no âmbito internacional, visto que desde a Segunda Guerra Mundial, em decorrência dos horrores cometidos durante este período, os direitos humanos constituem um dos temas principais do direito internacional contemporâneo[12].

1.2. Direitos Humanos (ou) fundamentais

É verdade que, a carta de 1988 é a primeira Constituição brasileira a elencar o princípio da prevalência dos direitos humanos, como princípio fundamental a reger o Estado nas relações internacionais. Nesse sentido

11 MAZZUOLLI, 2015, p. 185.

12 OLIVEIRA, Diogo Pignataro de. **Aplicação das Sentenças de Cortes Internacionais no Brasil**: a busca pela efetividade das decisões da Corte Interamericana de Direitos Humanos. Revista Digital Constituição e Garantia de Direitos, v. 4, n. 02, 17 out. 2013. Disponível em https://periodicos.ufrn.br/constituicaoegarantiadedireitos/article/view/4355. Acesso em: 09 jul. 2020.

a Constituição de 1988 foi a primeira a consagrar um universo de princípios, de modo a guiar o país no cenário internacional, fixando valores a orientar a agenda de interesses[13].

Assim, antes da Constituição de 1988, as regras constitucionais ao estabelecer tratamento jurídico às relações internacionais se limitavam a assegurar os valores da independência e soberania do país. Sob este aspecto, a CF/88 trouxe inovações e corroborou significativamente com os avanços das preocupações internacionais. Assim, se por um lado a Constituição reproduz a já conhecida preocupação do Império referente à independência nacional e a não intervenção, por outro também reproduz os ideiais republicanos voltados à defesa da paz.

Nesse sentido, a CF/88 inova ao trazer uma orientação internacionalista jamais vista até então na história do direito constitucional. Deste modo, o Império, na experiência brasileira, cuidou da independência e da preservação unidade nacional, enquanto a República consolidou as fronteiras nacionais, bem como afirmado a vocação pacífica do país, de modo a reconhecer paulatinamente a importância da cooperação internacional para a preservação da paz[14].

Outrossim, se por um lado a CF/88 dispõe sobre os princípios da independência nacional e da não intervenção, também consagra o princípio da defesa da paz e da solução pacífica dos conflitos, conforme art. 4º da CF. Sob essa perspectiva a orientação internacionalista se traduz especialmente nos princípios da prevalência dos direitos humanos, da autodeterminação dos povos.

Dito isso, é imprescindível compreender exatamente o que são os ditos "direitos fundamentais" e os "direitos humanos". Assim, utilizado

13 MAZZUOLLI, 2015, p. 185.

14 Ibid., 117.

com frequência, a terminologia "direitos humanos" para expressar uma proteção estabelecida pela ordem jurídica interna, especialmente pela Constituição, porém, em termos técnicos, não se trata de termologia adequada, devendo-se preferir a expressão direitos fundamentais.

Nesse sentido, Valerio Mazzuoli, em sua obra de direitos humanos[15], afirma que os direitos humanos são aqueles direitos protegidos pela ordem internacional, dentre eles por tratados multilaterais, globais ou regionais, contra as violações e arbitrariedades do Estado.

Outrossim, os direitos humanos são indispensáveis a uma vida digna e que, por isso, estabelecem um nível protetivo mínimo que todos os Estados devem respeitar, sob pena de responsabilidade internacional. Igualmente, os direitos humanos garantem às pessoas sujeitas de um determinado Estado mecanismos para reivindicar seus direitos, para além do plano interno.

Assim, quando se trata de direitos humanos, não importa a nacionalidade da vítima, bastando a violação de seus direitos. Quanto à proteção pelo sistema global não há maiores, restando a ser identificada apenas a competência a nível regional de proteção. Nesse sentido[16], uma violação de direitos a um cidadão francês no Brasil previne a competência do sistema interamericano de direitos humanos (Comissão e Corte Interamericanas de Direitos Humanos), porém uma violação de direitos a um cidadão brasileiro na Guiana Francesa (departamento ultramarino francês), previne a competência do sistema europeu de direitos humanos (Corte Europeia de Direitos Humanos)[17].

15 MAZZUOLLI, 2019, p. 25.

16 Ibid.

17 Nesse sentido, v. Eur. Court H.R., Case of de Souza Ribeiro Vs. France, Grand Chamber, Application n. 22689/07, j. 13.12.2012, relativo à violação de direitos humanos a cidadão brasileiro residente na Guiana Francesa.

É verdade que todo direito exprime a faculdade de exigir de um terceiro, seja ente particular ou o próprio Estado, de forma a determinar uma obrigação. Nessa linha, os direitos humanos têm estrutura variada, de modo que pode ser compreendido como: direito-pretensão, direito-liberdade, direito-poder e, por fim, direito-imunidade. Este último acarreta obrigações tanto dos particulares quanto do Estado, na forma de: dever; ausência de direito; sujeição e incompetência[18].

A doutrina, quanto no direito positivo (constitucional ou internacional), são largamente utilizadas as expressões "direitos humanos", "direitos do homem", "direitos subjetivos públicos", "liberdades públicas", "direitos individuais", "liberdades fundamentais" e "direitos humanos fundamentais". Isto posto, não é por acaso que a doutrina tem alertado para a heterogeneidade, ambiguidade e ausência de consenso quanto a esfera conceitual e terminológica, o que a reforça a necessidade de obter-se um critério unificador[19].

Destarte, a expressão "direitos do homem" possui um cunho *jusnaturalista,* remetendo aos direitos naturais, no sentido de que não foram positivados pelos ordenamentos de forma inequívoca para proteção global. Esses direitos, conforme aponta Valerio Mazzuoli[20], em tese não se encontram nos textos das Constituições ou nos tratados internacionais, sendo raros, atualmente, a sua existência.

Já a expressão direitos fundamental, diz respeito a afetação da proteção em um sistema interno, ligado à matriz constitucional, na medida em que se encontrem positivados. Nesse sentido, são direitos garantidos

18 RAMOS, 2019, p. 30.

19 SARLET, Ingo Wolfgang. **A eficácia dos direitos fundamentais**: uma teoria geral dos direitos fundamentais na perspectiva constitucional. 11. ed. Porto Alegre: Livraria do Advogado. 2012, p. 27.

20 MAZZUOLLI, 2019, p. 26.

e limitados no tempo e espaço, objetivamente vigentes em uma ordem jurídica em concreto. Isto posto, quando se fala em "direitos humanos" está se referindo aos direitos positivados em tratados e declarações ou previstos em costumes internacionais.

Para Ingo Wolfgan Sarlet[21], não há dúvidas que os direitos fundamentais, de certa forma, são também sempre direitos humanos, no sentido de que seu titular será sempre humano, ainda que representado por entes coletivos (grupos, povos, nações, Estado).

Se como conceitua André de Carvalho Ramos[22], o direito-pretensão consiste na busca de algo, gerando em contrapartida um dever de prestar, o direito-liberdade consiste na faculdade de agir que gera a ausência de direito do Estado, por exemplo, de exigir que determinada pessoa tenha determinada religião.

Já o direito-poder, consiste em uma faculdade de determinados sujeitos de exigir determinada sujeição do Estado ou do particular, como por exemplo, ao ser presa, requerer a assistência da família ou de advogado, sujeitando a autoridade pública. Em contrapartida, o direito-imunidade, consiste na autorização dada por uma norma a uma determinada pessoa, como ocorre na imunidade concedida pelo legislador ou ainda pela ordem constitucional, ao dispor que o cidadão é imune à prisão, salvo flagrante delito ou por ordem escrita e fundamentada de autoridade judiciária[23].

Não restam dúvidas que os direitos humanos representam valores essenciais e podem ser retratados de forma explícita ou implícita nas Constituições ou nos Tratados Internacionais. Nesse raciocínio, a fundamentabilidade dos direitos humanos pode ser formal, por meio da inscrição

21 SARLET, op. cit., p. 29.

22 RAMOS, 2019, p. 30.

23 RAMOS, 2019, p. 30.

desses direitos no rol de direitos protegidos, seja na Constituição ou tratados, ou ainda pode ser material, na medida em que é parte integrante dos direitos humanos, ainda que não expressa, porém seja indispensável à promoção da dignidade da pessoa humana, aqui compreendida como "tratamento", o qual leva em consideração o respeito norteado por valores morais.

Para Valerio Mazzuoli[24], pode-se dizer, à luz da Declaração Universal de 1948, que os direitos humanos se fundamentam em três princípios basilares: a inviolabilidade da pessoa, a autonomia da pessoa, e a dignidade da pessoa. O primeiro, a inviolabilidade da pessoa se traduz na ideia de que não pode impor sacrifícios a um indivíduo, com o fim específico de resultar benefícios a outra pessoa.

A autonomia da pessoa, diz respeito ao fato de que a pessoa é livre para a realização de sua conduta, desde que não implique atos prejudiciais a terceiros. Por fim, a dignidade da pessoa, remete ao núcleo de todos os demais direitos, haja vista que as pessoas devem ser tratadas de acordo com seus atos e não em relação a outras propriedades.

Outrossim, quando se fala em dignidade, compreende-se que "tratamento" é a expressão a ser adotada como núcleo do conceito, haja vista que expõe e delimita que o ser humano deve ser tratado com respeito, sob um viés moral, não pela sua condição, mas por sua existência enquanto "humano". Nesse sentido, o tratamento adequado, não é o meramente formal, mas o material-substancial, na medida em que devem existir garantias para a efetivação de tais direitos.

Independente da conceituação, os direitos humanos na visão de André de Carvalho Ramos[25], tem em comuns quatro ideias-chaves ou marcas

24 MAZZUOLLI, 2019, p. 30.

25 RAMOS, op. cit., p. 31.

distintivas, sendo elas a universalidade, a essencialidade, a superioridade normativa e a reciprocidade. A universalidade se compreende na medida em que os direitos humanos são de todos, sem distinção, combatendo a visão de privilégios ou de seres superiores.

A essencialidade, diz respeito à ideia de que os direitos humanos, se apresentam como valores indispensáveis. Igualmente, a superioridade normativa implica na impossibilidade do sacrifício de um direito essencial para atender às razões diversas, seja entre particulares, sejam as razões do Estado, ou seja, os direitos humanos devem sempre prevalecer sobre as demais normas. Por fim, a reciprocidade é fruto da ideia dos direitos que reúnem e unem toda a comunidade humana, tanto na titularidade, quanto na sujeição passiva, obrigando a todos.

É verdade que, no âmbito da União Europeia convencionou-se a utilizar a expressão "direitos fundamentais", de forma genérica, há exemplo da "Carta dos Direitos Fundamentais da União Europeia", mesmo não sendo está a terminologia utilizada pela ONU, a qual a utiliza para se referir aos direitos garantidos pela ordem interna[26].

Porém, para Valerio Mazzuoli a expressão "direitos humanos" é mais ampla do que o conceito de direitos fundamentais, na medida em que os direitos fundamentais têm aplicação no campo interno, ou seja, não possui a mesma extensão que os chamados "direitos humanos". Como exemplo, Valerio Mazzuoli cita o direito de voto, expondo que não pode ser exercido pelos conscritos, durante o período de serviço militar, sem falar nos estrangeiros, que por não ser dotado da característica da internacionalidade, sofre limitações em razão do interesse do Estado[27].

---

26 MAZZUOLLI, 2019, p. 28.

27 Ibid.

Por outro lado, parte da doutrina, dentre eles o jurista Manoel Gonçalves Ferreira Filho[28], adota e tem preferido a expressão "direitos humanos fundamentais", com o intuito de significar a união material da proteção da matriz constitucional com a expressão de direito internacional.

Nesse sentido, compreende-se que a expressão direitos humanos fundamentais se amolda mais adequada do que a visão em que os direitos humanos possuem maior amplitude dos direitos fundamentais, na medida em que por ser direitos fundamentais, são, por consequências, em uma visão ampla da expressão, direitos humanos. Logo, os direitos fundamentais não são espécies do gênero direitos humanos, mas estariam circunscritos pelos direitos humanos.

2. DADOS TRANSFRONTEIRIÇOS, EXTRATERRITORIALIDADE E TRANSFERÊNCIA INTERNACIONAL

A Lei 12.965/2014 que regulou o chamado "Marco Civil da Internet", estabeleceu princípios, garantias, direitos e deveres dos usuários, atendendo a uma obrigação do Estado de disciplinar os direitos comunicativos na era digital, sem que houvesse, por outro lado, violação de direitos humanos pelo Poder Público. Não é a atoa que a Lei 12.965/2014 estabelece entre seus fundamentos os direitos humanos e o exercício da cidadania, art. 2º, inciso II.

Inegável que a globalização proporciona o estreitamento das relações internacionais, principalmente em face do assustador alargamento dos meios de comunicação e do comercio internacional, aqui se incluindo a internet. Nesse cenário se inserem os dados transfronteiriços, compreendidos como aqueles que ultrapassam as fronteiras do Estado.

28 Ibid., p. 29.

Assim, para Boaventura de Sousa Santos[29], a globalização neoliberal é um favor explicativo importante dos processos econômicos, sociais, políticos e culturais das sociedades. Junto com os fatores indicados, e até em reação a estes, está emergindo outra globalização, constituída pelas redes e alianças transfonteiriças entre movimentos, lutas e organizações locais ou nacionais que nos diferentes cantos do globo se mobilizam para a luta contra a exclusão social, o desemprego, as violações dos direitos humanos, os ódios interéticos produzidos direta ou indiretamente pela globalização neoliberal.

Sob este aspecto, para Valerio Mazzuoli[30], a era da comunicação, e especialmente a comunicação digital, compreendendo inclusive as redes sociais, integra eixo fundamental da concepção contemporânea de direitos humanos. Nessa ótica, fala-se na existência de direitos comunicativos fundamentais, haja vista que os cidadãos se expressam de maneira multifuncional, decorrendo então a liberdade de expressão, de informação e de comunicação em rede, ou ainda a liberdade de navegação em meios digitais, compreendendo espécie dos direitos comunicativos. Nesse contexto, o acesso livre à internet para todos os cidadãos torna-se um dos direitos humanos mais importantes do mosaico de direitos comunicativos.

É verdade que, no próprio pensamento de Habermas, é possível partir da premissa de que as ideias dos direitos fundamentais e da soberania popular, a qual segue a gênese da Constituição, seguem até hoje determinando e condicionando o Estado democrático de direito[31]. Assim, há de se reconhecer que entre direitos fundamentais e a democracia se verifica uma relação de interdependência e reciprocidade, o que não afasta, como

29 SANTOS, Boaventura de Sousa (org.). **Democratizar a democracia**: Os caminhos da democracia participativa. 2. ed. Rio de Janeiro: Civilização Brasileira. 2003, p. 13.

30 MAZZUOLLI, 2019, p. 470.

31 SARLET, 2012, p. 60.

também há de muito correspondente a existência de tensões entre os direitos fundamentais e a democracia[32].

Isto posto, compreendido às raízes da proteção de dados pessoais e ínsita ligação com a doutrina dos direitos humanos, é medida que se impõe compreender o que são dados e qual a definição de dado pessoal trazida pelo legislador.

Em 1948, nos Laboratórios Telefônicos da Bell, foi desenvolvido o "transistor", que consistia em um dispositivo que fazia tudo o que a então válvula termiônica fazia, porém de maneira impressionantemente mais simples. No mesmo ano, uma monografia publicada por Claude Shannon na Revista Técnica dos Sistemas Bell trazia um título simples, comparado à importância que se propunha e do conceito que dali se originaria, a expressão "bit"[33].

A criação do transistor e a formulação do conceito de codificação de informática, mediante um átomo binário, fundamentaram o nascimento do que seria o processador e a base da computação moderna. Nesse sentido, os bits, alinhados em conjunto de oito para formar um byte, transformavam-se em elementos capazes de representar uma letra ou um número, ou seja, um dado[34].

Parte da doutrina, diferentemente, entende que "informação" e "dados" são conceitos distintos, vez que os dados consistem em algo primitivo, fragmentado, podendo ser caracterizado como uma fase de pré-informação ou de informação em estado potencial[35].

---

32 Ibid.

33 BARBIERI, Carlos. **Governança de dados:** Práticas, conceitos e novos caminhos. Rio de Janeiro: Alta Books, 2020. E-book. [Kobo]. n.p.

34 Idem, loc. cit.

35 DONEDA, Danilo. O direito fundamental à proteção de dados. In: MARTINS, Guilherme Magalhães; LONGHI, João Victor Rozatti (org.). **Direito Digital:** Direito Privado e Internet. Indaiatuba, SP: Foco. 2019, p. 37.

Há ainda quem aponte que dados em geral, ou ainda em sentido *lato sensu*, podem ser qualificados em estruturados, semiestruturados e não estruturados[36]. Assim, são dados estruturados aqueles facilmente organizáveis, armazenáveis e transferíveis num modelo de dados definidos, como números e textos inseridos em uma tabela ou em um banco de dados, que possui um formato consistente, indicando um objeto, uma cor, um tamanho, dentre outras características. Esses dados podem ser pesquisados, combinados e analisados mediante cálculo e algoritmos, podendo ser visualizados por gráficos e processados por computadores.

Por outro lado, os dados semiestruturados não possuem um esquema predefinido, e, portanto, não podem ser mantidos numa base de dados relacional. Já os dados não estruturados são aqueles que não possuem um modelo de dados definido ou uma estrutura comum identificável, ou seja, não podem ser pesquisados e não são facilmente combinados ou analisados via computador, embora possam ser convertidos em dados estruturados[37].

Nesse cenário apresentam-se os metadados, os quais consistem em "dados sobre dados", isto é, os dados que, no geral, descrevem outros dados, conforme aponta Ralph M. Stair e George W. Reynolds[38].

Apesar da diferenciação da doutrina, o Art. 5º, inciso I da LGPD, define dado pessoal como informação relacionada à pessoa natural identificada ou identificável.

36 MAGRO, A. R. A (in) eficácia do direito à anonimização de dados pessoais em face da análise de big data dos metadados produzidos no âmbito da internet das coisas. In: TEIXEIRA, Tarcisio; MAGRO, Américo Ribeiro (coord.). **Proteção de dados:** fundamentos jurídicos. Salvador: JusPodivm, 2020, p. 13-53.

37 KITCHIN, Rob. **The Data Revolution:** Big Data, Open Data, Data Infrastructures and Their Consequences. Londres: Sage, 2014, p. 33.

38 STAIR, Ralph M; REYNOLDS, George W. **Principles of Information Systems:** A Managerial Approach. 13. ed. Boston: Cengage Learning. 2018, p. 416.

Nesse sentido, dado pessoal em sentido lato sensu pode ser compreendido como qualquer signo, ou átomo da linguagem, enquanto dado pessoal, nos termos da lei é a informação relacionada à pessoa natural, por outro lado o conceito de informação não é encontrado na LGPD.

2.1. A tutela da privacidade na era da *big data*

O *Big data*, em tradução literal, "grandes dados" se insere em um cenário globalizado, sendo instrumento inclusive da inteligência artificial para tratamento de dados em grande escala. Assim, unidades de medida em gigabyte não comportem mais os dados coletados, se falando atualmente em unidades de medida de *petabyte, exabyte* e outras unidades ainda maiores[39].

Diante da globalização a privacidade é tema central, eis que as informações inseridas na internet, podem ser utilizadas indevidamente, seja para identificar as preferências de consumo ou até mesmo para fins políticos e discriminatórios.

Nesse sentido, o direito à privacidade, como aponta Ricardo Villas Bôas Cueva[40], foi primeiramente definido no clássico artigo de 1890 de Samuel Warren e Lois Brandeis, como o direito de ser deixado só, no qual se identificou a partir de precedentes do *common law*.

---

39 MAYER-SCHONBERGER, Viktor; CUKIER, Kenneth. **Big Data**: como extrair volume, variedade, velocidade e valor da avalanche de informação cotidiana. Tradução Paulo Polzonoff Junior. 1 ed.. Rio de Janeiro: Elsevier, 2013. p.5.

40 CUEVA, Ricardo Villas Bôas. A insuficiente proteção de dados pessoais no Brasil. **Revista de Direito Civil Contemporâneo.** São Paulo: RT, ano, v. 4, p. 59-67, 2017. Disponível em: https://www.tjdft.jus.br/institucional/biblioteca/conteudo-revistas-juridicas/revista-de-direito-civil-contemporaneo-rdcc/2017-v-13-out-dez. Acesso em: 29 jun. 2020.

Para Marcelo Novelino[41] a Constituição Federal protege a privacidade (gênero) ao reconhecer como invioláveis a vida privada, a intimidade, a honra e a imagem da pessoa (espécies). Aponta ainda Tulio Lima Vianna[42] que a privacidade decorre do direito de não ser registrado, não ser reconhecido e não ser monitorado.

A teoria dos círculos concêntricos da esfera da vida privada ou teoria das esferas da personalidade elaborada mais detalhadamente pelo alemão Heinrich Hubmann em 1953, ganhou relevância, de modo que foi revisitada por Heinrich Henkel em 1957. Heinrich Henkel deu forma tripartida da teoria dos círculos concêntricos, de modo que dividiu a vida privada em sentido lato sensu em: o círculo da vida privada em sentido estrito, em que se insere o círculo da intimidade e, por sua vez, que se encontra inserido o círculo do segredo[43].

Diante das evoluções tecnológicas, pode se distinguir a privacidade física, clássica, da informacional. Como exemplo de privacidade física, pode citar à invasão física na residência alheia para espionagem ou ainda o monitoramento de câmeras, enquanto a privacidade informacional ultrapassa os limites físicos e afeta a proteção de dados pessoais, uma vez

41 NOVELINO, Marcelo. **Curso de direito constitucional**. 11. ed., 2016. *E-book*. Disponível em: http://juspodium.net/atualizacoes/2416-caderno-atualizacao-1Semestre.pdf. Acesso em: 29 jun. 2020.

42 VIANNA, Túlio Lima. A era do controle: introdução crítica ao direito penal cibernético. **Direito e Justiça** – Revista da Faculdade de Direito da Universidade Católica Portuguesa, v. 18, p. 344, 2004. *E-book*. Disponível em: https://www.researchgate.net/profile/Tulio_Vianna/publication/28769889_A_era_do_Controle_introducao_critica_ao_direito_penal_cibernetico/links/54353c430cf2dc341dafb3c6/A-era-do-Controle-introducao-critica-ao-direito-penal-cibernetico.pdf. Acesso em: 29 jun. 2020.

43 DI FIORE, Bruno Henrique. **Teoria dos círculos concêntricos da vida privada e suas repercussões na praxe jurídica**. 2012. Disponível em: www.flaviotartuce.adv.br. Acesso em: 29 jun. 2020.

que tratados[44]. Assim, a privacidade informacional se concentra em resguardar o titular contra abusos no tratamento de dados pessoais.

Já o conceito de autodeterminação informativa, observa-se que suas raízes se encontram no Tribunal Constitucional Federal Alemão, que em 1983, diante da célebre sentença da Lei do Censo (*Volkszählungsurteil*) – como ficou conhecida mundialmente – elucida a relação conceitual existente entre a privacidade e a tutela de dados pessoais, sem deixar de ancorá-las aos valores fundamentais que assumem proteger[45].

O Estado alemão pretendia finalizar um censo geral em 1983, que tinha como objetivo principal realizar perguntas e confrontar os dados fornecidos com os dos registros públicos existentes. Diante do sentimento de insegurança, temendo-se a criação de um Estado "superinformado", houve questionamentos quanto à violação de direitos fundamentais, dentre eles o livre desenvolvimento da personalidade e a dignidade da pessoa humana, protegidos pelos artigos 1º e 2º da Lei Fundamental da Alemanha. Assim, o Tribunal Constitucional Federal Alemão declarou nulos os dispositivos que versavam sobre a trocam de dados e competências para sua transmissão[46].

---

44 CUEVA, R. V. B. A proteção de dados pessoais na jurisprudência do Superior Tribunal de Justiça. In: TEPEDINO, Gustavo; FRAZÃO, Ana; OLIVA, Milena Donato (coord.). **Lei Geral de Proteção de Dados Pessoais e suas repercussões no Direito Brasileiro**. São Paulo: Thomson Reuters Brasil, 2019, p. 86.

45 PUPP, Karin Anneliese. O direito de autodeterminação informacional e os bancos de dados dos consumidores: a lei 12.414/2011 e a bundesdatenschutzgesetz (bdsg) em um estudo de casos comparados sobre a configuração do dano indenizável nas cortes de Justiça do Brasil e da Alemanha. **Revista de Direito do Consumidor**. p. 247-277, 2020. Disponível em: https://revistadedireitodoconsumidor.emnuvens.com.br/rdc/article/download/1232/1157. Acesso em 27 mai. 2020.

46 SCHWABE, Jürgen; MARTINS, Leonardo (org.). **Cinquenta anos de jurisprudência do Tribunal Constitucional Federal Alemão**. Berlim: Konrad-Adenauer-Stiftung E.V. 2005, p. 234.

Nesse sentido, caso os dados recolhidos fossem utilizados ao mesmo tempo para fins administrativos e estatísticos, estaria caracterizada a diversidade de finalidades, o que impediria o cidadão de conhecer o efetivo uso de suas informações, em verdadeiro desatendimento das normas fundamentais. Logo, o Tribunal entendeu que o livre desenvolvimento da personalidade pressupõe, sob as modernas condições de processamento de dados, a proteção do indivíduo contra o levantamento, a armazenagem, o uso e a transmissão irrestrita[47].

Em uma visão moderna e preocupada quanto à tutelada dos dados pessoais já apontava Canotilho em 2007, antes mesmo da LGPD ou do GDPR:

> [...] o direito ao conhecimento dos dados pessoais desdobra-se em vários direitos: 'a) o direito de acesso, ou seja, o direito de conhecer os dados constantes de registros informáticos, quaisquer que eles sejam (públicos ou privados), b) o direito ao conhecimento da identidade dos responsáveis, bem como o direito ao esclarecimento sobre a finalidade dos dados; c) o direito de contestação, ou seja, direito à retificação dos dados e sobre identidade e endereço do responsável; d) o direito de atualização (cujo escopo fundamental é a correção do conteúdo dos dados em caso de desatualização); e) finalmente, o direito à eliminação dos dados cujo registro é interdito'[48].

47 Idem, p. 238.

48 CANOTILHO, J. J. GOMES. **Constituição da República Portuguesa anotada**. São Paulo: RT, 2007. v. 1. p. 550.

Ao se pensar em normas de proteção de dados pessoais ou ainda na tutela à autodeterminação informativa, Viktor Mayer-Schönberger[49] aponta para quatro gerações de normas referentes à proteção de dados. A primeira geração de leis era composta por normas que refletiam o estado da tecnologia e pretendiam apenas regular um cenário no qual centros de tratamentos de dados, de grande porte, contrariam a colega e gestão dos dados, autorizando inclusive a criação de banco de dados públicos. Assim, as leis se resumia a tratar da concessão de autorizações para a criação desses bancos de dados e do seu controle a posteriori por órgãos públicos, podendo citar a Lei de Proteção Sueca em 1973 e a Act Norte Americana de 1974. Por sua vez, havia uma falta de experiência no tratamento da tecnologia, de modo que não era possível ainda compreender suas consequências, sendo muitas vezes proferidos princípios de proteção abstratos e amplos, focados no processamento de dados e não na privacidade[50].

A segunda geração teve como marco a Lei Federal da República Federativa da Alemanha (*Bundesdatenschutzgesetz*) sobre a proteção de dados de 1977 e a lei francesa de 1978 intitulada *"informatique et libertées"*, as quais não estavam mais preocupadas com os fenômenos computacionais em si, mas com a privacidade. Por sua vez, estas legislações também apresentavam problemas, vez que não forneciam instrumentos para o titular pleitear sua tutela, motivo pelo qual passou a se refletir sobre a participação dos cidadãos frente à temática[51].

49 MAYER-SCHONBERGER, Viktor. General development of data protection in Europe: In: AGRE, Phillip; ROTENBERG, Marc (coord.). **Tecnology and privacy**: the new landscape. Cambridge: MIT Press, 1997, p. 219-242.

50 DONEDA, Danilo. O direito fundamental à proteção de dados. In: MARTINS, Guilherme Magalhães; LONGHI, João Victor Rozatti (org.). **Direito Digital:** Direito Privado e Internet. Indaiatuba, SP: Foco. 2019, p. 35-55.

51 MAYER-SCHONBERGER, 1997, p. 219-242.

Já a terceira geração de leis surgiu na década de 1980 e se preocupava em mais do que a liberdade de fornecer ou não os dados pessoais, mas em garantir a efetividade dessa liberdade, demandando participação do indivíduo, de forma que o tratamento de dados não se encerrava na simples permissão, se preocupando com as fases sucessivas. Nesta geração já se discute temas atinentes à autodeterminação informativa, porém havia custos elevados para os cidadãos pleitear suas tutelas[52].

Por fim, a quarta geração, iniciada com a Diretiva 95/46/CE, verificou que uma minoria dos cidadãos se utilizava de tais prerrogativas, suportando os custos econômicos, sendo identificado um caráter exclusivista da legislação. Assim, a quarta geração se propôs a suprimir as desvantagens do enfoque individual, presumindo-se que não se pode basear a tutela dos dados pessoais simplesmente na escolha individual, sendo necessários instrumentos que elevem o padrão coletivo de proteção. Dessa forma, optou por fortalecer a posição do titular em relação às entidades que tratam os dados pessoais[53].

De modo a suprir as falhas na Diretiva 95/46/CE, implementou-se o Regulamento Europeu de Proteção de Dados, mais conhecido como GDPR – *General Data Protection Regulation* (EU 679/2016), proporcionando a partir de sua eficácia 25.05.2018 um novo olhar sobre a proteção de dados pessoais[54].

Assim, se a coleta de dados dos usuários para as eleições presenciais norte-americanas, escândalo envolvendo o Facebook e a empresa

52 DONEDA, op. cit., p. 38.

53 MAYER-SCHONBERGER, op. cit.

54 LIMA, Caio César Carvalho. Objeto, aplicação material e aplicação territorial. In: MALDONADO, Viviane Nóbrega; BLUM, Renato Opice (cood.). **Comentários ao GDPR**: Regulamento Geral de Proteção de Dados da União Europeia. São Paulo: Thomson Reuters Brasil, 2018, p. 28.

Cambridge Analytica, tivesse ocorrido na vigência da GDPR, a empresa poderia ter sido multada em até 4% do volume de seu negócio global, chegando a uma soma de até US$ 1,6 bilhão, e não apenas na quantia simbólica de 500 mil libras, cerca de 644 mil dólares[55].

Sob este pano de fundo surgiu no Brasil a Lei 13.709/2018, o qual almeja uma vaga como país membro na OCDE – Organização para a Cooperação e Desenvolvimento Econômico, pois atualmente atua apenas como país parceiro, razão pela qual havia urgência para na aprovação da LGPD.

2.2. Transferência Internacional na LGPD e no GDPR

Um dos maiores desafios para a aplicação efetiva de uma legislação de proteção de dados pessoais é o controle sobre o fluxo internacional de dados. A liquidez dos dados permite que sejam transmitidos com uma velocidade enorme para outra jurisdição e o titular, na maioria das vezes, nem fica sabendo onde suas informações foram parar.

Da mesma forma, é impossível coibir o dinamismo da inovação que, muitas vezes utiliza-se de facilidades de data centers em outros países, beneficia-se de acordos comerciais com empresas estrangeiras, as quais muitas vezes são responsáveis por aportar capital de investimento, ou mesmo pela própria razão de que a internet não possui fronteiras delineadas, sendo que o dado de uma pessoa natural coletado no Brasil pode estar sendo obtido a partir de uma outra nação.

55 KASEMIRSKI, André P.. Reflexões sobre Segurança, Boas Práticas, Governança e Compliance na Proteção de Dados Pessoais. In: TEIXEIRA, Tarcisio; MAGRO, Américo Ribeiro (coord.). **Proteção de dados**: fundamentos jurídicos. Salvador: JusPodivm, 2020, p. 187.

Não têm sido raras as notícias de vendas de informações, sejam coletadas, sejam plantadas, nas redes sociais, inclusive em contextos eleitorais. Amplíssimo, há de se notar, é o espectro de interação da Lei sob comento com os mais variados ramos do direito. De pouco valeriam as proteções criadas pela Lei se os dados pessoais pudessem ser migrados para fora da jurisdição brasileira, permitindo-se aos tratadores e controladores um verdadeiro fórum shopping telemático. Assim, as possibilidades de migração são restritas.

A solução implementada no GDPR e que inspirou a LGPD para tentar minimizar os riscos aos titulares foi a de criar uma série de regras para que as transferências internacionais possam ser consideradas adequadas. Sem atendimento a tais regras, as transferências são ilegais. Lembrando que se considera internacional a transferência de dados pessoais tanto para país estrangeiro ou organismo internacional do qual o país seja membro.

Seguindo os parâmetros lançados pelo GDPR, a adoção da lei brasileira traz a previsão – inevitável – dos fluxos transfronteiriços de dados pessoais, de maneira que os países passíveis desse tipo de transação devem oferecer a garantia da proteção dos dados pessoais em mesmo grau que a LGPD prevê. Isso significa que o Brasil segue o movimento europeu de padronização internacional do fluxo de dados, assim como de proteção dessas informações, de maneira a garantir que o desenvolvimento tecnológico e econômico possa continuar seu acelerado e complexo processo, sem que com isso direitos e garantias fundamentais sejam relativizados ou violados.

Nesse sentido, a LGPD, no art. 5º, inciso XV dispõe em que consiste a transferência internacional de dados, de modo que está transferência possa ocorrer tanto para país estrangeiro quanto para organismo internacional, do qual o país seja membro. Outrossim, tendo em vista que o Brasil não é membro da OCDE, mas atua apenas parceiro não estaria permitida a transferência internacional para o respectivo organismo internacional.

O inciso I do art. 33, corroborando com o art. 5º, inciso XV dispõe ainda que só será permitida a transferência caso o país proporcione grau de proteção adequado, seguindo-se assim os mesmos nortes do GDPR, conforme art. 45 do Regulamento, em que dispõe sobre a necessidade de se avaliar o nível de proteção.

Destarte, a LGPD se aplica a todos aqueles que realizam o tratamento de dados pessoais, independentemente se organizações públicas ou privadas, pessoas físicas ou jurídicas, desde que realizem qualquer operação de tratamento de dados pessoais e que: 1) a operação de tratamento tenha sido realizada no território nacional; 2) a atividade de tratamento tenha por objetivo a oferta ou o fornecimento de bens ou serviços ou o tratamento de dados tenham sido coletados no território nacional, conforme dispõe o art. 3º da LGPD.

Dessa forma, a LGPD não está atrelada à cidadania ou à nacionalidade dos dados pessoais, tampouco à residência do indivíduo titular, uma vez que limitaria e muito sua aplicação. Assim, a origem da empresa ou organização não é fator de exceção. A propósito, se determinada empresa coletar dados de um usuário por aqui, mas processá-los nos Estados Unidos, por exemplo, terá que seguir a legislação brasileira.

É lícito ao controlador (empresa ou pessoa física) realizar a transferência dos dados pessoais para outro país, desde que mediante consentimento do titular ou outras hipóteses previstas em lei, conforme art. 33, exigindo-se também que o país de destino possua grau proteção adequada para o tratamento dos dados pessoais, o que será avaliado pela Agência Nacional de Proteção de Dados – ANPD.

São nove casos em que o artigo 33 da LGPD permite a transferência internacional de dados. Assim, o nível de adequação previsto no inciso I deverá ser avaliado pela ANPD. Embora o parágrafo único do art. 33 mencione que as pessoas jurídicas de direito público poderão requerer à autoridade nacional a avaliação do nível de proteção a dados pessoais conferido por país ou organismo internacional, há de se entender que essa não é uma faculdade, mas deve ser uma medida obrigatória.

Nada impede também que as pessoas jurídicas de direito privado, na ausência de uma avaliação prévia do nível de adequação pela ANPD (art. 34), façam o mesmo tipo de requerimento. Até porque, cabe à ANPD responder a consultas apresentadas pelos agentes de tratamento. Assim, cabe a ela "deliberar, na esfera administrativa, sobre a interpretação desta Lei, suas competências e os casos omissos", bem como "zelar pela proteção dos dados pessoais" e "difundir na sociedade o conhecimento sobre as normas e as políticas públicas de proteção de dados pessoais e sobre as medidas de segurança" (incisos I, III e IX do art. 55-J)[56], conforme aponta Mauro Leonardo Cunha.

Sob outra ótica, o GDPR assevera que é necessário observar e cumprir seus dispositivos no caso de qualquer transferência de dados pessoais para fora da União Europeia e do Espaço Econômico Europeu (EEE) a um país terceiro ou organização internacional visando a realização do tratamento dos dados. Dito de outra forma, tanto o responsável pelo tratamento (*data controller*, ou controlador dedados), quanto o subcontratante (data processor, ou processador dos dados) precisam realizar *compliance* com o GDPR caso haja interesse em exportar dados pessoais para fora da União Europeia e do Espaço Econômico Europeu.

Dentre os diversos instrumentos e mecanismos permitidos expressamente pelo GDPR para a operação de transferência internacional de dados, tais como cláusulas-tipo de proteção de dados adotadas pela Comissão Europeia, regras vinculativas aplicáveis às empresas, cláusulas contratuais elaboradas pelas partes e aprovadas pela autoridade competente, consentimento explícito concedido pelo titular dos dados, transferência

56 CUNHA, 2018. E-book. [Kindle]. n.p. L. 1400.

necessária por razões de interesse público, destaca-se o da decisão de adequação *(adequacy decision)*.

As transferências com base em decisão de adequação (conforme definida pelo artigo 45 da GDPR) são o método mais simples de implementar uma exportação de dados, uma vez que não há necessidade de autorização específica da autoridade supervisora para tanto ou de apresentação de demais garantias. Logo, a transferência para um país terceiro considerado adequado se assemelha a uma realizada entre países da União Europeia[57].

A decisão de adequação é dada pela Comissão Europeia ao considerar que um país, território ou organização internacional fornece um nível de proteção de dados suficientemente adequado aos padrões do GDPR.

Atualmente, os países incluídos na lista da Comissão são os seguintes: Andorra, Argentina, Canadá (em relação às organizações comerciais), Ilhas Faroé, Guernsey, Israel, Ilha de Man, Jersey, Nova Zelândia, Suíça, Uruguai e Estados Unidos (limitado ao *Privacy Shield*). Destaca-se que o Japão e a Coréia do Sul estão sob análise da Comissão e, a depender do resultado, poderão ser objeto de decisão de adequação no porvir. É importante salientar que a Comissão deverá avaliar periodicamente se o país, território, organização internacional ou setores específicos do país continuam a assegurar um nível adequado de proteção de dados pessoais, o que poderá resultar na manutenção, revogação, alteração ou suspensão da decisão de adequação[58].

Dentre os critérios para tal decisão destacam-se o respeito pelos direitos humanos e liberdades fundamentais, a existência e o funcionamento

57 Ibid.

58 PINHEIRO, Patrícia Peck. **Proteção de Dados Pessoais**: Comentários à Lei n. 13.709/2018 LGPD. São Paulo: Saraiva. 2018. E-book. [Kindle]. n.p. L. 1280.

efetivo de autoridades de controle da proteção de dados e o compromisso do Estado em relação à proteção de dados.

Nesse enlace, há de reconhecer o entrelaçamento da jurisdição internacional com o ordenamento interno, bem como a subsidiariamente do direito internacional, o qual é compreendido no reconhecimento do dever primário do Estado para adotar medidas e prevenir qualquer tipo de violação aos direitos humanos, ou ao menos, reparar o dano causado às vítimas. Assim, somente diante do fracasso da jurisdição interna, poderá ser invocada a proteção internacional[59]. Deste modo, as vítimas de violação aos direitos humanos, devem, em geral, esgotar os mecanismos ou recursos internos disponíveis para a concretização do direito, para, somente após o insucesso, buscar o remédio no plano internacional.

2.3. Extraterritorialidade e Carta dos Direitos da Internet

Pode se extrair que a LGPD possui alcance extraterritorial, ou seja, possui efeitos internacionais. Por outro lado, não se aplica a LGPD ao tratamento de dados proveniente de fora do território nacional e que não seja objeto de comunicação com agentes de tratamento brasileiro, desde que o país de proveniência proporcione grau de proteção adequado, conforme art. 4º, inciso IV da LGPD. Ou seja, inexistindo grau de proteção adequado, aplicar-se-á a LGPD em face do Estado proveniente, ainda que esse possua legislação sobre a temática, porém com grau protetivo inferior, conforme art. 4º, inciso IV[60].

59 RAMOS, 2019, p. 173.

60 Art. 4º Esta Lei não se aplica ao tratamento de dados pessoais: [...] IV – provenientes de fora do território nacional e que não sejam objeto de comunicação, uso compartilhado de dados com agentes de tratamento brasileiros ou objeto de transferência internacional de dados com outro país que não o de proveniência, desde que o país de proveniência proporcione grau de proteção de dados pessoais adequado ao previsto nesta Lei".

Muito foi dito sobre a LGPD seguir um propósito certo e funcional, porém que não supere a soberania e a defesa do próprio Estado. Em outras palavras a LGPD limita-se por esse dispositivo os efeitos extraterritoriais da lei, que serão somente admitidos caso o país de proveniência/estrangeiro não proporcione grau de proteção adequado aos dados.

Dessa forma, o tratamento de dados pessoais ocorrido em território estrangeiro, sem que ocorra qualquer comunicação extraterritorial, de um titular de nacionalidade brasileira, aplicar-se-á a norma do país estrangeiro, desde que esse forneça grau de proteção adequado.

Logo, se o tratamento realizado estritamente no país estrangeiro for ilícito ou ultrapassar sua finalidade, como por exemplo, utilizado para fins discriminatórios para uma vaga de emprego ou utilizado para fins políticos, poderá a LGPD ser invocada caso o país estrangeiro não proporcione grau de proteção adequado.

Quanto a expressão "grau adequado" há de se indagar, qual serão os critérios a ser adotado pela Agência Nacional de Proteção de Dados ao estabelecer quais os países estão no mesmo patamar de proteção nacional. Ademais, pela expressão "grau adequado", deverá a ANPD considerar o conjunto normativo com maior proteção, ou seja, levando-se em consideração os princípios norteadores da lei. Dito isso, dentre a gama de questões a serem enfrentadas pela ANPD consiste em definir o que considera como grau de proteção adequado e em medida este difere ou se assemelha com a expressão "grau equivalente".

Assim, é dever da Autoridade Nacional de Proteção de Dados do Brasil, na forma como foi criada, afastar normas de determinado país, caso considere que o país estrangeiro não possui em sua legislação grau de segurança adequado para a proteção de dados pessoais, aplicando-se, portanto, a legislação brasileira.

A justificativa do art. 4º, inciso IV da LGPD, que também encontra correspondência na GDPR, está em harmonia com os princípios do direito internacional, dentre eles o princípio da máxima efetividade e o princípio da primazia da norma mais favorável.

Conforme aponta André de Carvalho Ramos[61], o princípio da máxima efetividade no Direito Internacional dos Direitos Humanos consiste em assegurar às disposições convencionais seus efeitos próprios, evitando-se que sejam consideradas meramente pragmáticas. Outrossim, a interpretação dos tratados internacionais deve contribuir para o aumento da proteção dada ao ser humano.

De igual modo, o princípio da primazia da norma mais favorável consiste em técnica que visa evitar o conflito aparente entre diversas normas de proteção de direitos humanos. Assim, para se evitar normas que estabeleçam menor proteção, utiliza-se o princípio, pois nenhuma norma de direitos humanos pode ser invocada para limitar o exercício de qualquer direito ou liberdade já reconhecida por outra norma internacional ou nacional. Isto posto, impõe que seja utilizada a norma mais favorável ao indivíduo[62]. Logo, é medida que impõe a reflexão da soberania dos Estados, na medida em que não se pode permitir a violação aos direitos humanos. Nesse sentido, discorre Régio Taiar:

> [...] o ser humano adquiriu a condição de sujeito de direitos, não apenas nos limites territoriais de seu Estado, mas frente a toda a comunidade internacional, e desse modo, os Estados não mais podem justificar a violação de direitos humanos em seu espaço interno sob o argumento do exercício da soberania [...][63].

61 RAMOS, 2015, p. 173.

62 Ibid., p. 138.

63 TAIAR, Rogério. **Direito Internacional dos Direitos Humanos:** Uma discussão sobre a relativização da soberania face a efetivação da proteção internacional dos direitos humanos. Tese (Doutorado) – Faculdade de Direito, USP, São Paulo, 2009. p. 303.

De igual forma, Rogério Taiar[64] afirma que não se trata de uma limitação do poder soberano do Estado, mas da inserção da proteção dos direitos humanos como característica do conceito de soberania. O descortino do tema leva à constatação de que os conceitos de soberania e de direitos humanos não são antagônicos, antes disso, são fundamentos que se apresentam necessariamente interligados. Logo, interferir na dignidade humana é função do Estado e a violação de direitos humanos pelo ente Estatal implica em afronta ao poder soberano, que não está acima da lei.

Seguindo o mesmo raciocínio, o autor conclui que a proteção dos direitos humanos que implica em intervenção no plano nacional não afronta o princípio da soberania dos Estados, ao contrário, fortalece-o. Assim, não pode mais ser questionada com fundamento numa pretensa soberania estatual, é uma conquista conceitual. Não há que se falar em diminuição da importância da soberania, mas sim do redimensionamento dos seus contornos a partir de uma coexistência harmoniosa[65].

Logo, se o tratamento realizado estritamente no país estrangeiro for ilícito ou ultrapassar sua finalidade, como por exemplo, utilizado para fins discriminatórios para uma vaga de emprego ou utilizado para fins políticos, poderá a LGPD ser invocada caso o país estrangeiro não proporcione grau de proteção adequado, tendo em vista que se trata de norma com suas raízes cravadas nos direitos humanos fundamentais.

Por outro lado, a interferência e sobreposição de normas de países estrangeiros devem ser vistas com cautela, especialmente quando se trata de interferência em países ditos como periféricos ou subdesenvolvidos, para que não se utilize da retórica dos direitos humanos para o exercício do excesso ou abuso de poder.

---

64 Idem, loc. cit.

65 TAIAR, Rogério. *op. cit.*, p. 307.

Assim, ao analisar a colisão entre ordens constitucionais marcadas pela lógica neoliberal da oposição entre países centrais e países periféricos, verifica-se que as ordens jurídicas culturais dos Estados mais fortes no contexto da sociedade mundial atuam destrutivamente em relação ao desenvolvimento de formas de direito em outros Estados.

Sob este viés, torna-se possível a legislação europeia se impor frente aos abusos das empresas norte americanas, como ocorreu no "Caso Scherms"[66], sobrepondo-se inclusive à legislação estadunidense se necessário, porém o mesmo não se mostra muito viável caso houvesse violação por países desenvolvidos à LGPD. Assim, o abuso de poder econômico não decorre apenas de empresas transnacionais, mas da própria força dos Estados centrais sobre os periféricos.

Não é sem valor que desde o advento da sociedade da informação diversos autores advogam por uma transformação do conceito de soberania em virtude do enfraquecimento dos estados nacionais subdesenvolvido diante do chamado colonialismo eletrônico ou imperialismo cibernético, fenômenos que dificultam a implementação de graus superiores de proteção a direitos individuais[67].

Outrossim, a realidade dos fatos subverte a tentativa de um direito fundamental de proteção de dados no contexto transfonteiriço, motivo pelo qual é medida que se impõe o debate efetivo em nível global sobre os direitos do titular na internet, especialmente no que concerne à privacidade, propondo Stefano Rodotà uma Carta de Direitos das Internet.

---

66 SILVA, Heraclides Sequeira dos Santos. **A proteção de dados pessoais na era global**: O caso Scherems. Dissertação (Mestrado) – Faculdade de Direito Universidade Nova Lisboa, Portugal, Lisboa, 2017. p. 321.

67 CARVALHO, 2019, p. 644.

Assim, a privacidade não evoca apenas uma necessidade de intimidade, mas sintetiza ás liberdade que pertencem ao sujeito no mundo global e interconectado, motivo pelo qual o debate deve envolver uma multiplicidade de atores[68].

Não é por outra razão que o jurista italiano Stefano Rodotà afirma que "a avalanche dos direitos humanos está varrendo as últimas trincheiras da soberania estatal[69]". No entanto, ao se questionar a soberania dos Estados deve levar-se em consideração o interesse da coletividade, compreendida como a multiplicidade de Estados envolvidos, e não a sobreposição dos países centrais sobre os periféricos.

3. CONSIDERAÇÕES FINAIS

Com base em todo o exposto, utilizando-se do método dedutivo, corresponde à extração discursiva do conhecimento a partir de premissas gerais aplicáveis a hipóteses concretas e das técnicas de levantamento de bibliografias e legislações, confirmam-se as hipóteses. Nessa medida, constata que na era da *big data* e da comunicação virtual, a qual estão inseridas as redes sociais, integra como eixo fundamental a concepção contemporânea de direitos humanos, na medida em que o acesso livre à internet para todos os cidadãos torna-se um dos direitos humanos mais importantes do mosaico de direitos comunicativos em âmbito internacional.

Nessa linha, é possível identificar ainda as implicações da internet e a intersecção do ambiente virtual com o que se pode chamar de direitos humanos fundamentais. No mais, quanto aos direitos fundamentais,

68 RODOTÀ, Stefano. Por que é necessária uma Carta de Direitos da Internet?. Trad. Bernardo Diniz Accioli de Vasconcellos e Chiara Spadaccini de Teffé. **Civilistica.com**. Rio de Janeiro, a. 4, n. 2, jul.-dez./2015.

69 Ibid.

compreendidos como somente aqueles ligados à matriz constitucional (art. 5, inciso LXXIX da CF), verifica-se que estes se mostram insuficientes para a proteção de dados pessoais transfronteiriços, motivo pelo qual a preferência pela expressão "direitos humanos fundamentais".

Isto posto, para a tutela dos dados pessoais transfronteiriços, aliada à doutrina constitucional dos direitos fundamentais deve estar presente também os conceitos e princípios do direito internacional e dos direitos humanos, especialmente os princípios da máxima efetividade e o da máxima primazia da norma mais favorável, mostrando-se imprescindíveis para a efetivação da tutela protetiva em âmbito internacional.

Nessa medida, adequado o texto disposto no art. 4º, inciso IV da LGPD, quando dispõe que não se aplica a LGPD ao tratamento de dados proveniente de fora do território nacional e que não seja objeto de comunicação com agentes de tratamento brasileiro, desde que o país de proveniência proporcione grau de proteção adequado.

Outrossim, inexistindo grau de proteção adequado, aplicar-se-á a LGPD em face do Estado proveniente, ainda que esse possua legislação sobre a temática, porém com grau protetivo inferior.

Logo, se o tratamento realizado estritamente no país estrangeiro for ilícito ou ultrapassar sua finalidade, como por exemplo, utilizado para fins discriminatórios para uma vaga de emprego ou utilizado para fins políticos, poderá a LGPD ser invocada, sem afronta à soberania, caso o país estrangeiro não proporcione grau de proteção adequado.

Dessa forma não há afronta ao poder soberano do Estado, mas a inserção da proteção dos dados pessoais como um direito fundamental humano como característica do conceito de soberania. Logo, os conceitos de soberania e direitos humanos não são antagônicos, pelo contrário se apresentam necessariamente interligados. Portanto, não há que se falar em diminuição da importância da soberania, mas sim do redimensionamento dos seus contornos a partir de uma coexistência harmoniosa.

Sob outro prisma, a interferência e sobreposição de normas de países estrangeiros deve ser vista com cautela, especialmente quando se trata de interferência em países ditos como periféricos ou subdesenvolvidos, para que não se utilize da retórica dos direitos humanos para o exercício do excesso ou abuso de poder.

Em razão disso, a fim de se evitar um imperialismo cibernético, fenômenos que dificultam a implementação de graus superiores de proteção a direitos individuais em países periféricos, assim como diante da insuficiência protetiva do Estado em sua matriz constitucional, é medida que se impõe o debate efetivo e democrático para uma Carta de Direitos da Internet, a fim de assegurar não apenas a privacidade dos indivíduos, mas também sua liberdade em sentido amplo.

REFERÊNCIAS BIBLIOGRÁFICAS

BARBIERI, Carlos. **Governança de dados:** Práticas, conceitos e novos caminhos. Rio de Janeiro: Alta Books, 2020. E-book. [Kobo].

CANOTILHO, J. J. GOMES. **Constituição da República Portuguesa anotada**. São Paulo: RT, 2007. v. 1.

CARVALHO, A. G. P. Transferência internacional de dados na Lei Geral de Proteção de Dados – Força normativa e efetividade diante do cenário transnacional. In: TEPEDINO, Gustavo; FRAZÃO, Ana; OLIVA, Milena Donato (Coord.). **Lei Geral de Proteção de Dados Pessoais e suas repercussões no Direito Brasileiro**. São Paulo: Thomson Reuters Brasil, 2019, p. 622-647.

CUEVA, Ricardo Villas Bôas. A insuficiente proteção de dados pessoais no Brasil. **Revista de Direito Civil Contemporâneo.** São Paulo: RT, ano, v. 4, p. 59-67, 2017. Disponível em: https://www.tjdft.jus.br/institucional/biblioteca/conteudo-revistas-juridicas/revista-de-direito-civil-contemporaneo-rdcc/2017-v-13-out-dez. Acesso em: 29 jun. 2020.

CUEVA, R. V. B. A proteção de dados pessoais na jurisprudência do Superior Tribunal de Justiça. In: TEPEDINO, Gustavo; FRAZÃO, Ana; OLIVA, Milena Donato (coord.). **Lei Geral de Proteção de Dados Pessoais e suas repercussões no Direito Brasileiro**. São Paulo: Thomson Reuters Brasil, 2019, p. 85-99.

CUNHA, Mauro Leonardo. **Comentários à Lei de Proteção de dados Pessoais**. Brasília, 2018. E-book. [Kindle].

DI FIORE, Bruno Henrique. **Teoria dos círculos concêntricos da vida privada e suas repercussões na praxe jurídica**. 2012. Disponível em: www.flaviotartuce.adv.br. Acesso em: 29 jun. 2020.

DONEDA, Danilo. O direito fundamental à proteção de dados. In: MARTINS, Guilherme Magalhães; LONGHI, João Victor Rozatti (org.). **Direito Digital:** Direito Privado e Internet. Indaiatuba, SP: Foco. 2019, p. 35-55.

KASEMIRSKI, André P.. Reflexões sobre Segurança, Boas Práticas, Governança e Compliance na Proteção de Dados Pessoais. In: TEIXEIRA, Tarcisio; MAGRO, Américo Ribeiro (coord.). **Proteção de dados**: fundamentos jurídicos. Salvador: JusPodivm, 2020, p. 167-195.

KITCHIN, Rob. **The Data Revolution:** Big Data, Open Data, Data Infrastructures and Their Consequences. Londres: Sage, 2014, p. 33.

LIMA, Caio César Carvalho. Objeto, aplicação material e aplicação territorial**.** In: MALDONADO, Viviane Nóbrega; BLUM, Renato Opice (cood.). **Comentários ao GDPR:** Regulamento Geral de Proteção de Dados da União Europeia. São Paulo: Thomson Reuters Brasil, 2018, p. 23-37.

MAGRO, A. R. A (in) eficácia do direito à anonimização de dados pessoais em face da análise de big data dos metadados produzidos no âmbito da internet das coisas. In: TEIXEIRA, Tarcisio; MAGRO, Américo Ribeiro (coord.). **Proteção de dados:** fundamentos jurídicos. Salvador: JusPodivm, 2020, p. 13-53.

MAYER-SCHONBERGER, Viktor; CUKIER, Kenneth. **Big Data**: como extrair volume, variedade, velocidade e valor da avalanche de informação cotidiana. Tradução Paulo Polzonoff Junior. 1. ed.. Rio de Janeiro: Elsevier, 2013.

MAYER-SCHONBERGER, Viktor. General development of data protection in Europe: In: AGRE, Phillip; ROTENBERG, Marc (coord.). **Tecnology and privacy**: the new landscape. Cambridge: MIT Press, 1997, p. 219-242.

MAZZUOLI, Valerio de Oliveira. **Curso de Direito Internacional Público**. 9. ed. São Paulo: Revista dos Tribunais. 2015.

MAZZUOLI, Valerio de Oliveira. **Direitos Humanos, Constituição e os Tratados Internacionais**. São Paulo: Juarez de Oliveira. 2001.

NOVELINO, Marcelo. **Curso de direito constitucional**. 11. ed., 2016. *E-book*. Disponível em: http://juspodium.net/atualizacoes/2416-caderno-atualizacao-1Semestre.pdf. Acesso em: 29 jun. 2020.

OLIVEIRA, Diogo Pignataro de. **Aplicação das Sentenças de Cortes Internacionais no Brasil**: a busca pela efetividade das decisões da Corte Interamericana de Direitos Humanos. Revista Digital Constituição e Garantia de Direitos, v. 4, n. 02, 17 out. 2013. Disponível em https://periodicos.ufrn.br/constituicaoegarantiadedireitos/article/view/4355. Acesso em: 09 jul. 2020.

PINHEIRO, Patrícia Peck. **Proteção de Dados Pessoais**: Comentários à Lei n. 13.709/2018 LGPD. São Paulo: Saraiva. 2018. E-book. [Kindle].

PIOVESAN, Flávia. **Direitos Humanos e o Direito Constitucional Internacional**. 18. ed. São Paulo: Saraiva Educação. 2018.

PUPP, Karin Anneliese. O direito de autodeterminação informacional e os bancos de dados dos consumidores: a lei 12.414/2011 e a bundesdatenschutzgesetz (bdsg) em um estudo de casos comparados sobre a configuração do dano indenizável nas cortes de Justiça do Brasil e da Alemanha. **Revista de Direito do Consumidor**. p. 247-277, 2020. Disponível em: https://revistadedireitodoconsumidor.emnuvens.com.br/rdc/article/download/1232/1157. Acesso em 27 mai. 2020.

RAMOS, André de Carvalho. **Curso de direitos humanos**. 6. ed. São Paulo: Saraiva Educação. 2019.

RODOTÀ, Stefano. Por que é necessária uma Carta de Direitos da Internet?. Trad. Bernardo Diniz Accioli de Vasconcellos e Chiara Spadaccini de Teffé. **Civilistica.com**. Rio de Janeiro, a. 4, n. 2, jul.-dez./2015.

SANTOS, Boaventura de Sousa (org.). **Democratizar a democracia**: Os caminhos da democracia participativa. 2. ed. Rio de Janeiro: Civilização Brasileira. 2003.

SARLET, Ingo Wolfgang. **A eficácia dos direitos fundamentais**: uma teoria geral dos direitos fundamentais na perspectiva constitucional. 11. ed. Porto Alegre: Livraria do Advogado. 2012.

SILVA, Heraclides Sequeira dos Santos. **A proteção de dados pessoais na era global:** O caso Scherems. Dissertação (Mestrado) – Faculdade de Direito Universidade Nova Lisboa, Portugal, Lisboa, 2017.

SCHWABE, Jürgen; MARTINS, Leonardo (org.). **Cinquenta anos de jurisprudência do Tribunal Constitucional Federal Alemão**. Berlim: Konrad-Adenauer-Stiftung E.V. 2005, p. 234.

STAIR, Ralph M; REYNOLDS, George W. **Principles of Information Systems:** A Managerial Approach. 13. ed. Boston: Cengage Learning. 2018, p. 416.

TAIAR, Rogério. **Direito Internacional dos Direitos Humanos**: Uma discussão sobre a relativização da soberania face a efetivação da proteção internacional dos direitos humanos. Tese (Doutorado) – Faculdade de Direito, USP, São Paulo, 2009. p. 303.

VIANNA, Túlio Lima. A era do controle: introdução crítica ao direito penal cibernético. **Direito e Justiça** – Revista da Faculdade de Direito da Universidade Católica Portuguesa, v. 18, p. 344, 2004. *E-book*. Disponível em: https://www.researchgate.net/profile/Tulio_Vianna/publication/28769889_A_era_do_Controle_introducao_critica_ao_direito_penal_cibernetico/links/54353c430cf2dc341dafb3c6/A-era-do-Controle-introducao-critica-ao-direito-penal-cibernetico.pdf. Acesso em: 29 jun. 2020.

11

TRANSFERÊNCIA INTERNACIONAL DE DADOS ENTRE BRASIL E EUA: A COMPATIBILIDADE DO SISTEMA JURÍDICO AMERICANO DE PROTEÇÃO DE DADOS E A LGPD

Eduardo Bueno Rodrigues[1]

INTRODUÇÃO

O fenômeno da globalização econômica intensificou-se ao final do séc. XX e alterou os paradigmas do Direito contemporâneo ao redor do mundo. As relações interpessoais a negociais passaram a ultrapassar fronteiras físicas de forma cotidiana e as empresas multinacionais distribuíram seus fatores de produção e consumo pelo globo. A globalização é

1 Mestrando em Direito Negocial. Advogado. ebuenorod@gmail.com.

impulsionada, entre outros fatores, pela rede mundial de computadores, que passa ao uso constante de grande parcela da população global em uma troca indispensável de dados pessoais. Consequentemente a privacidade dos indivíduos, na forma da proteção de dados pessoais, toma novo protagonismo, em que se editam novas legislações atualizando a tutela de direitos para os anseios da era da informação.

Essa troca de dados pessoais ultrapassa, também, as fronteiras físicas de um só território, dividindo-se simultaneamente por diversos países e representando um desafio crescente para a jurisdição estatal na tutela dos direitos de seus cidadãos, exigindo cooperação internacional. A cooperação internacional, no entanto, é custosa, ineficiente e incerta em meio a pluralidade de atores internacionais envolvidos nas relações contemporâneas. Diante disso, adicionam-se aos sistemas jurídicos domésticos de proteção de dados, dispositivos de alcance jurisdicional extraterritorial, como é o caso da Lei Geral de Proteção de Dados (LGPD) que exige proteção equivalente na transferência de dados pessoais para outros países.

Em contraponto, os Estados Unidos da América (EUA) concentram grande partes das sedes de multinacionais de tecnologia de comunicação do mundo em seu território, mas detém de um sistema de proteção de dados fragmentado, com normas como o CLOUD Act que incluem dispositivos de alcance extraterritoriais que apresentam novos desafios para a proteção de dados. Diante disso questiona, o sistema jurídico de proteção de dados dos EUA é compatível atualmente com a LGPD? Tem como hipótese que o sistema jurídico de proteção de dados dos EUA é atualmente incompatível com a transferência internacional da LGPD, entrando em conflito com os princípios exigidos na legislação brasileira. O estudo é de especial relevância diante da complexidade do sistema de proteção de dados americano e de sua indispensabilidade no uso da rede mundial de computadores.

Aplicaremos o método hipotético dedutivo como ferramenta de pesquisa para a análise bibliográfica de doutrinas, artigos e legislações.

O primeiro item contextualiza os paradigmas contemporâneos alterados pela globalização e pela internet, em que se insere a proteção de dados pessoais das legislações atuais como a LGPD. O segundo item analisa os fundamentos da proteção de dados pessoais no ambiente internacional, apresentando a preocupação com investigações e vigilância, bem como verificando o atual escopo de cooperação internacional nestes desafios. O terceiro item volta-se para a legislação doméstica, em especial nos dispositivos tocantes ao problema central de transferência internacional de dados; determina as exigências nacionais da LGPD. O quarto item realiza um compêndio do sistema americano de proteção de dados nos EUA e o confronta com a LGPD, verificando sua compatibilidade na transferência internacional de dados bem como os prospectos futuros na troca de dados pessoais indispensável no atual contexto de globalização econômica.

1. A GLOBALIZAÇÃO E OS DESAFIOS DO FLUXO DE DADOS INTERNACIONAL NO USO DA INTERNET

A globalização é um fenômeno que tem modificado e desafiado as instituições do Estado. Com a sua expansão desenfreada, especificamente a partir da década de 80, o mundo se tornou mais interconectado, onde as fronteiras nacionais são irrelevantes para as relações comerciais transacionais.[2] O fenômeno não afetou somente o comércio e o capital, mas também os processos de produção de mercadorias, distribuição de serviços, consumo e até o trânsito de pessoas. Isso modificou os paradigmas do Estado que se vê debilitado frente às novas mudanças globais, em que vários Estados podem ter jurisdição acerca de uma mesma questão no

2 GENNARI, Adilson Marques. Globalização, neoliberalismo e abertura econômica no Brasil nos anos 90. **Revista Pesquisa e Debate**, São Paulo, v. 13, n. 1(21), p. 30-45, 2001.

tempo e no espaço.[3] Evidentemente, surgem vários problemas em âmbito nacional e internacional – para o nacional, há uma relativização da soberania estatal e o para o segundo, conforme o tema em estudo, os novos paradigmas trazidos pela mobilidade proporcionada pelas novas tecnologias ameaçam direitos consagrados pela ordem internacional e nacional.

A soberania, conforme Luigi Ferrajoli, pode ser analisada por duas vertentes: a soberania interna e a soberania externa. Enquanto na soberania interna o Estado está condicionado ao Estado de Direito e a representação popular, a soberania externa não tem estas mesmas condições limitadoras.[4] Em sua visão, Estados acabam exercendo uma soberania externa em que – apesar de 193 Estados serem membros da ONU[5] e signatários da Declaração Universal de Direitos Humanos – violam, com frequência, direitos que não são de seus cidadãos. Em outras palavras, a vontade do povo, por mais abstrato que seu conceito seja, é representada pelos representantes parlamentares, cujas condutas são vinculadas ao Estado.[6] No entanto, mesmo em países economicamente desenvolvidos e com vastas obras acerca de direitos inerentes a pessoa humana, persistem as violações de direitos individuais, sociais e difusos – especialmente daqueles que não são considerados cidadãos.[7]

---

3 RAMALHO, Nélson Alves. Processos de globalização e problemas emergentes: implicações para o Serviço Social contemporâneo. **Serv. Soc. Soc.**, São Paulo, n. 110, p. 345-368, June 2012. Disponível em: http://www.scielo.br/scielo.php?script=sci_arttext&pid=S0101-66282012000200007&lng=en&nrm=iso. Acesso em: 11 jul. 2020.

4 FERRAJOLI, Luigi. *Más Allá de la Soberanía y la Ciudadanía: Un Constitucionalismo Global.* Tradução de*: Gerardo Pisarello. In: BELLAMY, Richard (org.).* ***Constitutionalism, democracy, and sovereignity****: American and European Perspectives. Inglaterra: Avebury*, 1995. p. 174-175.

5 UNITED NATIONS. Member States. Disponível em: https://www.un.org/en/member-states/. Acesso em: 11 jul. 2020.

6 FERRAJOLI, op. cit., loc. cit.

7 Ibidem.

Indivíduos que não são considerados cidadãos, seja por possuírem status de refugiados e asilados, sejam por serem imigrantes ilegais etc. acabam por muitas vezes tendo seus direitos violados pelo Estado. Assim, mesmo com 193 Estados[8] vinculados a Declaração Universal de Direitos Humanos, ainda há discriminação entre seres humanos – geralmente minorias e estrangeiros com carência econômica sofrem mais com essa discriminação.[9] Na quebra fática de fronteiras da globalização econômica, isso se estende para os cidadãos de outros países em relação com atores de um Estado de maior expressividade econômica. Destaca-se que no Direito Internacional, não existe órgão coercitivo capaz de obrigar Estados a obedecerem às suas normas pois é necessário cumprir o princípio do consentimento para que tratados tenham força vinculativa.[10] No entanto, mesmo diante disso, o Estado pode optar por não respeitar às normas presentes no acordo que é signatário.[11] Não obstante, isso cria um ambiente desfavorável ao diminuir a sua confiabilidade perante outros Estados.

O princípio do consentimento é necessário para existir cooperação no Direito Internacional, entretanto, apresenta falhas, como (i) depender das vontades externas do Estado, (ii) as normas de tratados e acordos internacionais são abstratas e vagas por força de concessões realizadas dos termos utilizados na fase de negociação para garantir ampla aceitação e (iii) o Estado tem a opção de poder sair de tratados e acordos internacionais mesmo quando são de fundamental importância para a proteção de

8 ORGANIZAÇÃO DAS NAÇÕES UNIDAS. ***Member States***. Disponível em: https://www.un.org/en/member-states/. Acesso em: 11 jul. 2020.

9 FERRAJOLI, op. cit., passim.

10 GUZMAN, Andrew. *The consent problem in international law.* ***Berkeley Program in Law and Economics, Working Paper Series***, *California, United States*, 2011. Disponível em: https://escholarship.org/content/qt04x8x174/qt04x8x174.pdf. Acesso em: 11 jul. 2020.

11 Ibidem.

direitos humanos.[12] Diante deste contexto, no caso da Internet e de sua natureza global e transfronteiriça, uma norma de um Estado pode afetar significativamente a proteção de direitos humanos em outro Estado exatamente porque inexistem normas de proteção desses direitos num ambiente global e ainda que formuladas, precisarão do consentimento e ratificação dos Estados.

A Internet, apesar de criada 1969 – com o nome de *Advanced Research Projects Agency Network* (ARPANET) pelo governo-americano, cuja finalidade era interligar bases militares mediante uso de pequenas redes locais (LAN) – só começou a popularizar-se na década de 1980. Foi nesta década, que "[...] houve a participação mundial de corporações e entidades governamentais para promover o avanço desta tecnologia, até então utilizada por poucos setores da sociedade"[13]. Com a Internet a comunicação ficou instantânea: um indivíduo com nacionalidade japonesa, residente nos Estados Unidos, poderia enviar um e-mail para um brasileiro, viajando de férias com a sua família na Turquia, em tempo real. Isso revolucionou o modo que empresas operam seus negócios e abalou a jurisdição dos Estados ao limitá-la, uma vez que informações trocadas perpassam várias fronteiras instantaneamente.

Além de permitir a comunicação instantânea por meio de um sistema global de computadores conectados, a Internet também possibilita que a informação que um sujeito passe para o outro seja guardada em servidores dispersos ao redor do mundo.[14] Ademais, estes servidores guardam

12 Ibidem.

13 RODRIGUES, Eduardo B.; FARIA, Bruna; LIGMANOVSKI, Patrícia Ayub da Costa. Novos Paradigmas para o Direito à Privacidade no Estado Contemporâneo à Luz do Direito Internacional. In: MENEZES, Wagner (org.). **Direito Internacional em Expansão.** 1. ed. Belo Horizonte: Arraes Editores, 2017, v. XII, p. 32-52. p. 33.

14 OLIVEIRA, Marcos de. **Nasce a Internet**: os passos científicos e tecnológicos que fizeram a grande rede mundial de computadores, ed.180, fev. 2011. Disponível em: https://revistapesquisa.fapesp.br/nasce-a-internet/. Acesso em: 11 jul. 2020.

informações de maneira partilhada, assim os e-mails que um sujeito A envia para o sujeito B podem estar localizados em Nevada, EUA, enquanto os e-mails que o sujeito A enviou para o sujeito C podem estar em Gales, Reino Unido. Empresas, geralmente, partilham essas informações ao redor do mundo porque (i) é mais econômico ao terem que alugar servidores de fornecedores, como a da empresa *Amazon*, ou comprar servidores em locais mais propensos para sua instalação e (ii) oferece maior proteção aos dados do indivíduo, assim, preservando o direito à privacidade contra Estados e entidades privadas.[15] Nesse contexto, surgem várias complicações nas relações sociais pelo qual o Direito tenta ainda compreender e adaptar-se.

A principal questão é a jurisdição, pois a transferência de dados em várias localidades do mundo, cada um com normas próprias derivadas de sua própria cultura e história, prejudica o acesso da justiça.[16] No caso da consumação do crime do art. 241-B do ECA[17], em que o armazenamento de pornografia infantil foi localizado em uma unidade de disco rígido, o indivíduo investigado será prontamente penalizado criminalmente pela autoridade brasileira. No entanto, no caso de distribuição de pornografia infantil, tipificada no art. 214-A do ECA[18], a situação se complica ao passo que essa distribuição, no mundo digital, ocorre pela Internet, especialmente em locais restritos da rede, como a *dark web*.

15 BILGIC, Secil. *Something Old, Something New, and Something Moot: The Privacy Crisis Under the Cloud Act.* ***Harvard Journal of Law and Technology***, *Cambridge, Massachusetts, United States of America*, v. 32, n. 1, p. 321-355, 2018.

16 KLEIJSSEN, Jan; PERRI, Pierluigi. *Cybercrime, Evidence and Territoriality. In: M. Kuijer; W. Werner (org.).* ***Netherlands Yearbook of International Law.Netherlands***: *T.M.C Asser Press*, 2017. p. 147-173. Disponível em: https://rm.coe.int/cybercrime-evidence-and-territoriality-issues-and-options/168077fa98. Acesso em: 11 jul. 2020.

17 BRASIL, **Lei n. 8.069, de 13 de julho de 1990**. Dispõe sobre o Estatuto da Criança e do Adolescente e dá outras providências. Brasil, 1990. Disponível em: http://www.planalto.gov.br/ccivil_03/leis/l8069.htm. Acesso em: 11 jul. 2020.

18 Ibidem.

Nessa situação, a distribuição desse conteúdo para as mais variadas pessoas, que podem ter nacionalidades diferentes do distribuidor, será mais difícil para rastrear, uma vez que dependerá do acesso aos dados do indivíduo. Assim, pode ser que o servidor que realize o serviço de armazenamento de dados pertença a uma empresa estrangeira, que tem seus servidores instalados em outros países. Diante disso, surge a seguinte questão: para quem a autoridade brasileira deve pedir acesso aos dados: a empresa estrangeira localizada em território nacional ou a corte nacional, onde a empresa possui sede?

Em relação a corte nacional, faz-se pedidos para obtenção de evidência por meio de cartas rogatórias, entretanto, a não cooperação é uma ameaça real para a efetividade da justiça. Assim, casos como a distribuição de pornografia infantil, em regra crime cibernético, dependerão da cooperação do Estado para a quebra do sigilo. Ademais, o Caso *Microsoft Ireland* v. *United States* demonstrou aos EUA que mesmo pedindo diretamente a empresa a quebra de sigilo, a empresa pode ainda lhe negar, uma vez que os dados estão localizados em servidores de países estrangeiros.[19] Por causa desse caso emblemático, que demonstrou aos EUA que as empresas podem decidir não cooperar com as autoridades de sua sede com base no princípio da territorialidade do local do servidor, os EUA criaram o CLOUD Act, analisado no item 4.

Um dos casos mais notáveis do Tribunal Penal Internacional ocorreu na década de 1920, entre a França e a Turquia, cujo grande destaque para este trabalho foi a determinação do princípio da territorialidade nos seguintes termos:

> *Now the first and foremost restriction imposed by international law upon a State is that – failing the existence of a permissive rule to the contrary – it may not exercise its power in any form in the territory of another State. In this sense*

19 BILGIC, 2018, passim.

> *jurisdiction is certainly territorial; it cannot be exercised by a State outside its territory except by virtue of a permissive rule derived from international custom or from a convention.*[20]

Posto isso, o princípio da territorialidade no Direito Internacional estabelece limites de jurisdição para a atuação do Estado, ou seja, um Estado não pode, a princípio, exercer a sua jurisdição fora de seu território.[21] Essa situação é de relevante interesse nas relações pela rede mundial de computadores na dificuldade em descobrir a lei aplicável e a jurisdição,[22] além da situação mais comum de dificuldade de atuação do judiciário estatal em conflitos ocorridos fora de seu território.[23] Relacionando ambos os casos, para a coleta de dados localizados fora do território nacional, é necessário haver cooperação entre Estados, um acordo bilateral ou multilateral que garanta essa possibilidade ou, como medida alternativa, a edição de uma norma nacional com alcance extraterritorial que se utilizem de fatores econômicos.

Embora se tenha destacado nesse item a atuação do Estado na troca de dados internacionalmente, menciona-se também que as empresas podem trocar dados. Bancos no Brasil, por exemplo, podem trocar informações, livremente, entre si para fins cadastrais, conforme o art. 1º, parágrafo terceiro, inciso I, da Lei Complementar n. 105/2001[24]. No entanto,

---

20 TRIBUNAL PERMANENTE DE JUSTIÇA. ***The Case of the S.S. Lotus****: France v. Turkey Judgment*. Disponível em: http://www.worldcourts.com/pcij/eng/decisions/1927.09.07_lotus.htm. Acesso em: 11 jul. 2020.

21 Ibidem.

22 KLEIJSSEN; PERRI, 2017, p. 147-173.

23 LEONARDI, Marcel. **Fundamentos de Direito Digital.** São Paulo: Thomson Reuters Brasil, 2019. 256 p. P.139.

24 BRASIL, **Lei Complementar n. 105, de 10 de janeiro de 2001**. Dispõe sobre o sigilo das operações de instituições financeiras e dá outras providências. Brasil, 2001. Disponível em: http://www.planalto.gov.br/ccivil_03/LEIS/LCP/Lcp105.htm. Acesso em: 11 jul. 2020.

a situação torna-se perigosa para a proteção do direito à privacidade, intimidade e até imagem quando empresas vendem ou trocam dados pessoais de forma indiscriminada pelo globo. Estes dados, dependendo do serviço que a empresa oferece, podem conter informações de contato; transcrições de conversas com amigos, namorados, professores, empresários etc.; fotos; padrões de consumo e de acesso à determinados conteúdos privados, entre outras coisas. Tal situação é preocupante para o consumidor que não sabe para quem seus dados foram vendidos e, além do mais, não recebe qualquer compensação pela venda destes dados.

O escândalo do *Facebook-Cambridge Analytica* de 2018 demonstra que a venda de dados é um fenômeno real e preocupante, tanto para o indivíduo que pode não ter consentido, quanto para a democracia moderna. O escândalo começou quando uma empresa britânica, conhecida pelo nome de *Cambridge Analytica*, contratou um pesquisador russo-americano, Aleksandr Kogan, da Universidade de Cambridge, Reino Unido, para criar um aplicativo que conseguisse descobrir traços da personalidade do indivíduo que pudessem ser manipulados para fins políticos.[25] O aplicativo, chamado de *This is Your Digital Life*, foi situado dentro da plataforma do *Facebook* e coletou, aproximadamente, dados de 87 milhões de pessoas, de diversas nacionalidades.[26] Destaca-se, entretanto, que a informação foi colhida de apenas 270 mil usuários que de fato utilizaram o aplicativo.[27] As outras milhões de pessoas que tiveram suas informações retiradas não consentiram, mas a empresa conseguiu obter seus dados porque as

25 ROSENBERG, Matthew; CONFESSORE, Nicholas; CADWALLADR, Carole. *How Trump Consultants Exploited the Facebook Data of Millions*. ***The New York Times***, *New York*, 17 mar. 2018. Disponível em: https://www.nytimes.com/2018/03/17/us/politics/cambridge-analytica-trump-campaign.html. Acesso em: 12 jul. 2020.

26 LAPOWSKY, Issie. *Cambridge Analytica could have also accessed private Facebook messages*. ***Wired***, *California*, 10 abr. 2018. Disponível em: https://www.wired.com/story/cambridge-analytica-private-facebook-messages/. Acesso em: 12 jul. 2020.

27 ROSENBERG, op. cit., loc. cit.

contas do *Facebook* tinham algum vínculo com os 270 mil.[28] Ademais, suspeita-se que a empresa conseguiu acessar mensagens privadas de, aproximadamente, 1,500 usuários, além de analisar suas postagens, localizações, amigos e atividades.[29]

Com os dados de mais de 80 milhões de pessoas, a *Cambridge Analytica* foi contratada para campanhas políticas de candidatos estadunidenses à presidência e para a campanha do *Brexit*, como empresa consultora.[30] Nesse sentido, os dados coletados foram utilizados para direcionar publicidade e propaganda política para o eleitorado norte-americano. Ainda existe debate acerca se os dados colecionados e a publicidade direcionada foram, de fato, determinantes para a vitória do então candidato, entretanto, esse episódio demonstra que dados podem ser utilizados para finalidades comerciais, ou mesmo antidemocráticas, sem o consumidor perceber ou conhecer que seja alvo desta prática. No caso, entende-se que há uma disparidade entre a compreensão de proteção de privacidade e os atos dos usuários, tornando os usuários dos serviços na rede vulneráveis diante de seus dados pessoais.

Na era da globalização, uma empresa britânica, como a *Cambridge Analytica*, conseguiu obter dados de milhões de norte-americanos por via de um aplicativo sediado numa plataforma norte-americana: *Facebook*. A troca de dados é uma constante, na chamada sociedade da informação e os usuários passam por uma assimetria de informações da proteção de seus dados pessoais neste ambiente transfronteiriço.

---

28 Ibidem.

29 LAPOWSKY, 2018, passim.

30 HERN, Alex. *Cambridge Analytica did work for Leave.EU, emails confirm.* ***The guardian**, United Kingdom,* 30 jul. 2019. Disponível em: https://www.theguardian.com/uk-news/2019/jul/30/cambridge-analytica-did-work-for-leave-eu-emails-confirm. Acesso em: 12 jul. 2020.

Neste contexto informacional, os EUA concentram em seu território grande parte das empresas de tecnologia, em especial no chamado Vale do Silício. Assim, é inevitável a troca de dados com o país norte-americano, seja no interesse do Estado no cumprimento da justiça, como nas relações negociais e interpessoais com os EUA.

A globalização e a evolução constante e rápida da tecnologia criam questões novas para o Direito. Na situação do escândalo da *Cambridge Analytica,* a legislação de proteção de dados passava pelo tramite de aprovação, já nos EUA a tutela da privacidade permanecia complexa e fragmentada e assim continua. No país norte-americano, a tutela da privacidade divide-se em 5 frentes, dentre as quais destacam-se para a proteção de dados pessoais a proteção concedida pelo *tort law* e pela 4ª emenda da Constituição estadunidense.

Diante disso, verifica-se a troca de dados por meio de cooperação internacional pelo Estado, para em seguida analisar a conformidade do sistema jurídico de proteção de dados à legislação brasileira.

2. A COOPERAÇÃO INTERNACIONAL NA TROCA DE DADOS ENTRE BRASIL E EUA: OS DESAFIOS DO MLAT

A cooperação internacional para obtenção de dados é fundamental para concretização da justiça material, uma vez que Estados estão dependendo substancialmente na sua obtenção para fundamentar as decisões judiciais pelo judiciário. Para esta finalidade, existem a Convenção de Haia sobre Provas e os MLATs[31] (Acordos de Assistência Mútua).

A Convenção de Haia sobre Provas é um acordo multilateral sobre a obtenção de provas em matéria de Direito Civil e Comercial, desde que

31 Em inglês: *Mutual Legal Assistance Treaty.*

um processo ou investigação judicial esteja em andamento[32]. Em relação a matéria penal, pelo maior número de empresas de tecnologia de comunicações estarem localizadas no EUA, faz-se necessário usar o tratado bilateral ratificado no Decreto n. 3810, de 2 de maio de 2001 (MLAT-US-BRASIL) com denominação. Acordo de Assistência Judiciária em Matéria Penal entre o Governo da República Federativa do Brasil e o Governo dos Estados Unidos da América[33].

Em ambos os acordos é necessário encaminhar carta rogatória para o Estado requerido, passando por uma autoridade central que no caso do Brasil é o Ministério da Justiça e nos EUA, o procurador geral. No caso da legislação interna do Brasil, o Código de Processo Civil, art. 26, parágrafo quarto estabelece que o Ministério da Justiça também "[...] exercerá as funções de autoridade central na ausência de designação específica".[34] Apesar de mencionar em ambos os textos as palavras "prontamente" e "imediatamente" diversas vezes, os procedimentos para o encaminho da evidência são demoradas e, na maioria das vezes, custosos[35].

No caso da transferência de dados para as autoridades do Estado requerente, o problema se encontra no fato que as informações estão em um ambiente de rede, podendo ser partilhadas e armazenadas em locais

32 ORGANIZAÇÃO DAS NAÇÕES UNIDAS. ***Convention on the taking of evidence abroad in civil or commercial matters***. Disponível em: https://treaties.un.org/doc/Publication/UNTS/Volume%20847/volume-847-I-12140-English.pdf. Acesso em: 12 jul. 2020.

33 Cf. BRASIL. **Decreto n. 3.810, de 2 de maio de 2001**. Promulga o Acordo de Assistência Judiciária em Matéria Penal entre o Governo da República Federativa do Brasil e o Governo dos Estados Unidos da América, celebrado em Brasília, em 14 de outubro de 1997, corrigido em sua versão em português, por troca de Notas, em 15 de fevereiro de 2001. Disponível em: http://www.planalto.gov.br/ccivil_03/decreto/2001/D3810.htm. Acesso em: 11 jul. 2020.

34 BRASIL. **Lei n. 13.105, de março de 2015**. Código de Processo Civil. Brasil, 2015. Disponível em: http://www.planalto.gov.br/ccivil_03/_Ato2015-2018/2015/Lei/L13105.htm. Acesso em: 11 jul. 2020.

35 BILGIC, 2018, passim.

diferentes da sede da empresa, abarcando, portanto, diversas jurisdições. Como o maior número de empresas de tecnologia de comunicação, ou seja, provedores de serviços de internet, se localizam em território americano, faz-se necessário utilizar o MLAT-US-BRASIL como forma de garantir a cooperação entre o Brasil e os Estados Unidos em matéria de Direito Penal. Nesse contexto, o procedimento é demorado porque salvo disposição em contrária, todas as comunicações entre os países devem ser feitas em papel, conforme o art. 4º do MLAT-US-BRASIL. E o procedimento é custoso porque a parte requerida "[...] providenciará tudo o que for necessário e arcará com as despesas de representação do Estado Requerente no Estado Requerido, em quaisquer procedimentos originados de uma solicitação de assistência", nos termos do art. 5º, parágrafo segundo do MLAT-US-BRASIL.

A cooperação é fundamental para conseguir evidências, entretanto, é evidente que o MLAT não possui o procedimento mais eficiente. E, conforme Secil Bilgic, os MLATs existem até hoje por causa da resistência dos EUA em regular a matéria pela via bilateral,[36] talvez em razão de conseguir melhor negociar os seus termos; enquanto em tratados multilaterais, as suas cláusulas acabam por ficar genéricas e abstratas exatamente pela dificuldade de conseguir chegar em um acordo.

No entanto, pela Internet ser um meio de comunicação de impacto internacional, questiona-se se deve criar, mesmo diante das dificuldades de obter consenso em acordos multilaterais, uma legislação que abarque e regule o uso da rede mundial de computadores, para que não haja abusos por parte dos Estados (v.g. vigilância, quebra de privacidade, etc.) e das empresas (v.g. venda de dados etc.).

Na ausência de um acordo multilateral que regule a transferência de provas em sede internacional, e na ineficiência dos acordos bilaterais,

36 BILGIC, 2018, passim.

o legislativo dos EUA criou o CLOUD Act[37]. Embora a legislação seja doméstica, as suas normas impactam a matéria no mundo inteiro, garantindo acesso indiscriminado aos dados armazenados no estrangeiro por empresas com sede nos EUA e afirmando os EUA como autoridade máxima para coleta de evidência ou provas de empresas norte americanas.[38]

O CLOUD Act é um risco para a tutela de transferência de dados no mundo pelos seguintes motivos: (i) confere um grande poder para o presidente dos EUA firmar acordos bilaterais, sem muitas contestações do legislativo norte-americano (Senado e a Câmara dos Representantes), uma vez que tem 90 dias[39] para pronunciaram-se, caso contrário, o acordo bilateral terá pleno efeito no âmbito interno; (ii) esses acordos permitem que o governo estrangeiro tenha pleno e direto acesso aos dados de empresas dos EUA com base em suas legislações nacionais, sem ter que percorrer aos encalhos do MLAT – situação que pode criar graves violações aos direitos humanos.[40] Diante disso, se um Estado A ganha autorização dos EUA, mediante acordo bilateral sob as normas do *CLOUD Act,* a sua única limitação é que os dados procurados não podem violar o princípio da nacionalidade.[41] Em outras palavras, o único limitador do Estado A é que este não pode buscar dados que seja de cidadãos norte-americanos.

37 CLOUD Act é um acrônimo para *Clarifying Lawful Overseas Use of Data Act.*

38 ABREU, Jacqueline de Souza. *Jurisdictional battles for digital evidence, MLAT reform, and the Brazilian experience.* **Revista de Informação Legislativa**: RIL, v. 55, n. 220, p. 233-257, out./dez. 2018. Disponível em: http://www12.senado.leg.br/ril/edicoes/55/220/ril_v55_n220_p233. Acesso em: 12 jun. 2020.

39 USA. CLOUD Act. Disponível em: https://epic.org/privacy/cloud-act/cloud-act-text.pdf. Acesso em: 12 jun. 2020.

40 BILGIC, 2018, passim.

41 Ibidem.

Por causa destes problemas no *CLOUD Act,* que pode atingir cidadãos brasileiros, é necessário revisitar esse tema no cenário internacional, cuja causa deriva da constatação que dados podem percorrer vários locais, com jurisdições independentes, e de forma fragmentada. Além da cooperação internacional para coleta de dados de evidência, o CLOUD Act traz impactos na adequação com a LGPD, como discutido no item 4.

O Brasil, por seu lado, já prendeu o vice-presidente do Facebook da América Latina e bloqueou o WhatsApp três vezes como forma de fazê-los colaborar com autoridades brasileiras.[42] Isso, ocorre, porque, em média, 77% dos pedidos de cooperação pelo Brasil para os EUA são rejeitados, no procedimento do MLAT.[43] No entanto, o Marco Civil no Brasil tenta resolver essa questão ao estabelecer em seu art. 11 que o Brasil tem jurisdição em relação as empresas que coletam, armazenam, guardam ou tratam de registros, de dados pessoais ou de comunicações por provedores de conexão e de aplicações.[44] Diante disso, o Brasil, de forma similar aos EUA, estabeleceu que tem jurisdição em relação a empresas, mesmo estrangeiras, que prestam serviços no Brasil como provedores da internet. Ainda, caso, eventualmente, o Brasil firme acordo bilateral por meio do CLOUD Act com os Estados Unidos, o Brasil não precisaria utilizar o MLAT-US-BRASIL e poderia ter acesso direto aos dados, sob condições recíprocas.

Evidentemente, provas são necessárias para conseguir realizar a justiça material no caso concreto; todavia, debates acerca dos limites estatais

42 ABREU, 2018, p. 245.

43 MENDES, Guilherme. **O que é o Cloud Act – e como a lei americana pode refletir no Brasil.** Disponível em: https://www.jota.info/justica/cloud-act-lei-acesso-dados-outros-paises-19052018. Acesso em: 12 jun. 2020.

44 BRASIL. **Lei n. 12.965 de 23 abril de 2014**. Estabelece princípios, garantias, direitos e deveres para o uso da Internet no Brasil. Disponível em: http://www.planalto.gov.br/ccivil_03/_ato2011-2014/2014/lei/l12965.htm. Acesso em: 12 jun. 2020.

para compelir a entrega de dados, independentemente dos limites da jurisdição, são controversos e podem, eventualmente, levar a um ambiente em que os servidores são localizados no local em que o provedor presta o seu serviço, o que pode aumentar os custos dos serviços e diminuir a segurança que o *cloud-computing* oferece para consumidores.[45] Ademais, Secil Bigic conclui que, sob o CLOUD Act, "as long as U.S. companies dominate Internet services, there is no way for a country to keep its citizens' data from the U.S. government"[46].

Em resumo, a cooperação no âmbito internacional pelo procedimento do MLAT é demorada e custosa, situação que impulsiona que países criem normas de efeitos extraterritoriais que sujeitam os provedores às suas normas nacionais, mesmo que os servidores com os dados procurados estejam localizados em um país terceiro. Isso é o caso do Brasil, que utiliza o princípio de territorialidade com base no local do serviço prestado pelas empresas para fazê-las respeitarem suas decisões, cujo fundamento está no Marco Civil da Internet.[47] Por outro lado, os EUA, para atingir o mesmo resultado, utilizam como argumento que pela empresa ser norte-americana, o local do servidor é irrelevante, portanto, ignoram o princípio da territorialidade dos servidores, em favor do princípio do local da sede da empresa. Em vista disso, os EUA editaram legislação com efeitos extraterritoriais, que afeta as condutas dos principais atores internacionais que são, direta ou indiretamente, impactados pela Internet.

45 BILGIC, 2018, p. 350.

46 Ibidem.

47 ABREU, 2018, p. 244.

3. OS FUNDAMENTOS PARA ADEQUAÇÃO À TRANSFERÊNCIA INTERNACIONAL DE DADOS PESSOAIS NA LGPD

Os novos paradigmas apresentados pelo avanço da sociedade da informação, neste contexto de globalização e tecnologia, repaginaram a tutela da privacidade. Assim, novas legislações domésticas ao redor do mundo passam a serem editadas, a fim de atualizar os anseios da proteção de dados pessoais de seus respectivos cidadãos e empresas, positivando de forma mais extensa avanços globais apresentados por documentos como a Convenção 108 do Conselho da Europa, as diretrizes sobre dados da OCDE da década de 80 e as revisitadas discussões acerca de privacidade na Assembleia Geral da ONU como as resultantes na Resolução 68/167.[48]

É o caso do Regulamento Geral de Proteção de Dados (GDPR, conforme popularizado no inglês), promulgado no Regulamento n. 2016/679 do Parlamento Europeu e do Conselho, de 27 de abril de 2016, em vigência desde 25 de maio de 2018 na União Europeia.[49]

A legislação protagoniza os avanços na tutela de dados pessoais, servindo como inspiração ou mesmo modelo para legislações em diversos outros países, entre estes o Brasil que adota parte dos dispositivos do GDPR em consonância com o sistema jurídico brasileiro.

O Brasil, seguindo os prospectos do Marco Civil da Internet de 2014, editou sua legislação de proteção de dados na chamada Lei Geral

48 UNITED NATIONS GENERAL ASSEMBLY. **A/RES/68/167**. *Resolution adopted by the General Assembly on 18 December 2013*. Disponível em: https://undocs.org/A/RES/68/167. Acesso em: 10 jun. 2020.

49 JORNAL OFICIAL DA UNIÃO EUROPEIA. **Regulamento (UE) 2016/679 do Parlamento Europeu e do Conselho, de 27 de abril de 2016**. Disponível em: <https://eur-lex.europa.eu/legal-content/PT/TXT/HTML/?uri=CELEX:32016R0679&from=EN>. Acesso em: 15 mai. 20.

de Proteção de Dados (LGPD), promulgada como Lei n. 13.709, de 14 de agosto de 2018, em *vacatio legis* na data de edição do estudo.[50]

A LGPD pauta-se na compatibilização entre a proteção da pessoa e o desenvolvimento econômico e tecnológico.[51] Neste sentido, a autodeterminação informativa apresenta-se como central. Com origens no direito alemão, confere ao titular o controle sobre seus dados pessoais, ultrapassando o mero consentimento do usuário para alcançar as legítimas expectativas e o legítimo interesse deste na realização de sua personalidade.[52] Assim, não basta o mero consentimento do titular de dados para o tratamento, exigindo-se o cumprimento de princípios e garantias como a finalidade e a transparência.[53]

Considerando os fundamentos do art. 2º, o art. 6º da LGPD elenca princípios no tratamento de dados pessoais, que devem observar a boa-fé e incluem a finalidade, a adequação, a necessidade, o livre acesso, a qualidade dos dados, a transparência, a segurança, a prevenção, a não discriminação e a prestação de contas.[54]

Danilo Doneda[55] destaca alguns destes princípios como basilares, comuns da LGPD, do GDPR, da Convenção 108 do Conselho da Europa e

---

50 BRASIL. **Lei n. 13.709, de 14 de agosto de 2018**. Lei Geral de Proteção de Dados Pessoais (LGPD). Diário Oficial da União, Brasília, D.F., 15 ago. 2018., seção 1, p. 59-64.

51 BIONI, Bruno Ricardo. **Proteção de dados pessoais**: a função e os limites do consentimento. 2 ed. Rio de Janeiro: Forense, 2020. 298 p. p. 103.

52 Ibid., p. 104-105.

53 Ibid., p. 100-101.

54 BRASIL, 2018.

55 DONENA, Danilo. **Da privacidade à proteção de dados pessoais**: elementos de formação da Lei geral de proteção de dados. 2 ed. São Paulo: Thomson Reuters Brasil, 2019. 352 p. p.181.

das diretrizes da OCDE. São estes a transparência, a exatidão, a finalidade, o livre acesso e a segurança, dos quais realiza-se breve síntese.

A transparência, exige publicidade da realização de coleta e tratamento de dados, ou como disposto na LGPD, garante "informações claras, precisas e facilmente acessíveis" sobre o tratamento.[56] A exatidão, na LGPD descrita como qualidade dos dados, trata da atualização, correção e correspondência com a realidade sobre os dados do titular. A finalidade delimita o escopo do tratamento dos dados pessoais, exigindo que o tratamento se atenha ao informado ao titular. O livre acesso dispõe sobre a consulta dos usuários aos dados pessoais armazenados e sobre o tratamento. E o princípio da segurança física e lógica, dispõe sobre medidas técnicas e administrativas para garantir a segurança dos dados pessoais armazenados em tratamento.[57]

Nas bases legais para o tratamento de dados pessoais a LGPD elenca dez possibilidades no art. 7º. São estas o consentimento; o cumprimento de obrigação legal; a execução de políticas públicas pela administração pública; a realização de estudos por órgão de pesquisa; a execução de contrato a pedido do titular dos dados; o exercício regular de direitos em processo judicial, administrativo ou arbitral; a proteção da vida e da incolumidade física; a tutela da saúde por profissionais de saúde, serviços de saúde ou autoridade sanitária; o legítimo interesse do controlador ou de terceiros; e a proteção do crédito. No caso de dados pessoais sensíveis, o consentimento torna-se regra e não se admite o legítimo interesse e a execução de contrato a pedido do titular.

Ainda, com base no princípio da responsabilização e prestação de contas, a LGPD dispõe sobre boas práticas e governança para os agentes de tratamento de dados, possibilitando e incentivando mecanismos

56 BRASIL, 2018.

57 DONEDA, 2019, p.181-182.

internos para o efetivo cumprimento da lei de proteção de dados, com reconhecimento da ANPD.

A governança é um "conjunto de práticas de uma empresa que objetiva otimizar a sua performance no mercado, harmonizando, respeitando e protegendo os interesses de todos os sujeitos que a ela se conectam: empregados, investidores e clientes"[58]. O próprio direito estadunidense funda a governança corporativa em quatro fundamentos reconhecíveis também nos princípios da LGPD que são a transparência e a prestação de contas – reconhecíveis também nos princípios elencados da LGPD – a integridade – no tratamento equitativo dos interessados e o *compliance* – que trata sobre o cumprimento das normas de um Estado e da empresa.[59][60] A governança corporativa é de especial relevância para a adequação com o sistema jurídico americano, abordado mais especificamente no item 4.

Diante dos desafios da globalização econômica e da natureza fragmentada e transfronteiriça do uso da rede mundial de computadores discorridos no item 1 e dos desafios para a cooperação internacional apresentados no item 2, o GDPR e a LGPD incluem em seu texto normativo, dispositivos sobre a transferência internacional de dados pessoais, buscando um alcance extraterritorial em favor de seus respectivos cidadãos.[61]

---

58 LIMA, Cintia Rosa Pereira de; PEROLI, Kelvin. **Direito Digital**: Compliance, Regulação e Governança. 1 ed. São Paulo: Quartier Latin, 2019. 160 p. p. 134.

59 LIMA; PEROLI, 2019, p. 135.

60 UNITED STATES OF AMERICA. ***Public Law 107-204***. *To protect investors by improving the accuracy and reliability of corporate disclosures made pursuant to the securities laws, and for other purposes*, 2002. Disponível em: https://www.govinfo.gov/content/pkg/PLAW-107publ204/pdf/PLAW-107publ204.pdf. Acesso em: 10 jun. 2020.

61 "[...] na ausência de soluções globais mais eficientes, os Estados utilizam de medidas unilaterais para a tutela de direitos no âmbito da Internet, ou seja, adotam providências para fazer valer seu direito interno, independentemente da colaboração de outras nações." In: LEONARDI, op. cit., p. 147.

Inicialmente, destaca o art. 3º da LGPD que versa sobre a aplicação da legislação, incluindo que a lei se aplica ao tratamento de dados pessoais realizado em território nacional, coletados em território nacional ou que tenham como objetivo serviços destinados a indivíduos localizados no território nacional.[62]

Trata-se de dispositivos que visam o alcance extraterritorial da norma, ultrapassando as fronteiras territoriais do país para ter aplicação jurisdicional aos serviços relacionados à sujeitos em território nacional, ainda que a operação de tratamento ou, como exemplo, a sede de uma empresa multinacional não se situe no país. O CLOUD Act dos EUA, de forma semelhante, assume um alcance extraterritorial na função jurisdicional de investigação estatal.

Na LGPD os dispositivos sobre transferência internacional de dados pessoais estão positivados nos arts. 33 ao 36 da lei, no capítulo VI. O art. 33 lista uma sequência de hipóteses em que é permitida a transferência internacional de dados pessoais.[63]

Logo no inciso primeiro do referido artigo, como requisito inicial, ainda que não exclusivo, exige que o país destinatário realize proteção equivalente e adequada ao da legislação brasileira. Neste caso, observa-se principalmente os fundamentos, princípios, bases legais e garantias das quais a legislação brasileira exige para o tratamento de dados pessoais em território nacional.

Alternativamente, o adequado grau de proteção pode partir do controlador dos dados, através de mecanismos internos de governança corporativa como cláusulas-padrão, normas corporativas globais ou mesmo certificados e códigos de conduta.

62 BRASIL, 2018.

63 Ibidem.

Existe ainda a possibilidade de transferência autorizada pela ANPD. A avaliação de adequação do país destinatário e a definição e fiscalização dos mecanismos de governança corporativa estão, também, sob competência da ANPD. A Autoridade Nacional de Dados é, assim, indispensável para a eficácia da tutela brasileira da LGPD na transferência internacional de dados, ao realizar a "justa comparação da norma".[64]

Ainda, a transferência pode ocorrer quando necessária para cooperação jurídica internacional entre órgãos públicos de inteligência, de investigação e de persecução, de acordo com os instrumentos de direito internacional. Da mesma forma, é possível a transferência internacional decorrente de compromisso assumido em acordo de cooperação internacional. Ambas as hipóteses trazem legitimidade na transferência internacional baseada no acordo MLAT realizado entre Brasil e EUA destacado em 2.1.[65]

Apesar da correspondência legal promovida pelo MLAT e na hipótese já destacada da cooperação internacional proveniente da Convenção de Haia, questiona-se – com base nos dispositivos apresentados da LGPD – a adequação do sistema jurídico americano de proteção de dados dos EUA no tratamento de dados em face de um sistema fragmentado, complexo e de cultura jurídica distinta do ordenamento brasileiro.

4. O COMPLEXO SISTEMA JURÍDICO DE PROTEÇÃO DE DADOS DOS EUA E A ADEQUAÇÃO À LGPD

Os Estados Unidos da América são onde se concentram grande parte das empresas de tecnologia do país, não somente isso, concentra uma

64 TEIXEIRA, Tarcisio; CHELIGA, Vinicius. **Inteligência Artificial**: aspectos jurídicos. 2 ed. Salvador: Juspodivm, 2020. 112 p. P. 97.

65 Ibidem.

quantidade expressiva de sedes e da estrutura do capital global, como disposto no item 1. Este acúmulo faz com que as relações interpessoais e negociais, principalmente nos meios eletrônicos, se conectem com frequência ao país norte-americano. Assim, a transferência internacional de dados pessoais para o país norte-americano é de especial relevância. Sendo eminente a discussão sobre a adequação da LGPD com o direito norte-americano aos moldes das discussões realizadas entre os EUA e a União Europeia.

Contudo, a compreensão do sistema jurídico americano de proteção de dados apresenta-se como um desafio em razão de sua fragmentação, complexidade e, especialmente para os juristas brasileiros, as diferenças culturais e do próprio sistema jurídico utilizado no direito estadunidense.

A diferença cultural apresenta-se como um obstáculo inicial na definição de privacidade, com construções distintas para cada povo e sociedade, reverberando, ainda que de forma limitada, na proteção de dados pessoais – entendida aqui como uma evolução do direito à privacidade.

A cultura norte-americana tem suas bases já na Declaração de Independência dos EUA, centrada nos direitos basilares da vida, liberdade e busca da felicidade. Estes três direitos enraizaram-se na identidade e na cultura do cidadão estadunidense, levando à uma perspectiva muito mais direcionada para a liberdade individual do que a tradição germânico-romana adotada pelo Brasil.

No caso da privacidade, aproxima-se de uma privacidade negativa, voltada para a não interferência estatal no indivíduo. Diante disso, a autonomia do indivíduo na concessão do consentimento toma o protagonismo mais destacado do que os sistemas jurídicos influenciados pela autodeterminação informacional desenvolvida no direito alemão da década de 1980. Sobre a questão, o consentimento irrestrito inviabiliza a autodeterminação informacional em face das diversas assimetrias de informação entre o consumidor, usuário ou titular de dados e os atores inseridos no mercado informacional.[66] As assimetrias ultrapassam a natureza técnica e multifacetada do mercado informacional, exigindo, também, alterações na arquitetura dos serviços para que se evitem discrepâncias entre o que o usuário tem de expectativa para a privacidade e a forma como realmente age no uso da rede mundial de computadores.[67]

Os EUA tiveram sua constituição promulgada em 1788, permanecendo com apenas 27 emendas até a contemporaneidade e estabelece um federalismo que garante ampla autonomia legislativa aos estados federados, aspecto determinante para o sistema de proteção de dados do país, de forma que a construção segue tendências diferentes a depender do estado. É o caso da Califórnia, onde se concentram as empresas de tecnologia dentro dos EUA e do estado de Nova Iorque, centro econômico global da região leste do país.

Ainda, o país norte-americano utiliza do sistema legal anglo-saxão, o *common law*. O *common law* tem suas fontes primárias na jurisprudência, de forma que, em regra, os casos concretos formulam o Direito. As legislações, por sua vez, assumem um papel secundário, geralmente criadas após a existência de uma jurisprudência objetivando alterar ou regular o entendimento jurisprudencial.

No entanto, há uma crescente tendência de aproximação ao Civil Law, na edição de legislações em contradição às jurisprudências, na uniformização do direito em códigos compilados e até na importação de soluções jurídicas da Europa, como é o caso da legislação de proteção de dados adotada no estado da Califórnia.

66 BIONI, 2020, p. 160.

67 BARTH, Susanne; JONG, Menno D.T. *The privacy paradox – investigating discrepancies between expressed privacy concerns and actual online behavior – a systematic literature review. In:* ***Telematics and Informatics***. v. 34. n. 7. p. 1038-1058. Amsterdã, nov. 2017. Passim.

A tutela da privacidade nos EUA de forma geral, historicamente iniciou-se pela produção doutrinária, situação incomum para a sistema legal do *common law*. O conceito de privacidade nos EUA surgiu com o artigo de Samuel Warren e Louis Brandeis, publicado na revista Harvard Law Review em 1980 intitulado "*The Right to Privacy*".[68] Sob uma perspectiva liberal, o artigo funda a privacidade no direito a vida e na busca da felicidade. Seria já nesta doutrina, um direito à personalidade do indivíduo. Destacando o consentimento, o artigo encerra-se com a frase "cada um é responsável apenas por seus próprios atos e omissões"[69].

Pouco utilizado na década seguinte, a discussão sobre privacidade ressurgiu em dois casos importantes, que no direito brasileiro contemporâneo seriam tratados pelo direito de imagem, no uso comercial da imagem pessoal sem autorização. São estes o caso *Robertson v. Rochester* de 1902, em que a Corte de Apelos de Nova Iorque negou a existência de um direito à privacidade; e o caso *Pavesich v. New England Life Insurance Company* de 1905, ocasião em que a Suprema Corte do estado da Geórgia reconheceu o direito à privacidade. Ambos os casos fazem parte do *tort law*.[70]

Em 1916, Louis Brandeis passou a fazer parte da Suprema Corte dos Estados Unidos e, em 1928, levou a discussão da privacidade ao direito constitucional no caso *Olmstead v. United States*. O caso tratava sobre grampos telefônicos sem autorização legal e buscava a aplicação da 4ª emenda da Constituição, referente a proteção contra buscas e apreensões ilegítimas. A Suprema Corte não reconheceu o direito à privacidade,

68 BRANDEIS, Louis D.; Warren, Samuel D. *The Right to Privacy. In:* ***Harvard Law Review****. v. 4. n. 5. Cambridge, EUA: Harvard University*, 1890. Disponível em: https://www.jstor.org/stable/1321160?seq=1#metadata_info_tab_contents. Acesso em: 10 jul. 2020.

69 Tradução nossa. "*Each man is responsible for his own acts and omissions only*". *In: Ibidem.*

70 DONEDA, 2019, p. 217.

sendo Brandeis voto vencido.[71] O magistrado publicou um *dissent* com suas razões de divergência que veio a ser tão influente quanto o artigo de 1890. O *dissent* sustentava que a interpretação constitucional deveria levar em conta os impactos das novas tecnologias, preservando o sentido e intenção dos legisladores na criação da emenda em contrabalancear o poder do estado frente a privacidade do indivíduo e não apenas na proteção dos limites físicos da propriedade.[72]

A jurisprudência constitucional alterou-se apenas em 1967, no caso *Katz v. United States.* Em similar discussão sobre interceptação de comunicação telefônica pelo governo sem mandado, a corte realizou um *overrule* modificando o entendimento jurisprudencial consolidado. O *overrule* utilizou-se do *dissent* de Brandeis, passando a compreender que a 4ª emenda se destina para pessoas e não para lugares, reconhecendo, assim, que a comunicação telefônica deveria ser protegida.[73] A jurisprudência delimita, contudo, que a necessidade de um mandado se vincula ao conceito de conteúdo dado aos diálogos da comunicação telefônica.[74]

71 Ibid., p. 228.

72 "*Equally important, the regime presupposed much about the technology of the time. The Fourth Amendment focuses on trespass because that was the primary mode of searching at the time. If it had been possible simply to view the contents of a house without going inside, the restrictions of the Fourth Amendment would have made little sense. But the protections of the amendment did make sense as a way to draw the balance between government's power to search and the people's right to privacy given the regime of trespass law and privacy-invading technologies that prevailed at the end of the eighteenth century.*" In: LESSIG, Lawrence. **Code 2.0**. ed. 1. Nova Iorque: Basic Books, 2006. 410 p. p. 160.

73 DONEDA., 2019, p. 229.

74 BELLOVIN, Steven M.; BLAZE, Matt; LANDAU, Susan; PELL, Stephanie K. *It's too complicated: how the internet upends Katz, Smith, and Eletronic Survaillance Law.* ***Harvard Journal of Law and Technology***, *Cambridge, Massachusetts, United States of America,* v. 30, n. 1, p. 1-101, 2016. Disponível em: https://jolt.law.harvard.edu/assets/articlePDFs/v30/30HarvJLTech1.pdf. Acesso em: 15 jun. 20. p. 5-6.

O caso *Smith v. Maryland* de 1979 utilizou a jurisprudência de *Katz v. United States* e consolidou o chamado *third-party doctrine*. No caso, sobre informação de números telefônicos digitados pelos usuários coletas pelo governo com intermédio da empresa de telefonia, a Suprema Corte compreendeu que a informação voluntariamente entregue a terceiro não constituiria uma razoável expectativa de privacidade. As disposições constitucionais apenas aplicam-se na relação entre o Estado e o indivíduo, assim, a entrega destes dados pessoais à um terceiro permitiria a coleta sem mandado pelo Estado.[75]

Ambos os casos serviram como base para o entendimento padronizado de que se deve verificar uma razoável expectativa de privacidade – parâmetro também adotado no direito privado; e a vinculação da proteção pela 4ª emenda à definição de conteúdo. As consolidações jurisprudenciais apresentam-se como um risco para a proteção de dados, especialmente no uso da rede mundial de computadores, devido à natureza vaga das definições de razoável expectativa e da definição de conteúdo. Sobre o tema conclui-se que as comunicações em rede:

> "(1) render content/non-content distinctions functionally meaningless; and (2) make it almost impossible to discover, much less identify, when data is being shared with a third party, thus disrupting application of the third-party doctrine".[76]

75 Ibidem.

76 (1) tornam a distinção entre conteúdo e não conteúdo funcionalmente insignificantes; e (2) tornam quase impossível descobrir, e muito menos identificar, quando os dados estão sendo compartilhados com terceiros, assim inviabilizando a aplicação do *third-party doctrine*. Tradução nossa. In: BELLOVIN, et. al., 2016, p. 5-6.

O *third-party doctrine,* apesar das críticas, ainda é aplicado no direito estadunidense, retornando à discussão jurisprudencial apenas no caso *Carpenter v. United States* de 2018.

O caso tratou sobre a coleta de dados do histórico de localização de rede de telefonia celular pelo governo estadunidense, em que, novamente buscou a aplicação da 4ª emenda constitucional. A princípio, aplicar-se-ia o *third-party doctrine*, assumindo que o usuário não teria uma razoável expectativa de privacidade quando na entrega voluntária de dados. No entanto, a decisão considerou o profundo alcance da informação, a coleta de forma automática, e a natureza "profundamente reveladora"[77] da quebra de privacidade no caso concreto, aplicando, assim, a proteção da 4ª emenda. A decisão limitou-se à situação concreta da coleta de dados em questão, não tendo repercussão geral sobre a proteção de dados de matéria constitucional, contudo, Paul Ohm compreende que haveria aplicação em outras situações se considerando a aplicação dos três fatores que fundamentaram a decisão:

> Carpenter promulgates a new three-factor test that should be applied not necessarily to the specific facts of a case but rather to the category of information being sought. In conducting the test, a court should ask whether a given category of information (1) has a deeply revealing nature; (2) possesses depth, breadth, and comprehensive reach; and (3) results from an inescapable and automatic form of data collection.[78].

77 "*We decline to grant the state unrestricted access to a wireless carrier's database of physical location information. In light of the deeply revealing nature of CSLI, its depth, breadth, and comprehensive reach, and the inescapable and automatic nature of its collection, the fact that such information is gathered by a third party does not make it any less deserving of Fourth Amendment protection.*" In: SUPREME COURT OF THE UNITED STATES. ***Carpenter v. United States****. Certiorari to the United States Court of Appeals for the Sixth Circuit. n. 16-402. United States*: jun. 2018. Disponível em: https://www.supremecourt.gov/opinions/17pdf/16-402_h315.pdf. Acesso em: 19 jun. 20.

78 OHM, Paul. *The many revolutions of carpenter.* ***Harvard Journal of Law and Technology, Cambridge****, Massachusetts, United States of America,* v. 32, n. 2, p. 357-416, 2019. P.378.

Neste sentido, a proteção da 4ª emenda estende-se, por exemplo, ao histórico de navegação no uso da Internet.[79] Tal entendimento seria fundamental para uma aproximação da adequação do sistema americano de proteção de dados à LGPD.

No direito privado do *tort law*, a consolidação da privacidade se deu no parágrafo 652 do terceiro volume do *Second Restatement of Torts*,[80] compilado de princípios gerais de decisões de cortes pelos Estados Unidos publicado em 1977. O desenvolvimento compilado no *Second Restatement of Torts* partiu da forte influência da doutrina de William Prosser, que definiu a privacidade em 4 modalidade no artigo "*Privacy*", publicado no *California Law Review* em 1960. São estas, a intrusão na solitude; a divulgação de fatos privados; a difamação; e a apropriação da identidade.[81] Novamente, destaca-se a razoável expectativa de privacidade, descrita na consolidação do direito privado em suas respectivas modalidades no limite em que forem "*highly offensive to a reasonable person*", representando um risco similar ao do direito constitucional.[82]

A partir da década de 1970, a discussão sobre privacidade tomou novo patamar com a proposta de um *National Data Center*, pelo governo dos EUA. A proposta visava centralizar em uma única base de dados, todas as informações dos cidadãos do país que estavam distribuídas por diversos órgãos da administração pública federal.[83] Com isso, editaram-se diversas leis federais e estaduais, parte do chamado *Statute Law* – instituto

---

79 Ibidem.

80 THE AMERICAN LAW INSTITUTE. ***Restatement of the Law, Second, Torts, § 652, 1977.*** Disponível em: https://cyber.harvard.edu/privacy/Privacy_R2d_Torts_Sections.htm. Acesso em: 10 jun. 2020.

81 DONEDA, 2019, p. 237.

82 THE AMERICAN LAW INSTITUTE. op. cit., loc. cit.

83 DONEDA, op. cit., p. 159.

mais próximo da tradição legal romano-germânica, mas com legislações muito mais específicas para cada setor.

Exemplificando, o *Health Insurance Portability and Accountability Act* (HIPAA)[84] de 1996 foi criado para proteção de dados sensíveis de saúde. O HIPAA determina exigências de segurança, como a minimização de dados, a confidencialidade e a necessidade de consentimento expresso para transferência de dados de saúde a outro agente de tratamento. No entanto, a legislação aplica-se apenas a planos de saúde, hospitais e profissionais de saúde e outros empreendimentos relacionados à saúde. No mesmo sentido seguem as outras legislações federais como o *Children's Online Privacy Protection Act* de 1998 (COPPA)[85], que exige consentimento verificável dos pais para a coleta de dados de crianças de até 13 anos no uso da Internet e o *Gramm-Leach-Bliley Act* de 1999[86] que exige o consentimento para a transferência de dados financeiros para terceiros.

O *Electronic Communications Privacy Act* de 1986 (ECPA)[87] é de especial relevância, originalmente editada para limitar o alcance da interceptação de comunicações eletrônicas e solucionar as críticas ao *third-party doctrine*. A legislação recebeu emenda, chamada de *Stored Communications Act* (SCA) que diferenciou os provedores de serviços de comunicação

84 UNITED STATES. *Health insurance portability and accountability Act of 1996*. **Public Law 104-191**. 21 ago. 1996. Disponível em: https://www.govinfo.gov/content/pkg/PLAW-104publ191/pdf/PLAW-104publ191.pdf. Acesso em: 29 jun. 20.

85 UNITED STATES. *Children's Online Privacy Protection Act of 1998*. **Public Law 105-277**. 21 out. 1998. Disponível em: https://www.govinfo.gov/content/pkg/PLAW-105publ277/pdf/PLAW-105publ277.pdf. Acesso em: 25 jun. 20.

86 UNITED STATES. *Gramm-Leach-Bliley Act of 1999*. ***Public Law 106-102***. 12 nov. 1999.

87 UNITED STATES. *Electronic Communications Privacy Act of 1986*. ***Public Law 99-508***. 21 out. 1986. Disponível em: https://www.govinfo.gov/content/pkg/STATUTE-100/pdf/STATUTE-100-Pg1848.pdf#page=1. Acesso em: 28 jun. 20.

(ECS)[88], dos provedores de serviços de computação remota (RCS)[89], exigindo três tipos de mandados para coletar dados do segundo. No entanto, o avanço da rede mundial de computadores da contemporaneidade faz com que as funções se confundam em um mesmo provedor.[90] Este desafio tornou-se objeto de discussão no caso *Microsoft Ireland v. United States*, mencionado no item 1.

No caso *Microsoft Ireland v. United States*, a diferenciação entre ECS e RCS alteraria os efeitos extraterritoriais do ECPA, já que os mandados exigidos pelo SCA não teriam efeito extraterritorial. O debate levou à edição de nova emenda, o *CLOUD Act*, tornando o caso ineficaz.

O *CLOUD Act*, como já discutido, amplia o alcance extraterritorial da coleta de dados de evidência digitais pelos EUA, permitindo o uso de mandados para coletar dados de empresas com sede nos EUA, ainda que tais dados estejam em servidores fora do país. Assim, mediante o *CLOUD Act*, não é necessário o uso do MLAT ou outros acordos de cooperação internacional. Os dispositivos de alcance extraterritorial do *CLOUD Act* reduzem os desafios da fragmentação de dados do *cloud computing*, assim

88 Electronic Communication Service provider (ECS)., conceituado na legislação como "*any service which provides to users thereof the ability to send or receive wire or electronic communications*" (qualquer serviço que ofereça aos usuários a habilidade de enviar e receber comunicações eletrônicas ou por fio. [tradução nossa]). In: Ibidem.

89 Remote Computing Service providers (RCS), conceituado na legislação como "*the provision to the public of computer storage or processing services by means of an electronic communications system.*" (provedor ao público de armazenamento de computador ou serviços de processamento por meio de sistema de comunicação eletrônico. [Tradução nossa]). In: Ibidem.

90 "*With such requirements, the SCA limits both the government's ability to compel internet service providers ("ISPs") to disclose information in their possession about their customers and subscribers as well as ISPs' ability to voluntarily disclose information to the government. [...] However, today, most providers undertake both functions.*" In: BILGIC, 2018. p. 328.

como os provenientes de custo, lentidão e dificuldade nos processos de cooperação internacional, incluindo o MLAT.[91]

No entanto, o CLOUD Act, pode impactar ainda mais a adequação do sistema jurídico do país norte-americano com a LGPD. O acesso ilimitado aos dados armazenados por empresas com sede nos EUA fora do país norte-americano cria uma excepcionalidade para o país, especialmente diante da concentração de empresas de tecnologia.[92] Logo, a aplicação do *third-party doctrine* assume um patamar ainda mais expressivo, em desconformidade com os princípios fundamentais da LGPD.

Há ainda riscos na criação da figura dos *qualifying foreign governments*. Os países signatários de acordo bilateral baseado no CLOUD Act podem acessar ilimitadamente os dados de sujeitos de interesse armazenados nos EUA, utilizando como base o próprio direito interno, sem as limitações da causa provável ou outras estabelecidas no direito estadunidense. Basta, para acesso aos dados armazenados em solo dos EUA, que o requerimento seja particularizado, baseado em fatos críveis e sujeito a revisão ou supervisão de uma corte, magistrado ou autoridade independente.[93]

O acesso ilimitado dos *qualifying foreign governments* com fulcro na lei interna, consequentemente, adiciona ainda mais atores que podem, por sua vez, não cumprir a adequação com a LGPD. Como exemplo, no caso da adesão do Brasil ao CLOUD Act, o Brasil poderia infringir a privacidade dos estadunidenses ou de pessoas de outras nacionalidades ao procurar por dados de brasileiros, uma vez que as informações sobre

91 Ibid., p. 333.

92 BILGIC, 2018, p. 325.

93 "Even if the ICT company values the users' privacy, it might still **succumb to the foreign governments' measures** that are not in line with human rights standards due to business needs." In: Ibid., p. 246.

nacionalidade dispostas na rede mundial de computadores nem sempre correspondem com a realidade. Diante disso, até descobrir que a pessoa é de fato norte-americana, e não brasileira, já houve a quebra de privacidade – sem o indivíduo atingido ser notificado que isso ocorreu.

O *Statute Law* em nível estadual, observa uma disparidade na proteção entre diferentes estados, alguns omitindo-se completamente da matéria, no entanto é onde se encontram as legislações mais próximas do texto normativo da LGPD. A proteção mais extensa é observada no estado da Califórnia. Entre diversas legislações sobre o setor, inclui um órgão de assistência ao consumidor para questões de privacidade, o Office of Privacy Protection e editou em 2018 legislação de proteção de dados conhecida popularmente como a legislação mais restritiva do país norte americano, o *California Consumer Privacy Act* de 2018 (CCPA).[94]

Baseado no GDPR, o CCPA assegura direitos mais extensos e compatíveis com a LGPD, incluindo princípios de transparência, livre acesso, especificação da finalidade, segurança, entre outros. A legislação da Califórnia, no entanto, difere-se fundamentalmente da LGPD em razão das diferenças culturais entre os países, o forte apelo à liberdade individual enraizada desde a Declaração de Independência do país incorpora-se no texto normativo.

Assim, o CCPA é uma legislação *opt-in*, ou seja, o cidadão californiano deve optar expressamente pelo exercício de seus direitos, à exemplo de informar que não quer que seus dados sejam vendidos. Ainda que ressalvada a não alteração de serviço ou valores caso o cidadão opte pela aplicação do CCPA, a aplicação de um consentimento irrestrito entraria

94 CALIFORNIA. *The California Consumer Privacy Act of 2018.* ***Assembly Bill no. 375. Chapter 55.*** *California, USA,* 28 jun. 2018. Disponível em: https://leginfo.legislature.ca.gov/faces/billTextClient.xhtml?bill_id=201720180AB375. Acesso em: 29 jun. 20.

em desacordo com a autodeterminação informativa, ou mesmo com fundamentos da proteção à personalidade garantidas ao Brasil.

O CCPA passou por uma emenda promulgada em novembro de 2020, chamada de *California Privacy Rights Act of 2020 (CPRA)*, que entrará em efeito em janeiro de 2023. A emenda amplia o rol de direitos para a proteção de privacidade dos consumidores, adicionando provisões de retificação, limitação de uso de dados pessoais sensíveis, limitações de tratamento para o necessário para fornecimento do serviço, auditoria anual de segurança e de riscos da atividade de coleta e tratamento de dados, assim como a previsão de criação do California Privacy Protection Agency (CPPA)– autoridade responsável pela fiscalização, orientação e aplicação do CCPA.[95]

O CPPA foi efetivamente criado em 2022, como órgão regulador do CCPA, assumindo autoridade sobre as questões envolvendo a legislação de proteção de dados da Califórnia em 25 de maio de 2022.[96] A criação da autoridade, assim como a ampliação do rol de direitos confere ao CCPA uma proximidade com o GDPR na União Europeia e com a LGPD no Brasil.

95 CALIFORNIA. Proposition 24. California Privacy Rights Act of 2020 (CPRA). Disponível em: https://leginfo.legislature.ca.gov/faces/codes_displayText.xhtml?division=3.&part=4.&lawCode=CIV&title=1.81.5. Acesso em: 29 mai. 2022.

96 CALIFORNIA PRIVACY PROTECTION AGENCY. Rulemaking Authority Transferred to the California Privacy Protection Agency. Disponível em: https://cppa.ca.gov/announcements/index.html#20220525. Acesso em: 29 mai. 2022.

Ainda que restrito ao Estado da Califórnia, o CCPA representa um avanço para a proteção de dados pessoais nos EUA. A legislação da Califórnia permanece como a legislação mais restritiva do país, mas, legislações similares foram aprovadas em Vírginia, Colorado, Utah e Connecticut.[97] [98]

A proteção concreta de dados pessoais no país norte-americano em nível federal é de competência do Federal Trade Commission (FTC), agência de proteção da concorrência e ao consumidor dos EUA.[99] A agência tem poderes regulatórios no formato de ordenamentos, determinando que um sujeito que esteja praticando ato danoso ao consumidor ou à concorrência cesse e remedeie o ato. O FTC tem, também, poder de penalizar civilmente os ofensores. Contudo o alcance da agência é limitado, não alcançando, por exemplo, instituições financeiras e instituições de saúde.

97 IAPP. Connecticut enacts comprehensive consumer data privacy law. 11 mai. 2022. Disponível em: https://iapp.org/news/a/connecticut-enacts-comprehensive-consumer-data-privacy-law/. Acesso em: 29 mai. 2022.

98 A edição anterior destacava a tramitação de proposta de lei no estado de Nova Iorque e de discussão no congresso nacional. Tais discussões, no entanto, permanecem sem avanços. Uma proposta de legislação de proteção de dados do estado de Washigton falhou em ser promulgada pelo terceiro ano seguido em 2021. - IAPP. The Washigton Privacy Act goes 0 for 3. Disponível em: https://iapp.org/news/a/the-washington-privacy-act-goes-0-for-3/. Acesso em: 29 mai. 2022.

A fonte original da discussão no congresso nacional está disponível em:WILSON, Christine S.. **A defining moment for privacy:** the time is ripe for federal privacy legislation. Federal Trade Comission: United States of America, 6 fev. 20. Disponível em: https://www.ftc.gov/system/files/documents/public_statements/1566337/commissioner_wilson_privacy_forum_speech_02-06-2020.pdf. Acesso em: 8 jul. 20.

99 DONEDA, 2019, p. 244-245.

Em julho de 2019, o FTC chegou à acordo impondo penalidade de cinco bilhões de dólares[100] ao Facebook por falhar com a transparência sobre o controle de dados que os usuários da plataforma teriam, sobre quais dados estavam sendo repassados para terceiros e por falhar em implementar um programa de privacidade razoável em acordo com os riscos de privacidade.[101]

A fragmentação, complexidade e omissões do sistema jurídico estadunidense de proteção de dados, principalmente nas situações de vigilância estatal evidenciadas pelo *third-party doctrine* e legislações federais invasivas levou a União Europeia a julgar a proteção de dados no país norte-americano como inadequada, considerando invalido acordo prévio sobre troca de dados. Diante do indispensável interesse econômico entre os dois mercados expressivos, o Departamento de Comércio dos EUA junto à Comissão Europeia editou o EU-U.S. Privacy Shield Framework. O mecanismo estabelecia padrões mínimos adequados para que as empresas adotem através de mecanismos de governança corporativa – de auto certificação – para realizar transferências internacionais de dados compatíveis com o GDPR.[102] O EU-U.S. Privacy Shield Framework, no entanto, sofreu com os mesmos questionamentos de adequação aqui

100 *UNITED STATES DISTRICT COURT FOR THE DISTRICT OF COLUMBIA. Stipulated order for civil penalty, monetary judgment, and injunctive relief.* ***Case no. 19-cv-2184****. United States of America v. Facebook Inc.* 24 jul. 19. Disponível em: https://www.ftc.gov/system/files/documents/cases/182_3109_facebook_order_filed_7-24-19.pdf. Acesso em: 5 jul. 20.

101 *UNITED STATES OF AMERICA BEFORE THE FEDERAL TRADE COMMISSION. Order modifying prior decision and order.* ***Docket no. C-4365.*** 27 abr. 20. Disponível em: https://www.ftc.gov/system/files/documents/cases/c4365facebookmodifyingorder.pdf. Acesso em: 7 jul. 20.

102 EUROPEAN UNION. **Comission Implementing Decision EU) 2016/1250 of 12 July 2016.** pursuant to Directive 95/46/EC of the European Parliament and of the Council on the adequacy of the protection provided by the EU-U.S. Privacy Shield, European Union, 2016. Disponível em: https://eur-lex.europa.eu/legal-content/EN/TXT/?uri=uriserv%3AOJ.L_.2016.207.01.0001.01.ENG. Acesso em: 11 jul. 2020.

realizados, sendo declarado, também, como invalido pelo Tribunal de Justiça da União Europeia no dia 16 de julho de 2020 em razão da incompatibilidade do sistema de proteção de dados americano com o GDPR.[103]

Um novo acordo político de transferência de dados foi realizado apenas em 25 de março de 2022, chamado de Trans-Atlantic Data Privacy Framework, e deve ser oficializado com a publicação de Ordem Executiva pelo então presidente Joseph Biden.[104] Até o fechamento desta edição, a Ordem Executiva ainda não foi publicada.[105] O Comitê Europeu para Proteção de Dados publicou declaração indicando esforços para que o acordo político alcance consonância com os desafios jurídicos visando evitar nova invalidação, porém destacam que a base legal para a transferência de dados para os EUA continua sendo a adequação interna dos agentes de tratamento.[106] Ainda assim, as questões do CLOUD Act e das Ordens Executivas que prejudicam a compatibilização do GDPR e que levaram à invalidade do EU-U.S. Privacy Shield Framework permanecem.

103 TRIBUNAL DE JUSTIÇA DA UNIÃO EUROPEIA. Case C-311/18. Disponível em: https://curia.europa.eu/juris/document/document.jsf?text=&docid=228677&pageIndex=0&doclang=en&mode=lst&dir=&occ=first&part=1&cid=9791227. Acesso em: 29 mai. 2022.

104 WHITE HOUSE. United States and European Commission Joint Statement on Trans-Atlantic Data Privacy Framework. Disponível em: https://www.whitehouse.gov/briefing-room/statements-releases/2022/03/25/united-states-and-european-commission-joint-statement-on-trans-atlantic-data-privacy-framework/. Acesso em: 29 mai. 2022.

105 As Ordens Executivas podem ser acessadas em: https://www.federalregister.gov/presidential-documents/executive-orders/joe-biden/2022. Acesso em: 29 mai. 2022.

106 EUROPEAN DATA PROTECTION BOARD. Statement 01/2022 on the announcement of an agreement in principle on a new Trans-Atlantic Data Privacy Framework. Disponível em: https://edpb.europa.eu/system/files/2022-04/edpb_statement_202201_new_trans-atlantic_data_privacy_framework_en.pdf. Acesso em: 29 mai. 2022.

A situação brasileira é cercada das mesmas dificuldades que o GDPR, de forma que a adoção de um sistema de governança corporativa apresenta-se como uma medida paliativa imediata para adequação da transferência de dados para os EUA. Tal sistema de governança corporativa é discutido na agenda de 2022 da Autoridade Nacional de Proteção de Dados, em fase de tomada de subsídios pela comunidade durante o fechamento da edição.[107]

CONSIDERAÇÕES FINAIS

A globalização econômica trouxe novos paradigmas para o direito contemporâneo, o advento de novas tecnologias de comunicação como a rede mundial de computadores alterou as relações interpessoais e negociais ultrapassando fronteiras de forma cotidiana. A troca de dados passou ao protagonismo da realização dos indivíduos. No entanto, escândalos de venda de dados e vigilância tornam-se, também, comuns.

Os EUA concentram grande parte das empresas de tecnologia, sendo inevitável a utilização de serviços provenientes do país norte americano, diante disso analisa-se o sistema jurídico de proteção de dados do país frente à LGPD. Na coleta de dados pelo ente estatal, a cooperação internacional mostra-se custosa, ineficiente e assimétrica. O acordo MLAT carece de atualização procedimental, enquanto o novo CLOUD Act apresenta incertezas e riscos para a proteção de direitos fundamentais.

107 AUTORIDADE NACIONAL DE PROTEÇÃO DE DADOS. Nota Técnica nº 20/2022/CGN/ANPD. Proposta de realização de Tomada de Subsídios para regulamentação de transferência internacional de dados pessoais, nos termos dos arts. 33 e 35 da LGPD da Lei nº 13.709, de 14 de agosto de 2018. Disponível em: https://www.gov.br/participamaisbrasil/blob/baixar/14945. Acesso em: 29 mai. 2022.

No âmbito da LGPD, a legislação permite a transferência internacional de dados, em regra, aos países que cumprem uma proteção equivalente à do direito brasileiro. Diante disso, deve-se verificar fundamentos, bases legais, princípios e garantias que compõe a legislação. Resume-se, para fins de análise, em finalidade, livre acesso, exatidão, segurança e transparência.

O sistema de proteção de dados estadunidense, por sua vez, desenvolveu-se originalmente na doutrina, mas é amplamente influenciado pela cultura liberal de destaque para a autonomia do indivíduo. Assim a proteção de dados assume como base um forte apelo ao consentimento irrestrito. Considerando as diferenças culturais, o sistema jurídico de proteção de dados estadunidense destaca-se na jurisprudência constitucional baseada na 4ª emenda da Constituição do país norte-americano. Embora apenas se aplique na relação Estado-indivíduo, ilustra o entendimento basilar do direito privado, a vinculação da proteção à razoável expectativa de privacidade. Forma, assim, o *third-party doctrine*, que se mostra incompatível com as proteções garantidas pela legislação brasileira.

O *statute law* estadunidense sobre proteção de dados é fragmentado, direcionado à poucos setores específicos nas leis federais. Já nas leis estaduais, há uma disparidade no nível de proteção, com estados como a Califórnia representando um avanço, embora ainda vinculado ao consentimento indiscriminado, para a proteção de dados pessoais no país. Outros Estados continuam a promulgar normas similares à da Califórnia, porém apenas 5 até o momento incluem-se no rol de Estados com legislações compreensíveis sobre a proteção de dados. O debate sobre uma legislação federal permanece restrito ao político.

O CLOUD Act, última legislação federal relacionada editada, representa um risco não só para as relações entre os judiciários, mas também para o escopo da LGPD, na medida em que cria uma ampla excepcionalidade aos EUA para acesso aos dados de empresas sediadas em seu território, exacerbando os problemas do *third-party doctrine*, bem como cria a figura dos *qualifying foreign governments,* que pode abrir acesso aos dados armazenados nos EUA para países com falhas fundamentais na proteção de direitos humanos.

Conclui-se que o sistema jurídico americano apresenta conflitos de adequação ao nível de proteção da LGPD. Diante disso, soluções possíveis seriam a adoção de acordo bilateral voltado à governança corporativa, observadas as tentativas e dificuldades dos acordos políticos firmados entre EUA e UE e a criação de salvaguardas à direitos fundamentais em eventual adesão ao CLOUD Act. A solução imediata continua limitada à regularização de mecanismos como as cláusulas-padrão contratuais, mas o fluxo de dados em si pode encontrar barreiras com as legislações opositivas à proteção de dados dos EUA.

REFERÊNCIAS BIBLIOGRÁFICAS

ABREU, Jacqueline de Souza. *Jurisdictional battles for digital evidence, MLAT reform, and the Brazilian experience.* **Revista de Informação Legislativa**: RIL, v. 55, n. 220, p. 233-257, out./dez. 2018. Disponível em: http://www12.senado.leg.br/ril/edicoes/55/220/ril_v55_ n220_p233. Acesso em: 12 jun. 2020.

AUTORIDADE NACIONAL DE PROTEÇÃO DE DADOS. **Nota Técnica nº 20/2022/CGN/ANPD.** Proposta de realização de Tomada de Subsídios para regulamentação de transferência internacional de dados pessoais, nos termos dos arts. 33 e 35 da LGPD da Lei nº 13.709, de 14 de agosto de 2018. Disponível em: https://www.gov.br/participamaisbrasil/blob/baixar/14945. Acesso em: 29 mai. 2022.

BARTH, Susanne; JONG, Menno D.T. The privacy paradox – investigating discrepancies between expressed privacy concerns and actual online behavior – a systematic literature review. In: **Telematics and Informatics**. V. 34. N. 7. P. 1038-1058. Amsterdã, nov. 2017.

BELLOVIN, Steven M.; BLAZE, Matt; LANDAU, Susan; PELL, Stephanie K. *It's too complicated: how the internet upends Katz, Smith, and Eletronic Survaillance Law.* ***Harvard Journal of Law and Technology,*** Cambridge, Massachusetts, United States of America, v. 30, n. 1, p. 1-101, 2016. Disponível em: https://jolt.law.harvard.edu/assets/articlePDFs/v30/30HarvJLTech1.pdf. Acesso em: 15 jun. 20. P. 5-6.

BILGIC, Secil. *Something Old, Something New, and Something Moot: The Privacy Crisis Under the Cloud Act.* ***Harvard Journal of Law and Technology***, *Cambridge, Massachusetts, United States of America*, v. 32, n. 1, p. 321-355, 2018.

BIONI, Bruno Ricardo. **Proteção de dados pessoais**: a função e os limites do consentimento. 2 ed. Rio de Janeiro: Forense, 2020. 298 p. p. 103.

BRANDEIS, Louis D.; Warren, Samuel D. *The Right to Privacy*. In: ***Harvard Law Review***. v. 4. n. 5. Cambridge, EUA: *Harvard University*, 1890. Disponível em: https://www.jstor.org/stable/1321160?seq=1#metadata_info_tab_contents. Acesso em: 10 jul. 2020.

CALIFORNIA PRIVACY PROTECTION AGENCY. ***Rulemaking Authority Transferred to the California Privacy Protection Agency.*** Disponível em: https://cppa.ca.gov/announcements/index.html#20220525. Acesso em: 29 mai. 2022.

CALIFORNIA PRIVACY PROTECTION AGENCY. R***ulemaking Authority Transferred to the California Privacy Protection Agency.*** Disponível em: https://cppa.ca.gov/announcements/index.html#20220525. Acesso em: 29 mai. 2022.

CALIFORNIA. Proposition 24. ***California Privacy Rights Act of 2020 (CPRA)***. Disponível em: https://leginfo.legislature.ca.gov/faces/codes_displayText.xhtml?division=3.&part=4.&lawCode=CIV&title=1.81.5. Acesso em: 29 mai. 2022.

CALIFORNIA. *The California Consumer Privacy Act of 2018.* ***Assembly Bill no. 375. Chapter 55***. *California, USA*, 28 jun. 2018. Disponível em: https://leginfo.legislature.ca.gov/faces/billTextClient.xhtml?bill_id=201720180AB375. Acesso em: 29 jun. 20.

DONENA, Danilo. **Da privacidade à proteção de dados pessoais**: elementos de formação da Lei geral de proteção de dados. 2 ed. São Paulo: Thomson Reuters Brasil, 2019. 352 p.

EUROPEAN DATA PROTECTION BOARD. Statement 01/2022 on the announcement of an agreement in principle on a new Trans-Atlantic Data Privacy Framework. Disponível em: https://edpb.europa.eu/system/files/2022-04/edpb_statement_202201_new_trans-atlantic_data_privacy_framework_en.pdf. Acesso em: 29 mai. 2022.

EUROPEAN UNION. ***Comission Implementing Decision EU) 2016/1250 of 12 July 2016.*** *pursuant to Directive 95/46/EC of the European Parliament and of the Council on the adequacy of the protection provided by the EU-U.S. Privacy Shield, European Union*, 2016. Disponível em: https://eur-lex.europa.eu/

legal-content/EN/TXT/?uri=uriserv%3AOJ.L_.2016.207.01.0001.01.ENG. Acesso em: 11 jul. 2020.

FERRAJOLI, Luigi. *Más Allá de la Soberanía y la Ciudadanía: Un Constitucionalismo Global.* Tradução de*: Gerardo Pisarello. In: BELLAMY, Richard (org.).* ***Constitutionalism, democracy, and sovereignity****: American and European Perspectives. Inglaterra: Avebury,* 1995. p. 174-175.

GENNARI, Adilson Marques. Globalização, neoliberalismo e abertura econômica no Brasil nos anos 90. **Revista Pesquisa e Debate**, São Paulo, v. 13, n. 1(21), p. 30-45, 2001.

GUZMAN, Andrew. *The consent problem in international law.* ***Berkeley Program in Law and Economics, Working Paper Series****, California, United States*, 2011. Disponível em: https://escholarship.org/content/qt04x8x174/qt04x8x174.pdf. Acesso em: 11 jul. 2020.

HERN, Alex. *Cambridge Analytica did work for Leave.EU, emails confirm.* ***The guardian****, United Kingdom,* 30 jul. 2019. Disponível em: https://www.theguardian.com/uk-news/2019/jul/30/cambridge-analytica-did-work-for-leave-eu-emails-confirm. Acesso em: 12 jul. 2020.

IAPP. ***Connecticut enacts comprehensive consumer data privacy law.*** 11 mai. 2022. Disponível em: https://iapp.org/news/a/connecticut-enacts-comprehensive-consumer-data-privacy-law/. Acesso em: 29 mai. 2022. atlantic_data_privacy_framework_en.pdf. Acesso em: 29 mai. 2022.

JORNAL OFICIAL DA UNIÃO EUROPEIA. **Regulamento (UE) 2016/679 do Parlamento Europeu e do Conselho, de 27 de abril de 2016**. Disponível em: https://eur-lex.europa.eu/legal-content/PT/TXT/HTML/?uri=CELEX:32016R0679&from=EN. Acesso em: 15 mai. 20.

KLEIJSSEN, Jan; PERRI, Pierluigi. *Cybercrime, Evidence and Territoriality. In: M. Kuijer; W. Werner (org.).* ***Netherlands Yearbook of International Law.Netherlands****: T.M.C Asser Press,* 2017. p. 147-173. Disponível em: https://rm.coe.int/cybercrime-evidence-and-territoriality-issues-and-options/168077fa98. Acesso em: 11 jul. 2020.

LAPOWSKY, Issie. *Cambridge Analytica could have also accessed private Facebook messages.* ***Wired****, California*, 10 abr. 2018. Disponível em: https://www.wired.com/story/cambridge-analytica-private-facebook-messages/. Acesso em: 12 jul. 2020.

LEONARDI, Marcel. **Fundamentos de Direito Digital.** São Paulo: Thomson Reuters Brasil, 2019. 256 p. P.139

LESSIG, Lawrence. ***Code 2.0.*** ed. 1. Nova Iorque: Basic Books, 2006. 410 p.

LIMA, Cintia Rosa Pereira de; PEROLI, Kelvin. **Direito Digital**: Compliance, Regulação e Governança. 1 ed. São Paulo: Quartier Latin, 2019. 160 p.

MENDES, Guilherme. **O que é o Cloud Act – e como a lei americana pode refletir no Brasil.** Disponível em: https://www.jota.info/justica/cloud-act-lei-acesso-dados-outros-paises-19052018. Acesso em: 12 jun. 2020.

OHM, Paul. *The many revolutions of carpenter*. ***Harvard Journal of Law and Technology,*** Cambridge, Massachusetts, United States of America, v. 32, n. 2, p. 357-416, 2019. P.378.

OLIVEIRA, Marcos de. **Nasce a Internet**: os passos científicos e tecnológicos que fizeram a grande rede mundial de computadores, ed.180, fev. 2011. Disponível em: https://revistapesquisa.fapesp.br/nasce-a-internet/. Acesso em: 11 jul. 2020

ORGANIZAÇÃO DAS NAÇÕES UNIDAS. ***Convention on the taking of evidence abroad in civil or commercial matters***. Disponível em: https://treaties.un.org/doc/Publication/UNTS/Volume%20847/volume-847-I-12140-English.pdf. Acesso em: 12 jul. 2020.

ORGANIZAÇÃO DAS NAÇÕES UNIDAS. ***Member States***. Disponível em: https://www.un.org/en/member-states/. Acesso em: 11 jul. 2020.

RAMALHO, Nélson Alves. Processos de globalização e problemas emergentes: implicações para o Serviço Social contemporâneo. **Serv. Soc. Soc.**, São Paulo, n. 110, p. 345-368, June 2012. Disponível em: http://www.scielo.br/scielo.php?script=sci_arttext&pid=S0101-66282012000200007&lng=en&nrm=iso. Acesso em: 11 jul. 2020.

RODRIGUES, Eduardo B.; FARIA, Bruna; LIGMANOVSKI, Patrícia Ayub da Costa. Novos Paradigmas para o Direito à Privacidade no Estado Contemporâneo à Luz do Direito Internacional. In: MENEZES, Wagner (org.). **Direito Internacional em Expansão.** 1. ed. Belo Horizonte: Arraes Editores, 2017, v. XII, p. 32-52.

ROSENBERG, Matthew; CONFESSORE, Nicholas; CADWALLADR, Carole. *How Trump Consultants Exploited the Facebook Data of Millions.* ***The New York Times****, New York,* 17 mar. 2018. Disponível em: https://www.nytimes.com/2018/03/17/us/politics/cambridge-analytica-trump-campaign.html. Acesso em: 12 jul. 2020.

SUPREME COURT OF THE UNITED STATES. ***Carpenter v. United States.*** *Certiorari to the United States Court of Appeals for the Sixth Circuit.* n. 16-402. United States: jun. 2018. Disponível em: https://www.supremecourt.gov/opinions/17pdf/16-402_h315.pdf. Acesso em: 19 jun. 20

TEIXEIRA, Tarcisio; CHELIGA, Vinicius. **Inteligência Artificial:** aspectos jurídicos. 2 ed. Salvador: JusPodivm, 2020. 112 p. P. 97.

THE AMERICAN LAW INSTITUTE. ***Restatement of the Law, Second, Torts, § 652, 1977.*** Disponível em: https://cyber.harvard.edu/privacy/Privacy_R2d_Torts_Sections.htm. Acesso em: 10 jun. 2020.

TRIBUNAL DE JUSTIÇA DA UNIÃO EUROPEIA. ***Case C-311/18.*** Disponível em: https://curia.europa.eu/juris/document/document.jsf?text=&docid=228677&pageIndex=0&doclang=en&mode=lst&dir=&occ=first&part=1&cid=9791227. Acesso em: 29 mai. 2022.

TRIBUNAL PERMANENTE DE JUSTIÇA. ***The Case of the S.S. Lotus****: France v. Turkey Judgment.* Disponível em: http://www.worldcourts.com/pcij/eng/decisions/1927.09.07_lotus.htm. Acesso em: 11 jul. 2020.

UNITED NATIONS GENERAL ASSEMBLY. **A/RES/68/167**. *Resolution adopted by the General Assembly on* 18 December 2013. Disponível em: https://undocs.org/A/RES/68/167. Acesso em: 10 jun. 2020.

UNITED STATES DISTRICT COURT FOR THE DISTRICT OF COLUMBIA. *Stipulated order for civil penalty, monetary judgment, and injunctive relief.* **Case no. 19-cv-2184**. United States of America v. Facebook Inc. 24 jul. 19. Disponível em: https://www.ftc.gov/system/files/documents/cases/182_3109_facebook_order_filed_7-24-19.pdf. Acesso em: 5 jul. 20.

UNITED STATES OF AMERICA BEFORE THE FEDERAL TRADE COMMISSION. *Order modifying prior decision and order.* ***Docket no. C-4365***. 27 abr. 20. Disponível em: https://www.ftc.gov/system/files/documents/cases/c4365facebookmodifyingorder.pdf. Acesso em: 7 jul. 20.

UNITED STATES OF AMERICA. **Public Law 107-204**. *To protect investors by improving the accuracy and reliability of corporate disclosures made pursuant to the securities laws, and for other purposes*, 2002. Disponível em: https://www.govinfo.gov/content/pkg/PLAW-107publ204/pdf/PLAW-107publ204.pdf. Acesso em: 10 jun. 2020.

UNITED STATES. *Children's Online Privacy Protection Act of 1998.* **Public Law 105-277.** 21 out. 1998. Disponível em: https://www.govinfo.gov/content/pkg/PLAW-105publ277/pdf/PLAW-105publ277.pdf. Acesso em: 25 jun. 20.

UNITED STATES. *Electronic Communications Privacy Act of 1986.* **Public Law 99-508**. 21 out. 1986. Disponível em: https://www.govinfo.gov/content/pkg/STATUTE-100/pdf/STATUTE-100-Pg1848.pdf#page=1. Acesso em: 28 jun. 20.

UNITED STATES. *Gramm-Leach-Bliley Act of 1999*. **Public Law 106-102.** 12 nov. 1999.

UNITED STATES. *Health insurance portability and accountability Act of 1996*. **Public Law 104-191**. 21 ago. 1996. Disponível em: https://www.govinfo.gov/content/pkg/PLAW-104publ191/pdf/PLAW-104publ191.pdf. Acesso em: 29 jun. 20.

WILSON, Christine S. **A defining moment for privacy**: the time is ripe for federal privacy legislation. Federal Trade Comission: United States of America, 6 fev. 20. Disponível em: https://www.ftc.gov/system/files/documents/public_statements/1566337/commissioner_wilson_privacy_forum_speech_02-06-2020.pdf. Acesso em: 8 jul. 20.

WHITE HOUSE. *United States and European Commission Joint Statement on Trans-Atlantic Data Privacy Framework*. Disponível em: https://www.whitehouse.gov/briefing-room/statements-releases/2022/03/25/united-states-and-european-commission-joint-statement-on-trans-atlantic-data-privacy-framework/. Acesso em: 29 mai. 2022.

12

RELEITURA DO PRINCÍPIO DA PUBLICIDADE NO TRATAMENTO DE DADOS PESSOAIS PELO PODER PÚBLICO NA VIGÊNCIA DA LGPD

Fernando Ono Martins[1]

INTRODUÇÃO

A vigência da Lei Geral de Proteção de Dados – LGPD (Lei n. 13.709/2018 pode ser considerada um divisor de águas para a Sociedade em geral, tocando em especial os juristas, uma vez que repercute na quase totalidade das relações sociais, haja vista que o reconhecimento da titularidade dos dados pessoais delimita um espaço a ser protegido juridicamente.

1 Procurador Federal da Advocacia-Geral da União/AGU. fernandoonomartins@outlook.com.

O tratamento de dados consiste numa atividade que vem mudando o mundo e, como não poderia ser diferente, produzindo externalidades positivas e negativas. Por exemplo, pelo aspecto positivo, enseja-se a adoção de um modelo de produção mais eficientes e com menos desperdício; mas, pelo negativo, as relações socioeconômicas tornam-se mais desiguais na medida em que o agente de tratamento, por ter o controle tecnológico, põe-se numa posição de superioridade ao concentrar as informações.

Assim como ocorreu em outros momentos históricos, o grande desafio é encontrar um ponto de equilíbrio em que se consiga a proeza de fomentar o aspecto positivo e, ao mesmo tempo, atenuar o negativo do tratamento de dados pessoais. Com o reconhecimento da propriedade dos dados pessoais e a natureza de direitos da personalidade, novos dilemas e conflitos emergem, decorrente da contraposição com institutos e princípios jurídicos até então consolidados.

O reconhecimento dos dados pessoais enseja, outrossim, a releitura de princípios jurídicos tradicionais, quer sejam públicos, quer sejam privados, porque a maior parte foi desenvolvida numa época em que não se cogitava o quão relevante seria o tratamento de dados. Como não está isolada ou presa numa bolha, a LGPD interage com outras disciplinas jurídicas, e, necessariamente, enseja reinterpretação de princípios jurídicos. Aliás, no ano de 2022, em razão da Emenda Constitucional n° 115, foi adicionado o inciso LXXIX ao artigo 5° da Constituição Federal de 1988, reconhecendo a proteção a captação ilícita de dados pessoais como um direito fundamental.

Por essa razão, é notório que as normas da LGPD repercutem nas relações com o Estado ou, na expressão legal, com o Poder Público. O reconhecimento de que os dados pessoais possuem um titular, pessoa física, que tem o poder de controlá-los, de acordo com suas conveniências, reformula o relacionamento entre o Poder Público e as pessoas físicas, nacionais ou estrangeiros, pois deve-se respeitar o princípio da autodeterminação informativa.

Neste todo, este capítulo analisará as mudanças do princípio da publicidade decorrente da vigência do LGPD. O dever a que está subordinado o Estado de dar publicidade às suas informações deverá ser reinterpretado, pois, imprescindível a observância da proteção de dados pessoais. Significa dizer que o Poder Público deverá discernir o que são os dados pessoais e dados públicos, podendo dar publicidade apenas a estes e àquelas somente se obtiver a anuência de seus titulares.

1. UM MUNDO EM TRANSFORMAÇÃO PELOS DADOS

Os dados[2] assumiram relevância inimaginável, e o seu tratamento é o responsável pelo surgimento de uma nova dinâmica social, política e econômica, que reformula o mundo atual que conhecemos, uma vez que se tornará, se já não se tornou, uma atividade essencial para as pessoas, empresas e Estados. O tratamento dos dados resulta em orientações valiosas que norteiam as atividades para a maximização dos resultados com menor dispêndio de recursos. Possibilita-se conhecer o passado, compreender o presente e prever o futuro, para planejar o "amanhã" a partir do "hoje". Isso, para a iniciativa privada, significará o sucesso ou fracasso de um empreendimento, pois, num ambiente de alta concorrência, imprescindível o acerto; da mesma forma, para o setor público, significará o sucesso ou fracasso de uma política pública, pois, num ambiente de poucos recursos e muitas demandas, imprescindível igualmente o acerto.

Como ocorreu em outros momentos históricos quando, por exemplo, o comércio substituiu o escambo ou, então, os bens manufaturados conquistaram o espaço dos artesanais, assiste-se novamente a uma

2 Dado é o registro do atributo de um ente, objeto ou fenômeno onde registro indica o ato de registrar, ou seja, é a gravação ou a impressão de caracteres ou símbolos que tenham um significado em algum documento ou suporte físico.

modificação da matriz econômico-social com repercussões em todos os ramos da Sociedade e, notadamente, no Direito. E, dessa vez, essa matriz vem sendo modificada, mas não totalmente substituída. Significa dizer que o tratamento de dados passou a fazer parte do processo de produção, mas, não se restringirá ao aspecto econômico, pois, indo além, estender-se-á a praticamente todas as atividades do homem em Sociedade, desde aspectos íntimos de sua vida, até mesmos às políticas públicas que definem os destinos da humanidade. Justifica-se, assim, o motivo pelo qual esse fenômeno vem sendo tão estudado e causando tanta apreensão em diversos ramos do conhecimento.

No livro "21 lições para o século 21", o historiador israelense Yuval Noah Harari faz projeções de como o mundo será ao final desse século. No capítulo com o sugestivo título "Os donos dos dados são os donos do futuro", descreve-se as mudanças que vêm sendo experimentadas pelos meios de produção e relações de poder:

> Antigamente a terra era o ativo mais importante no mundo, a política era o esforço por controlar a terra, e se muitas terras acabassem se concentrando em poucas mãos – a sociedade se dividia em aristocratas e pessoas comuns. Na era moderna, máquinas e fábricas tornaram-se mais importantes que a terra, e os esforços políticos focam-se no controle desses meios de produção. Se um número excessivo de fábricas se concentrassem em poucas mãos – a sociedade se dividiria entre capitalistas e proletários. Contudo, no século XXI, os dados vão suplantar tanto a terra quando a maquinaria como ativo mais importante, e a política será o esforço por controlar o fluxo de dados. Se os dados se concentrarem em muito poucas mãos – o gênero humano se dividirá em espécies diferentes.[3]

3 HARARI, Yuval Noah. **21 lições para o século 21**. Trad. Paulo Geiger. Companhia das Letras, pág. 107.

Evidenciou-se a importância do tratamento de dados com o surgimento das inovações tecnológicas nas últimas décadas, no ramo da informática, pois, permitiu-se o processamento e análise de uma gigantesca quantidade de informações que seria humanamente impossível sem o auxílio dos computadores. Embora desde sempre se tenha realizado o tratamento de dados pessoais, somente com o avanço tecnológico essa atividade tornou-se relevante a ponto de ser motivo de preocupação por conta da possibilidade de violação ou ameaça de violação a direitos.

Em todos os setores da Sociedade, os dados tornaram-se a matéria-prima mais importante para atuação de empresários, cientistas e gestores públicos. Ora, os dados são a matéria-prima para a atividade de tratamento de dados. Numa perspectiva de médio ou até mesmo de curto prazo, cogita-se que quaisquer funções ou atividades somente poderão ser desempenhadas mediante essa atividade, ou seja, significa dizer que elas serão dependentes dos dados. Sem as orientações oriundas desse tratamento, qualquer empreendimento ou política pública passará a ser tido como de alto risco.

Essa realidade pode ser percebida numa mera leitura, mesmo superficial, dos jornais e revistas ou assistindo aos noticiários televisivos, pois, depara-se frequentemente com termos como "Indústria 4.0", "Inteligência Artificial", "blockchain", "Big Data", dentre outros, os quais vêm sempre ligados à ideia de um futuro muito próximo quando a forma de produzir será mais eficiente e com menos desperdício, bem como as condições de vida tornar-se-ão infinitamente melhores. Acontece que toda essa revolução somente será possível graças ao tratamento de dados porque depende deles para extrair as informações a ensejar as atividades de precisão. Os dados e seu tratamento consistem, por conseguinte, no alicerce desse avanço tecnológico que repercutirá, de forma ampla e geral, nas atividades em sociedade.

Inegável a importância da atividade de tratamento de dados no mundo contemporâneo. Inúmeros estudos comparam os dados ao petróleo na época da industrialização diante da sua importância para o desenvolvimento socioeconômico. E a veracidade encontra-se na constatação de que as mais valiosas empresas de hoje são justamente as gigantes tecnológicas da informação, tais como Facebook, Google, Apple, Microsoft, que se valem do tratamento de dados dos seus clientes para desenvolver suas atividades, explicando-se a pujança econômica e o domínio de mercado. Uníssonas são as opiniões acerca da relevância do tratamento de dados por se assegurar uma atuação mais eficiente e com menor utilização de recursos. A captação, tratamento e utilização dos dados podem significar uma externalidade positiva se for para o desenvolvimento de tecnologias que venha a otimizar o bem-estar.

Porém, o tratamento de dado possui o aspecto negativo. Se, por um lado, o tratamento de dados é imprescindível para o desenvolvimento econômico e tecnológico; por outro, cria-se o risco de lesões ou ameaça de lesões aos direitos da personalidade. Ao longo da vida, as pessoas deixam rastros de informações, que dizem muito a seu respeito, em suas atividades cotidianas, sendo que a tecnologia atual permite capturá-los, tratá-los e chegar-se a uma conclusão que pode ser utilizada contra a vontade ou até mesmo em prejuízo do dono do dado. Da mesma forma que se testemunhou em outras épocas surgirem relações sociais assimétricas tais como proprietário/não proprietário, empregador/empregado, fornecedor/consumidor, o tratamento de dados está forjando uma nova relação social assimétrica entre o controlador e o titular dos dados. E, nesta nova relação social, o titular dos dados vem a ser a parte mais vulnerável, seja por não possuir os meios tecnológicos, seja por desconhecer seu funcionamento, a merecer uma tutela especial do ordenamento jurídico.

Exemplos recentes do indevido tratamento de dados pessoais foram as eleições americanas para presidente de 2015 e o Brexit. Nos dois eventos, descobriu-se que uma empresa, conhecida como Cambridge Analytica, coletou e tratou os dados dos eleitos americanos e ingleses para traçar o perfil político-ideológico desses cidadãos; e, em seguida, manipulá-los mediante o envio de informações direcionadas para influenciar a decisão na hora do voto. Note-se a gravidade da conduta dos envolvidos, pois, coletou-se dados, sem autorização, com o intuito de utilizá-los contra o seu próprio titular.

O grande desafio será lograr êxito em regulamentar a atividade de tratamento de dados com a manutenção de sua externalidade positiva, ou seja, o desenvolvimento econômico e tecnológico; e, ao mesmo tempo, mitigar a sua externalidade negativa, ou seja, violação dos dados pessoais. Por isso, os ordenamentos jurídicos vigentes que tratam do tema, seja o europeu, seja o americano ou o brasileiro, visam a proteção do dado pessoal da pessoa, ou seja, apenas dos dados que estejam vinculados a uma pessoa humana. Posto de outra forma, o ponto de equilíbrio entre desenvolvimento tecnológico e a tutela da pessoa humana assenta-se na proteção dos dados pessoais.

O tratamento de dados, sejam ou não pessoais, é uma atividade que se incorporará definitivamente no cotidiano das pessoas, empresas e Estados; e trazendo repercussões no mundo jurídico a ponto de demandar releituras de conceitos, institutos e princípios. Como, tanto a iniciativa privada, quanto o Poder Público, precisarão se valer dos dados para continuar a desempenhar suas atividades, o direito público também será sensivelmente afetado por essa nova realidade. É uma realidade indiscutível e irreversível.

2. PROTEÇÃO DOS DADOS PESSOAIS: DEVER DE SIGILO DOS AGENTES DE TRATAMENTO

Espécie do gênero "dados", os dados pessoais referem-se a uma pessoa física determinada ou determinável. Por envolverem o centro de interesse do ordenamento jurídico, ou seja, a pessoa humana, e não o patrimônio, os dados pessoais merecerem um tratamento diferenciado da Lei Geral de Proteção de Dados.

O tratamento de dados, pessoais ou não, revelou-se indispensável para o desenvolvimento tecnológico e econômico, bem como para adoção das políticas públicas. Como explicado no parágrafo anterior, a Lei Geral de Proteção de Dados surge com o intuito de mitigar os aspectos perniciosos dessa atividade por meio da tutela dos dados pessoais das pessoas naturais. Cuidou-se apenas de parte do todo para que se conseguisse a proteção da pessoa humana e não o dado em si que, por si só, não possui qualquer aspecto axiológico a merecer atenção do Direito.

A natureza jurídica dos dados pessoais não é consensual na doutrina. Por se tratar de um direito relativamente recente, justifica-se a divergência em encontrar uma posição uníssona. Embora haja posicionamento de que se trata de mero desdobramento do direito constitucional à intimidade ou privacidade, essa não seria a melhor exegese. Não se deve confundir o direito à proteção aos dados com o direito à intimidade ou privacidade, embora em certos casos possam até ser coincidentes, pois, mostra-se mais abrangente, ou seja, vai além, na medida em que o titular possui um plexo de faculdades, atribuições e intenções com maior extensão tais como a pretensão de mero acesso, a correção de dados incompletos, inexatos ou desatualizados ou então seu sigilo ou anonimização.

A doutrina constitucional sustenta a existência de um "direito geral à autodeterminação informativa que se traduz, fundamentalmente, na faculdade de o particular determinar e controlar a utilização de seus dados"[4]. Portanto, o direito aos dados pessoais e sua proteção consistam num direito inerente ao direito da personalidade. Nesse sentido Bruno Ricardo Bioni:

> "Por isso, os dados pessoais não estão relacionados somente com a privacidade, transitando dentre mais de uma das espécies dos direitos da personalidade. Tal construção

4 CANOTILHO, JJ Gomes. **Direito Constitucional e Teoria da Constituição**. Coimbra: Almedina, 2003.

> dogmática é útil, pois tal *ampliação normativa* que assegura o direito à retificação e de acesso aos dados e outras posições jurídicas próprias do direito à proteção dos dados."[5]

A Lei Geral de Proteção de Dados previu duas espécies de dados pessoais, a saber: os dados pessoais propriamente ditos e os dados pessoais sensíveis. Nos termos da legislação, dado pessoal é a *"informação relacionada a pessoa natural identificada ou identificável"*; enquanto o dado pessoal sensível consistiria no dado em que seria possível identificar a pessoa pela *"origem racial ou ética, convicção religiosa, opinião política, filiação a sindicato ou a organização de caráter religioso, filosófico ou político, dado referente à saúde ou à vida sexual, dado genético ou biométrico"*. Como se observa, existe uma relação de gênero e espécie entre os dados pessoais e os dados pessoais sensíveis, sendo que aqueles gozam de uma proteção especial em comparação com estes uma vez que dizem respeito aos aspectos existenciais da pessoa humana.

O elemento fulcral do dado tutelado, seja o pessoal, seja o pessoal sensível, cinge-se na possibilidade de identificação de seu titular. O intuito assenta-se na proteção da pessoa humana, ou seja, a pessoa física, como vem prevista na lei, haja vista que o dado, em si, não teria relevância para fins de proteção, mas sim o seu titular. Por isso, sua interpretação deve ser contextual em elementos extrajurídicos, não apenas jurídicos, mas sim fazendo uso da análise da tecnologia existente por ocasião da aplicação. Nesse sentido interessante trecho da doutrina acerta da abrangência e alcance dos dados:

> "O dado pessoal de que trata a lei não se refere somente à pessoa natural identificada como também à pessoa identificável, o que abre um leque de possibilidades para a

5 BIONI, Bruno Ricardo. **Proteção de Dados Pessoais**: a função e os limites do consentimento. Forense, 2 Ed. Rio de Janeiro, 2020.

> tutela da lei. Tem-se a falsa impressão de que apenas dados pessoais diretos, como nome e documentos pessoais poderiam identificar uma pessoa. Entretanto, alguns outros dados são capazes de identificar uma pessoa a depender das circunstâncias, são os chamadas dados pessoais indiretos, como, por exemplo, a geolocalização, que a princípio não é um dado pessoal, mas que em determinado momento pode levar à identificação de um único indivíduo tornando-se nesse caso um dado pessoal."[6]

E talvez a principal garantia, senão a única, para a proteção efetiva dos dados pessoais esteja no dever de sigilo do agente de tratamento, ou seja, o controlador e o operador. Partindo-se da premissa de que houve a base legal para a coleta e o tratamento dos dados pessoais, o agente de tratamento passa a ter o dever de garantir o sigilo desses dados, seja com sua eliminação, seja com sua anonimização. Por óbvio, o controlador ou o operador jamais poderá dar publicidade aos dados pessoais a não ser se houve autorização do próprio titular.

A obrigação de manutenção do sigilo dos dados pessoais recebeu um capítulo próprio na Lei Geral de Proteção de Dados. O dever de sigilo pelos agentes de tratamento é essencial para a proteção dos dados pessoais, pois, sendo eles de propriedade de seu titular, somente com sua anuência, poder-se-ia tornar-se público ou serem compartilhados com terceiros. Com a previsão dessa obrigação fecha-se, de certa forma, o sistema de proteção dos dados pessoais.

Esse dever de manutenção do sigilo dos dados pessoais alcança especial atenção quando se trata do Poder Público, pois, por sua natureza, deve dar publicidade a todas as suas informações. Cuida-se, aqui, de um

---

6 TEIXEIRA, Tarcisio; ARMELIN, Ruth Maria Guerreiro da Fonseca. **Lei Geral de Proteção de Dados Pessoais** Comentada Artigo por Artigo. 2. ed. Salvador: Juspodivm, 2020, pág. 44.

notório exemplo em que a atuação estatal deverá ser repensada e modificada, pois, agora, o princípio da publicidade deve também observar os direitos de terceiros, ou seja, os titulares dos dados que poderão se recusar a autorizar sua publicação ou compartilhamento.

3. O PODER PÚBLICO E A PROTEÇÃO DE DADOS

O Poder Público possui, naturalmente, acesso a uma enorme quantidade de dados pessoais que podem vir a ser utilizados para os mais diversos fins, notadamente, de política pública. O tratamento de dados feito pelo Poder Público não se restringe a essas políticas, podendo ir além como, por exemplo, no campo da segurança ou até mesmo na condição de particular nas hipóteses previstas constitucionalmente. A Lei Geral de Proteção de Dados reservou um capítulo para cuidar do tratamento de dados pelo Poder Público diante das peculiaridades e abrangência de sua atuação. Tarcisio Teixeira e Ruth Maria Guerreiro da Fonseca Armelim expressam de forma exemplar a importância da inclusão do Poder Público na LGPD:

> "A realidade é que o Poder Público é um dos grandes agentes de tratamento de dados e isso se deve ao fato de que visa o bem coletivo, demandando a coleta de dados pessoais para a consecução de políticas públicas, o que justifica a ausência de consentimento para esses fins."[7]

A ideia da proteção de dados, tal como conhecemos hoje, decorreu de um litígio judicial envolvendo o Estado. Interessante que, ao contrário do senso comum, a discussão não se originou das atuações das grandes empresas de tecnologia. Nos idos de 1982, na Alemanha, houve a

7 TEIXEIRA, Tarcisio; ARLEMIM, Ruth Maria Gerreiro da Fonseca. **Lei Geral de Proteção de Dados Pessoais Comentada Artigo por Artigo**. 2. ed. Salvador: Juspodivm, 2020, pág. 57.

promulgação da Lei do Recenseamento de População, Profissão, Moradia e Local de Trabalho em que seu cumprimento levaria à obtenção pelo Estado de um gigantesco volume de informações.

Em julgamento de reclamações envolvendo referida norma, o Tribunal Constitucional Federal Alemão, apreciando a previsão de coleta e uso de dados pessoais pelo Poder Público, reconheceu o direito fundamental à autodeterminação informativa. O Tribunal cunhou, de forma paradigmática, a proteção à autodeterminação informativa, com base no direito geral da personalidade consagrado na Constituição Alemã.

Na Lei Geral de Proteção de Dados brasileira, previu-se expressamente que o Poder Público deve observar as normas para quando for realizado o tratamento de dados pessoais. Extirpando qualquer dúvida a respeitos, promulgou-se a Lei 13.853/2019 que veio acrescentar o parágrafo único do art. 1º para estabelecer que *"as normas gerais contidas nesta Lei são de interesse nacional e devem ser observadas pela União, Estados, Distrito Federal e Município"*.

A LGPD disciplinou o tratamento de dados pessoais pelo Poder Público, prevendo um regime jurídico próprio para o Estado, quando precisar se valer dessa atividade. Como se verá, ao contrário do que foi previsto para a iniciativa privada, a LGPD não regulamentou de forma uniforme a atuação estatal, razão pela qual, a Autoridade Nacional de Proteção de Dados – ANPD, no gozo de suas atribuições, publicou, em janeiro de 2022, um Guia Orientativo para a implementação da LGPD pelo Poder Público, documento em que se demonstram as práticas e implementações que poderão ser adotados para que seja efetiva a proteção prevista.

3.1. Componentes do poder público brasileiro

A expressão Poder Público qualifica-se juridicamente como sendo um termo polissémico, por não ser capaz de identificar um único ente ou um conjunto deles, com características comuns e submetidos ao mesmo regime jurídico. No Brasil, o Poder Público compreende vários entes, personalizados ou não, com peculiaridades próprias, submetidos a regime jurídicos distintos e com funções e objetivos diferentes.

A aplicação da Lei Geral de Proteção de Dados não se dá de forma uniforme para todos os componentes do Poder Público. Imprescindível, por conseguinte, a compreensão da composição do Poder Público, ou seja, quem são os componentes estatais. Por isso, mostra-se importante analisar, mesmo de forma superficial, os sujeitos de direito que compõe o Poder Público.

A composição do Poder Público pode ser desmembrada em três categorias, a saber: a Administração Pública Direta, a Administração Pública Indireta e os Particulares em colaboração com o Estado. Embora existam outras classificações doutrinárias, essa é a que melhor se adéqua para compreensão da aplicação da LGPD ao tratamento de dados pessoais feito pelo Estado.

Na Administração Pública Direta, tem-se as pessoas jurídicas de direito público que exercem atividades tipicamente estatais tais como os Poderes Executivos Municipais, Estaduais, Distrital e Federal com seus respectivos órgãos como o Legislativo e o Judiciário. Na Administração Pública Indireta tem-se a composição de Autarquias, Fundações, Sociedade de Economia Mista e Empresas Públicas. E os particulares em colaboração com o Estado são os concessionários, permissionários, cartorários, jurados. Como o próprio nome diz, esses últimos são particulares desempenhando funções públicas.

Autarquias são pessoas jurídicas de direito público, com personalidade e patrimônio próprios, criadas por lei, para persecução do interesse público, mediante exercício de atividades ou serviços públicos. O Decreto-lei 200 define as autarquias como sendo "o serviço autônomo, criado por lei, com personalidade jurídica, patrimônio e receita próprios, para executar atividade típicas da Administração Pública, que requeiram, para seu melhor funcionamento, gestão administrativa e financeira descentralizadas."

Fundações são pessoas jurídicas, podendo ser de direito público ou privado, a dependente do que dispuser a lei que a criou, com objetivo de perseguir o interesse público. O Decreto-lei, com a alteração introduzida pela Lei 7.596, de 10.4.87, assim define a fundação pública: "a entidade dotada de personalidade jurídica de Direito Privado, sem fins lucrativos, criada em virtude de autorização legislativa, para o desenvolvimento de atividades que não exijam execução por órgãos ou entidades de Direito Público, com autonomia administrativa, patrimônio gerido pelos respectivos órgãos de direção, e funcionamento custeado por recursos da União e de outras fontes."

Empresa Pública são pessoas jurídicas de direito privada, cuja criação foi autorizada por lei, para o exercício de atividade econômica ou prestação de serviços públicos. De acordo com o art. 5º do Decreto-lei 200, a empresa pública "é a entidade dotada de personalidade jurídica de Direito Privado, com patrimônio próprio e capital exclusivo da União, criada por lei para a exploração de atividade econômica que o Governo seja levado a exercer por força de contingência ou de conveniência administrativa, podendo revestir-se de qualquer das formas admitidas em Direito."

Sociedades de economia mista é uma pessoa jurídica de direito privado, com capital público e particular, cuja autorização legal para sua criação, para a prestação de serviço público ou exploração da atividade econômica nos casos previstos na Constituição, ou seja, segurança pública e interesse nacional. De acordo com o Decreto-lei 200, a sociedade de economia mista é "a entidade dotada de personalidade jurídica de Direito Privado, criada por lei para a exploração de atividade econômica, sob a forma de sociedade anônima, cujas ações com direito a voto pertençam em sua maioria à União ou a entidade da Administração indireta."

E os particulares em colaboração com o Estado são, como o próprio nome diz, particulares que desempenham atividades públicas. Eles compõem o Poder Público porque quando estão desempenhando a função pública, mesmo de forma temporária, estão sob égide do regime jurídico administrativo.

Pela formação história, o Estado brasileiro revela-se bastante grande e abrangente. Explica-se, assim, a complexidade da sua composição e a diversidade de regimes jurídicos.

O Guia Orientativo de implementação da LGPD para o Poder Público, em seu capítulo II, vai especificar o que abarca o conceito de "Poder Público" e, como é notável no documento, não diverge do que já se vem apresentando, referindo, o guia, que o ente público é definido "de forma ampla e inclui órgãos ou entidades dos entes federativos (União, Estados, Distrito Federal e Municípios) e dos três Poderes (Executivo, Legislativo e Judiciário), inclusive das Cortes de Contas e do Ministério Público".[8] Não bastasse, no item n° 9, do mesmo capítulo, o guia ressalta que incluem no conceito os serviços notariais e de registro (art. 23, § 4º); as empresas públicas e as sociedades de economia mista que não estejam atuando em regime de concorrência as que operacionalizem políticas públicas, no âmbito da execução destas.[9]

De forma bem simples, é perceptível que buscou-se delimitar uma qualificação para o entendimento da Lei Geral de Proteção de Dados na aplicação e disciplina do Poder Público quando se está atuando em suas funções. Como se verá no item seguinte, a aplicação da LGPD se dá de uma forma ou de outra.

---

8 BRASIL, Autoridade Nacional de Proteção de Dados. **Guia Orientativo**: Tratamento de Dados Pessoais Pelo Poder Público. Brasília: 2022, p. 5. Disponível em: https://www.gov.br/anpd/pt-br/documentos-e-publicacoes/guia-poder-publico-anpd-versao-final.pdf. Acesso em 30 mai. 2022.

9 Ibidem;

3.2. Os regimes jurídicos do poder público

A peculiaridade da LGPD assenta-se em não prever um único regime jurídico para o Poder Público, para quando da realização do tratamento de dados pessoais. Em consonância com a heterogeneidade da composição do Poder Público, existem vários regimes jurídicos criados para disciplinar a atuação estatal. Com efeito, a incidência normativa da LGPD se dá de forma diferente de acordo com a situação ou atividade a ser desempenhada pelo Estado. Existem uma intensidade e abrangência diferente a depender da atuação ou da pessoa jurídica envolvida.

Em breve síntese, previu-se três situações nas quais o Poder Público pode se ver envolvido e que ensejará a aplicação de regimes jurídicos diferentes.

A primeira situação é a não aplicação da LGPD quando o Estado esteja fazendo o tratamento de dados pessoais, desde que seja para fins exclusivos de segurança pública, defesa nacional, segurança do Estado ou atividades de investigação e repressão de infrações penais. Nessas circunstâncias, dada o notório interesse público, a atuação do Estado não se condiciona aos requisitos e exigências previstos pela legislação. Essa hipótese vem prevista no art. 4º da LGPD.

A não aplicação das normas de proteção aos dados pessoais, nessas hipóteses legais, revela-se coerente com o ordenamento jurídico como um todo. Não existindo direitos absolutos, o titular do dado não poderia alegar seu direito da personalidade para atrapalhar os serviços de segurança pública e repressão criminal que atendem aos anseios de toda a comunidade.

Todavia, mesmo nestas hipóteses devem estar presentes as bases principiológicas previstas na LGPD, como ressaltado pelo Guia Orientativo publicado pela ANPD, no que tange ao tratamento realizado pelo Poder Público, que ressalta, em seu capítulo IV o que é o significado de finalidade, que deve sempre "a pública", que abarca os "subsignificados" de legítimidade (pautado na lei), especificidade (fundamentado em alguns dos permissivos da LGPD), natureza explícita e informada.

Também há o princípio da necessidade, ponto em que se observa se é situação efetiva de segurança pública, apta a não condicionar as exigências da lei e, para tanto, nesta situação, o ente deverá tratar somente dados que sejam essenciais para a situação, sem ultrapassar qualquer desse limite[10].

A segunda situação vem prevista para as hipóteses em que o Poder Público esteja atuando na exploração da atividade econômica nos casos constitucionalmente previstos, ou seja, quando necessário aos imperativos da segurança nacional ou a relevante interesse coletivo. Nessas hipóteses, a atuação se dá mediante pessoas jurídica de direito privado, sejam empresa pública, quer seja sociedade de economia mista, e se aplicam as regras comum às demais pessoas de direito privado previstas na legislação.

> "Art. 24. As empresas públicas e as sociedades de economia mista que atuam em regime de concorrência, sujeitas ao disposto no art. 173 da Constituição Federal, terão o mesmo tratamento dispensado às pessoas jurídicas de direito privado particulares, nos termos desta lei.
>
> Parágrafo único. As empresas públicas e as sociedades de economia mista, quando estiverem operacionando políticas públicas e no âmbito da execução delas, terão o mesmo tratamento dispensado aos órgãos e às entidades do Poder Público, nos termos deste Capítulo."

Ocorre que o parágrafo primeiro abre uma exceção à regra prevista no *caput*, pois, quando essas empresas públicas ou sociedades de economia mistas forem prestadoras de serviço público, que coincidam com alguma política pública, será outro regime jurídico a ser aplicado.

Por derradeiro, a terceira e última hipótese de atuação é quando o Poder Público atua as suas atividades peculiares, ou seja, na função pública. Para isso, vem o seguinte dispositivo:

10 Ibidem, p. 12-14

> "Art. 23. O tratamento de dados pessoais pelas pessoas jurídicas de direito público referidas no parágrafo único do art. 1º da Lei n. 12.527, de 18 de novembro de 2011 (Lei de Acesso à Informação), deverá ser realizado para o atendimento de sua finalidade pública, na persecução do interesse público, com o objetivo de executar as competências legais ou cumprir as atribuições legais do serviço público, desde que:
>
> I – sejam informadas as hipóteses em que, no exercício de suas competências, realizam no tratamento de dados pessoais, fornecendo informações claras e atualizadas sobre a previsão legal, a finalidade, os procedimentos e as práticas utilizadas para a execução dessas atividades, em veículos de fácil acesso, preferencialmente em seus sítios eletrônicos;
>
> II (*Vetado*); e
>
> III – seja indicado um encarregado quando realizarem operações de tratamento de dados pessoais, nos termos do art. 39 desta Lei.

Em reforço ao dispositivo, o art. 7º prevê como uma das hipóteses a autorizar o tratamento de dados:

> "Art. 7º. O tratamento de dados pessoais somente poderá ser realizado nas seguintes hipóteses:
>
> (...)
>
> III – pela administração pública, para o tratamento e uso compartilhado de dados necessários à execução de políticas públicas previstas em leis e regulamentos ou respaldadas em contratos, convênios ou instrumentos congêneres, observadas as disposições do Capítulo IV desta Lei."

Nesse regime jurídico, o Poder Público possui mais liberdade para se utilizar dos dados pessoais, pois, ao contrário da iniciativa privada, não precisará de anuência do titular. Obviamente, desde que a finalidade seja a busca do bem comum.

Ainda, no que refere a políticas públicas, o Guia Orientativo de implementação da LGPD ao Poder Público, destaca em seus itens 33-43, que para essa aplicação, pressupõe a adequada compreensão sobre os principais termos da lei, como (i) administração pública; e (ii) políticas públicas e que são regimes jurídicos diferentes, a depender a atividade ou do ente envolvido. Em nota, é perceptível que o guia apresenta como exemplo, para o caso de políticas públicas, o uso de dados no controle ao tabagismo, informando que, eventualmente, a Secretaria de Saúde pode coletar dados dos fumantes e compartilhá-los com a autarquia responsável por executar programa de orientação e auxílio a pessoas que desejam parar de fumar, sendo este um tipo hipotético de tratamento através da base "políticas públicas".[11]

3.3. Releitura do princípio da publicidade sob a égide da LGPD nas relações do poder público

O princípio da publicidade revela-se como sustentação do Estado Democrático de Direito. Os mais importantes valores constitucionais como a democracia, a probidade da coisa pública ou a justiça, apenas podem ser assegurados se houver a observância da publicidade, pois, somente assim, possibilita-se a fiscalização do Estado pelos cidadãos, imprensa, partidos e entidades sociais. Por conseguinte, inenarrável a contribuição do princípio da publicidade para a construção, consolidação e manutenção do bem-comum.

A Constituição Federal de 1988 previu expressamente o princípio da publicidade. Cuidou-se, assim, do reconhecimento dos constituintes, ou seja, dos representantes do povo, de que a construção de uma sociedade livre, justa e solidária, passa pelo dever da publicidade dos dados e

11 Ibidem, p. 11-12

informações em posse do Poder Público. Tornou-se um princípio basilar da Administração Pública o que significa dizer que, como regra, todas as informações e dados são públicos, sendo o sigilo a exceção. Portanto, "a publicidade não é elemento formativo do ato; é requisito de eficácia e moralidade"[12]. Celso Antônio Bandeira de Mello descreveu com maestria a importância do princípio da publicidade na relação do povo/sociedade com o Poder Público/Estado:

> Consagra-se nisto o dever administrativo de manter plena transparência em seus comportamentos. Não pode haver em um Estado Democrático de Direito, no qual o poder reside no povo (art. 1º, parágrafo único, da Constituição), ocultamento aos administrados dos assuntos que a todos interessam, e muito menos em relação aos sujeitos individualmente afetados por alguma medida.
>
> (...)
>
> Na esfera administrativa o sigilo só se admite, a teor do art. 5º, XXXII, precitado, quando "imprescindível à segurança da Sociedade e do Estado.[13]

Em consonância com essa arquitetura constitucional, a Lei de Acesso à Informação expressamente dispôs acerca da necessidade de tornar público as informações ou dados. Como os princípios da publicidade e da transparência não são absolutos, ao dispor sobre as informações pessoais, a Lei de Acesso à Informação prescreveu que o tratamento dado a elas deve respeitar a intimidade, a vida privada, a honra e a imagem das pessoas, bem como s liberdades e garantias individuais.

---

12 MEIRELLES, Hely Lopes. **Direito Administrativo Brasileiro**, 30 ed. São Paulo: Malheiros, p. 94.

13 MELLO, Celso Antônio Bandeira de. **Curso de Direito Administrativo**. 21 ed. São Paulo: Malheiros, p. 110-111.

Antes da vigência da LGPD, como se observa, o ordenamento jurídico estruturou o princípio da publicidade para que houvesse o respeito da intimidade e vida privada. Desde que se respeitassem esses direitos, cujo extensão goza de uma objetividade, o Poder Público deve dar publicidade às suas informações e dados.

Com base na Lei de Acesso à informação, por exemplo, foi possível a publicação dos salários de forma nominal. Entendeu-se que o controle pela sociedade e pelas instituições responsáveis da remuneração, do subsídio ou do salário dos agentes públicos não dispensa a sua publicação pela Administração Pública dos três Poderes. O STJ e o STF já decidiram que não viola a privacidade e a intimidade do agente público a publicidade dos valores auferidos. Eis a decisão do STJ:

> CONSTITUCIONAL E ADMINISTRATIVO. SERVIDOR PÚBLICO. DIVULGAÇÃO NOMINAL E INDIVIDUALIZADA DE DADOS REFERENTES ÀS RESPECTIVAS REMUNERAÇÕES. MEIO DE CONCRETIZAR A PUBLICIDADE ADMINISTRATIVA.
>
> AUSÊNCIA DE VIOLAÇÃO À INTIMIDADE. PRECEDENTES DO SUPREMO TRIBUNAL FEDERAL E DO SUPERIOR TRIBUNAL DE JUSTIÇA.
>
> 1. caso em que o acórdão recorrido está em consonância com a jurisprudência deste Superior Tribunal de Justiça, no sentido de que é legítima a divulgação nominal e individualizada de dados referentes à remuneração ou ao subsídio recebidos por ocupante de cargo, posto, graduação, função e emprego públicos.
>
> 2. O tema já foi, inclusive, objeto de exame pelo Supremo Tribunal Federal que no julgamento do ARE 652.777/SP, relator Ministro TEORI ZAVASCKI, reconheceu a repercussão da matéria e fixou a tese de que "É legítima a publicação, inclusive em sítio eletrônico mantido pela Administração Pública, dos nomes dos seus servidores e do valor dos correspondentes vencimentos e vantagens pecuniárias" (Tema 483).

> 3. Agravo regimental a que se nega provimento. (AgRg no RMS 46.171/MG, Rel. Ministro SÉRGIO KUKINA, PRIMEIRA TURMA, julgado em 6-10-2016, DJe 21-10-2016)

E a LGPD evidenciou os direitos aos dados pessoais como direito da personalidade que não se confunde, embora possa coincidir, com os direitos da intimidade ou vida privada. Por isso, alterou-se o paradigma normativo. Não se deve confundir o direito à proteção aos dados com o direito à intimidade ou privacidade, embora em certos casos possam até ser coincidentes, pois, mostra-se mais abrangente, ou seja, vai além, na medida em o titular possui um plexo de faculdades, atribuições e intenções com maior extensão tais como a pretensão de mero acesso, a correção de dados incompletos, inexatos ou desatualizados ou então seu sigilo ou anonimização.

Naturalmente, quando da vigência da Lei Geral de Proteção de Dados, o Poder Público haverá de rever muitas de suas atuações pautadas no princípio da publicidade. Terá que haver especial atenção aos dados pessoais, pois, eles não poderão ser publicizados a terceiros, sem que haja a anuência do titular. A ideia de que todos os dados do Poder Público podem ser tornar público deverá ser revisada.

Portanto, o reconhecimento de que os dados pessoais são de direitos da personalidade de seu titular o qual possui controle sob eles notadamente no que diz respeito a sua utilização demandará uma releitura do princípio da publicidade. O dever de publicidade não poderá violar os direitos aos dados pessoais. E, note-se, que não é a intimidade ou vida privada, mas sim os dados pessoais que abrangem um escopo de informações muito maior.

Essa declaração dos direitos do titular aos seus dados pessoais demandará a releitura de muitos conceitos e princípios jurídicos tradicionais, tanto de natureza pública, quanto de natureza privada, os quais foram criados quando sequer havia a perspectiva do surgimento desse rol de direitos da personalidade.

E o princípio da publicidade não é absoluto, mas se é maleável de acordo com o ordenamento jurídico em vigência e desde pautado na razoabilidade e proporcionalidade. Segundo José dos Santos Carvalho Filho:

> Sem embargo da circunstância de que a publicidade dos atos constitui a regra, o sistema jurídico – repita-se – institui algumas exceções, tendo em vista a excepcionalidade da situação e os riscos que eventual divulgação poderia acarretar."[14]

Na vigência da Lei Geral de Proteção de Dados, será imprescindível a diferenciação entre dados públicos, dados pessoais e dados pessoais sensíveis. O Poder Público deverá considerar que a publicidade dos dados pessoais, sensíveis ou não, somente poderão vir ao conhecimento de terceiros se houve a prévia e manifesta anuência de seu titular. Aqui, inclusive, destaca-se os exemplos apresentados pelo Guia Orientativo, já referido anteriormente, que, em seu item 16 ao 20, do capítulo III, exemplifica situações de tratamento e compartilhamento à luz do permissivo do consentimento, e do item 22 ao 26, do mesmo capítulo, sobre o legítimo interesse[15].

Em razão disso, a releitura deverá ser feita para que a publicidade da administração pública respeite e se dê nos termos e limites impostos pela LGPD.

---

14 CARVALHO FILHO, José dos Santos. **Manual de Direito Administrativo**. 15. ed., Lumen Juris: Rio de Janeiro, 2006, p. 23.

15 BRASIL, Autoridade Nacional de Proteção de Dados**. Guia Orientativo**: Tratamento de Dados Pessoais Pelo Poder Público. Brasília: 2022, p. 6-7. Disponível em: https://www.gov.br/anpd/pt-br/documentos-e-publicacoes/guia-poder-publico-anpd-versao-final.pdf. Acesso em 30 mai. 2022

CONSIDERAÇÕES FINAIS

A Lei Geral de Proteção de Dados (LGPD) reconheceu que os dados pessoais são de propriedade de seu titular, pessoa física, que possui o controle sobre eles, podendo ou não autorizar sua utilização, bem como revogá-la a qualquer momento de acordo com sua conveniência. A principal novidade talvez seja que os dados pessoais deixaram de ser uma "*res nullions*", ou seja, coisa sem dono, que podiam ser coletados e tratados por qualquer pessoa e sem repercussões.

E essa declaração dos direitos do titular dos dados pessoais repercutirá em todo o ordenamento jurídico. Com o surgimento desse novo direito da personalidade no ordenamento jurídico, demandar-se-á uma reinterpretação e releitura de vários conceitos, princípios e institutos de direito público ou privado.

Especificamente no direito público, os juristas deverão lançar suas atenções para dimensionar a extensão do princípio da publicidade. Hodiernamente, entende-se que esse princípio dever respeitar os direitos da intimidade e da vida privada das pessoas. Significa dizer que, desde que não os viole, o Poder Público tem o dever de dar publicidade aos dados e informações que estejam sob sua alçada. Preserva-se a pessoa humana na sua dimensão da vida privada e da intimidade.

Ocorre que a LGPD traz os dados pessoais como um direito da personalidade que não se confunde com a privacidade ou intimidade. Embora às vezes chegue até haver certa confusão entre eles, certo é que se trata de direitos diversos. Como se demonstrou no artigo, a proteção aos dados pessoais é um direito autônomo advindo da personalidade em que se busca conceder ao seu titular a autonomia e o controle de seus próprios dados.

Na vigência da LGPD, a releitura do princípio da publicidade tornar-se-á obrigatória. Em suas atividades cotidianas, o Poder Público deverá dar publicizar seus atos e informações desde que haja a proteção dos dados pessoais. Significa dizer que não poderá divulgá-los a não ser que haja autorização do titular ou, nos casos, em que expressamente a nova legislação não se aplica como para a segurança pública ou o combate ao crime.

O princípio da publicidade, por isso, deverá ser aplicado com a observância do direito do titular dos dados pessoais. Posto de outra forma, agora, não será somente a vida privada e a intimidade que serão a preocupação do Poder Público.

REFERÊNCIAS BIBLIOGRÁFICAS

BIONI, Bruno Ricardo. **Proteção de Dados Pessoais: a função e os limites do consentimento**. 2. ed. Rio de Janeiro: Forense, 2020.

BRASIL, Autoridade Nacional de Proteção de Dados. **Guia Orientativo**: Tratamento de Dados Pessoais Pelo Poder Público, 2022. Disponível em: https://www.gov.br/anpd/pt-br/documentos-e-publicacoes/guia-poder-publico-anpd-versao-final.pdf.

CARVALHO FILHO, José dos Santos. **Manual de Direito Administrativo**. 15 ed. Rio de Janeiro: Lúmen Juris, 2006.

HARARI, Yuval Noah. Tradução de Paulo Geiger. **21 Lições para o século 21**. 3. Reimpressão. Companhia das Letras.

MEIRELLES, Hely Lopes. **Direito Administrativo Brasileiro**, 30. ed. São Paulo: São Paulo: Malheiros, 2005.

MELLO, Celso Antônio Bandeira de. **Curso de Direito Administrativo**, 21. ed. São Paulo: Malheiros, 2006.

PINHEIRO, Patrícia Peck. **Proteção de Dados Pessoais – Comentários à Lei 13.709/2018**, São Paulo: Saraiva, 2018.

TEIXEIRA, Tarcisio; MAGRO, Américo Ribeiro. **Proteção de dados: Fundamentos Jurídicos**. Salvador: JusPodivm, 2020.

TEIXEIRA, Tarcisio; ARMELIN, Ruth Maria Guerreiro da Fonseca. **Lei Geral de Proteção de Dados Comentada artigo por artigo**. Salvador: Juspodivm, 2020.

13

A SEGURANÇA E O SIGILO DE DADOS DA LGPD APLICADA À PROPAGANDA PARTIDÁRIA E ELEITORAL NA INTERNET

Fujie Kawasaki[1]

INTRODUÇÃO

O tratamento de dados pessoais sensíveis, dentre eles, a opinião e o posicionamento político, é carregado com o risco potencial de ensejar a discriminação social de indivíduos, mas também com uma questão macro, de operacionalizar dados pessoais com o objetivo de incrementar a efetividade de campanhas e propagandas políticas, capazes de alterar o rumo de uma eleição democrática e, idealmente, isonômica e igualitária.

1 Mestranda em Direito Negocial na Universidade Estadual de Londrina (UEL). Pós-graduada em Direito Eleitoral e Direito Administrativo. Procuradora Jurídica do Município de Califórnia/PR. Professora de cursos preparatórios para concursos públicos. E-mail: fujiekawasaki@gmail.com.

O enfrentamento legal sobre o tema dos dados sensíveis levou o legislador a restringir as possibilidades de seu tratamento, e questiona-se de que maneira dados pessoais de opinião ou posicionamento político deveriam ser tratados por partidos políticos durante campanhas e propagandas eleitorais.

Por meio da pesquisa teórico-bibliográfica, pretende-se demonstrar a aplicabilidade da Lei nº 13.709/2018 (LGPD) ao Direito Eleitoral em termos de campanhas e propagandas, buscando compatibilizar o ideal democrático, a necessidade de organização política e a proteção e dados pessoais sensíveis, principalmente durante os períodos de propaganda partidária e eleitoral.

Para tanto, necessariamente se enfrentará os direitos subjetivos ou interesses legítimos reputados como juridicamente tuteláveis, perante o desenvolvimento das tecnologias de processamento de dados; as delimitações conceituais trazidas no texto da LGPD, e por fim, promover um diálogo entre estas e eventuais normas específicas existentes no Direito Eleitoral.

1. DO DIREITO À PRIVACIDADE, INTIMIDADE E VIDA PRIVADA

Em 1890, Samuel D. Warren e Louis D. Brandeis desenvolveram a concepção jurídica de privacidade em um artigo na *common law*. Entendido como "o direito de ser deixado só" (*the right to be left alone*), a construção sintetiza "*privacy*" a partir dos direitos de liberdade e de propriedade, como a escolha individual de tornar públicos fatos seus, ou não.

Na Constituição Federal de 1988 não consta o direito à privacidade no artigo 5º, inciso X, mas apenas a inviolabilidade da intimidade, vida privada, honra e imagem das pessoas, e a decorrente indenização em caso de sua violação.

Marcelo Cardoso Pereira aponta um choque cultural quanto ao direito à privacidade, tendo em vista a origem anglo-saxã e consuetudinária deste instituto jurídico. É que o termo "privacidade" se consubstancia em um neologismo de "*privacy*" e não possui um termo cujo significado seja equivalente na língua portuguesa, ao menos quando comparam-se no sentido técnico-jurídico, pois o termo estrangeiro é demasiadamente amplo e abrangente em relação ao termo em português[2].

No mesmo sentido, Gilmar Mendes também ilustra brevemente a celeuma doutrinária em relação à privacidade e intimidade: a primeira seria mais abrangente que a segunda, a qual se limitaria às relações familiares e amizades mais próximas[3].

Por ângulo diverso, José Afonso da Silva opta por tomar as expressões do texto constitucional por conjunto, empregando o termo "Direito à Privacidade", entendendo-o como expressão mais genérica e ampla, capaz de sintetizar sucintamente os termos empregados pela Constituinte de 1988[4].

Também possui destaque a obra da doutrina alemã, que concebeu a teoria das esferas ou dos círculos concêntricos, isto é, a sistematização do direito à privacidade sob o prisma de um diagrama de três níveis ou círculos, cada qual conscrito por outro maior. O nível mais restrito seria o segredo pessoal, o nível intermediário corresponderia às informações compartilhadas com pessoas íntimas e o nível externo seriam informações compartilhadas com terceiros, mas ainda assim relativas à pessoa do indivíduo. Vale citar o esforço de Marcelo Cardoso Pereira em sintetizá-la:

---

2 PEREIRA, Marcelo Cardoso. Direito à intimidade na internet. 1ª ed. 6ª Reimpressão. Curitiba: Juruá, 2011, p. 118-119.

3 MENDES, Gilmar Ferreira. Curso de Direito Constitucional. 7. ed. rev. e atual. São Paulo: Saraiva, 2012, p. 147.

4 SILVA, José Afonso da. Curso de Direito Constitucional Positivo. Revista e atualizada nos termos da Reforma Constitucional, Emenda Constitucional n. 48, de 10.8.2005. 25ª ed. São Paulo: Malheiros, 2005, p. 206.

> No esforço de conceituar o que seja a intimidade, e ainda que em uma tentativa de delimitar seu conteúdo, merece destaque a posição da doutrina alemã, a qual, mediante uma teoria denominada "teoria das esferas ou dos círculos concêntricos" (*Sphärentheorie*), tentou defini-la valendo-se para tanto de uma distinção entre "*intimsphäre*", que corresponderia à esfera do segredo e que seria vulnerada quando do conhecimento de fatos que deveriam permanecer ignorados; "*privatshäre*", que equivaleria a nossa noção de íntimo e que englobaria a vida pessoal e familiar; e "*individualshäre*", que corresponderia a todo tipo de dados ou informações relativas ao indivíduo, tais como o nome, a honra, etc.[5]

Diante desse cenário, a previsão específica da intimidade, vida privada, e demais valores na Lei Maior representa sua condição de direitos individuais, intimamente ligados ao direito à vida, impondo-se, outrossim, uma análise pormenorizada de cada um deles, ao mesmo tempo em que se tecem comentários a respeito dos respectivos impactos provocados pela utilização de novas tecnologias.

1.1. Intimidade e Vida Privada

Como já destacado anteriormente, na forma da teoria dos círculos concêntricos, a intimidade corresponde a um plano de existência individual, mais restrito que a vida privada.

Entretanto, existe grande variação do conceito de intimidade entre os ordenamentos decorrentes da própria cultura dos povos e do contexto histórico em que estão inseridos.

Para Pereira, o direito à intimidade possui duas acepções: a primeira corresponderia a um direito de defesa, negativo, para exclusão ou defesa

5 PEREIRA, Marcelo Cardoso. Direito à intimidade na internet. 1ª ed. 6ª Reimpressão. Curitiba: Juruá, 2011, p. 113.

contra intromissões indevidas; e a segunda seria um direito de controle "de informações relativas a determinada pessoa"[6]. E ao final, conclui que o direito a intimidade se conceitua como "o direito das pessoas de defender e preservar um âmbito íntimo, variável segundo o momento histórico imperante, no qual estas possam desenvolver sua personalidade"[7].

Especificamente em relação ao Direito Constitucional brasileiro, José Afonso da Silva, citando os conceitos de Rene Ariel Dotti e Adriano Cupis, sintetiza o direito à intimidade, nela incluindo a inviolabilidade de domicílio, o sigilo de correspondência e o segredo profissional, como um poder legal que o indivíduo possui em controlar o conhecimento, por parte de outrem, de informações a seu respeito[8].

Pelo exposto, o ponto em comum desenvolvido pelos autores citados seria a liberdade de controlar a publicidade de informações próprias, isto é, referentes à própria pessoa, "tanto a liberdade de se expor ou não, quanto a de decidir em que medida pretende o titular revelar sua intimidade e sua vida privada para o mundo exterior"[9].

Em relação à vida privada, por sua vez, preconizada como inviolável no art. 21 do CCB, José Afonso da Silva pondera que esta é diversa do conceito de intimidade. Pressupõe que há dois planos de existência individual: o público e o privado, sendo que incumbe ao indivíduo,

6 PEREIRA, Marcelo Cardoso. Direito à intimidade na internet. 1ª ed. 6ª Reimpressão. Curitiba: Juruá, 2011, p. 126-129.

7 Ibidem, p.140.

8 SILVA, José Afonso da. Curso de Direito Constitucional Positivo. Revisada e atualizada nos termos da Reforma Constitucional, Emenda Constitucional n. 48, de 10.8.2005. 25ª ed. São Paulo: Malheiros, 2005, p. 208.

9 VIEIRA, Tatiana Malta. O direito à privacidade na sociedade da informação: efetividade desse direito fundamental diante dos avanços da tecnologia da informação. Porto Alegre: Sergio Antonio Fabris Editora, 2007, p. 29.

titular do direito, controlar o tráfego de informações pessoais entre esses campos[10].

Efetivamente, a vida privada é um conceito intermediário entre a intimidade e a publicidade. Aplica-se às informações pessoais que um indivíduo confidencia a seu círculo de contatos mais próximos, tais como entes familiares e amigos íntimos, sem desejar ultrapassar este limite de pessoas de confiança. Assim, o esclarecedor ensinamento de Maria Helena Diniz:

> Há certos aspectos da vida da pessoa que precisam ser preservados de intromissões indevidas, mesmo que se trate de pessoa notória no que atina à vida familiar, à correspondência epistolar, ao sigilo bancário, ao valor do salário e do patrimônio, ao laudo médico, às faturas de cartão de crédito, aos hábitos de consumo etc. (...).[11]

Assim, a vida privada possui abrangência mais ampla que a intimidade. Ao passo que esta é interior ao indivíduo, aquela "se manifesta para o exterior, estando, pois, mais exposta e condicionada a regras (e costumes) de convivência social"[12].

1.2. Autodeterminação Informativa

Parte da doutrina vislumbra que o direito à intimidade, confrontado com o novo significado de sociedade informatizada e decorrente garantia de transparência, resultaria no reconhecimento de um novo direito

10 SILVA, José Afonso da. Curso de Direito Constitucional Positivo. Revista e atualizada nos termos da Reforma Constitucional, Emenda Constitucional n. 48, de 10.8.2005. 25ª ed. São Paulo: Malheiros, 2005, p. 208.

11 DINIZ, Maria Helena. Curso de Direito Civil Brasileiro, Volume 1: Teoria Geral do Direito Civil. 29. ed. São Paulo: Saraiva, 2012, p. 150.

12 PEREIRA, Marcelo Cardoso. Direito à intimidade na internet. 1ª ed. 6ª Reimpressão. Curitiba: Juruá, 2011, p. 116.

fundamental, denominado "autodeterminação informativa", entendida como "consequência da limitação da informática pela intimidade, que garante ao indivíduo um direito público de conteúdo subjetivo e objetivo."[13]

Ilustrativamente, o seguinte trecho esclarecedor de Têmis Limberger:

> A informática imprime um novo significado à intimidade. Com o intuito de protegê-la, surge a possibilidade de que o indivíduo possa ceder às informações que estão armazenadas nos bancos de dados, por meio do habeas data. Não se trata mais somente do direito de estar só, as da possibilidade de exigir uma prestação concreta, uma vez que o cidadão que pede uma informação pode controlar sua utilização e até mesmo corrigi-la.[14]

Marcelo Cardoso Pereira, indo além, entende que referido direito, denominado por vezes "direito à liberdade informática", "intimidade informática", "direito fundamental à proteção de dados", já seria reconhecido enquanto um direito fundamental autônomo, especialmente perante normatizações internacionais, citando como exemplo a carta Direitos Fundamentais da União Europeia de 07/12/2000[15].

2. A LEI DE PROTEÇÃO DE DADOS PESSOAIS

Com o avanço da informática e advento da Internet, a informação passa a ser um dos principais recursos do meio de produção capitalista.

---

13 LIMBERGER, Têmis. O direito à intimidade na era da informática: a necessidade de proteção dos dados pessoais. Porto Alegre: Livraria do Advogado Editora, 2007, p. 115.

MENDES, Gilmar Ferreira. Curso de Direito Constitucional. 7. ed. rev. e atual. São Paulo: Saraiva, 2012.

14 Ibidem, p.114.

15 PEREIRA, Marcelo Cardoso. Direito à intimidade na internet. 1ª ed. 6ª Reimpressão. Curitiba: Juruá, 2011, p. 155-159.

As operações com dados permitem a captação de *leads* comerciais, a personalização da publicidade e propaganda conforme os interesses do destinatário, e a extração de *insights* mercadológicos, comportamentais e estatísticos outrora inimagináveis.

Este recurso, suas aplicações e as ferramentas a ela relacionadas, que desperta o interesse não apenas de grandes empresas de tecnologia, mas também de todo tipo de atividade econômica, política, social ou mesmo estatal, enseja grave risco ao direito de autodeterminação informativa exposto.

Nesse sentido, reconhecendo a necessidade de uma normatização de deveres e responsabilidades em relação aos dados pessoais, a Lei Geral de Proteção de Dados Pessoais (LGPD) institui no Brasil um regime protetivo às operações com dados pessoais de pessoas naturais. A Lei, publicada em 14 de agosto de 2018, e que originariamente entraria em vigência 24 meses após sua publicação (14 de agosto de 2020), foi prorrogada para 03 de maio de 2021 com a Medida Provisória n. 959/2020.

Por uma comparação simples entre as legislações, Patricia Peck Pinheiro evidencia a forte inspiração da LGPD brasileira na *General Data Protection Regulation* (GDPR) da União Europeia, regulamento consolidado por 28 países do bloco e que entrou em vigor em maio de 2018[16].

Quanto ao escopo principiológico, a LGPD insculpiu em seu art. 2º os "fundamentos" da disciplina de proteção de dados pessoais. De plano, pode-se inferir que a *volunta legis* é de conciliar a importância econômica e tecnológica da atividade de tratamento de dados pessoais (incisos V e VI) com a proteção de direitos fundamentais, como a privacidade, autodeterminação informativa e outros (demais incisos).

16 PINHEIRO, Patrícia Peck. Proteção de dados pessoais: comentários à Lei n. 13.709/2018 (LGPD). São Paulo: Saraiva Educação, 2018, 2018, p. 64.

Elevou-se a princípio da atividade de tratamento de dados pessoais, no art. 6º, inciso X, a responsabilidade do agente operador de dados pela adoção de medidas pela proteção das informações que possua, bem como a eficácia delas. Em consonância com o dever de não causar danos a outrem, a LGPD previu em seu art. 7º e seguintes os requisitos indispensáveis para a regularidade das operações de tratamento de dados pessoais.

2.1. Escopo De Aplicação e Conceitos Legais

A LGPD trouxe em seu art. 5º uma série de conceitos legais de modo a instrumentalizar sua aplicação, e é necessário compreender seu conteúdo e delimitação no plano jurídico, ao menos sobre aqueles indispensáveis para o desenvolvimento deste.

O dado pessoal é conceituado no texto legal como a "informação relacionada a pessoa natural identificada ou identificável" (art. 5º, inc. I, LGPD), ou seja, seu titular – "pessoa natural a quem se referem os dados pessoais que são objeto de tratamento" (art. 5º, inc. V, LGPD).

Assim, o dado é todo e qualquer informação inteligível sobre algo, codificada em qualquer linguagem e que possa traduzir algum significado. Acrescente-se que ocorrerá a qualidade de "dado pessoal" quando a informação disser respeito a pessoa natural, identificada ou identificável, desde que viva[17].

Ricardo Bioni evidencia a importância do dado pessoal como um fator de delimitação da tutela jurídica trazida pela LGPD. Somente tem relevância jurídica os dados e informações que digam respeito a pessoas,

17 PINHEIRO, Patrícia Peck. Proteção de dados pessoais: comentários à Lei n. 13.709/2018 (LGPD). São Paulo: Saraiva Educação, 2018, 2018, p. 25.

pois apenas dessa forma existirá um direito ou interesse digno de proteção pelo ordenamento[18].

Assim, alguns exemplos de dado pessoal seriam: "dados de localização, placas de automóvel, perfis de compras, número do Internet Protocol (IP), dados acadêmicos, histórico de compras, entre outros"[19].

O tratamento desses dados pessoais é conceituado na LGPD como:

> Art. 5º. Para os fins desta Lei, considera-se:
>
> [...]
>
> X – tratamento: toda operação realizada com dados pessoais, como as que se referem a coleta, produção, recepção, classificação, utilização, acesso, reprodução, transmissão, distribuição, processamento, arquivamento, armazenamento, eliminação, avaliação ou controle da informação, modificação, comunicação, transferência, difusão ou extração.[20]

Verifica-se, portanto, que "tratamento de dados pessoais" engloba toda e qualquer operação, desde a coleta até a exclusão, com informações relacionadas a pessoas naturais.

Segundo Ricardo Bioni, a LGPD aplica-se sem diferenciações, a operações de tratamento que ocorram por qualquer meio, eletrônico ou não, e independente da finalidade, segmento da atividade desenvolvida

18 BIONI, Ricardo, B. Proteção de Dados Pessoais – A Função e os Limites do Consentimento. 1º ed. Rio de Janeiro: Grupo GEN, 2018. ISBN 9788530983291, p. 66. Disponível em: https://integrada.minhabiblioteca.com.br/#/books/9788530983291/. Acesso em: 10 jul. de 2020.

19 PINHEIRO, Patrícia Peck. Proteção de dados pessoais: comentários à Lei n. 13.709/2018 (LGPD). São Paulo: Saraiva Educação, 2018, 2018, p. 24/25.

20 BRASIL. Lei n. 13.709 de 14 de agosto de 2018. Lei Geral de Proteção de Dados Pessoais (LGPD). Disponível em: http://www.planalto.gov.br/ccivil_03/_ato2015-2018/2018/lei/L13709compilado.htm. Acesso em 10 jul. 2020.

ou regime jurídico aplicável à organização (público ou privado) que desenvolve a operação[21].

Excetuam-se as operações com dados realizadas por pessoa física (fins particulares e não econômicos), promovidas com fins jornalísticos e artísticos, ou ainda de segurança pública ou defesa nacional[22].

Demanda-se sua aplicação sempre que houver relação com o território nacional: se o tratamento de dados pessoais nele ocorra, se nele visar a oferta de bens ou serviços, ou ainda se disser respeito a dados pessoais nele coletados, ou relativos à pessoas nele localizados[23].

2.2. Sujeitos Identificados na Lei e seus Direitos e Deveres

A LGPD conceituou algumas espécies de sujeitos e seus papeis no tratamento de dados pessoais.

De um lado, há os titulares dos dados pessoais, definidos no art. 5º, inc. V, como a "pessoa natural a quem se referem os dados pessoais que são objeto de tratamento". Seus direitos quanto aos dados pessoais submetidos a tratamento, encontram-se listados no art. 17 e seguintes. Dentre as quais, destaca-se a prerrogativa de acesso e retificação dos mesmos, caso estejam incorretos.

Trata-se da consolidação do princípio da veracidade, já previsto pelo CDC em seu art. 43, § 3º. Este se refere à prerrogativa de exigir a

21 BIONI, Ricardo, B. Proteção de Dados Pessoais – A Função e os Limites do Consentimento. 1º ed. Rio de Janeiro: Grupo GEN, 2018. ISBN 9788530983291, p. 106. Disponível em: https://integrada.minhabiblioteca.com.br/#/books/978853098329. Acesso em: 10 Jul 2020.

22 PINHEIRO, Patrícia Peck. Proteção de dados pessoais: comentários à Lei n. 13.709/2018 (LGPD). São Paulo: Saraiva Educação, 2018, 2018, p. 30.

23 Ibidem, p. 29.

retificação de dados pessoais incorretos, e tem como justificativa prevenir danos que podem ser ocasionados ao titular em decorrência de seu processamento[24]. Marcelo Cardoso Pereira reconhece que "a consequência será a elaboração de um perfil pessoal que não reflete a realidade e que formará uma ideia falsa acerca do modo de ser do internauta [...]"[25].

De outro lado, há os agentes de tratamento (art. 5º, inc. IX), que seriam as pessoas que desenvolvem tais operações com dados, seria um gênero do qual são espécies o controlador e operador.

No estrito conceito da LGPD, ao passo que o controlador (art. 5º, inc. VI) é o responsável por tomar decisões sobre a coleta, análise e demais atos com dados pessoais, o operador (inciso VII), por sua vez, executa a análise dos dados com os parâmetros daquele. Em síntese, o controlador possui o poder de decisão sobre a atividade, determina a finalidade, objetivo e limites para o tratamento de dados pessoais, ao passo que o agente operador a materializa.

Pinheiro, sob outra ótica, explica que "o controlador [...] recepciona os dados pessoais dos titulares [...] por meio do consentimento ou por hipóteses de exceção, e o operador [...] realiza algum tratamento de dados pessoais motivado por contrato ou obrigação legal"[26].

Aos agentes de tratamento, a LGPD instituiu no art. 16, como regra, a eliminação dos dados pessoais coletados após o término do seu tratamento, salvo as exceções aduzidas em seus incisos, nas quais os riscos

---

24 VIEIRA, Tatiana Malta. O direito à privacidade na sociedade da informação: efetividade desse direito fundamental diante dos avanços da tecnologia da informação. Porto Alegre: Sergio Antônio Fabris Editora, 2007, p. 273.

25 PEREIRA, Marcelo Cardoso. Direito à intimidade na internet. 1ª ed. 6ª Reimpressão. Curitiba: Juruá, 2011, p. 193.

26 PINHEIRO, Patrícia Peck. Proteção de dados pessoais: comentários à Lei n. 13.709/2018 (LGPD). São Paulo: Saraiva Educação, 2018, 2018, p. 27.

do arquivamento de tais dados pessoais podem ser relevados em face da necessidade de atender obrigações legais ou regulatórias (inciso I), da autorização do titular para transferência de suas informações a terceiros (inciso III), ou ainda de sua anonimização para utilização por órgãos de pesquisa ou do próprio controlador (incisos II e IV).

Corresponde, portanto, a um aprimoramento de situação jurídica já profetizada pela doutrina há muito: o cabimento do direito de se requerer a exclusão definitiva de dados pessoais fornecidos a provedor de Internet ou fornecedor de produtos ou serviços no mercado de consumo, finda a relação entre as partes[27].

2.3. Dados Pessoais Sensíveis e Seu Tratamento

Segundo a LGPD, o dado pessoal sensível é aquele que permita inferir sobre a pessoa natural informações como sua "origem racial ou étnica, convicção religiosa, opinião política, filiação a sindicato ou a organização de caráter religioso, filosófico ou político, dado referente à saúde ou à vida sexual, dado genético ou biométrico" (art. 5º, inc. II).

Pinheiro sintetiza que seriam aqueles dados relacionados a "características da personalidade do indivíduo e suas escolhas pessoais"[28]. Ricardo Bioni, por sua vez, explica que o conteúdo dos dados pessoais sensíveis

27 MONTEIRO. Renato Leite. Da proteção aos registros, aos dados pessoais e às comunicações privadas. In: Marco Civil da Internet: Lei 12.965/2014. Fabiano Dolenc Del Masso, Juliana Abrusio, Marco Aurelio Florencio Filho, coordenadores. São Paulo: Revista dos Tribunais, 2014, p. 142.

28 PINHEIRO, Patrícia Peck. Proteção de dados pessoais: comentários à Lei n. 13.709/2018 (LGPD). São Paulo: Saraiva Educação, 2018, p. 25.

traduz uma vulnerabilidade de seu titular quanto a possibilidade de discriminação[29].

Diante desta categoria especial de dados pessoais, a LGPD trouxe em seus artigos 11 a 13 um regime especial de tratamento de dados, visando fornecer um "plus" protetivo à autodeterminação informativa, *prima facie* ao risco adicional de discriminação social do indivíduo.

Destarte, os dados pessoais sensíveis somente podem ser submetidos a operações de tratamento nas hipóteses descritas no art. 11 da Lei da Geral de Proteção de Dados:

> Art. 11. O tratamento de dados pessoais sensíveis somente poderá ocorrer nas seguintes hipóteses:
>
> I – quando o titular ou seu responsável legal consentir, de forma específica e destacada, para finalidades específicas;
>
> II – sem fornecimento de consentimento do titular, nas hipóteses em que for indispensável para:
>
> a) cumprimento de obrigação legal ou regulatória pelo controlador;
>
> b) tratamento compartilhado de dados necessários à execução, pela administração pública, de políticas públicas previstas em leis ou regulamentos;
>
> c) realização de estudos por órgão de pesquisa, garantida, sempre que possível, a anonimização dos dados pessoais sensíveis;
>
> d) exercício regular de direitos, inclusive em contrato e em processo judicial, administrativo e arbitral, este último nos termos da Lei n. 9.307, de 23 de setembro de 1996 (Lei de Arbitragem);

29 BIONI, Ricardo, B. Proteção de Dados Pessoais – A Função e os Limites do Consentimento. 1° ed. – Rio de Janeiro: Grupo GEN, 2018. ISBN 9788530983291, p. 83. Disponível em: https://integrada.minhabiblioteca.com.br/#/books/9788530983291/. Acesso em: 10 Jul 2020.

> e) proteção da vida ou da incolumidade física do titular ou de terceiro;
>
> f) tutela da saúde, exclusivamente, em procedimento realizado por profissionais de saúde, serviços de saúde ou autoridade sanitária; ou (Redação dada pela Lei n. 13.853, de 2019) Vigência
>
> g) garantia da prevenção à fraude e à segurança do titular, nos processos de identificação e autenticação de cadastro em sistemas eletrônicos, resguardados os direitos mencionados no art. 9º desta Lei e exceto no caso de prevalecerem direitos e liberdades fundamentais do titular que exijam a proteção dos dados pessoais.[30]

Interessante observação de Ricardo Bioni, ao apontar que o caráter "sensível" dos dados pessoais pode ser nulificada com a anonimização ou evidenciada por meio de operações de tratamento complexas, *v.g.*, o Big Data: "Tecnologias [...] que permitem correlacionar uma série de dados para prever comportamentos e acontecimentos"[31].

No primeiro caso, segundo Pinheiro, a anonimização corresponde ao emprego de meios técnicos onde se retire do dado pessoal a possibilidade de sua associação, direta ou indireta, a algum indivíduo. Assim, o dado anonimizado, independentemente de seu conteúdo, seria incapaz de gerar qualquer espécie de dano ou repercussão ao seu titular, porque se rompeu definitivamente o liame que permitia identificá-lo[32].

---

30 BRASIL. Lei n. 13.709 de 14 de agosto de 2018. Lei Geral de Proteção de Dados Pessoais (LGPD). Disponível em: http://www.planalto.gov.br/ccivil_03/_ato2015-2018/2018/lei/L13709compilado.htm. Acesso em 10 jul. 2020.

31 BIONI, Ricardo, B. Proteção de Dados Pessoais – A Função e os Limites do Consentimento. 1º ed. Rio de Janeiro: Grupo GEN, 2018. ISBN 9788530983291, p. 83. Disponível em: https://integrada.minhabiblioteca.com.br/#/books/9788530983291/. Acesso em: 10 Jul 2020.

32 PINHEIRO, Patrícia Peck. Proteção de dados pessoais: comentários à Lei n. 13.709/2018 (LGPD). São Paulo: Saraiva Educação, 2018, p. 26.

No plano legal, a LGPD dispôs em seu art. 12 que os dados anonimizados sequer serão considerados dados pessoais, exceto quando possível a reversão de modo independente em relação àquele que os anonimizou. Novamente, não sendo possível identificar a pessoa natural, inexistirá direito ou interesse a ser tutelado.

O caminho reverso, contudo, é apresentado por Bioni com a projeção e inferência de informações sensíveis sobre indivíduos a partir de dados pessoais "triviais", se daria por intermédio de tecnologias de correlação de vastas quantidades de dados ("Big Data") para prever comportamentos e ideologias de determinado indivíduo[33].

Oportuno transcrever o exemplo por ele trazido quanto a possibilidade de dados pessoais adquirirem caráter sensível:

> A título de exemplo, segundo um estudo da Universidade de Cambridge, as "curtidas" em uma rede social podem criar um retrato fiel dos gostos e preferências dos usuários por meio do qual poderiam ser extraídos diversos tipos de inferências. A pesquisa identificou com exatidão a porcentagem dos usuários homossexuais e heterossexuais, os usuários brancos e negros e, por fim, quais teriam uma ligação partidária republicana ou democrata.[34]

Justamente, a LGPD em seu art. 12, § 2º, dispôs que "poderão ser igualmente considerados como dados pessoais, para os fins desta Lei, aqueles utilizados para formação do perfil comportamental de determinada pessoa natural, se identificada."

33 BIONI, Ricardo, B. Proteção de Dados Pessoais – A Função e os Limites do Consentimento. 1º ed. Rio de Janeiro: Grupo GEN, 2018. ISBN 9788530983291, p. 83. Disponível em: https://integrada.minhabiblioteca.com.br/#/books/9788530983291/. Acesso em: 10 jul. 2020.

34 BIONI, Ricardo, B. Proteção de Dados Pessoais – A Função e os Limites do Consentimento. 1º ed. Rio de Janeiro: Grupo GEN, 2018. ISBN 9788530983291, p. 83. Disponível em: https://integrada.minhabiblioteca.com.br/#/books/9788530983291/. Acesso em: 10 jul. 2020.

Nessa esteira de ideias, evidente é que o tratamento de dados pessoais sensíveis corresponde justamente àquele que pode fornecer, em realidade, informações, projeções e previsões mais acuradas e efetivas, embora, ao mesmo tempo, proporcione riscos maiores aos seus titulares.

Por exemplo, dados relacionados à saúde das pessoas, que podem potencialmente gerar discriminação, devem ser coletados pelo Estado para a elaboração de políticas públicas adequadas e efetivas.

De igual modo, as pesquisas oficiais de opinião no período eleitoral se embasam na opinião política da amostra de pessoas selecionada para uma pesquisa estatística.

Indispensável, de todo modo, que ditas operações com essa categoria de dados observe a autodeterminação informativa do indivíduo e resguarde o mesmo do risco de discriminação ou prejuízo social, seja por meio da técnica da anonimização em análise estatística ou ainda a prévia e deliberada publicização da informação sensível por seu próprio titular.

2.4. A Responsabilidade Civil na LGPD

O art. 42 da Lei *in comento* instituiu a obrigação de reparação de danos, patrimoniais ou extrapatrimoniais, que tenham nexo causal com a atividade de tratamento de dados.

A leitura do texto do dispositivo faz concluir que o legislador optou pela responsabilidade civil objetiva com base na Teoria do Risco, na qual não se exige a demonstração de dolo ou culpa do autor do dano: basta que a atividade desenvolvida contenha um risco intrínseco a sua realização. Cabe destacar que a natureza do risco, conforme a classificação elencada na doutrina de Flávio Tartuce, será de "risco-proveito", na hipótese de haver finalidade lucrativa, ou de "risco-administrativo" caso se trate de operação realizada por ente estatal, ou por particular em colaboração com este[35].

Em termos práticos, na hipótese de ocorrer um dano em virtude do "vazamento" ou divulgação não autorizada de dados pessoais, os Agentes de Tratamento serão responsáveis em razão do risco do negócio, sendo irrelevante, por exemplo, o desígnio autônomo de preposto ou colaborador[36].

35 TARTUCE, Flávio. Manual de Direito Civil. Volume único. São Paulo: Método, 2011, p. 446.

36 Nesse sentido: JUIZADO ESPECIAL CÍVEL. CONSTITUCIONAL. PRIVACIDADE. SIGILO DE DADOS CADASTRAIS. CONCESSIONÁRIA DE SERVIÇO PÚBLICO. GARANTIAS. INFORMAÇÕES PESSOAIS (DADOS). VIOLAÇÃO DA INTIMIDADE. ART. 5º, X e XII, CF. MALFERIMENTO A ATRIBUTOS IMANENTES A PERSONALIDADE DO INDIVÍDUO. DANO MORAL CARACTERIZADO. *QUANTUM DEBEATUR* QUE NÃO RECLAMA REVISÃO, FACE ÀS PECULIARIDADES DO CASO, A RAZOABILIDADE E A PROPORCIONALIDADE. RECURSO CONHECIDO E NÃO PROVIDO. SENTENÇA MANTIDA. Trata-se de típico caso de relação de consumo, vez que as partes se enquadram nos conceitos definidos nos arts. 2º e 3º do CDC, afetando-se a ela as normas do Código de Defesa do Consumidor, com a inversão do ônus da prova, ante a hipossuficiência do autor e a verossimilhança dos fatos por ela alegados. Nas relações privadas (empresariais ou civis stricto sensu), a responsabilidade objetiva encontra fundamento na teoria do risco. A atividade de coleta, gestão e armazenamento de dados de outrem, por sua própria natureza, é suscetível de gerar risco para direitos alheios, o chamado risco interno do negócio, que consistiria, justamente, na perda, adulteração ou divulgação não autorizada desses dados, por parte de quem tem o dever de preservá-los. Aplica-se, assim, a segunda parte do artigo 927, Parágrafo único, do Código Civil. Restou assente nos autos ter havido consulta por prepostos da requerida a informações pessoais da autora constantes dos bancos de dados da concessionária de serviço público, sem autorização daquela, e posterior publicação em rádio local e twitter, com fins intimidativos e insultuosos, visando denegrir sua imagem em face de atuação funcional. Com efeito, a possibilidade de perda, adulteração ou divulgação não autorizada de dados (informações pessoais) faz parte do risco interno do negócio. É justamente para gerenciar esse risco que a sociedade foi contratada. Por isso, em nada lhe acude alegar que o dano foi fruto de desígnio autônomo de um funcionário, pois o Código Civil não admite tal espécie de escusa. Tampouco lhe socorre afirmar que adotou toda a diligência possível para evitá-lo, sendo a perda decorrente de caso fortuito. Ao celebrar o contrato, o titular dos dados transferiu um risco para a sociedade, mediante remuneração proporcional, de modo que ela responde por esse risco, independentemente

Como contraponto, temos que o art. 43, por sua vez, instituiu causas de exclusão da responsabilidade dos agentes de tratamento pautadas pela quebra do nexo de causalidade entre os elementos do dano e do risco. De antemão, as hipóteses dos incisos I e III não inovam em relação à matéria do CCB, pois se referem à prova da negativa do fato ou da autoria, e culpa exclusiva da vítima ou de terceiros, respectivamente.

De outro giro, merece atenção especial o inciso II do mesmo, o qual exclui a responsabilização do agente de tratamento mediante comprovação de que atuou "em conformidade com a legislação pertinente". O dispositivo leva à interpretação de que a LGPD presumiu que o cumprimento da Lei e das normas técnicas pertinentes eliminaria o risco da atividade a ponto de afastar o dever de indenizar.

O artigo seguinte arrola circunstâncias que podem ser analisadas em Juízo para aferir a regularidade da atividade desenvolvida pelo gestor de dados, sendo eles o *modus operandi* do gestor de dados, resultados e riscos esperados, e técnicas disponíveis à época da operação. Elenca, ainda, como parâmetros, não apenas a pura observância da legislação, mas também o nível de segurança da informação em padrões aceitáveis, sob o ponto de vista do titular dos dados.

No entanto, a excludente do inciso II não pode ser interpretada de modo literal: constatada a existência de um dano, este deve ser indenizado na exata extensão em que ele ocorreu (art. 927, CC) e, ademais, o

de culpa. O quantum reparatório há de ser mantido, por apresentar-se escorreita a indenização arbitrada em face das peculiaridades do caso sub judice, atendidos que foram os princípios da razoabilidade e proporcionalidade. Precedentes do Superior Tribunal de Justiça: Resp. 969.831/SP, REsp. 818/764/ES e desta Corte Recursal RI 0034523-89.2014.8.03.0001, julgado 12/2/2015, sobretudo pela expressa afirmação da ré de que a condenação não se constitui em grande valor, sendo apenas criticada, em face da situação financeira que passa a empresa. Recurso conhecido e não provido. Sentença mantida por seus próprios e jurídicos fundamentos. (TJ-AP – RI: 00243053120168030001 AP, Relator: REGINALDO GOMES DE ANDRADE, Data de Julgamento: 26/01/2017, Turma recursal).

regular cumprimento da Lei não pode servir de escusa, enquanto simultaneamente se adota como fundamento da responsabilidade civil a Teoria do Risco da Atividade. Incompatível, também, com a hipossuficiência do consumidor prevista no CDC, e com a vulnerabilidade da pessoa comum perante tais agentes de tratamento de dados[37]. Esta relativa técnica normativa se corrige facilmente por uma interpretação sistêmica da norma.

Em suma, a LGPD, lei geral aplicável à atividade de tratamento de dados, sem prejuízo de outras Leis Especiais, adotou a Teoria do Risco para fundamentar uma responsabilidade objetiva nas operações de tratamento de dados. Sua redação complementa a construção principiológica dos demais diplomas aplicáveis, como o Código de Defesa do Consumidor e o Marco Civil da Internet, especificando as operações de coleta e tratamento, direitos, garantias e deveres, de maneira a balancear a economicidade das aplicações de Internet com o direito de privacidade de seus usuários.

3. OS PARTIDOS POLÍTICOS

Os partidos políticos, consoante exposto anteriormente, sujeitam-se à aplicação da LGPD, embora contem com especificidades em relação a obrigações e proibições para com dados pessoais previstas na legislação especial, como a Lei de Eleições (Lei n. 9.504/1997).

O Tribunal Superior Eleitoral e a Autoridade Nacional de Proteção de Dados lançaram em 2021 um guia orientativo[38] aplicação da lei geral

37 BIONI, Ricardo, B. Proteção de Dados Pessoais – A Função e os Limites do Consentimento. 1º ed. Rio de Janeiro: Grupo GEN, 2018. ISBN 9788530983291, p. 159. Disponível em: https://integrada.minhabiblioteca.com.br/#/books/9788530983291/. Acesso em: 10 jul. 2020.

38 TSE, Brasília. **GUIA ORIENTATIVO APLICAÇÃO DA LEI GERAL DE PROTEÇÃO DE DADOS PESSOAIS (LGPD) por agentes de tratamento no contexto eleitoral**. [s.l.: s.n.], 2021. Disponível em: <https://www.gov.br/anpd/pt-br/assuntos/noticias/guia_lgpd_final.pdf>.

de proteção de dados pessoais (LGPD) por agentes de tratamento no contexto eleitoral com o propósito de apresentar os principais aspectos a serem considerados por candidatas, candidatos, coligações, federações e partidos políticos para o tratamento de dados pessoais das pessoas titulares, eleitoras ou eleitores em potencial. O guia é acompanhado de exemplos, que procuram ser ilustrativos, da aplicabilidade dos preceitos que devem reger as relações sociais que permeiam as eleições, trazendo esclarecimentos sobre normas impositivas no contexto eleitoral, recomendações de boas práticas a serem seguidas e constituem um primeiro passo no processo de delimitação das interpretações sobre a LGPD aplicáveis ao contexto eleitoral.

3.1. Propaganda Eleitoral na Internet e Incidência da LGPD

O art. 57-J da Lei de Eleições estabelece a competência do Tribunal Superior Eleitoral (TSE) a regulamentação da propaganda eleitoral na Internet (arts. 57-A a 57-I) em conformidade com "o cenário e as ferramentas tecnológicas existentes em cada momento eleitoral", inclusive quanto a "formulação e a ampla divulgação de regras de boas práticas relativas a campanhas eleitorais na internet".

> Art. 57-J. O Tribunal Superior Eleitoral regulamentará o disposto nos arts. 57-A a 57-I desta Lei de acordo com o cenário e as ferramentas tecnológicas existentes em cada momento eleitoral e promoverá, para os veículos, partidos e demais entidades interessadas, a formulação e a ampla divulgação de regras de boas práticas relativas a campanhas eleitorais na internet.[39]

39 BRASIL. Lei 9.504 de 30 de setembro de 1997. Estabelece normas para as eleições. Disponível em: http://www.planalto.gov.br/ccivil_03/leis/L9504compilado.htm. Acesso em 10 jul. 2020.

A Resolução TSE n. 23.610/2019, dispõe sobre a propaganda eleitoral nas eleições e especificamente quanto a legislação de proteção de dados, a Resolução limitou-se a estabelecer que qualquer operação com dados pessoais, "inclusive a utilização, doação ou cessão destes por pessoa jurídica ou por pessoa natural", para a finalidade de propaganda eleitoral observará as disposições da LGPD (art. 31, § 4º e art. 41).

No entanto, as referências genéricas a novel legislação não trazem respostas ou parâmetros para a solução de controvérsias que potencialmente podem ocorrer no campo do Direito Eleitoral e das propagandas políticas, como o tratamento de dados sensíveis.

3.2. Cessão de Dados Pessoais a Partidos Políticos

Segundo a Lei de Eleições, as mesmas pessoas e instituições proibidas de fazer doações a partidos políticos não podem ceder seus bancos de dados pessoais.

> Resolução n. 23.610/2019 TSE
>
> Art. 31. É vedada às pessoas relacionadas no art. 24 da Lei n. 9.504/1997, bem como às pessoas jurídicas de direito privado, a utilização, doação ou cessão de dados pessoais de seus clientes, em favor de candidatos, de partidos políticos ou de coligações (Lei n. 9.504/1997, art. 24 e art. 57-E, caput; ADI n. 4650; e Lei n. 13.709/2018, art. 1º e art. 5º, I).[40]

A finalidade da proibição é a mesma que aquelas justificativas relacionadas com as doações com conteúdo econômico: a preservação da soberania nacional, e a distinção entre a Administração Pública e qualquer tipo de ideologia política.

40 BRASIL. TRIBUNAL SUPERIOR ELEITORAL. Resolução n. 23.610, de 18 de dezembro de 2019. Disponível em: http://www.tse.jus.br/legislacao/compilada/res/2019/resolucao-no-23-610-de-18-de-dezembro-de-2019. Acesso em 10 jul 2020.

É o que se depreende de uma simples leitura dos artigos 24 e 57-E da referida Lei:

> Art. 24. É vedado, a partido e candidato, receber direta ou indiretamente doação em dinheiro ou estimável em dinheiro, inclusive por meio de publicidade de qualquer espécie, procedente de: (Vide ADPF N. 548)
>
> I – entidade ou governo estrangeiro;
>
> II – órgão da administração pública direta e indireta ou fundação mantida com recursos provenientes do Poder Público;
>
> III – concessionário ou permissionário de serviço público;
>
> IV – entidade de direito privado que receba, na condição de beneficiária, contribuição compulsória em virtude de disposição legal;
>
> V – entidade de utilidade pública;
>
> VI – entidade de classe ou sindical;
>
> VII – pessoa jurídica sem fins lucrativos que receba recursos do exterior.
>
> VIII – entidades beneficentes e religiosas;
>
> IX – entidades esportivas;
>
> X – organizações não-governamentais que recebam recursos públicos;
>
> XI – organizações da sociedade civil de interesse público.
>
> XII – (VETADO).
>
> Art. 57-E. São vedadas às pessoas relacionadas no art. 24 a utilização, doação ou cessão de cadastro eletrônico de seus clientes, em favor de candidatos, partidos ou coligações.
>
> § 1º É proibida a venda de cadastro de endereços eletrônicos.
>
> § 2º A violação do disposto neste artigo sujeita o responsável pela divulgação da propaganda e, quando comprovado seu prévio conhecimento, o beneficiário à multa no valor

> de R$ 5.000,00 (cinco mil reais) a R$ 30.000,00 (trinta mil reais).[41]

Como se verifica, embora o comando proibitivo seja dirigido àquelas entidades listadas (terceiros), penaliza-se o responsável pela divulgação da propaganda que se utilize desses dados pessoais cedidos com multa entre 5 e 30 mil reais, desde que conheça essa circunstância.

Importante acrescentar que desde o julgamento da ADI 4650 pelo STF, as pessoas jurídicas de direito privado passaram a ser consideradas no rol do art. 24, e como consequência, também lhes é vedado doar ou ceder cadastros eletrônicos de dados pessoais.

Acertadamente, a Resolução n. º 23.610/2019 do Tribunal Superior Eleitoral incluiu as pessoas jurídicas de direito privado dentre as entidades afetadas a tal proibição:

> Art. 31. É vedada às pessoas relacionadas no art. 24 da Lei n. 9.504/1997, bem como às pessoas jurídicas de direito privado, a utilização, doação ou cessão de dados pessoais de seus clientes, em favor de candidatos, de partidos políticos ou de coligações (Lei n. 9.504/1997, art. 24 e art. 57-E, caput; ADI n. 4650; e Lei n. 13.709/2018, art. 1º e art. 5º, I).[42]

Como consequência, somente seria legítima a cessão de dados pessoais por aqueles que podem legitimamente realizar doações em dinheiro ou utilidade econômica a partidos políticos: as pessoas naturais.

---

41 BRASIL. Lei 9.504 de 30 de setembro de 1997. Estabelece normas para as eleições. Disponível em: http://www.planalto.gov.br/ccivil_03/leis/L9504compilado.htm. Acesso em 10 jul. 2020.

42 BRASIL. TRIBUNAL SUPERIOR ELEITORAL. Resolução n. 23.610, de 18 de dezembro de 2019. Disponível em: http://www.tse.jus.br/legislacao/compilada/res/2019/resolucao-no-23-610-de-18-de-dezembro-de-2019. Acesso em :10 jul 2020.

Nesse quesito, tanto a cessão dos próprios dados ou a cessão de dados de terceiro que a pessoa natural possua parecem dentro da legalidade, desde que observada a ausência de fim econômico do art. 4º, inc. I da LGPD.

Justamente, ele se pode depreender da leitura do art. 57-B, inc. III da Lei de Eleições:

> Art. 57-B. A propaganda eleitoral na internet poderá ser realizada nas seguintes formas:
>
> [...]
>
> III – por meio de mensagem eletrônica para endereços cadastrados gratuitamente pelo candidato, partido ou coligação;

Assim, no tocante a cessão de dados pessoais, o tema encontra regulamento na própria legislação *stricto sensu*, e o poder regulatório do TSE, no tocante às ferramentas tecnológicas disponíveis para o período eleitoral, promove uma releitura do mesmo em conformidade com a LGPD.

3.3. Dados Pessoais Sensíveis e Eleições

Ficou evidenciado que a LGPD trata a categoria de dados pessoais sensíveis de modo especialíssimo, e submete as operações de tratamento sob os mesmos a um regime diferenciado e restritivo, pautado na justificativa da proteção da autodeterminação informativa do indivíduo.

Os partidos políticos estão especialmente sujeitos às operações com dados pessoais sensíveis. Seu objetivo é organizar pessoas em torno de uma ideologia una para que se possa permitir sua representatividade democrática perante os Poderes instituídos e toda a sociedade.

A opinião política é expressamente indicada no texto legal como um dado pessoal sensível, quando vinculado a alguma pessoa natural identificável. Nessa seara, qualquer operação, em tese, com dados pessoais promovida com fins de representação política necessitaria estar submetida ao regime imposto nos artigos 11 a 13 da LGPD.

CONSIDERAÇÕES FINAIS

Tendo inicialmente exposto os direitos subjetivos ou interesses legítimos tuteláveis – privacidade, intimidade, vida privada, autodeterminação informativa – verifica-se a plena aplicabilidade dos conceitos, obrigações e normas da LGPD ao Direito Eleitoral nas matérias afetas a campanhas e propagandas, com adaptações relativas às resoluções eleitorais.

Destarte, a outorga do Poder Regulamentar sobre as regras aplicáveis à propaganda eleitoral na Internet ao Tribunal Superior Eleitoral pela Lei de Eleições confere dinamismo às normas eleitorais em relação ao desenvolvimento tecnológico.

Assim, a Resolução TSE n.º 23.610/2019 consignou expressamente a obrigatoriedade de respeito aos ditames da LGPD nas propagandas políticas na Internet para as eleições de 2020, porém, em razão de diversas reviravoltas sobre a entrada em vigor da legislação, com o adiamento das punições para 2021, restou prejudicada a sua aplicabilidade nas eleições de 2020.

Diante o exposto, denota-se que nas eleições de 2022, já teremos a Autoridade Nacional de Proteção de Dados (ANPD) atuando dentro de sua competência, bem como a Justiça Eleitoral que emanará os primeiros entendimentos jurisprudenciais que permitirão balizar a interpretação concreta acerca da segurança e sigilo de dados da LGPD nas propagandas eleitorais na internet, principalmente quanto aos cuidados com os dados sensíveis, permitindo, assim, que nas próximas eleições o TSE regulamente de forma mais específica a questão da utilização dos dados pessoais nas propagandas políticas.

REFERÊNCIAS BIBLIOGRÁFICAS

BIONI, Ricardo, B. **Proteção de Dados Pessoais – A Função e os Limites do Consentimento**. 1º ed. – Rio de Janeiro: Grupo GEN, 2018. ISBN 9788530983291. Disponível em: https://integrada.minhabiblioteca.com.br/#/books/9788530983291/. Acesso em: 10 de jul. de 2020.

DINIZ, Maria Helena. **Curso de Direito Civil Brasileiro, Volume 1: Teoria Geral do Direito Civil**. 29. ed. São Paulo: Saraiva, 2012.

LIMBERGER, Têmis. **O direito à intimidade na era da informática: a necessidade de proteção dos dados pessoais**. Porto Alegre: Livraria do Advogado Editora, 2007.

MALTA, Taiana. **O direito à privacidade na sociedade da informação: efetividade desse direito fundamental diante dos avanços da tecnologia da informação**. Porto Alegre: Sergio Antonio Fabris Editora, 2007.

MENDES, Gilmar Ferreira. **Curso de Direito Constitucional**. 7. ed. rev. e atual. São Paulo: Saraiva, 2012.

MONTEIRO. Renato Leite. **Da proteção aos registros, aos dados pessoais e às comunicações privadas. In: Marco Civil da Internet: Lei 12.965/2014**. Fabiano Dolenc Del Masso, Juliana Abrusio, Marco Aurelio Florencio Filho, coordenadores. São Paulo: Revista dos Tribunais, 2014.

PEREIRA, Marcelo Cardoso. **Direito à intimidade na internet**. 1ª ed. 6ª Reimpressão. Curitiba: Juruá, 2011.

PINHEIRO, Patricia Peck. **Proteção de dados pessoais: comentários à Lei n. 13.709/2018 (LGPD)**. São Paulo: Saraiva Educação, 2018.

SILVA, José Afonso da. **Curso de Direito Constitucional Positivo**. Revisada e atualizada nos termos da Reforma Constitucional, Emenda Constitucional n. 48, de 10.8.2005. 25ª ed. São Paulo: Malheiros, 2005.

TARTUCE, Flávio. **Manual de Direito Civil**. Volume único. São Paulo: Método, 2011.

TSE, Brasília. **GUIA ORIENTATIVO APLICAÇÃO DA LEI GERAL DE PROTEÇÃO DE DADOS PESSOAIS (LGPD) por agentes de tratamento no contexto eleitoral.** [s.l.: s.n.], 2021. Disponível em: <https://www.gov.br/anpd/pt-br/assuntos/noticias/guia_lgpd_final.pdf>.

WARREN, Samuel Dennis. BRANDEIS, Louis Dembitz. **The right to privacy**, in Harvard Law Review, Vol. IV, No. 5, 1890. Disponível em: https://www.cs.cornell.edu/~shmat/courses/cs5436/warren-brandeis.pdf. Acesso em: 10 de jul. de 2020.

14

O CASO FORTUITO COMO EXCLUDENTE DE RESPONSABILIDADE CIVIL E ADMINISTRATIVA NA LGPD

Patrícia Gasparro Sevilha Greco[1]

INTRODUÇÃO

O atual estágio de desenvolvimento tecnológico da humanidade criou uma íntima relação com o tratamento de dados: dele depende visceralmente para desenvolver novas tecnologias e, quanto mais estas tecnologias são absorvidas no quotidiano, maior fica a sua demanda por novidades neste ramo. Os dados, por sua vez, propiciam uma grande variedade de serviços e produtos que atendam *on demand* necessidades personalizadas de seus consumidores.

Não se ignora, porém, que a esfera de existência humana coexiste em vários planos: há o conhecido universo tridimensional (sensível aos seus

1 Doutoranda e mestra em Direito Negocial. patriciagreco@rwgreco.com.br.

sentidos), o universo moral, universo cultural, universo binário, universo cibernético, o universo de valores próprios de autopercepção, sem prejuízo de outros vários. O que se propõe não são classificações dessas múltiplas possibilidades, mas, a partir desta realidade plural, constatar-se que os dados não são resíduos da existência humana, são parte dela, parte de inegável importância e que tem servido de combustível ao novo modelo de empreendimento tecnológico que tem movimentado muito mais que forças econômicas, senão uma silenciosa revolução que remodela, paulatinamente, a forma que os ativos empresariais se concentram nos dados pessoais.

Sabendo-se de que os dados pessoais são emanações dos direitos da personalidade, o que, inegavelmente, rendem-lhe o patamar de direito fundamental, é que adveio a Lei Geral de Proteção de Dados (LGPD), apta a garantir, a um só tempo, o movimento da máquina do desenvolvimento sustentável e o pleno respeito à dignidade da pessoa humana, sendo que este último valor é a base para a sustentabilidade do próprio negócio que envolva os dados.

Além de a LGPD se munir de uma base principiológica, trouxe toda a arquitetura administrativa para que a proteção nela prevista fosse factível. Não obstante, ainda foi munida de sistema preventivo e repressivo, em caso de possíveis não observâncias de seus ditames.

No caso do sistema repressivo, ele, ainda, atua em duas frentes: o âmbito responsabilizatório administrativo e o âmbito responsabilizatório civil. O primeiro impõe as penas por meio da Administração Pública, independentemente das vítimas de eventual dano quererem a imposição da sanção ou não; já o segundo momento visa a reparação do dano sofrido em âmbito individual ou coletivo caso o interessado acione as vias judiciais para fazer valer seu direito.

O presente trabalho busca responder a algumas perguntas com base na lógica coercitiva ínsita à LGPD: qual a natureza da responsabilidade civil gerada a partir dos danos aos dados pessoais tutelados pela LGPD? O caso fortuito seria uma excludente de responsabilidade? Qual a natureza da responsabilidade administrativa dos danos derivados das infrações previstas neste mesmo diploma legal? Novamente, o caso fortuito afastaria este tipo de responsabilidade?

Antes, no entanto, de se lançar ao raciocínio que leva a tais respostas, é importante não perder de mente duas premissas em que da base protetiva da LGPD: a primeira delas é a dignidade da pessoa humana, principalmente, porque é dela que deriva o poder de autodeterminação aos dados pessoais do próprio titular[2] e, também, a LGPD é uma legislação com forte caráter preventivo, a qual acredita muito mais na cautela do que na repressão. A correta dosagem entre prevenção e repreensão é, contudo, a chave para que não se desmorone os objetivos trazidos nesta lei.

No primeiro tópico expor-se-á o panorama sancionatório e a lógica que a LGPD adota para punir a sua não observância. Já no segundo tópico, dedicou-se um comparativo entre a LGPD e sua legislação de referência – a GDPR – quanto ao tratamento dispensado à parte sancionatória.

No terceiro tópico debate-se acerca do tratamento que a LGPD rendeu à responsabilidade civil e à administrativa, bem como a modalidade desta responsabilização, se seria subjetiva ou se objetiva, ou, ainda, se constituiria numa responsabilidade diferenciada e específica.

No quarto tópico tratou-se sobre o caso fortuito e sua aplicação como excludente de ilicitude de responsabilidade e de imposição sancionatória, bem como as espécies de caso fortuito em interno e externo e a relação à atividade desenvolvida e à aceitação desta classificação pela jurisprudência.

2 COÊLHO, Marcus Vinicius Furtado. O direito à proteção de dados e a tutela da autodeterminação informativa. Consultor Jurídico, 2020. Disponível em: https://www.conjur.com.br/2020-jun-28/constituicao-direito-protecao-dados-tutela-autodeterminacao-informativa. Acesso em: 29 mai. 2022.

Exposto o caminho desenvolvido pelo presente estudo, convida-se para que as informações aqui constantes possam ingressar no universo do leitor e, sendo quebradas em diversos dados, sejam-lhe tão parte quanto outros que alimentam sua realidade.

1. O PANORAMA SANCIONATÓRIO NA LGPD

A Lei Geral de Proteção de Dados traz, em seus artigos 52 a 54, o regramento específico acerca da parte sancionatória e, mais especificamente, nos incisos do artigo 52 as doze espécies de sanção possíveis, que vão desde a mais branda – a advertência – até a mais severa – proibição parcial ou total do exercício de atividades relacionadas a tratamento de dados.

Por se tratar de penalidades, nunca é demais lembrar que são hipóteses taxativas, ou seja, *numerus clausus*, não se admitindo a criação de novas espécies sancionatórias, sob pena de incorrer em antinormatividade. Esta característica, derivada direta do Princípio da Legalidade, não se limita à aplicação de sanções penais, mas se estende às sanções administrativas, gerando uma expectativa precisa de que tipo de sanção se aguarda acerca da ação cometida e tipificada como ilegal e, ademais, que haverá a correta individualização da penalidade, permitindo, ainda, uma dosimetria que equivalha à reprovabilidade daquela conduta com relação a punição cominada, conforme bem destaca Daniel Ferreira[3]:

> (...) tipicidade é antinormatividade, na exata medida em que esta se revela característica de uma conduta individualizada como proibida por um tipo administrativo (sancionador). Este, por sua vez, constitui-se na fórmula pertencente à lei, na moldura para o quadro do mundo fenomênico a retratar o comportamento indesejável e sujeito à sanção no âmbito administrativo

3 FERREIRA, Daniel. **Teoria geral da infração administrativa a partir da Constituição Federal de 1988**. Belo Horizonte: Fórum, 2009, p. 247.

Veja-se que, muito embora haja a taxatividade deste rol sancionatório, fato é que a LGPD preferiu, para a fase da dosimetria, privilegiar àquele que tomou medidas preventivas para se evitar ou minimizar a ocorrência do ilícito administrativo, numa clara demonstração de que o espírito normativo veio imbuído muito mais de um caráter preventivo[4] do que repressivo propriamente. Um exemplo disso é o inciso VIII do § 1ª do artigo 52, que leva em consideração "a adoção reiterada e demonstrada de mecanismos e procedimentos internos capazes de minimizar o dano, voltados ao tratamento seguro e adequado de dados, em consonância com o disposto no inciso II do § 2º do art. 48 desta Lei [LGPD]".[5]

A referência ao inciso II do § 2º do art. 48 é um reforço sistêmico estrutural na construção normativa da LGPD, já que o texto mencionado traz o mesmo propósito, ou seja, diz que a autoridade nacional (ANPD), quando da ocorrência de algum incidente envolvendo dados, poderá determinar aos agentes de tratamento a adoção de providências tais como medidas para reverter ou mitigar os efeitos do incidente[6].

Outros incisos que bem figuram esta preocupação do espírito normativo em se evitar danos, ao invés de puni-los propriamente, são os de número IX e X, ainda do artigo 52, e dizem respeito à dosimetria da pena levando-se em consideração a adoção de política de boas práticas e governança e a pronta adoção de medidas corretivas.

4 Neste mesmo sentido assevera Patrícia Peck Pinheiro: "(...) observa-se que a LGPD busca estimular a aplicação de seus dispositivos em caráter preventivo". *In* PINHEIRO, Patrícia Peck. **Proteção de dados pessoais – comentários à Lei n. 13.709/2018 (LGPD).** São Paulo: Saraiva Educação, 2018, p. 109.

5 BRASIL. [Lei Geral de Proteção de Dados]. **Lei n. 13.709 de 14 de agosto de 2018**. Disponível em: http://www.normaslegais.com.br/legislacao/lei-13709-2018.htm. Acesso em 30 jun. 2020.

6 BRASIL, op. cit.

Não obstante esta pretensão preventiva, à LGPD foi acrescido um forte caráter conciliatório por meio da Lei n. 13.853 de 8 de julho de 2019, pois ao artigo 52 foi assomado o §7º que permite, em casos de vazamentos individuais ou a acessos não autorizados haja a conciliação direta entre o agente de tratamento e titular e, caso não haja acordo, o agente de tratamento estará sujeito às penalidades previstas no artigo 52 da LGPD.[7]

É importante a reflexão de que o §7º do artigo 52 faz menção expressa aos acessos não autorizados tratados no *caput* do artigo 46 da mesma lei, porém, este *caput* traz outra situação de danos a dados pessoais: "situações acidentais ou ilícitas de destruição, perda, alteração, comunicação ou qualquer forma de tratamento inadequado ou ilícito"[8], o que leva-se à indagação se a possibilidade conciliatória se restringiria aos casos de vazamento individual e acesso indevido, ou se poderiam considerar, ainda, as situações acidentais ou ilícitas de destruição, perda alteração, comunicação e as demais formas possíveis de tratamento inadequado ou ilícito como objeto de conciliação.

Muito embora o Princípio da Inafastabilidade do Controle Jurisdicional não gere a obrigatoriedade da realização de uma composição extrajudicial, fato é que as vias amigáveis podem se revelar como um meio extremamente efetivo de reparação do dano e, ainda, de se evitar um desgaste desnecessário para ambas as partes envolvidas, ainda mais se afastar uma eventual penalidade ao agente de tratamento de dados.

O que se busca com a indagação proposta, em verdade, é um alargamento das possibilidades conciliatórias, já que a LGPD foi bastante precisa em apontar a possibilidade do meio conciliatório para vazamentos individuais ou acessos não autorizados, mas nada falou acerca de destruição de dados, como, por exemplo, alguém que tenha um perfil em *site*

7 BRASIL, 2018.

8 Op. cit, art. 46, *caput*.

de empregos e perca oportunidades de entrevistas para preenchimento de vagas, pois este site perdeu o perfil daquele usuário; haveria, neste caso, a chance de uma conciliação nos termos no §7º, sem a imposição de posterior penalidade?

Caso se parta da ideia de que este alargamento não seria autorizado à hipótese de destruição de dados, pois a referência do §7º do art. 52 não o menciona, mas o faz, tão somente, nos casos de acessos não autorizados, ainda assim a dúvida permaneceria, porquanto numa hermenêutica teleológica e sistêmica, a LGPD busca tanto uma tutela mais efetiva da proteção de dados (art. 6, X da LGPD), quanto, ao mesmo tempo, prima pela boa-fé (art. 6º, *caput* da LGPD), o que poderia levar a crer que meios conciliatórios que demandem os mesmos padrões mínimos para adoção de medidas de segurança, por arrastamento, poderiam ser incluído no rol de possibilidades conciliatórias.

Tal interpretação, no entanto, não parece ser a mais correta, pois, em uma análise dos fundamentos da LGPD, insculpidos em seu artigo 2º, vê-se que há a defesa dos direitos humanos, do livre desenvolvimento da personalidade, da dignidade e do exercício da cidadania pelas pessoas naturais, em seu inciso VII[9]. Tal é o norte que movimenta todo o espírito da LGPD e a razão de ser é bastante razoável: as atividades econômicas humanas não podem e nem devem sobrepor a importância da essência de sua própria existência. Há valores tão caros ao ser humano que dinheiro algum compra, e aceitar uma subversão desta lógica é a instrumentalização humana.

Por este motivo que a LGPD parte da premissa de que os dados servem às pessoas e não o contrário, sobretudo por se saber que eles têm um elevadíssimo valor econômico, e é exatamente este valor que pode colocar

9 Idem.

seu titular em uma situação de vulnerabilidade em relação ao agente de tratamento.

> Em suma, percebe-se, pois, um traço vulnerante peculiar sob diversas perspectivas: informacional, técnica e econômica. Isso é saldo de uma assimetria, igualmente própria do mercado informacional, que agrava a condição de vulnerável do cidadão. Há uma sobreposição de fraquezas, na medida em que aquele sujeito vulnerável é inserido em um novo contexto: o do mercado informacional.
>
> Por isso aponta-se que o consumidor é (hiper)vulnerável em meio a esse mercado informacional. Esse agravamento decorre da situação objetiva pertinente a sua inserção no mercado informacional, cujos traços de vulneração são peculiares e se sobrepõem ao ordinário das tradicionais relações de consumo. [10]:

Deste modo, a LGPD se mostrou cautelosa quanto a uma liberação muito extensa das possibilidades conciliatórias que afastassem a incidência sancionatória, exatamente porque, em um "cálculo prévio", poderia ser mais atraente ao agente de tratamento arcar com o risco de não observar as normas de regência, evitando-se a destruição ou a inutilização de dados, por exemplo, suportando uma composição posterior, a qual lhe seria mais branda que uma multa ou outra penalidade.

É ainda pelo zelo do caráter preventivo que a exegese da possibilidade conciliatória não se deve demonstrar elastecida e deve respeitar a estrita previsão do §7º do artigo 52, pois, do contrário, o espírito preventivo de infração normativa da LGPD cairia por terra, tornando a possibilidade conciliatória numa espécie de "negócio jurídico", ainda que escuso, mas de alta atratividade aos agentes de tratamento mal-intencionados.

10 BIONI, Bruno Ricardo. **Proteção de dados pessoais: a função e os limites do consentimento.** Rio de Janeiro: Forense, 2019, p. 164-165.

Ademais, o mencionado parágrafo cuida-se de uma sanção premial ou sanção positiva, conforme já preconizou Norberto Bobbio[11], sem, contudo, deixar de ser uma sanção, devendo, desse modo, estar submetida à sistemática delas, com a mesma leitura restritiva.

A LGPD não afasta a possibilidade de aplicação cumulativa de suas sanções às previsões sancionatórias de outros diplomas normativos, tais como os de âmbito civil, penal, consumerista[12] ou administrativo[13].

Vê-se, assim, que um mesmo dano envolvendo dados pessoais pode repercutir e ser tratado tanto pela LGPD, quanto pelo Código Civil, pelo Código Penal, pela Lei n. 8.112 de 11 de dezembro de 1990 e pela Lei n. 8.078 de 12 de setembro de1990, sem prejuízo de outras normas. E a LGPD também permite a aplicação de todas as modalidades de sanção, à exceção das multas, às entidades e aos órgãos públicos.[14]

O Artigo 52, em seu §4ª, recepcionou a possibilidade de que o cálculo da "multa simples, de até 2% (dois por cento) do faturamento da pessoa jurídica de direito privado, grupo ou conglomerado no Brasil no seu último exercício, excluídos os tributos, limitada, no total, a R$ 50.000.000,00 (cinquenta milhões de reais) por infração"[15] tome por base o faturamento total da empresa ou do grupo de empresas, esta última

11 Neste sentido, argui o jurisfilósofo italiano: "o castigo é uma reação a uma ação má, o prêmio é uma reação a uma ação boa. No primeiro caso a reação consiste em devolver mal por mal; no segundo, bem por bem". *In* BOBBIO, Norberto. Las sanciones positivas, in: **Contribuición a la teoria del Derecho**, A. Ruiz Miguel Ed., F. Torres, Valência, 1980, p. 384.

12 Neste aspecto vale a menção ao artigo 43 do CDC que permite ao consumidor o "acesso às informações existentes em cadastros, fichas, registros e dados pessoais e de consumo arquivados sobre ele, bem como sobre as suas respectivas fontes". BRASIL. [Código de Defesa do Consumidor]. Lei n. 8.078 de **11 de setembro de 1990**. Disponível em: http://www.planalto.gov.br/ccivil_03/LEIS/L8078.htm. Acesso em 30 jun. 2020.

13 Tal é a previsão do artigo 42 e do §2º do art. 52, ambos da LGPD. *In* BRASIL, 2018.

14 Disciplinado no §3º do art. 52 da LGPD. *In* BRASIL, 2018.

15 Art. 52, II da LGPD. *In* BRASIL, 2018.

hipótese podendo ocorrer em duas situações: a) quando não dispuser do valor do faturamento no ramo de atividade empresarial em que ocorreu a infração ou b) quando o valor for apresentado de forma incompleta ou não for demonstrado de forma inequívoca e idônea.

Esta previsão de penalização de grupo de empresas buscou, na realidade, uma efetividade da aplicação punitiva, pois pode ocorrer que o agente de tratamento se valha de corporações atuando em nome de uma empresa dela, mas esvaziando seu patrimônio por completo, ao passo que as demais que se beneficiam com a movimentação daqueles dados nada sofrem. Tal possibilidade normativa não é uma novidade trazida pela LGPD, pois já temos previsão análoga na Lei de Concorrência – a Lei n. 12.529 de 30 de novembro de 2011 – em seu artigo 33 e artigo 37, inciso I[16].

Como dito alhures, a LGPD trouxe um sistema sancionatório e, com ele, a lógica de que há todo um escalonamento das penalidades, constatação esta derivada direta do Princípio da Proporcionalidade, vez que não se demonstra razoável a aplicação de uma pena por demais austera a uma infração de menor monta e, tampouco, uma sanção ínfima para punir um ilícito de elevada gravidade.

É interessante, contudo, a constatação de que a previsão expressa da não aplicação imediata das penalidades mais severas (as descritas nos incisos X, XI e XII do *caput* do artigo 52 da LGPD) apenas adveio com o acréscimo do §6º deste mesmo artigo, promovido pela já mencionada Lei n. 13.853, de 2019, haja vista que este parágrafo é que trouxe a determinação de que somente após a imposição de uma das penalidades previstas nos demais incisos poderia haver a imposição das penalidades dos incisos X, XI e XII.

16 BRASIL. [Lei do Sistema Brasileiro de Defesa da Concorrência]. **Lei n. 12.529 de 11 de novembro de 2011**. Disponível em: http://www.planalto.gov.br/ccivil_03/_Ato2011-2014/2011/Lei/L12529.htm. Acesso em 30 jun. 2020.

Veja-se, ainda, que aos agentes de tratamento submetidos a outros órgãos e entidades com competências sancionatórias, além da necessidade da aplicação prévia de uma das sanções menos austeras, deve-se ouvir estes órgãos antes da imposição das penalidades mais gravosas[17].

Decerto que primando-se pelo Princípio da Inocência que deve reger toda a matéria sancionatória, não basta a mera aplicação das penas previstas nos incisos I a IX do *caput* do artigo 52 da LGPD, estas devem haver esgotado as possibilidades recursais administrativas, pois este mesmo diploma legal cuidou-se de estabelecer entre as competências da autoridade nacional, em seu artigo 55-J, inciso IV a fiscalização e aplicação "de sanções em caso de tratamento de dados realizado em descumprimento à legislação, mediante processo administrativo que assegure o contraditório, a ampla defesa e o direito de recurso;". A ampla defesa compreende um equilíbrio entre a potestade da Administração Pública e entre a garantia de que a parte não debaterá infindavelmente o caso em apreço.

> [...] se faz por intermédio de minucioso procedimento imparcial, regulado por exaustivas regras do direito e informado por princípios universalmente válidos, de tal modo que, por um lado, nem o poder discricionário da Administração se exerça sem limites, nem a outra parte envolvida se exceda ao produzir a defesa que lhe assiste.[18]

Um fato curioso é que, durante os debates na criação do que hoje é a LGPD, ainda nos idos do Projeto de Lei n. 4.060 de 2012, após as sucessivas emendas que sofreu, pretendia-se tratar a anonimização como um dos tipos sancionatórios, entretanto, a LGPD o alocou, com muito mais propriedade e tecnicidade, nas previsões relativas aos dispositivos que trazem as medidas de proteção de dados, como as constantes no artigo 7,

17 Conforme artigo 52, §6º, inciso II da LGPD. *In*. BRASIL, 2018.

18 DIAS, H. P. **Direitos e obrigações em saúde**. Brasília: ANVISA, 2002, p. 113.

inciso IV; artigo 11, inciso II, alínea "c"; artigo 12; artigo 13; artigo 15 e artigo 18.

Vistas as principais características do sistema sancionatório optado pela norma brasileira, é pertinente e produtivo que se volte à legislação que lhe serviu de base, somando-lhe novas concepções e horizontes jurídicos, ainda que a LGPD tenha adaptado à realidade de sua sociedade, a fim de atender às suas necessidades fáticas.

2. O SISTEMA SANCIONATÓRIO NA GDPR E COMPARATIVOS AO DA LGPD

A *General Data Protection Regulation* (GDPR) – legislação europeia de referência e que serviu de diretriz para a construção da LGPD brasileira, prevê o mesmo escalonamento de sanções tendo por base a gravidade dos atos, bem como as suas consequências[19], em seu artigo 58, item 2.

---

19 Acerca do espírito sancionatório da GDPR, merece atenção o item 148 das suas considerações iniciais, a saber: "A fim de reforçar a execução das regras do presente regulamento, deverão ser impostas sanções, incluindo coimas, por violação do presente regulamento, para além, ou em substituição, das medidas adequadas que venham a ser impostas pela autoridade de controlo nos termos do presente regulamento. Em caso de infração menor, ou se o montante da coima suscetível de ser imposta constituir um encargo desproporcionado para uma pessoa singular, pode ser feita uma repreensão em vez de ser aplicada uma coima. Importa, porém, ter em devida conta a natureza, gravidade e duração da infração, o seu caráter doloso, as medidas tomadas para atenuar os danos sofridos, o grau de responsabilidade ou eventuais infrações anteriores, a via pela qual a infração chegou ao conhecimento da autoridade de controlo, o cumprimento das medidas ordenadas contra o responsável pelo tratamento ou subcontratante, o cumprimento de um código de conduta ou quaisquer outros fatores agravantes ou atenuantes. A imposição de sanções, incluindo coimas, deverá estar sujeita às garantias processuais adequadas em conformidade com os princípios gerais do direito da União e a Carta, incluindo a proteção jurídica eficaz e um processo equitativo". UNIÃO EUROPEIA. [*General Data Protection Regulation*]. **Regulamento UE 2016/679 do Parlamento Europeu e do Conselho de 27 de abril de 2016**. Disponível em: https://eur-lex.europa.eu/legal-content/PT/ALL/?uri=CELEX:32016R0679. Acesso em 17 mai. 2020.

Todavia, vê-se que legislação europeia preferiu a terminologia "poderes de correção" ao invés do vocábulo "sanções", este acolhido pela brasileira.

Os mencionados poderes de correção da GDPR[20] trazem alguns poderes de correção, apontando um caráter sancionatório, regendo a matéria de modo diverso do previsto na LGPD, qual é o caso da retirada de certificações ou não emissões destas, bem como o ordenamento de suspensão de envio de dados para destinatários em países terceiros ou para organizações internacionais. A saber:

> Art. 58
>
> 2.Cada autoridade de controlo dispõe dos seguintes poderes de correção:
>
> (...)
>
> h) Retirar a certificação ou ordenar ao organismo de certificação que retire uma certificação emitida nos termos dos artigos 42º e 43º, ou ordenar ao organismo de certificação que não emita uma certificação se os requisitos de certificação não estiverem ou deixarem de estar cumpridos;
>
> (...)
>
> j) Ordenar a suspensão do envio de dados para destinatários em países terceiros ou para organizações internacionais.

Com relação à retirada da certificação, a legislação brasileira preferiu tratar o tema sob outra ótica, deslocando-a da parte da lei que trata das sanções, que traz consequências ante a inobservância a qualquer um de seus dispositivos, e a realocando na parte destinada a tratar da transferência internacional de dados, no artigo 33, II, alínea "d" e artigo 35, a qual incide apenas aos interessados na obtenção das certificações. Tal escolha foi mais feliz, pois a revisão ou a anulação de certificações diz respeito apenas àqueles que as possuam e que não observem, em especial, os

20 UNIÃO EUROPEIA. Op. cit.

padrões técnicos expedidos pela autoridade nacional com base no artigo 46, §§1° e 2° da LPGD.

A GDPR, conforme apontado no artigo 58, item 2, alínea "j", traz a hipótese de suspensão de envio de dados para destinatários em países terceiros ou para organizações internacionais. Já a LGPD não fala na suspensão do envio de dados, mas ou na suspensão parcial do funcionamento do banco de dados (inciso X), ou na suspensão do exercício da atividade de tratamento dos dados pessoais (inciso XI). Contudo, veja-se que a legislação brasileira, em seu artigo 5°, inciso X, considera o tratamento de dados[21] como:

> [...] toda operação realizada com dados pessoais, como as que se referem a coleta, produção, recepção, classificação, utilização, acesso, reprodução, transmissão, distribuição, processamento, arquivamento, armazenamento, eliminação, avaliação ou controle da informação, modificação, comunicação, transferência, difusão ou extração.

Logo, a suspensão do exercício da atividade de tratamento de dados pessoais implica, ao mesmo tempo, na suspensão da transmissão destes dados conforme conclusão lógica da hermenêutica do mencionado inciso X do artigo 5, mas, neste ponto, a GDPR se demonstrou muito mais cristalina, sobretudo porque sua definição de tratamento é a base na qual a LGPD se espelhou[22] e, mesmo assim, a lei europeia preferiu um dispositivo que não engendrasse tamanha ginástica mental.

---

21 BRASIL, 2018.

22 Neste sentido é o artigo 4° da GDPR: "«Tratamento», uma operação ou um conjunto de operações efetuadas sobre dados pessoais ou sobre conjuntos de dados pessoais, por meios automatizados ou não automatizados, tais como a recolha, o registo, a organização, a estruturação, a conservação, a adaptação ou alteração, a recuperação, a consulta, a utilização, a divulgação por transmissão, difusão ou qualquer outra forma de disponibilização, a comparação ou interconexão, a limitação, o apagamento ou a destruição;". *In* UNIÃO EUROPEIA, op. cit., art. 4°, 2.

Outra previsão que a legislação estrangeira tratou como poder corretivo e a brasileira não deu o viés sancionatório, tendo preferido, ao invés, uma disposição que relacionou uma das competências da autoridade nacional, muito embora, na prática, isso imponha a mesma coerção normativa aos agentes de tratamento do que o formato optado pela GDPR[23], é a apreciação de petições de titular contra agente de tratamento, após comprovada pelo titular a apresentação de sua reclamação àquele e não solucionada no prazo estabelecido em regulamentação[24].

A LGPD trouxe um dever ao agente de tratamento, impondo-lhe a incumbência de apreciar as reclamações trazidas pelos titulares, e que lhes são encaminhadas pela autoridade nacional. Caso não haja a resposta em prazo estabelecido em regulamentação, a própria autoridade nacional apreciará tais reclamações, conforme determina o artigo 55-J, inciso V. Esta obrigação, caso não cumprida, ensejará, daí sim, na lógica sistêmica da lei brasileira, a aplicação de uma de suas sanções, não sendo uma sanção de per si. Aqui, como no velho mundo, o direito de petição[25] (na LGPD) ou o direito de reclamação[26] (na GDPR) são resguardados.

A tutela ao direito do titular dos dados de realizar algum tipo de clamor perante o agente de tratamento, mediado pela autoridade nacional,

23 UNIÃO EUROPEIA, idem, art. 58, 2., "c".

24 BRASIL, op. cit., art. 55-J, inciso V.

25 Tal é a redação do artigo 18, § 1º "O titular dos dados pessoais tem o direito de peticionar em relação aos seus dados contra o controlador perante a autoridade nacional". *In* BRASIL, idem.

26 "Art. 77 1.Sem prejuízo de qualquer outra via de recurso administrativo ou judicial, todos os titulares de dados têm direito a apresentar reclamação a uma autoridade de controlo, em especial no Estado-Membro da sua residência habitual, do seu local de trabalho ou do local onde foi alegadamente praticada a infração, se o titular dos dados considerar que o tratamento dos dados pessoais que lhe diga respeito viola o presente regulamento.

2. A autoridade de controlo à qual tiver sido apresentada a reclamação informa o autor da reclamação sobre o andamento e o resultado da reclamação, inclusive sobre a possibilidade de intentar ação judicial nos termos do artigo 78º". *In*. UNIÃO EUROPEIA, op. cit.

encontra respaldo no fato de que a tutela de seus dados são, em verdade, desdobramentos da tutela de direitos da personalidade, direitos fundamentais e estes não se resumem a um direito à privacidade dos dados, mas aos desdobramentos naturais do que possa implicar o seu tratamento.

> (...) os dados pessoais não estão relacionados somente com a privacidade, transitando dentre mais de uma das espécies dos direitos da personalidade. Tal construção dogmática é útil, pois é tal ampliação normativa que assegura o direito à retificação e de acesso aos dados e outras posições jurídicas próprias do direito à proteção dos dados pessoais (e.g., direito de revisão de decisões automatizadas).[27]

Outra diferença que merece destaque entre estes dois regramentos é a leitura sistêmica que se faz em relação à cumulatividade sancionatória: enquanto a legislação europeia leva a crer que apenas a sanção de multas (ou coimas) pode ser cumulativa com as demais e, ainda, apenas uma única multa, conforme análise da redação do artigo 58, 2, "i"[28], a brasileira parece ser mais austera e permite a cumulação de qualquer uma de suas espécies, conforme redação do §1º do artigo 52[29] e sem esta limitação de quantidade.

Não se pode olvidar do já mencionado item 148 da exposição das considerações iniciais da GDPR e que estabelece a possibilidade de aplicação de multa em substituição de outros tipos sancionatórios e, ainda, se se tratar de infração menor ou se a aplicação desta "constituir um encargo

27 BIONI, op. cit., p. 66.

28 "Art. 10. (...) 2. (...) i. Impor uma coima nos termos do artigo 83º, para além ou em vez das medidas referidas no presente número, consoante as circunstâncias de cada caso." *In*. UNIÃO EUROPEIA, idem.

29 "§ 1º As sanções serão aplicadas após procedimento administrativo que possibilite a oportunidade da ampla defesa, de forma gradativa, isolada ou cumulativa, de acordo com as peculiaridades do caso concreto e considerados os seguintes parâmetros e critérios". *In* BRASIL, op. cit.

desproporcionado para uma pessoa singular, pode ser feita uma repreensão em vez de ser aplicada uma coima"[30]. A LGPD tratou de elencar a "advertência, com indicação de prazo para adoção de medidas corretivas" como o primeiro tipo sancionatório, ciente de sua realidade social bastante diversa daquela vista no velho mundo e cuidou de estipular, em seu artigo 53, que o regulamento próprio que orientarão o cálculo do valor-base das sanções será objeto de consulta pública, com metodologias previamente publicadas.

Exatamente por se tratar de aplicação de penalidades que podem gerar seríssimas repercussões, seja no campo financeiro, com a imposição de multas que podem atingir o topo de cinquenta milhões de reais por infração, conforme o artigo 52, inciso II[31], seja no campo da imagem pública e prestígio que uma empresa desfrute, a partir da publicização da infração após a apuração e confirmação da ocorrência[32], conforme sanção prevista no mesmo artigo, inciso IV, fato é que, uma vez aplicada, há de se ter certeza da correção da medida, da eficácia e da efetividade da sanção e, sobretudo, da ponderação dos bens jurídicos em jogo naquela relação.

Por um lado, há dados, os quais, indubitavelmente, vêm galgando seu espaço de direito fundamental e marcando a tutela da personalidade de um modo indelével e sem retorno, por outro, temos o consagrado direito à ampla defesa que veda um sancionamento arbitrário e indiscriminado e disto a LGPD também se ocupou devidamente quando regulamentou sua parte destinada às previsões sancionatórias.

Conforme pôde-se antecipar, o §1º menciona sobre a possibilidade de cumulação das sanções, mas fala, ainda, sobre a obrigatoriedade

30 UNIÃO EUROPEIA, op. cit.

31 BRASIL, op. cit.

32 Idem.

de prévio processo administrativo em que se observe a ampla defesa e a aplicação das penalidades de modo gradativo, conforme as peculiaridades do caso, ou seja, penas individualizadas, cuja dosimetria devem observar alguns parâmetros e critérios. Este parágrafo encontra reforço no artigo 55-J, inciso IV que fala das atribuições da autoridade nacional.[33]

Como na lei não se deve haver palavras tidas por inúteis, abre-se uma pequena incursão aqui para um breve apontamento acerca da escolha dos vocábulos "parâmetros" e "critérios", a qual leva à conclusão lógica que se tratam de termos com diferentes significados ao olhos do legislador e que ele pretendeu, ao que tudo indica e salvo melhor juízo, abarcar, com a primeira, o estabelecimento de comparativos em que não há um padrão prévio externo àquela relação, deixando-se para verificar *in casu* o que seria razoável[34]. Já o critério é um padrão previa e logicamente estabelecido, podendo ser mensurado, até mesmo[35].

Assumindo que foi esta a lógica da LGPD, seriam critérios, por exemplo, os incisos IV e V do artigo 52 desta lei, relativos à condição econômica do infrator e à reincidência. Como exemplos de parâmetros citam-se os incisos I e II, sendo o primeiro relativo à gravidade e a natureza das infrações e dos direitos pessoais afetados e o outro à boa-fé do infrator[36].

---

33 Ibidem.

34 Tal é a interpretação dada, a partir da leitura do verbete, a saber: "Princípio através do qual é possível estabelecer uma comparação; padrão". DICIO, Dicionário Online de Português. **Porto: 7Graus**, 2020. Disponível em: https://www.dicio.com.br/parametro/. Acesso em: 11/07/2020.

35 De igual modo, tal é a conclusão conjuntural de uma análise de sua definição, a qual, curiosamente, recorre ao vocábulo "parâmetro", vide: "Parâmetro usado para estabelecer uma comparação, escolha, julgamento ou avaliação: não cumpria os critérios da empresa". DICIO, Dicionário Online de Português. **Porto: 7Graus**, 2020. Disponível em: https://www.dicio.com.br/criterio/. Acesso em: 11/07/2020.

36 BRASIL, op. cit.

A relevância recai no fato de que, em se partindo do pressuposto de que critérios sejam, de fato, padrões pré-estabelecidos, deve-se saber, então, por exemplo, qual a faixa econômica em que cada agente de tratamento se encontra qual sanção deve se impor diante dela, assim como o que se entende por "reincidente": qual o prazo para caracterização da reincidência? Haveria reincidência àquele que cometeu uma nova infração na pendência de apreciação judicial da primeira infração, ou basta a apreciação administrativa? Haverá a figura da reincidência ficta? Da reincidência real? E quanto à específica?

Esta proposta de divisão entre critérios e parâmetros não se trata, pois, de preciosismo acadêmico, mas de levar à reflexão os hiatos deixados pela LGPD, a qual queda-se silente quanto ao regramento deste assunto, diferentemente de um Código Penal, que em seu artigo 63[37] deixa bem claro o que entende por reincidente, ou ainda, do extinto Decreto n. 3179 de 21 de setembro de 1999 (que tratava das atividades lesivas ao meio ambiente) que, em seu artigo 10 trazia[38], cuidadosamente, o conceito e espécies de reincidência, e cujo diploma normativo sucessor – o Decreto n. 6.514 de 22 de julho de 2008 – tratou de esquecer e não mais

37 "Art. 63 – Verifica-se a reincidência quando o agente comete novo crime, depois de transitar em julgado a sentença que, no País ou no estrangeiro, o tenha condenado por crime anterior". BRASIL. [Código Penal]. Decreto-Lei n. 2.848 de 07 de dezembro de 1940. Disponível em: http://www.planalto.gov.br/ccivil_03/Decreto-lei/Del2848compilado.htm. Acesso em 30 jun. 2020.

38 "Art.10. Constitui reincidência a prática de nova infração ambiental cometida pelo mesmo agente no período de três anos, classificada como:

I – específica: cometimento de infração da mesma natureza; ou

II – genérica: o cometimento de infração ambiental de natureza diversa.

Parágrafo único. No caso de reincidência específica ou genérica, a multa a ser imposta pela prática da nova infração terá seu valor aumentado ao triplo e ao dobro, respectivamente." BRASIL. Decreto n. 3.179 de 21 de setembro de 1999. Disponível em: <http://www.planalto.gov.br/ccivil_03/decreto/D3179.htm>. Acesso em 30 jun. 2020.

disciplinou em suas previsões, padecendo da mesma lacunosidade, neste aspecto, que a LGPD.

A LGPD herdou de sua referência europeia a mesma vocação pela adoção de práticas de boa governança, sempre no intuito de elevar o nível das relações jurídicas, evitando-se infrações, ao invés de puni-las. Tal constatação fica bastante patente no tratamento dispensado pela legislação nacional, a qual dedicou os artigos 50 e 51[39] apenas sobre este tema e ambos com o mesmo espírito do artigo 40 da GDPR[40].

Vistas as entranhas sancionatórias da LGPD e seu parentesco com a GDPR, é de se lançar ao desafio proposto, em verificar se o caso fortuito tem o condão ou não de afastar a aplicação sancionatória, revestindo-se de uma legítima excludente de responsabilidade em se falando de danos a dados pessoais.

39 Cita-se o *caput* do artigo 50 que bem revela a intenção legal: "Art. 50. Os controladores e operadores, no âmbito de suas competências, pelo tratamento de dados pessoais, individualmente ou por meio de associações, poderão formular regras de boas práticas e de governança que estabeleçam as condições de organização, o regime de funcionamento, os procedimentos, incluindo reclamações e petições de titulares, as normas de segurança, os padrões técnicos, as obrigações específicas para os diversos envolvidos no tratamento, as ações educativas, os mecanismos internos de supervisão e de mitigação de riscos e outros aspectos relacionados ao tratamento de dados pessoais". BRASIL, 2018, op. cit.

40 Por ser demasiado grande o artigo mencionado, transcreve-se apenas a parte mais relevante ao presente estudo: "Art. 40. 1.Os Estados-Membros, as autoridades de controlo, o Comité e a Comissão promovem a elaboração de códigos de conduta destinados a contribuir para a correta aplicação do presente regulamento, tendo em conta as características dos diferentes setores de tratamento e as necessidades específicas das micro, pequenas e médias empresas. 2.As associações e outros organismos representantes de categorias de responsáveis pelo tratamento ou de subcontratantes podem elaborar códigos de conduta, alterar ou aditar a esses códigos, a fim de especificar a aplicação do presente regulamento, como por exemplo: (...). *In* UNIÃO EUROPEIA, op. cit.

3. A RESPONSABILIDADE PREVISTA NA LGPD

A LGPD rege a matéria de responsabilidade civil nos artigos 42 a 45 e já no *caput* do artigo 42 dita que "O controlador ou o operador que, em razão do exercício de atividade de tratamento de dados pessoais, causar a outrem dano patrimonial, moral[41], individual ou coletivo, em violação à legislação de proteção de dados pessoais, é obrigado a repará-lo"[42].

Em que pese grande celeuma doutrinária acerca da espécie de responsabilidade civil que o legislador pretendeu dar ao tratamento de dados, pois, diferentemente do que ocorreu em outros diplomas legais, e que melhor se exporá mais adiante, na LGPD não se explicitou se a responsabilidade seria objetiva, subjetiva ou atípica, mas, da exegese da redação do *caput* do artigo 42 pode-se notar a preferência à responsabilidade do tipo objetiva, pois que esta será aplicada "em razão do exercício da atividade" e não de ato derivado de culpa, que autorizaria uma responsabilidade subjetiva.

41 Antes mesmo da vigência da LGPD, no processo nº 0460151-34.2015.8.19.0001, o Tribunal de Justiça do Estado do Rio de Janeiro condenou tanto o Estado do Rio de Janeiro quanto a empresa Infoglobo Comunicação e Participação S.A., pertencente ao conglomerado Globo de comunicação, cada um, ao pagamento de R$ 50.000.00 (cinquenta mil reais) à parte autora, a título de danos morais, diante dos danos causados pelo referido vazamento de dados sigilosos de posse do estado (1º réu) e divulgados nos veículos de comunicação de propriedade do 2º réu (infoglobo), tendo em vista o nome de sua filha/irmã dos autores ter sido divulgado como sendo a doadora dos órgãos que causaram a morte de três pacientes transplantados. Em sede de recurso especial, o STJ manteve a decisão e ela transitou em julgado em 10 de set. 2021. In.: RIO DE JANEIRO. Tribunal de Justiça. Apelação cível n. 0460151-34.2015.8.19.0001. Responsabilidade civil por dano moral em razão de vazamento de dados pessoais. Estado do Rio de Janeiro e outro versus Anizio Jesus de Souza e outros. Relatora: Des. Cintia Santarém Cardinal. Rio de Janeiro, 30 de maio de 2018. Disponível em: http://www1.tjrj.jus.br/gedcacheweb/default.aspx?UZIP=1&GEDID=0004829BF-13FDC371D75DD99802A1FACDDBAC5082322305D&USER=. Acesso em 29 mai. 2022.

42 BRASIL, 2018, op. cit.

Deste modo, por considerar responsável pelo dano o agente que atua com tratamento de dados unicamente em razão desta atividade, atrai-se o instituto da responsabilidade objetiva, a qual prescinde de aferição de culpa. A base que justifica a imposição de uma responsabilidade com lastro na mera realização da atividade encontra eco no próprio risco do negócio, conforme explana Cavalieri Filho[43]

> Uma das teorias que procuram justificar a responsabilidade objetiva é a teoria do risco do negócio. Para esta teoria, toda pessoa que exerce alguma atividade cria um risco de dano para terceiros. E deve ser obrigado a repará-lo, ainda que sua conduta seja isenta de culpa. A responsabilidade civil desloca-se da noção de culpa para a idéia [sic] de risco, ora encarada como risco-proveito [...]

O Código Civil em seu artigo 927, parágrafo único, prevê o instituto da responsabilidade civil objetiva, o qual é usado subsidiariamente ao mencionado artigo 42 da LGPD que, de per si, não fornece os elementos hábeis indenizatórios, vez que tal seara se encontra na esfera cível de atuação. Assim, o mencionado artigo do códex civilista[44] dita que:

> Art. 927. Aquele que, por ato ilícito (arts. 186 e 187), causar dano a outrem, fica obrigado a repará-lo.
>
> Parágrafo único. Haverá obrigação de reparar o dano, independentemente de culpa, nos casos especificados em lei, ou quando a atividade normalmente desenvolvida pelo autor do dano implicar, por sua natureza, risco para os direitos de outrem.

43 CAVALIERI FILHO, Sérgio. O direito do consumidor no limiar do século XXI. *In:* **Revista de Direito do Consumidor**. RT, n. 35, jul-set, 2000, p. 105.

44 BRASIL. [Código Civil]. **Lei n. 10.406 de 10 de janeiro de 2002**. Disponível em: <http://www.planalto.gov.br/ccivil_03/LEIS/2002/L10406.htm>. Acesso em 30 jun. 2020.

Logo, para que a responsabilidade civil prevista na LGPD se consubstancie é necessário que haja o chamado "diálogo das fontes"[45] em que o ordenamento é visto como um todo unitário e as diferentes áreas do direito "se comunicam" entre si, fornecendo os subsídios legais que tornam possíveis seus mais variados desideratos.

Decerto que uma reflexão menos aprofundada até poderia induzir a uma dedução equivocada de que a atividade envolvendo tratamento de dados não se traduziria em uma atividade de risco por não apresentar perigos como, por exemplo, ocorreria em uma atividade como a de manipulação de elementos radioativos, mas não é este o espírito do parágrafo único do artigo 927, tanto que houve reforço de seu verdadeiro desiderato por meio do enunciado n. 448 da Jornada de Direito Civil, a qual diferenciou risco de perigo. O risco envolve um ferimento diferenciado aos direitos da pessoa, dependo de critérios de avaliação, senão, vejamos:

> ENUNCIADO 448: A regra do art. 927, parágrafo único, segunda parte, do CC aplica- -se sempre que a atividade normalmente desenvolvida, mesmo sem defeito e não essencialmente perigosa, induza, por sua natureza, risco especial e diferenciado aos direitos de outrem. São critérios de avaliação desse risco, entre outros, a estatística, a prova técnica e as máximas de experiência[46].

45 Conforme expõe Claudia Lima Marques: "O uso da expressão do mestre [Erik Jayme], 'diálogo das fontes', é uma tentativa de expressar a necessidade de uma aplicação coerente das leis de direito privado, coexistentes no sistema. É a denominada 'coerência derivada ou restaurada' (cohérence dérivée ou restaurée), que, em um momento posterior à descodificação, à tópica e à microrrecodificação, procura uma eficiência não hierárquica, mas funcional do sistema plural e complexo de nosso direito contemporâneo, a evitar a 'antinomia', a 'incompatibilidade' ou a 'não coerência'". MARQUES, Claudia Lima. **Manual de direito do consumidor**. 2. ed. rev., atual. e ampl. Antonio Herman V. Benjamin, Claudia Lima Marques e Leonardo Roscoe Bessa. São Paulo: Revista dos Tribunais, 2009, p. 90.

46 CONSELHO DA JUSTIÇA FEDERAL, **VII Jornada de Direito Civil**, 28-29 de setembro de 2015, Brasília: Centro de Estudos Judiciários, 2015, p. 99.

Veja-se que, mais uma vez, usa-se o vocábulo "critérios", referenciando-o a padrões pré-estabelecidos para aferição de algo, qual o presente artigo já pôde defender mais ao início de sua exposição, o que reveste e fortalece o argumento de que tanto uma dosimetria de pena, quanto a fixação de uma responsabilidade não pode ser embasadas em percepções subjetivistas, mas demandam uma análise impessoal, como toda aplicação sancionatória demanda. Aqui neste enunciado, teve-se a feliz iniciativa de apontar que os critérios de avaliação do risco, dentre outros, serão os estatísticos, provas técnicas e máximas de experiência, ou seja, são referenciais previamente aferíveis, trazendo a devida segurança jurídica no reconhecimento da responsabilidade.

Outro enunciado que é bastante elucidativo para o reforço do diálogo das fontes e que referendam a plena aplicabilidade da responsabilidade objetiva aos danos gerados com base no artigo 42 da LGP é o de n. 555, o qual fala que ""Os direitos de outrem" mencionados no parágrafo único do art. 927 do Código Civil devem abranger não apenas a vida e a integridade física, mas também outros direitos, de caráter patrimonial ou extrapatrimonial. Artigo: 927, parágrafo único, do Código Civil."[47] Neste aspecto, a tutela dos dados pessoais se encaixa tanto na categoria de direitos patrimoniais, quanto, e principalmente, nos de extrapatrimoniais.

A LGPD ainda prevê nos §§ do artigo 42 a possibilidade de responsabilidade solidária e, tais parágrafos, assim como o artigo 44 é que têm gerado o cerne de toda a celeuma acerca da estipulação da modalidade responsabilizatória a ser adotada na LGPD.

Conforme o § 1º há a responsabilidade solidária do operador quando ele descumprir as obrigações legalmente impostas ou, então, quando não tiver seguido as instruções lícitas do controlador, o que, neste caso, equiparar-se-á a ele, exceto nos casos de exclusão do art. 43 da mesma LGPD.

47 CONSELHO DA JUSTIÇA FEDERAL, op. cit., p. 109.

Esta previsão existe pois há uma hierarquia lógica entre o controlador e o operador, estando aquele acima deste, de modo que, em não sendo obediente aos comandos da lei ou às ordens lícitas de seu superior, responde como se fosse controlador e com todas as responsabilidades dele, excetuando-se caso incida nas hipóteses previstas no artigo 43 e, aí sim, temos um argumento de enorme reforço à defesa da responsabilidade objetiva: o artigo 43 não exclui a responsabilidade prevendo a culpa, conforme veremos a seguir, mas lança bases em hipóteses que se alinham ao afastamento do risco inerente à atividade.

A responsabilidade do §2º do artigo 42, a seu turno, prevê a solidariedade entre controladores, antevendo que no processo de tratamento de dados há mais de um controlador responsável por tomar decisões e avocar riscos àqueles dados. O que a legislação fez, em verdade, não foi trazer com a solidariedade um subjetivismo que penderia para uma responsabilidade subjetiva, apenas trouxe a responsabilidade objetiva como legalmente extensível a todos os envolvidos na tomada de decisões do processamento de dados e a razão é bem simples: a solidariedade somente deriva de expressa disposição legal ou de pactuação[48]. Quanto ao argumento de que a responsabilidade destes controladores solidariamente responsáveis deixarem de o ser apenas nos casos do artigo 43 da LGPD, reforça o que já se disse quanto ao parágrafo precedente: a culpa não é uma das possibilidades de afastamento.

Finalmente, há de se encarar o artigo 44 da LGPD que, aos olhos de alguns doutrinadores demonstra a adoção, pela LGPD, da teoria da responsabilidade subjetiva[49], aos olhos de outros uma teoria de responsabilidade objetiva especial centrada na garantia da segurança no tratamento

---

48 Conforme dispõe o artigo 265 do Código Civil: "Art. 265. A solidariedade não se presume; resulta da lei ou da vontade das partes.", *in* BRASIL, 2020, op. cit.

49 Dentre eles cite-se Gisela Sampaio da Cruz Guedes e Rose Melo Vencelau Meireles. In.: GUEDES, Gisela Sampaio da Cruz; MEIRELES, Rose Melo Vencelau, "Término do

de dados pessoais[50] e a outros (qual a presente proposta) filia-se a uma responsabilidade objetiva[51].

O artigo 44 pretendeu definir o que seria um tratamento irregular de dados e o compreendeu como "quando deixar de observar a legislação ou quando não fornecer a segurança que o titular dele pode esperar, consideradas as circunstâncias relevantes, entre as quais (...)" e enumera em seus três incisos o que entende por circunstâncias relevantes: "I – o modo pelo qual é realizado; II – o resultado e os riscos que razoavelmente dele se esperam; III – as técnicas de tratamento de dados pessoais disponíveis à época em que foi realizado."[52]

Aos entusiastas da corrente da responsabilidade subjetiva apenas a não observância da norma ensejaria a responsabilidade, ainda mais se somar o parágrafo único a este panorama: "Responde pelos danos decorrentes da violação da segurança dos dados o controlador ou o operador que, ao deixar de adotar as medidas de segurança previstas no art. 46 desta

tratamento de dados", IN: Tepedino, Gustavo; Frazão, Ana; Oliva, Milena Donato. **Lei Geral de Proteção de Dados Pessoais**, RT: São Paulo, 2019, p. 231.

50 É o que defende Rafael Dresch. *In* DRESCH, Rafael. A especial responsabilidade civil na Lei Geral de Proteção de Dados. **Migalhas da Responsabilidade Civil.** 2020, jul. Disponível em https://www.migalhas.com.br/coluna/migalhas-de-responsabilidade-civil/329909/a-lgpd-e-o-fundamento-da-responsabilidade-civil-dos-agentes-de-tratamento-de-dados-pessoais--culpa-ou-risco. Acesso em 12 jul. 2020.

51 Neste sentido sustenta Caitlin Mulholland In MULHOLLAND, Caitlin. A LGPD e o fundamento da responsabilidade civil dos agentes de tratamento de dados pessoais: culpa ou risco?, *In* ***Migalhas da Responsabilidade Civil,*** 2020, jun. Disponível em: https://www.migalhas.com.br/coluna/migalhas-de-responsabilidade-civil/329909/a-lgpd-e-o-fundamento-da-responsabilidade-civil-dos-agentes-de-tratamento-de-dados-pessoais-culpa-ou-risco. Acesso em 12 jun. 2020 e Danilo Doneda e Laura Mendes In MENDES, Laura Schertel; DONEDA, D. Comentário à nova Lei de Proteção de Dados (Lei 13.709/2018), o novo paradigma da proteção de dados no Brasil. **Revista de direito do consumidor**, v. 120, p. 555, 2018.

52 BRASIL, 2018, op. cit.

Lei, der causa ao dano"[53]. Mas vamos rebater o porquê deste dispositivo não trazer uma responsabilidade subjetiva, já que uma leitura de prima poderia levar a esta conclusão precipitada.

Primeiramente, a correlação entre dano e necessidade de tratamento irregular para sua configuração não é algo necessário, ou seja, o dano pode existir mesmo que o tratamento tenha sido totalmente regular e dentro dos parâmetros legais. É isso o que a redação do artigo 42 foi bem clara em dizer e é ratificada pelo princípio de responsabilização que anda de mãos dadas com o de prestação de contas, ambos insculpidos no artigo 6º, inciso X da LGPD, o qual impõe o dever de "demonstração, pelo agente, da adoção de medidas eficazes e capazes de comprovar a observância e o cumprimento das normas de proteção de dados pessoais e, inclusive, da eficácia dessas medidas".[54]

Ademais, haveria duas situações completamente díspares nas consequências e ricas em injustiças se acatássemos a premissa de que apenas haveria a responsabilidade em caso de não observância dos procedimentos impositivos de segurança determinados pelo artigo 46, pois que o artigo 42 dá a entender que qualquer agente de tratamento, em razão do exercício de sua atividade, é responsável pelos danos que dela advier, ou seja, se ele agir comissivamente, dentro das normas, e mesmo assim advier um dano, ele será, por este dispositivo responsável, ao passo que outro que tenha agido de modo omissivo em se falando de tomar as devidas precauções com medidas de segurança, somente será responsável se provada a sua culpa.

Ademais, Caitlin Mulholland destaca que:

> Parece que o legislador quis identificar nessa hipótese situações danosas que decorrem especificamente de incidentes de segurança que são, por sua vez, acontecimentos que

53 Idem.

54 Ibidem.

> se relacionam ao risco inerente ao desenvolvimento da atividade de tratamento de dados, como vazamentos não intencionais e invasão de sistemas e bases de dados por terceiros não autorizados. Neste sentido, esses riscos devem ser necessariamente situados como intrínsecos à atividade de tratamento de dados e, portanto, considerados, em última análise, como hipótese de fortuito interno, incapazes de afastar a obrigação dos agentes de tratamento de indenizar os danos causados pelos incidentes.

Nesta ótica, se há previsão de se tomar cautelas com a segurança, a ausência delas não implica em modalidade de culpa, ou seja, não seria uma negligência autorizadora da responsabilidade, mas apenas uma evidência do risco da atividade em si e que este demanda uma série de cuidados que, observados ou não, geram o dever indenizatório e a LGPD apenas foi preciosista em reconhecer que esta cautela demanda um cuidado tal que, sua ausência é, quando muito, como bem observou Mulholland, um caso fortuito interno.

As hipóteses de afastamento de uma responsabilidade previstas no artigo 43 são apenas a pá de cal para que se assente uma responsabilidade objetiva, vez que não haveria necessidade de arrolamento de hipóteses de afastamento de responsabilidade fosse ela genuinamente subjetiva.[55]

O inciso II do artigo 43, salvo melhor juízo, não afasta a objetividade da responsabilidade, mas apenas traz uma excludente específica de responsabilidade para a LGPD. Numa palavra, persiste o dever de indenizar e que deriva do risco da atividade, mas tal risco é afastado ante

55 Tal é a redação do mencionado artigo: "Art. 43. Os agentes de tratamento só não serão responsabilizados quando provarem:

I – que não realizaram o tratamento de dados pessoais que lhes é atribuído;

II – que, embora tenham realizado o tratamento de dados pessoais que lhes é atribuído, não houve violação à legislação de proteção de dados; ou

III – que o dano é decorrente de culpa exclusiva do titular dos dados ou de terceiro.". BRASIL, 2018, op. cit.

a observância normativa. A diferença que recai, *in casu*, de uma responsabilidade subjetiva típica, seria a de ver se a não observância de deveu a uma das três modalidades de culpa e, aqui, nem mesmo o erro escusável teria o condão de afastar a não observância normativa, basta a configuração do descumprimento normativo a qualquer título que recai a responsabilidade.

Com mais força ainda há de se verificar a questão do caso fortuito e se ele pode afastar a responsabilidade que recai ao operador de dados, uma vez que seu grau de imprevisibilidade pode impactar diretamente nas medidas de segurança a serem tomadas e, com isso, na configuração ou não da responsabilidade.

É interessante dedicar mais algumas linhas a três enunciados da Jornada Civil que casam com o espírito de uma responsabilidade objetiva aplicada à LGPD, do mesmo modo que outras legislações que reconhecem a hipossuficiência de um dos polos tutelados, qual o Código de Defesa do Consumidor[56], destacando que a própria LGPD também sustenta a hipossuficiência do titular de dados em se falando de produção de provas em processos judiciais.[57]

---

56 O Código de Defesa do Consumidor é uma legislação de referência em se falando de tutela de hipossuficientes. Traz em seu artigo 12, *caput:* "Art. 12. O fabricante, o produtor, o construtor, nacional ou estrangeiro, e o importador respondem, independentemente da existência de culpa, pela reparação dos danos causados aos consumidores por defeitos decorrentes de projeto, fabricação, construção, montagem, fórmulas, manipulação, apresentação ou acondicionamento de seus produtos, bem como por informações insuficientes ou inadequadas sobre sua utilização e riscos." Com relação ao reconhecimento da situação de hipossuficiência do consumidor, este código dita que: "Art. 6º (...) VIII – a facilitação da defesa de seus direitos, inclusive com a inversão do ônus da prova, a seu favor, no processo civil, quando, a critério do juiz, for verossímil a alegação ou quando for ele hipossuficiente, segundo as regras ordinárias de experiências;". BRASIL. [Código de Defesa do Consumidor]. **Lei n. 8.078 de 11 de setembro de 1990**. Disponível em: <http://www.planalto.gov.br/ccivil_03/LEIS/L8078.htm>. Acesso em 30 jun. 2020.

57 Conforme "Art. 42. (...) § 2º O juiz, no processo civil, poderá inverter o ônus da prova a favor do titular dos dados quando, a seu juízo, for verossímil a alegação, houver hipossuficiência

O Enunciado de n. 446 defende que "A responsabilidade civil prevista na segunda parte do parágrafo único do art. 927 do Código Civil deve levar em consideração não apenas a proteção da vítima e a atividade do ofensor, mas também a prevenção e o interesse da sociedade."[58] Tal enunciado deixa claro que o ônus de uma responsabilidade objetiva não se trata da defesa de uma individualidade, mas da relevância dos direitos tutelados sob a égide daquele regime. Como pôde-se, mais de uma vez, ressaltar neste trabalho, a defesa dos dados pessoais não é a defesa de seu valor econômico somente, mas, muito antes, a defesa dos desdobramentos e irradiações derivadas dos direitos fundamentais da personalidade neles ínsitos.

Quando há uma lesão a um dado, pode ser que aquela lesão tenha um valor econômico ínfimo, irrisório, mas pode ser que para seu titular seja um universo de valores impalpáveis, que nenhuma moeda pode pagar.

É pensando nesta relevância e vendo nos dados como multiversos de existência da essência humana, que sua lesão, reduzida a uma fórmula matemática, aplicada a uma equação econômica em que um grande conglomerado empresarial aceite o risco de adotar medidas de segurança duvidosas, encontre na responsabilidade subjetiva a válvula de escape perfeita para justificar lesões que, às suas vítimas, a justificativa de uma conformidade legal soe em muito injusta.

De outro lado, sabe-se que a atual sociedade depende cada vez mais de seus dados e da interação deles, de modo que se a legislação for por demais austera, há o risco de um engessamento na evolução destas atividades e o que deveria ser uma proteção se revele em um sufocamento.

para fins de produção de prova ou quando a produção de prova pelo titular resultar-lhe excessivamente onerosa". *In* BRASIL, 2018, op. cit.

58 CONSELHO DA JUSTIÇA FEDERAL, op. cit., p. 99.

O bom senso sempre deve prevalecer e é por isso que o enunciado 38 se apresenta como diretriz de bom senso:

> ENUNCIADO 38 Art. 927: A responsabilidade fundada no risco da atividade, como prevista na segunda parte do parágrafo único do art. 927 do novo Código Civil, configura-se quando a atividade normalmente desenvolvida pelo autor do dano causar a pessoa determinada um ônus maior do que aos demais membros da coletividade.

Note-se que este enunciado pondera a possibilidade de o julgador, na análise do caso concreto, observar o peso do risco daquela atividade e dos bens tutelados em jogo e parametrizar com base nos demais membros da coletividade. Tudo isso, é claro, supondo que o autor do dano não tenha incorrido em alguma das causas excludentes de sua responsabilidade previstas no artigo 43 da LGPD ou que não haja nenhum nexo causal entre sua atividade e o dano.

Por último, há o enunciado 443 e que será a ponte para o próximo tópico, já que ele afirma que "O caso fortuito e a força maior somente serão considerados como excludentes da responsabilidade civil quando o fato gerador do dano não for conexo à atividade desenvolvida". Pondera-se, pois, se o caso fortuito tem o condão de afastar a responsabilidade do agente de dados e este não se ver punido em nenhuma das modalidades sancionatórias expostas no tópico 1 deste trabalho. Analisemos.

De modo diverso ocorre com a chamada responsabilidade administrativa, pois, conforme pudemos expor com mais delongas no tópico inaugural, a lógica de seu regime pende mais para a lógica do direito penal do que para o direito civil e de outro modo não poderia ser: é a potestade do poder público imposta à atividade de tratamento de dados, ainda que desenvolvida por ela mesma, o que, neste caso, volta-se à pessoa do servidor público que opera sob seu comando.

A responsabilidade administrativa do agente de dados, à semelhança do que ocorre em outros diplomas legais e que preveem a responsabilidade civil objetiva, mas uma responsabilidade administrativa subjetiva, qual a legislação de proteção ambiental[59], não pode acatar indiscriminadamente o risco da atividade como sendo motivo o bastante para supor a responsabilidade do agente que atuou dentro das regras impostas pela LGPD.

Há, por assim dizer, um outro foco que não se dirige a um dano, mas a uma intenção em não observar a norma, de modo que o elemento subjetivo para a configuração do ilícito não pode ser afastado, não se fala em assunção do ilícito somente porque se realiza a atividade de risco, mas porque não se observam as normas de regência o que, indubitavelmente, demanda um querer, um *animus.*

Por esta razão, há de se separar a aplicação de uma sanção do artigo 52 enquanto momento sancionatório por uma infração cometida num universo de apuração subjetivo, e a aplicação do artigo 42 enquanto momento indenizatório derivado de uma responsabilidade civil objetiva. No primeiro caso, a Administração Pública precisará provar que ao agente, de fato, não cumpriu com as estipulações normativas e apontar qual a origem deste ilícito; no segundo caso a vítima demonstra seu dano e cabe ao agente demonstrar que recai em uma das hipóteses que exclui sua responsabilidade.

59 Neste sentido: "4. Finalmente, a responsabilidade administrativa ambiental, segundo a jurisprudência do STJ, é de natureza subjetiva, ao contrário da responsabilidade civil pelo dano ambiental. Logo, não poderia o Tribunal local aplicar o regime objetivo na hipótese da multa imposta". E neste mesmo sentido são diversos os julgados, a saber: REsp 1.640.243 rel. ministro Herman Benjamin, Segunda Turma, DJe 24/4/17; AgRg no AREsp 62.584/RJ, rel. ministro Sérgio Kukina, rel. p/ acórdão ministra Regina Helena Costa, Primeira Turma, DJe 7/10/15; REsp 1.251.697/PR, rel. ministro Mauro Campbell Marques, Segunda Turma, DJe 17/4/12, etc.". *In* RODRIGUES, Marcelo Abelha. O STJ e a responsabilidade administrativa ambiental subjetiva: notas para uma reflexão. *In* **Migalhas de Peso.** 2019, mai. Disponível em <https://m.migalhas.com.br/depeso/302576/o-stj-e-a-responsabilidade-administrativa-ambiental-subjetiva-notas-para-uma-reflexao>. Acesso em 30 jun. 2020.

4. O CASO FORTUITO, O SISTEMA SANCIONATÓRIO E A RESPONSABILIDADE NA LGPD

A definição do que seja caso fortuito é a lei quem dá, mais propriamente, o Código Civil, em seu artigo 393, parágrafo único, que diz. "O caso fortuito ou de força maior verifica-se no fato necessário, cujos efeitos não eram possível evitar ou impedir."[60] Como se vê de uma lida perfunctória, a redação legal é bastante etérea, o que deixou para a doutrina, novamente, a complexa tarefa de retirar a abstração e trazê-la para o mundo fático.

Deste modo, aproveitando-se da lição de Tarcísio Teixeira[61], toma-se por base as mesmas características adotadas em seus estudos para a configuração do caso fortuito no presente trabalho, a saber:

> Apesar da falta de consenso sobre a distinção ou não quanto aos conceitos de caso fortuito e força maior, partiremos do seguinte: o caso fortuito decorre de fato ou ato alheio à vontade das partes envolvidas, como, por exemplo, greve ou guerra; já a força maior deriva de fenômenos naturais, como terremoto ou a queda de um raio. Para a configuração dessas excludentes é preciso haver as seguintes características: 1- o fato deve ser necessário, não determinado por culpa do devedor; 2 – o fato deve ser superveniente e inevitável; 3 – o fato deve ser irresistível, fora do alcance do poder humano.

Via-de-regra, o caso fortuito não afasta a responsabilidade civil objetiva, porém, ainda se utilizando da obra do professor Tarcísio Teixeira, vemos que ele aponta os escólios de Agostinho Alvim, para quem deveria haver a separação entre caso fortuito interno e caso fortuito externo.

60 BRASIL, 2002, Op. cit.

61 TEIXEIRA, Tarcísio. **Comércio Eletrônico: conforme o Marco Civil da Internet e a regulamentação do *e-commerce* no Brasil.** São Paulo: Saraiva, 2015, p. 198.

> O fortuito interno estaria ligado à ação da pessoa, da coisa ou da empresa do agente; já o fortuito externo ligado à força maior (como os fenômenos da natureza). Para o autor, no regime da responsabilidade objetiva, somente o fortuito externo, como causa ligada a fenômenos naturais (bem como a culpa da vítima, o fato do príncipe e outras situações invencíveis que não possam ser evitadas, por exemplo, guerra e revolução), excluiria a responsabilidade.[62]

A jurisprudência do Superior Tribunal de Justiça tem caminhado no mesmo sentido de adoção desta separação entre o caso fortuito interno e externo:

> Segundo o ministro do STJ Luis Felipe Salomão, o caso fortuito e a força maior têm sido entendidos atualmente pela jurisprudência como espécies do gênero fortuito externo, no qual se enquadra a culpa exclusiva de terceiros. Para o ministro, nesse gênero, o fato tem de ser imprevisível e inevitável, estranho à organização da empresa.
>
> Ainda de acordo com Salomão, o gênero fortuito interno, "apesar de também ser imprevisível e inevitável, relaciona-se aos riscos da atividade, inserindo-se na estrutura do negócio" (REsp 1.450.434)."[63]

Transpondo o debate para a arena da LGPD, o acatamento do caso fortuito como excludente de responsabilidade civil encontra várias

62 TEIXEIRA, op. cit., p. 198.

63 SUPERIOR TRIBUNAL DE JUSTIÇA. Caso fortuito, força maior e os limites da responsabilização. *In*. Notícias. 2020, abr. Disponível em <http://www.stj.jus.br/sites/portalp/Paginas/Comunicacao/Noticias/Caso-fortuito--forca-maior-e-os-limites-da-responsabilizacao.aspx#:~:text=%20Caso%20fortuito%2C%20for%C3%A7a%20maior%20e%20os%20limites,Por%20outro%20lado%2C%20a%20ministra%20Isabel...%20More%20>. Acesso em 30 jun. 2020.

problemáticas: primeiro porque há os que defendem que o regime de responsabilidade da lei de proteção seria o da subjetiva e, portanto, a culpa primeiro deve se configurar para, apenas em um segundo momento, aplicar-se alguma excludente – quanto a este argumento, tendo em vista que este trabalho parte da premissa de que a responsabilidade da LGPD é objetiva, conforme sustentado no tópico anterior – acredita-se estar superado; segundo, porque mesmo os que admitem a responsabilidade objetiva, ou demandam uma previsão expressa na lei do caso fortuito como excludente, ou sua aplicação lógica somente é possível mediante a dicotomização em âmbito interno (que não afasta a responsabilidade) e externo (que afastaria por uma lógica conjuntural).

Tomado o caso fortuito em seu modo puro, sem a separação proposta por Agostinho Alvim e largamente aceita pela doutrina de escol e jurisprudência, realmente fica complicada a conciliação entre responder pelo simples fato de desenvolver uma atividade e a ocorrência de eventos externos imprevisíveis alheios à vontade do agente. Ou a atividade se desenvolve no cenário social qual ele se apresenta, ou se ignora o risco que se pretende proteger a sociedade e mata a lógica da responsabilidade objetiva.

Contudo, compreendendo que há eventos alheios à vontade, mas que são diretamente afetos a ela e outros que em nada lhe dizem respeito, parece que a ótica entre caso fortuito interno e externo parece ser muito mais justo. Neste cenário, um operador de dados não pode se escusar de sua responsabilidade alegando que sua empresa teve acessos indevidos não porque houve invasão de *hackers*, mas porque criminosos mediante coação com arma de fogo fizeram um operador liberar a senha de acesso dentro das dependências da empresa. A atividade do agente de dados envolve a segurança não apenas dos *softwares* envolvidos, mas da parte física de seu estabelecimento. Tal caso fortuito é interno e relacionado à sua atividade, é íntima de seu risco.

De outro modo seria se estivesse ocorrendo uma revolução naquele país e a empresa fosse bombardeada, assim como sua sucursal que detivesse os *backups* de arquivos. Neste caso, não haveria medidas de antever um risco inerente à atividade por se tratar de uma situação anômala e externa.

Note-se que o cercamento para que as empresas tomem os devidos cuidados e precauções com os dados acaba limitando por demais as hipóteses plausíveis de caso fortuito externo, mormente porque a governança dos dados, as boas práticas, o *compliance* e a certificação vêm demandando um preparo contínuo e uma extensa revisão das tecnologias que se lançam nas operações de tratamento e isso restringe bastante a possibilidade, caso o agente, de fato cumpra tudo isto à risca, de gerar algum dano.

Já parece haver mais justiça na aplicação do caso fortuito, em qualquer espécie, seja interno ou externo, como excludente de ilicitude da responsabilidade administrativa, pois que eventos alheios à vontade do agente não podem ser considerados como parte de sua conduta.

Assim, uma greve que comprometa a composição de uma equipe responsável pela manutenção das ferramentas de segurança de tratamento de dados, em havendo algum eventual desrespeito à norma, no mínimo, este caso fortuito, a depender de sua imprevisibilidade, será uma atenuante, senão uma completa excludente.

Como pudemos antecipar no primeiro tópico deste trabalho, as repercussões sancionatórias são sérias, escalonadas e visam servir não apenas à coibição de uma reincidência (seja ela o que a jurisprudência vier a entender), mas, ainda, traz um caráter pedagógico e preventivo, para que quem pretenda se lançar no jogo de assumir riscos que não os já esperados da atividades, saiba de antemão que a reprovabilidade desta conduta sentirá o peso do Princípio da responsabilização e da Prestação de Contas.

Como pôde-se destacar logo no início do trabalho, a LGPD tem um espírito preventivo e pretende muito mais evitar do que repreender. Não é o objetivo de uma lei imbuída de instrumentos tão salutares e que acreditem na boa-fé das pessoas revestir-se do manto inquisitorial e aplicar fortes penalidades simplesmente porque uma atividade de inegável importância está sendo desenvolvida. Não se põe em xeque a importância que o tratamento de dados tem.

O que se objetiva, apenas é que não haja um reducionismo da LGPD a uma carta de boas intenções, tampouco que sob o pretexto do desenvolvimento tecnológico se ponha de lado outras conquistas milenares, qual a constante construção do conceito da dignidade da pessoa humana e que não se encerra nas facetas da imagem e do nome.

É por esta razão que se propõe a responsabilidade civil objetiva e, mais, que suas excludentes sejam as previstas no artigo 43 da LGPD e as excludentes lógicas, qual a que ora se debateu: o caso fortuito externo e, ao seu turno, a responsabilidade subjetiva administrativa. Tudo o demais é um sério risco de sufocar a plena efetividade da LGPD.

CONSIDERAÇÕES FINAIS

A construção diuturna da aplicação da LGPD permitirá muito mais sentir em que medida a importação de um modelo legal, de fato, atenderá às necessidades brasileiras. A própria GDPR traz dispositivos que permitem uma adaptação de seus dispositivos sancionatórios aos Estados-membros, sobretudo quando se esteja falando de sancionamento de órgãos públicos, dando-lhes maior autonomia.

Leis que visem manter o fôlego de atividades econômicas em constante evolução, qual o tratamento de dados, precisam estar dispostas a dividir com o poder regulamentar a tarefa de orientar as melhores práticas esperadas, sob pena de restarem obsoletas com uma velocidade muito acima do esperado.

A autoridade nacional terá a tarefa muito mais relevante de mudar a cultura de coerção por sanção para um viés preventivo, em que ao agente tratador de dados seja muito interessante o "agir conforme", sendo um diferencial e um ativo intangível este modo de atuar, do que aguardar uma notificação e um processo de defesa e o risco de se ver acionado administrativa e judicialmente pelos titulares de dados, sem falar da atuação do Ministério Público.

Viu-se que a lacunosidade deixada em apontar com precisão a modalidade de responsabilidade civil, quiçá, não seja uma reserva estratégica que o legislador pretendeu, instituindo um regime que potencializa a atuação da ANPD e fortalece a promessa de uma vocação conciliatória.

Se há algo que os dados reservam para si é um valor inestimável, inesgotável, sempre haverá quem demande e quem os trate, não se pode, todavia, cair no argumento ingênuo e/ou falacioso de que punições e sistematização de seu tratamento serão uma oneração e um retrocesso em termos econômicos. Ao contrário, do regramento vêm as oportunidades de crescimento e respeito ao ser humano, permitindo-se uma exploração sadia das potencialidades dos dados.

REFERÊNCIAS BIBLIOGRÁFICAS

BIONI, Bruno Ricardo. **Proteção de dados pessoais: a função e os limites do consentimento.** Rio de Janeiro: Forense, 2019, p. 164-165.

BOBBIO, Norberto. Las sanciones positivas, in: **Contribuición a la teoria del Derecho**, A. Ruiz Miguel Ed., F. Torres, Valência, 1980, p. 384.

CAVALIERI FILHO, Sérgio. O direito do consumidor no limiar do século XXI. *In:* **Revista de Direito do Consumidor**. RT, n. 35, jul-set, 2000, p. 105.

COÊLHO, Marcus Vinicius Furtado. O direito à proteção de dados e a tutela da autodeterminação informativa. **Consultor Jurídico**, 2020. Disponível em: https://www.conjur.com.br/2020-jun-28/constituicao-direito-protecao-dados-tutela-autodeterminacao-informativa. Acesso em: 29 mai. 2022.

CONSELHO DA JUSTIÇA FEDERAL, **VII Jornada de Direito Civil**, 28-29 de setembro de 2015, Brasília: Centro de Estudos Judiciários, 2015, p. 99.

DIAS, H. P. **Direitos e obrigações em saúde**. Brasília: ANVISA, 2002, p. 113.

DICIO, Dicionário Online de Português. **Porto: 7Graus**, 2020. Disponível em: https://www.dicio.com.br/criterio/. Acesso em: 11/07/2020.

DICIO, Dicionário Online de Português. **Porto: 7Graus**, 2020. Disponível em: https://www.dicio.com.br/parametro/. Acesso em: 11/07/2020.

DRESCH, Rafael. A especial responsabilidade civil na Lei Geral de Proteção de Dados. **Migalhas da Responsabilidade Civil.** 2020, jul. Disponível em https://www.migalhas.com.br/coluna/migalhas-de-responsabilidade-civil/329909/a-lgpd-e-o-fundamento-da-responsabilidade-civil-dos-agentes-de-tratamento-de-dados-pessoais-culpa-ou-risco. Acesso em 12 jul. 2020.

FERREIRA, Daniel. **Teoria geral da infração administrativa a partir da Constituição Federal de 1988**. Belo Horizonte: Fórum, 2009, p. 247.

GUEDES, Gisela Sampaio da Cruz; MEIRELES, Rose Melo Vencelau, "Término do tratamento de dados", *In*: Tepedino, Gustavo; Frazão, Ana; Oliva, Milena Donato. **Lei Geral de Proteção de Dados Pessoais**, RT: São Paulo, 2019, p. 231.

MARQUES, Claudia Lima. **Manual de direito do consumidor**. 2. ed. rev., atual. e ampl. Antonio Herman V. Benjamin, Claudia Lima Marques e Leonardo Roscoe Bessa. São Paulo: Revista dos Tribunais, 2009, p. 90.

MENDES, Laura Schertel; DONEDA, D. Comentário à nova Lei de Proteção de Dados (Lei 13.709/2018), o novo paradigma da proteção de dados no Brasil. **Revista de Direito do Consumidor**, v. 120, p. 555, 2018.

MULHOLLAND, Caitlin**.** A LGPD e o fundamento da responsabilidade civil dos agentes de tratamento de dados pessoais: culpa ou risco?, *In* ***Migalhas da Responsabilidade Civil,*** 2020, jun. Disponível em https://www.migalhas.com.br/coluna/migalhas-de-responsabilidade-civil/329909/a-lgpd-e-o-fundamento-da-responsabilidade-civil-dos-agentes-de-tratamento-de-dados-pessoais-culpa-ou-risco**.** Acesso em 12 jun. 2020.

PINHEIRO, Patrícia Peck. **Proteção de dados pessoais – comentários à Lei n. 13.709/2018 (LGPD).** São Paulo: Saraiva Educação, 2018, p. 109.

RIO DE JANEIRO. Tribunal de Justiça. Apelação cível n. 0460151-34.2015.8.19.0001. Responsabilidade civil por dano moral em razão de vazamento de dados pessoais. Estado do Rio de Janeiro e outro versus Anizio Jesus de Souza e outros. Relatora: Des. Cintia Santarém Cardinal. Rio de Janeiro, 30 de maio de 2018. Disponível em: http://www1.tjrj.jus.br/gedcacheweb/default.aspx?UZIP=1&GEDID=0004829BF13FDC371D75DD99802A1FACDDBAC-5082322305D&USER=. Acesso em 29 mai. 2022.

RODRIGUES, Marcelo Abelha. O STJ e a responsabilidade administrativa ambiental subjetiva: notas para uma reflexão. In **Migalhas de Peso**. 2019, mai. Disponível em https://m.migalhas.com.br/depeso/302576/o-stj-e-a-responsabilidade-administrativa-ambiental-subjetiva-notas-para-uma-reflexao. Acesso em 30 jun. 2020.

SUPERIOR TRIBUNAL DE JUSTIÇA. Caso fortuito, força maior e os limites da responsabilização. *In*. **Notícias**. 2020, abr. Disponível em http://www.stj.jus.br/sites/portalp/Paginas/Comunicacao/Noticias/Caso-fortuito--forca-maior-e-os-limites-da-responsabilizacao.aspx#:~:text=%20Caso%20fortuito%2C%20for%C3%A7a%20maior%20e%20os%20limites,Por%20outro%20lado%2C%20a%20ministra%20Isabel...%20More%20. Acesso em 30 jun. 2020.

TEIXEIRA, Tarcísio. **Comércio Eletrônico: conforme o Marco Civil da Internet e a regulamentação do *e-commerce* no Brasil.** São Paulo: Saraiva, 2015, p. 198.

UNIÃO EUROPEIA. [*General Data Protection Regulation*]. **Regulamento UE 2016/679 do Parlamento Europeu e do Conselho de 27 de abril de 2016**. Disponível em: https://eur-lex.europa.eu/legal-content/PT/ALL/?uri=CELEX:32016R0679. Acesso em 17 mai. 2020.

EDITORA JusPODIVM
www.editorajuspodivm.com.br

Impresso por:
Docuprint
CNPJ 01.036.332/0001-99